운회 윤병석교수 추모문집

雲淮 尹炳奭教授 追慕文集

운회윤병석교수추모문집 편찬위원회 편

선인

| 추모문집 편찬위원 |

김상기 박맹수 박민영 반병률
이영호 이현주 채영국 한시준

운회 윤병석교수 추모문집

초판 1쇄 인쇄 2023년 4월 12일
초판 1쇄 발행 2023년 4월 23일

편　자　운회윤병석교수추모문집 편찬위원회
발행인　윤관백
발행처　선인

등　록　제5-77호(1998.11.4)
주　소　서울시 양천구 남부순환로 48길 1(신월동 163-1) 1층
전　화　02)718-6252/6257
팩　스　02)718-6253
E-mail　sunin72@chol.com

정가　32,000원

ISBN 979-11-6068-808-5 03990

운회 윤병석 교수

간행사

2020년 4월 23일 윤병석 선생님께서 저희 곁을 떠나셨습니다. 저희가 학문의 길로 접어들던 시절, 선생님은 너무나 먼 敬畏의 존재이셨습니다. 그러나 선생님께서는 86세까지 저서를 내시면서 학문적 모범을 보이셨고, 저희가 스스로 성장할 수 있도록 편달해주셨습니다. 선생님께서 돌아가신 지 어언 3주기가 다가오지만, 아직도 저희 곁에 계신 듯하고, 찾아가면 반겨주실 것만 같습니다.

선생님께서 별세하신 뒤, 추모의 餘情과 크나큰 學恩을 잊지 못하는 저희 제자들은 추모집을 편찬하기로 하고, 선생님께서 일생 이룩하신 학문적 성과를 기리기 위해 분야별로 분담하여 집필키로 하였습니다. 또 2021년 1월에는 선생님과 학문적 인연이 깊은 학계의 원로분들의 글도 함께 상재하기로 하고, 그동안의 학연과 추억을 담은 추모의 글을 청탁하였습니다. 마침 코로나 역질이 기승을 부리는 바람에 찾아뵙지도 못하고 글로 대신하였음에도 여러 원로 선생님들께서 격려의 말씀과 함께 귀중한 글들을 보내주셨습니다.

추모집은 모두 3부로 구성하였습니다. 제1부 '윤병석 교수의 학문'은 선생님의 학문 여정과 연구 결과를 분석, 정리한 글입니다. 먼저 김학준 교수님의 옥고는 선생님의 가계와 성장과정, 그리고 연구업적과 그 의미까지 망라했다는 점에서 선생님을 총체적으로 이해할 수 있게 하였습니다. 다음에 제자들을 중심으로, 선생님께서 학문 여정에서 특별한 열정을 보이셨던 윤봉길, 계봉우, 안중근, 이상설 등 역사적 인물에 대한 연구성과를 비롯하여 남기신 저서 가운데 특히 역저인『독립군사』의 연구사적 의의를 정리하였습니다.

제2부 '추모의 글'은 선생님과의 소중한 인연과 추억을 회고하고 추모하는 글을 모은 것입니다. 서울대학교와 국사편찬위원회, 한국학중앙연구원 등 선생님께서 그동안 몸 담았던 역사연구 도량에서 함께 지내셨던 분들께서 선생님과의 만남과 추억 등을 담아 보내주신 글을 실었습니다. 인하대학교와 한국학대학원에서 가르침을 받은 제자들, 학술활동 가운데 학문적 지도를 받은 후학들의 글도 담았습니다. 그리고 선생님의 영애 윤성규 교수의 '아버지를 그리워하며'를 마지막에 실었습니다.

제3부 '윤병석 교수의 학행과 역사관'에는 선생님께서 1996년 인하대학교 정년퇴임 때 들려주신 고별강연을 비롯하여 한국사학사학회에서 평생 동안의 학문 여정에 대해 발표하신 '나의 학행'과 외솔상 수상 소감, 그리고 병석에 눕기 직전에 쓰신 "일본은 세계평화를 위하여 침략의 역사를 자성해야 한다"라는 육필원고를 실었습니다. 이어 제2회 독립기념관 학술상을 수상하실 때 이만열 교수님이 정성껏 마련하셨던 축사도 같이 실었습니다.

부록에는 선생님의 평생 이력을 보여주는 연보와 연구성과, 그리고 학술활동을 모아 제시하였습니다. 수록된 연보와 연구업적은 선생님께서 평생 걸어오신 학문적 거보에 비추어 누락된 부분도 적지 않으리라 짐작되지만, 선생님의 소중한 삶의 궤적을 한눈에 볼 수 있도록 최대한 정성을 모았습니다.

추모집 題號는 '운회 윤병석교수 추모문집'이라고 하였습니다. 제호에 제시한 雲淮는 선생님의 自號입니다. 선생님 고향인 제천의 白雲과 사모님이신 이은순 교수님의 고향 淮陽에서 연유했음을 이번에야 알게 되었습니다.

어려운 요청에도 흔쾌히 선생님을 회상하고 추모하는 글을 보내주신 여러분들께 다시 한번 감사를 드립니다. 이 추모집이 선생님의 학문과 인생 여정을 이해하는 데 도움이 되었으면 합니다. 아울러 사모님을 비롯한 가족분들께 조금이라도 위안이 되었으면 합니다. 끝으로 출판계의 어려운 사정에도 불구하고 흔쾌히 간행을 맡아준 도서출판 선인의 윤관백 사장과 편집부의 노고에 감사를 드립니다.

2023년 4월
운회윤병석교수추모문집 편찬위원 일동

2부
추모의 글

1부

윤병석 교수의 학문

1

선비정신으로 일관한
윤병석 교수의 학문세계
: 생애와 저술을 중심으로

김학준
단국대학교 석좌교수

Ⅰ. 머리말

평생을 오로지 한국독립운동사 연구에 바치면서 새로운 자료들을 발굴하고 개척적인 저서들을 출판해 사계에 큰 학문적 업적을 남긴 국사학자 윤병석(尹炳奭) 교수가 지난 2020년 4월 23일에 서울에서 향년 90세로 별세했다. 학계에서는 한국독립운동사 연구를 개척한 학자로 박영석(朴永錫, 1932~2017) 교수, 조동걸(趙東杰, 1932~2017) 교수, 윤병석 교수 그리고 신용하(慎鏞廈, 1937~) 교수 등 네 분을 꼽는다. 그런데 이제 세 분이 별세하고 신 교수만이 남게 된 것이다.

필자는 윤 교수와 특별한 인연을 갖고 있다. 충북 선후배이고 서울대학교 문리대 선후배라는 인연은 굳이 내세울 것이 아니다. 그러나 윤 교수가 사단법인 매헌윤봉길의사기념사업회 산하의 매헌연구원 원장으로

10년 남짓하게 봉사하던 시기의 어느 한 시기에 필자는 이 기념사업회의 회장을 맡았었는데, 윤 교수로부터 많은 가르침을 받았던 것이다. 윤 교수가 별세한 직후에 필자는 매헌연구원 원장을 맡기에 이르렀다.

이 글은 윤 교수와의 인연을 존중하고 그의 가르침을 되새기면서 그의 생애와 저술을 중심으로 그의 학문세계를 살피고자 한다.

II. 가계와 성장과정

윤병석 교수는 음력으로 1920년 4월 23일(호적으로는 8월 24일)에 충청북도 제원군 백운면 애연리에서 태어났다. 제원군은 때로는 제천군으로 불렸으며, 오늘날에는 제천시로 불린다. 이곳은 대중가요에 등장하는 천등산 박달재에 가까운 곳으로, 이 일대에서 적지 않은 수의 학자들이 배출됐다. 사람들은 분지로 형성된 이곳의 지령과 지세가 좋은 탓이었다고 말하곤 했다.

부친 윤성(尹鋮) 선생과 모친 박문탄(朴文灘) 씨의 3남 3녀 가운데 막내로, 본관은 파평이었다. 부친은 한학에 밝아, 자녀들에게 고전을 가르치곤 했는데, 윤 교수는 일곱 살 때부터 부친 슬하에서 『천자문』과 『동몽선습』을 배우면서 한학에 눈을 떴다. 국사학자에게 가장 중요한 것들 가운데 하나는 한문으로 쓰인 사료들을 읽는 능력이다. 이 능력을 그는 어려서부터 키운 셈이다.

윤병석 교수는 여덟 살이 된 1938년에 백운공립국민학교에 입학해 1944년에 졸업했으며, 곧 6년제 제천공립농업중학교에 입학했고 2학년 때 해방을 맞았다. 6·25전쟁이 일어나기 직전인 1950년 6월에 이 학교를 졸업하고 곧바로 서울대학교 문리대 사학과에 입학했다. 농촌의 한

마을에서 성장하고 게다가 농업학교를 졸업한 그가 곧바로 이곳으로 진학할 수 있었던 것은 결코 흔한 일이 아니었다. 집안에서도 그러했지만 모교에서도 그리고 제천군에서도 경사로 받아들여졌다.

전쟁이 일어난 때로부터 몇 개월 지나지 않은 1951년 초에 그는 육군에 입대했고 자연히 학업을 중단하게 됐다. 그러나 1954년에 제대하면서 복학해 1957년 3월에 문학사를 받으면서 졸업했다. 이때 문리대 사학과는 오늘날처럼 국사학과와 동양사학과 및 서양사학과로 나뉘어 있지 않았다. 그는 동양사와 서양사에도 관심을 두었으나 전반적으로는 국사학에 관심을 쏟았고 '국사학의 대가'로 불리던 이병도(李丙燾) 교수의 강의를 많이 들었다.

교육자로서의 그의 삶은 서울의 경신중고등학교 교사로 시작됐다. 그는 동시에 서울대학교 문리대 사학과 국사연구실 조교를 겸했고, 육군사관학교와 중앙대학교에도 출강했다.[1] 이 무렵인 1961년 3월 5일에 이화여자대학교 사학과 졸업생인 이은순(李銀順)과 결혼했다. 이병도 교수가 주례를 서고, 서울대학교 사학과의 김상기(金庠基) 교수가 신랑을 위해 축사를 했으며 연세대학교 사학과의 홍이섭(洪以燮) 교수가 신부를 위해 축사를 했다. 신부는 훗날 중앙대학교 대학원 사학과에서 조선사를 전공해 문학박사학위를 받으며 한국외국어대학교 교수로 봉직한다. 말하자면, 한국사전공 교수부부가 탄생한 것이다. 금슬이 좋았던 두 분 사이에서 1남 2녀가 태어났다.

---

1 「윤병석 교수 약력」 윤병석교수화갑기념한국근대사논총간행위원회 편, 『윤병석교수화갑기념 한국근대사논총』, 지식산업사, 1990, 9~11쪽.

Ⅲ. 국사편찬위원회에서의 연구

학자생활에서의 변화는 5·16군사정변 다음 해인 1962년에 이뤄졌다. 이 해에 국사편찬위원회 편사관보로 출발해 1976년까지 14년에 걸쳐 이곳에 몸을 담은 것이다. 편사관으로 승진한 데 이어 1970년에 편사실장 그리고 1971년에 조사실장의 책임을 맡을 때까지『한국독립운동사』,『한국사료총서』,『한국사』등을 편찬했는데, 40대 초의 이 시기에 사료수집과 편찬에서 역량을 쌓을 수 있었다. 이 과정에서, 미국 포드재단의 지원을 받아 미국의 저명한 대학과 연구소를 탐방했다. 특히 연방정부의 국가문서기록관리청(NARA) 및 콜럼비아대학교 동아시아연구소 도서관 등으로부터 한국독립운동에 관련된 사료들을 발굴할 수 있었다.「성명회선언서」가 그 대표적 사례였다.

「성명회선언서」는 러시아 블라디보스토크에서 이상설(李相卨)이 중심이 돼 발족시킨 항일독립운동단체「성명회(聲明會)」가 경술국치 직후인 1910년 8월에 발표한 선언서였다.「성명회」는 일제의 대한제국 침략을 '성토'하고 '대한인'의 독립의지를 분명하게 밝힌다는 뜻을 담았는데, 이 선언서는 1907년에 네덜란드의 수도 헤이그에서 열린 만국평화회의에 고종의 정사(正使)로 파견됐던 항일독립운동가 이상설이 직접 썼으며 제천에서 의병을 일으켰다가 연해주로 망명해온 유인석(柳麟錫)이 다듬었다. 윤 교수는 항일독립운동사를 연구하는 가운데 특히 이상설에 크게 주목하고 그에 관한 논문과 책을 썼다. 그 배경에는 바로 자신이 발굴한「성명회선언서」가 준 충격과 감동이 있었다.

국사편찬위원회에서 봉직하는 가운데 윤 교수는 3·1운동에 대해 꾸준히 발표했다. 그 대표적인 저서가『3·1운동사』이다.[2]

---

2 윤병석,『3·1운동사』, 정음사, 1975; 윤병석,『3·1운동사』, 국학자료원,

Ⅳ. 인하대학교 교수로서의 연구

윤병석 교수는 1976년에 국사편찬위원회 조사실장을 사임하고 인하대학교 인문대학 사학과 교수로 부임했다. 그는 박사학위는 물론 석사학위도 갖지 않았다. 학사학위 하나만을 가지고 정교수로 부임한 것은 당시 대학사회에서는 드문 일이었다. 그러나 국사편찬위원회에 봉직하면서 출판한 저술들이 그의 학문적 업적을 증명하기에 충분했고 또 학자로서 전통적인 선비정신으로 올곧게 살아온 자세가 학위 여부를 따지지 않게 만들었던 것이다.

1970년대만 하더라도 대학가에는 '구제(舊制) 박사'라는 제도가 있었다. 대학원 과정을 밟지 않았다고 해도 연구와 교육경력이 일정한 수준에 도달한 학자에게 박사학위논문을 제출하게 하여 엄격하지 않은 심사를 거친 뒤 박사학위를 수여하는 제도였다. 그래서 비아냥거리는 사람들은 이렇게 박사학위를 받은 학자를 '구제(救濟) 박사'라고 불렀다. 윤 교수는 기존의 연구업적만 가지고도 얼마든지 '구제 박사' 제도를 통해 박사학위를 받을 수 있었다. 그러나 자존심이 강하고 학문적 엄격성을 생명처럼 여기는 그로서는 그렇게 하고 싶지 않았던 것이다. 그는 정년을 맞이한 1995년 8월에 제자들과 후학들의 강권에 따라 숭실대학교로부터 명예문학박사학위를 받는다.

인하대학교에서 그는 박물관장을 맡았다. 그러나 한국정신문화연구원이 창설되면서 1978년에 사학연구실장으로 파견됐으며 1981년까지 이 자리에서 봉직하는 가운데 한국정신문화연구원 부설 한국학대학원

2004(개정증보판); 윤병석, 『3·1 운동사와 대한민국 임시정부 광복선언』, 국학자료원 새미, 2016.

교수로 겸임발령을 받았다. 이 시기에 그는 1980년에 루마니아의 수도 부크레시티에서 열린 제15차 국제역사학대회에 참석했으며, 이어 대만을 방문해 한국독립운동을 도왔던 중국인 18인으로부터 증언을 청취하고 자료를 받아 『한국독립운동자료집: 중국인사증언』을 편찬했다.

1981년에 윤 교수는 인하대학교로 복귀했으며 곧 문과대학장을 맡아 1983년까지 봉직했다. 이 시기에 독립기념관건립추진위원회 기획위원으로, 또 국가보훈처 독립유공자심사위원 등으로 봉사했다. 독립기념관과의 인연은 계속됐다. 1984년에 독립기념관에 한국독립운동사연구소가 부설되면서 연구위원 및 운영위원으로 봉사했으며, 한국민족운동사연구회 회장으로도 봉사했다. 이어 1986년 이후 인하대학교 한국학연구소 소장으로 봉직하는 가운데, 『한국학연구』 및 『한국학연구총서』 편집을 이끌었으며, 『한국일보』에 「재발견 한국독립운동사」를 30회에 걸쳐 연재했다.

V. 의병연구를 선도하다

구한말부터 일제강점기에 일어난 한민족의 의병운동에 대한 국사학계의 연구는 오늘날의 시점에서 볼 때 부족하다고 말하기는 어렵다. 그 사이 적지 않은 수의 국사학자들이 의병연구에 헌신했기 때문이다.

그러나 윤병석 교수가 이 주제에 관해 어느 누구보다도 앞서 열정적으로 연구한 사실이 기억돼야 할 것이다. 그는 국내에서의 의병운동은 물론 해외에서의 의병운동에 대해서도 많은 자료를 개발하고 저술을 출판했는데, 그 대표적인 저서가 『의병과 독립군』(세종대왕기념사업회, 1977)과 『한말 의병장 열전』(독립기념관 한국독립운동사연구소, 1991)

이다. 또『근대 한국민족운동의 사조』(집문당, 1996)는 의병운동이 전개되고 독립군이 활동하게 된 사상적 배경을 분석했다.

VI. 항일독립운동가 평전 출판

같은 맥락에서, 윤 교수는 항일독립운동가 평전을 꾸준히 출판했다. 그는 이 작업을 위해 기초적으로 항일독립운동가들의 문집과 자료를 모았으며, 그 결과『한국독립운동가의 문집과 자료집』(선인, 2012)을 출판할 수 있었다. 여기에는 이승만, 김구, 안창호, 박은식, 이동휘, 양기탁, 계봉우, 안중근, 장지연, 장인환, 신채호, 윤봉길 등이 포함됐다. 이러한 자료들을 바탕으로 여러 항일독립운동가들의 평전을 집필했는데, 다음에 한정해 살피기로 한다.

첫째, 『백야(白冶) 김좌진(金佐鎭)』(태극출판사, 1972)이다. 태극출판사는 「위대한 한국인」 전12권을 출판했다. 거기에는 최시형과 서재필을 비롯해 안창호와 김구 및 이승만 등이 포함됐으며, 그 가운데 제7권이 바로 이 책이다. 윤 교수는 '청산리 대혈전'을 승리로 이끌었고 신민부를 출범시키는 데 앞장을 섰던 애국자 김좌진을 높이 평가했다.

둘째, 『안중근 전기』(국학자료원, 2011)이다. 윤병석이 항일독립운동가들 가운데 1차적으로 관심을 두었던 대상은 안중근이었다. 그는 안 의사의 순국 90년을 전후하여 기존에 발굴됐거나 출판된 안 의사에 관한 전기들을 집성하고 해제하여『안중근전기전집』(국가보훈처, 1999)으로 펴냈었다. 그 후 2001년에 백암 박은식의『삼한의군참모중장 안중근전』이 발견되자 박은식을 기리는 연구논문집인『백암학보』3(2002)에 그것을 영인·소개했다. 그런데 안 의사 하얼빈의거 100주년을 전후한 시점에 중국학자 섭천예(葉天倪)가 찬술한 『안중근전』이 발견됐다. 윤병석은 기존의 『안중근전기전집』에 이 저서를 포함시켜 위의 책으로 펴낸 것이다.

윤병석은 섭천예가 안중근을 '세계 위인'으로 자리매김한 것에 전적으로 동의했다. 윤병석은 다음과 같이 부연했다.

> 세계의 많은 인사는 안중근을 나라의 원수를 갚은 열사, 의사를 비롯하여 혹은 의민(義民), 용부(勇夫), 혈성남자(血性男子), 애국지사라는 등의 가명(嘉名)을 붙여 논찬하나 섭천예는 그와 같은 가명을 다 합하여도 안중근의 공적과 사상을 논평하기에 부족하여 '세계위인'으로 평론한다는 것이다. 그 이유는 세판(勢判)으로만 따진다면 일본은 한국보다 월등히 강하고 지위로 본다 하더라도 이토 히로부미와 안중근은 귀천의 차이가 큰데도 불구하고 안중근을 높이 두는 것은 인심(人心)과 천량(天良)이 이토의 공리와 인도를 배반한 죄악을 인정하고 안중근의 행적과 사상을 공리와 인도를 따른 것으로 인정한다는 것이다. 다시 말하면, 이토는 일본제국주의의 선도자로 한국을 병탄하고 이어 만주를 러시아와 분할하고 중국을 침략하는 평화의 교란자로 낙인시킨 것이다. 따라서 이토의 죄악은 동양평화는 물론 세계평화에 큰 해악이 된다는 논리다.[3]

셋째, 『이상설전: 해아특사 이상설의 독립운동론』(일조각, 1984) 및 『한글본 이상설전』(진천향토사연구회, 2017)이다. 앞에서 말했듯, 윤 교수의 이상설에 대한 존경과 애정은 매우 깊었다. 그래서 이상설이 항일독립운동을 전개하는 과정에 방문했던 여러 곳들을 하나하나 찾아다니면서 현장을 살피기도 했다. 그리고 그가 독립을 성취하지 못한 한을 삼키면서 그러나 독립의 날이 반드시 올 것이라는 희망을 품으면서 눈을 감은 연해주 우스리스크 쌍성자 수분하에 그의 비석을 세우며 초혼제를

---

3 윤병석 역주, 『안중근 전기』, 국학자료원, 2011, 12~13쪽.

올리던 1996년 10월 27일에 그곳을 찾았고 또 초혼사를 읽기도 했다.

윤 교수는 이 책에 앞서 「헤이그특사의 역사적 의의」를 발표했었다.[4] 이 글에서도 그는 이상설을 높이 평가했다. 그가 일제의 방해로 만국평화회의에 참석하지는 못했으나 좌절하지 않고 영국과 미국을 거쳐 프랑스·독일·러시아 등을 순방하면서 한국의 독립을 지원해줄 것을 호소한 사실에 대해 깊은 존경심을 나타냈다.

이상설의 생애는 참으로 애국자의 생애 그 자체였다. 가시밭길과 같은 항일독립의 길을 모든 간난신고를 헤치며 외롭게 걸었던 것이다. 윤 교수가 집필한 이 책을 읽으면 누구나 한 위대한 애국자의 삶에 감동하게 될 것이다.

넷째, 「이동휘(李東輝)의 망명활동과 대한광복군정부」(『한국독립운동사연구』 11, 1997년 12월, 99~111쪽)이다. 이동휘는 구한말부터 구국운동에 뛰어들었고 일제가 을사늑약으로 대한제국을 자신의 '보호국'으로 만들자 연해주로 망명해 항일독립운동의 터전을 마련했을 뿐만 아니라 대한민국임시정부가 수립되자 초대 국무총리로 봉직하는 가운데 막 소비에트정부를 수립한 레닌과 교우하며 고려공산당을 창당했던 애국자였다. 이동휘는 공산주의가 좋아서가 아니라 레닌이 일제를 포함한 제국주의에 반대하는 식민지 백성들의 투쟁을 지원했기에 독립운동의 방편으로 그와 제휴했던 것이다.

다섯째, 『매헌윤봉길전집』 전8권(매헌윤봉길의사기념사업회, 2012)이다. 윤 교수는 「윤봉길의 상해의거」[5]를 출판하는 등 윤 의사에 대한 글을 꾸준히 발표했었다. 그뿐만 아니라 그는 매헌윤봉길의사기념사업회

---

4 김삼웅 편, 『헤이그특사와 한국독립운동』, 독립기념관 한국독립운동사 연구소, 2007, 13~62쪽.
5 『나라사랑』 25, 1976, 38~44쪽.

산하의 매헌연구원 원장을 10년에 걸쳐 무보수로 맡아 윤 의사의 사상과 행동을 밝히는 데 힘을 쏟았다. 윤 의사가 단순한 애국적 열혈청년이 아니라 인간의 자유와 평등을, 특히 자유를 옹호했으며 그리하여 한민족의 자유를 속박하는 일제를 타도하기로 결심한 사상가라는 사실을 부각시키는 데 성공한 것이다.

이 점을 인정해, 매헌윤봉길의사기념사업회는 윤 의사 상해의거 80주년을 맞이해 위와 같은 전집을 발행하면서 윤 교수에게 「해제」를 맡겼다. 윤 교수는 자신이 윤 의사처럼 파평윤씨에 속한다는 사실도 상기하면서 그 일을 영예스럽게 받아들였고, 이 글의 집필에 정성을 쏟았다.

Ⅶ. 구한말의 역사에서 미래를 위한 교훈을 추출하다

항일독립운동에 대한 관심은 자연히 일제의 조선왕조 및 대한제국 침탈에 대한 관심과 동전의 양면을 이뤘다. 그러한 관점에서 윤병석 교수는 『간도 역사의 연구』(국학자료원, 2003)를 출판했다. 우리민족의 영토였던 간도를 일제가 청과의 거래를 통해 청에게 부당히 넘겨준 사실을 고증한 것이다. 이 책으로 그는 2006년에 제2회 독립기념관 학술상을 받았다. 이만열은 이 책에 대해 다음과 같이 논평했다.

> 『간도역사의 연구』 또한 간도를 중심으로 한 한국독립운동의 역사와 한국의 영토문제를 방대한 실증적 자료를 바탕으로 새롭게 개척한 역작이라는 점도 높이 평가했습니다. 간도는 우리 선대들이 개척한 땅일 뿐만 아니라 한말 일제강점기에는 독립운동의 중요한 근거지가 되었던 땅이었는데도, 우리의 의지와는 관계없이 청일 간에 맺어진 1909년의 소위 간도협약이 맺어졌고, 그 협약이 몇 년 있지 않으면 100주년을 맞게 되었습니다. 심사에 임한 위원들

은 이러한 시점에 이 같은 연구가 역작으로 출간되어 간도문제에 대한 일반 국민들의 관심을 환기시키게 된 것이 대단히 중요하며, 그 역사적 의의가 크다고 생각했습니다.[6]

윤 교수는 이어 『한국과 주변 4강과의 관계』(선인, 2015)를 출판했다. 이 책의 제목에 접한 사람들 가운데에는 국제정치학자들이 흔히 다루는 주제인 「한국과 주변 4강과의 관계」, 곧 한국의 미국·일본·중국·소련(러시아)과의 관계를 분석한 책을 연상하면서 한국독립운동사 연구에 전념해온 저자가 무슨 까닭에서 시사적인 주제를 연구대상으로 설정했는가 하는 의문을 갖는 경우가 있을 수 있다. 그러나 이 책이 말하는 '주변 4강'은 구한말의 일제를 비롯해 청 제국과 제정러시아 및 미국을 의미한다.

이 책은 「만국평화회의와 한국 특사의 역사적 의미」, 「'간도협약' 100주년을 돌아본다: 간도의 역사와 간도협약」, 「을사5조약의 신(新) 고찰」, 「경술국치를 성찰한다: 일제의 한국병합과 한국민의 광복선언 및 전후일본의 재침략 조짐」, 「3·1운동과 대한민국의 광복 선언 및 임시정부, 임시의정원」, 「일제의 한국침략과 전후일본의 역사왜곡 및 독도침탈기도」, 「소비에트 건설기의 고려인 수난과 강제이주」, 그리고 「미주 한인사회의 성립과 민족운동」 등 모두 8편의 논문으로 구성됐다.

위의 논문들 가운데 윤 교수가 일본의 독도침탈기도에 대해 관심을 보였다는 사실에 주목하게 된다. 독도는 분명히 조선=한국의 땅이다. 이 것은 지리적으로 역사적으로 그리고 국제법적으로 명백한 사실이다. 그러한데도 일제는 제정러시아와의 전쟁을 염두에 두고 독도를 침탈할 구

---

6 이만열, 「제2회 독립기념관 학술상 심사경위 및 축사」, 윤병석, 『한국과 주변 4강과의 관계』, 선인, 2015, 309~313쪽에 수록됐다.

상을 지녔다가 을사늑약으로 대한제국의 외교권을 빼앗은 뒤, 마침내 자신의 판도에 불법적으로 편입시켰던 것이고 패망 직후 당연히 조선=한국으로 돌아온 독도를 오늘날까지도 탐을 내고 있는 것이다. 윤 교수는 여러 국내외적 자료들을 활용해 이 사실을 거듭 상기시켰다.

주제는 서로 다르지만, 이 책에 일관하는 문제의식은 외세에 대한 경계심과 독립정신에 있다. 저자는 특히 동아시아에서 패권을 장악하려고 시도하는 일본의 대외정책에 대한 경계심을 환기시켰다.

VIII. 맺음말

윤병석 교수가 천착했던 주제는 참으로 다양했다. 그러나 관심은 오로지 하나에 쏠려있었다. 그것은 "우리민족은 세기적 전환기에 왜 일제에게 국권을 빼앗겼는가?" 그리고 "일제는 어떠한 수단으로 우리의 국권을 빼앗았는가?"라는 문제의식이었다. 그는 당시 집권세력이 부패했고 무능했으며 그리하여 변화하는 국제환경을 제대로 이해하지 못하고 효과적으로 대응하지 못한 데서 답을 찾으며 개탄하곤 했다.

오늘날 한반도를 둘러싼 국제환경은 강대국들 사이의 무자비한 경쟁과 각축으로 특징지어진다. 특히 해양세력과 대륙세력 사이에 놓인 채 열강의 세력다툼을 바라보고 있는 우리 민족으로서는 각별한 경계심으로 대응하지 않으면 안 된다. 윤 교수가 우리에게 남겨준 교훈은 바로 "정신차릴 것. 그렇지 않으면 또 비극을 경험하게 될 것이다"로 요약된다.

윤 교수는 항일독립운동사 분야에 많은 후학들을 길러냈다. 그 대표적 학자가 충남대학교 김상기(金祥起) 교수다. 김 교수는 특히 의병운동 분야에서 탁월한 저술들을 출판했으며, 스승의 뜻을 받아들여 매헌연구원 원장으로도 봉사했다. 윤 교수는 별세했지만 이제 그 후학들이 유지를 계승해 더 좋은 연구업적을 보여주어야 할 것이다.(『작가들』73, 2020년 여름호)

2

윤병석(尹炳奭) 교수의 학문과 매헌 윤봉길(梅軒 尹奉吉) 연구

김상기
충남대학교 명예교수

　윤병석(尹炳奭) 선생님을 처음 뵌 것은 한국학대학원에서였다. 한국학대학원은 한국학중앙연구원의 부속대학원으로 1980년 3월에 개교하였는데, 이때 한국학과 한국사전공에 입학하면서 윤 선생님의 지도를 받게 된 것이다. 인하대학교 사학과 교수이셨던 윤 선생님께서는 한국학중앙연구원에 파견 나오셔서 사학연구실장을 맡고 한국사전공 원생들을 지도하셨다. 첫 강의는 선생님의 연구실에서 있었다. 좁은 연구실에서 책상도 없이 소파에 앉아서 강의를 들었다. 조선 후기부터 근대기까지의 개론 강의였다. 시기 순으로 막힘없이 강의하시는 것이 마치 무슨 책을 읽어주시는 듯했다. 한 학기 동안 강의는 그렇게 진행되었다. 흥미 있는 강의 방식은 아니었지만, 나에게는 그동안 공부했던 것에 새로운 내용들을 덮어씌우는 시간이었고, 과거로 돌아가 시간 여행을 하는 기분이었다. 선생님의 강의는 근대사에 대한 학구열을 더욱 높이는 계기가 되기에 충분했다.

석사논문 예비 발표에서 선생님께서 내 논문을 평하시면서 '성실하게…'라는 말씀을 하셨단다. 조선시대 전공의 학우가 부러웠다고 하면서 나에게 알려줘서 알았다. 아마도 『대한매일신보』와 『황성신문』 기사를 일일이 조사, 분석하여 논문을 완성하였음을 그렇게 평하신 것 같다. 이후 논문을 쓸 때마다 선생님의 꼼꼼한 지도를 받으면서 자료에 천착한 연구 활동을 한다고 했으나 과연 선생님께서는 몇 점을 주실지 모르겠다.

Ⅰ. 윤병석 교수의 학문 여정

윤 선생님은 제천에서 농업학교를 졸업하고 1950년 한국전쟁이 일어나기 직전에 서울대학교 사학과에 입학하였다. 1951년 초에 입대하여 무사히 1954년에 제대하였다. 1957년 3월에 졸업하고 조교로 역사학계에 첫 발을 디뎠다. 1962년 국사편찬위원회에 편사관보로 입사한 뒤 편사실장과 조사실장을 맡아 한국사료총서 등의 편찬 업무에 참여하였다. 독립운동사 관련 자료를 수집, 정리하여 이를 편찬하는 업무도 맡아 『한국독립운동사』와 『한국독립운동사 자료』 편찬을 주관하였다. 또한 『한국사』 25권을 편찬하는 등 국사편찬위원회의 연구 사업을 총괄하였다. 중고등학교 『국사』 교과서 편찬 사업에 참여하고 근대편을 맡아 저술하였다. 그리고 수집한 사료에 대한 해제 작업을 통하여 새로운 사료를 일반에 소개하는 일도 하였다. 국사편찬위원회에서 사료총서의 일환으로 간행한 『소의신편』, 『매천야록』, 『석주유고』, 『심산유고』 등을 해제하였으며, 「의병전」과 「요좌기행」, 「아령실기」는 해제와 함께 원문도 소개하였다. 이외에도 「서행별곡」, 「서간도 시종기」, 「대한민국임시정부관계자료 습유」, 「대한민국임시정부의정원문서」, 「안악신민회사건 판결문」, 「한국민족운동사료(중국편)」,「독립운동가요습유」,「한일관계사료집」 등의 해제를 묶어 1979년에『한국근대사료론』(일조각)을 펴냈다.[1] 이후에도「민긍호 의병장의 서한 등과 이인영 의병장의 격문 해제」(1979),「윤정희 저『간도개척사』해제」(1991),「『재미한인독립운동실기』해제」(1991),「내가 찾은 자료 계봉우의『아령실기』와『동학당폭동』해제」(1993),「해제『도왜실기』와 윤봉길의사」(1999)[2],「『염재야록』해제」(2015)[3] 등 많은 자료 해제를 했다.

아울러『백범김구전집』,『도산안창호전집』,『백암박은식전집』,『단재신채호전집』,『우강양기탁전집』,『매헌윤봉길전집』 등의 편찬위원장을 맡아 독립운동가 자료집 편찬 사업을 주관하였다. 그리고『안중근문집』,『장인환과 전명운 샌프란시스코 의거 자료집』,『성재이동휘전서』,『북우계봉우자료집』,『직해 백범일지』,『한국독립운동사 중국인사 증언집』 등도 편찬하였다.[4] 이처럼 윤 선생님은 독립운동가 전집 간행의 책임을 맡아 목숨을 바쳐 나라를 지키고자 했던 애국지사들의 자료를 수습하여 이를 보급하는데 수고를 마다하지 않았다. 이러한 작업은 노다공소한 일이었지만, 역사 연구의 기초는 자료에 근거해야 한다는 선생님의 역사의식의 발로라 할 수 있다.

윤 선생님께서는 기초 자료의 조사 위에 독립운동사에 대한 역저들을 저술하였다. 이 중에서 의병전쟁 관련으로는『의병과 독립군』(세종대왕기념사업회, 1977),『한말의병장 열전』(독립기념관 한국독립운동사연

---

1 윤병석,『한국근대사료론』, 일조각, 1979.
2 윤병석,「해제『도왜실기』와 윤봉길의사」,『겨레사랑』 7, 매헌윤봉길의사기념사업회, 1999, 30~32쪽.
3 윤병석,「머리말」,『항일운동을 증언한 염재야록』, 고려대학교 역사연구소 편, 金滯 역, 신아출판사, 2017, 6~8쪽.
4 이들 자료집을 간행하면서 작성한 '편찬사'를 묶어『한국독립운동가의 문집과 자료집』(선인, 2012)을 펴냈다.

구소, 1991), 만주와 연해주 등 해외 독립운동 관련으로는 『국외 한인사
회와 민족운동』(일조각, 1990), 『독립군사』(지식산업사, 1990), 『중국 동
북지역 한국독립운동사』(집문당, 1997), 『간도역사의 연구』(국학자료원,
2003), 『해외 동포의 원류』(집문당, 2005), 3·1운동 관련으로는 『3·1운
동사』(정음사, 1975), 『증보 3·1운동사』(국학자료원, 2004), 『3·1운동사
와 대한민국임시정부 광복선언』(국학자료원, 2016), 인물전으로는 『이상
설전』(일조각, 1984), 『안중근전기』(국학자료원, 2011), 『민족의 영웅 윤
봉길 의사』(매헌윤봉길의사기념사업회, 2007), 독립운동 사적지 탐방 관
련으로는 『한국독립운동의 해외사적 탐방기』(지식산업사, 1994) 등이 있
다. 그리고 논문 모음집으로 『한국사와 역사의식』, 『근대한국 민족운동의
사조』, 『대한과 조선의 위상』, 『한국과 주변 4강과의 관계』 등을 펴냈다.

『한국사와 역사의식』(인하대 출판부, 1989)은 국내외 학술회의 또는
학술지에 발표한 의병을 포함한 국내외 독립운동 관련 논문, 그리고 한
국 근대사 연구 현황을 검토한 「한국근대사연구 50년 서설」 등 18편을
묶은 것이다.

『근대한국 민족운동의 사조』(집문당, 1996)는 정년퇴임을 기념하여
그동안 발표한 글들을 모은 것인데 모두 31편에 달한다. 한말 일제의 침
략과 항일전, 일제강점기 국내외에서 전개된 독립운동, 특히 서간도, 연
해주, 미주, 상해 지역에서의 독립운동에 관한 글들이다. 또한 이상설,
박은식, 안창호, 윤봉길, 김정규, 이동휘, 계봉우 등의 독립운동도 포함
하였다.

『대한과 조선의 위상』(선인, 2011)에서는 간도협약과 독도 문제, 그
리고 단군교의 독립운동을 다룬 글이 눈에 띈다. 그중에 특히 간도협약
문제는 선생님 말년에 관심을 기울인 주제이다. 제3부에서는 '의열사의
위상'이라 하여 이한응, 장인환, 전명운, 안중근, 강우규, 김상옥, 윤봉길

등의 의거를 밝혔다. 이들 외에도 신채호, 박용만, 강화학파, 홍진, 김구, 이승만 등 다른 책에 포함시키지 못한 독립운동가의 활동을 다룬 글들을 엮었다.

『한국과 주변 4강과의 관계』(선인, 2015)는 2015년 86세에 편찬한 선생님의 마지막 저서이다. 이 책은 선생님의 다른 책과는 달리 한국의 현 단계에서의 문제점, 그중에서 일본, 중국, 러시아, 미국 등 주변 4강과의 관계 정립을 위한 올바른 방향을 한국사학계 나아가 한국인에게 제시한 점에서 돋보이는 역작이다. 이 책에서 일본은 한국을 강점하고 식민지로 만들어 한일 양국은 견원지간이 되었다고 평하였다. 이때 영국과 미국은 일본의 침략을 방조한 방조자라고 비판하였다. 안중근의 이토 히로부미 저격의거가 없었으면 만주 지역도 일본의 종속국이 될 수 있었음도 지적하였다. 이 책에서는 8편의 논문을 실었다. 다른 책에 실린 글도 포함시켰는데, 이는 저술 목적에서 주변 4강의 8가지 문제를 분석하기 위함이라고 밝혔듯이 주변 4강과의 관계를 설명하는데 필요하였기 때문으로 보인다. 이 책은 첫째, 헤이그에 파견된 한국 특사들이 한민족의 자주적 독립운동의 방향을 분명히 제시하며 항일전에 들어갔다고 평가하였다. 둘째, 간도협약을 탐구하여 중국의 중화주의적 작위를 규명하고 이를 부각시켰다. 셋째, 을사5조약에 대한 고찰을 통하여 일제의 광폭한 한국 식민지화 작태를 부각하여 지금도 계속되는 일본의 신제국주의 행위를 경계하고자 하였다. 넷째, 경술국치에 대한 글로 일본의 한국 재침략 기도를 경고하고자 하였다. 다섯째, 1919년 임시정부가 대한민국의 광복을 선언하고 광복운동을 전개한 실상과 방향을 제시하였다. 여섯째, 일본의 역사 왜곡과 독도 문제를 규명하여 일본의 한국 재침략 실상을 부각하였다. 일곱째, 소비에트 건설기 한인의 강제 이주 참상과 한인의 열성적인 재생(再生) 실상을 부각하였다. 여덟째, 미주 한인사회의 성립과 민족운동을 분석하여 한미관계에 대한 올바른 역사적 판단을 제시하고자 하였다. 이처럼 일본에 대해서는 역사적 심판을 망각한 단견을 비판하고, 중국에 대해서는 영토문제를 새롭게 규명해야 함을, 러시아에 대하여는 고려인의 강제 이주와 숙청한 사실을 사실대로 밝혀야 한다고 하였다. 미국에 대해서는 미주 한인들의 민족운동 전개를 평가하면서 미국의 한국전쟁 지원 등 혈맹관계를 망각해서는 안된다고 하였다. 그러면서 현대 한국은 특히 남북통일의 해결을 위해서는 주변 4강과의 선린우호 관계의 증진도 필요한 상황이라고 하였다. 아울러 균형 잡힌 국가건설을 목표로 자주적인 국력 배양에 전진하는 것이 국력신장과 통일 문제의 올바른 해결 방안이라고 하였다.

선생님은 식민지기에 태어나 해방정국기 대학을 다녔으며, 한국전쟁기 군인으로 복무한 세대로 특히 일본 문제와 남북통일 문제에 관심이 컸다. 그래서 위와 같은 8가지 문제의 해결방안을 학술 논문으로 제시하면서 국력신장과 남북통일을 이루어야 함을 역사의 은감(殷鑑)에서 찾아야 한다고 하였다.[5] 마지막으로 이 책의 부록에 이만열 교수의 「제2회 독립기념관 학술상 심사경위 및 축사」를 실었다. 그리고 이어서 '윤병석'의 '학력', '경력', '상훈', '주요 저서'를 정리하였다.[6] 이로 보아 선생님은 이 책으로 자신의 학문 여정을 마무리 지으려 한 것으로 보인다.

한편 윤 선생님은 1981년부터는 독립기념관건립추진위원으로 참여하였으며, 독립운동사 연구를 위한 학회의 필요에 의해 한국민족운동사연구회 조직에 참여하고 회장을 역임하였다. 도산사상연구회와 백암학회의 회장, 매헌연구원 원장, 안중근의사숭모회 이사 등을 맡아 안창호와 박은식,

---

5 윤병석, 「역사학계 주변에서 지내온 나의 학행」, 『한국사학사학보』 17, 2008, 221~224쪽.
6 윤병석, 『한국과 주변 4강과의 관계』, 선인, 2015.

윤봉길, 안중근 등의 독립운동 연구 사업의 진작에도 경주하였다. 이러한 학문적 업적 등이 평가되어 월봉저작상, 치암학술상, 외솔상, 의암대상, 독립기념관 학술상, 위암 장지연 한국학 부문 학술상 등을 수여받았다.

II. 매헌 윤봉길 연구와 윤병석 교수

매헌 윤봉길에 대한 최초의 저서는 1933년 7월 김광(金光)이 펴낸 『윤봉길전』이다. 김광은 윤봉길보다는 한 살 아래로 상해에서 1년간 숙식을 같이 한 친구 사이였다.[7] 그가 쓴 『윤봉길전』 '자서'에 의하면,

> 저자는 과거에 윤봉길 의사를 매우 잘 아는 벗이었다. 윤 의사는 상해에서 의거를 행하기 전에 1년여 동안 나와 침식을 같이 하였다. 이렇게 함께 거주하는 기간 동안 서로 간에 사소한 일로부터 가슴 속의 깊은 뜻 까지도 흉금을 터놓고 이야기하였다. 그러므로 저자는 윤 열사의 상세한 정황을 모두 잘 알고 있다. 윤 의사의 거사이후 윤 의사의 일기 및 잡록 몇 권을 얻어 1년이 넘는 기간 소비해서야 비로소 이 책을 완성하게 되었다.[8]

---

7 김광(1909-1944, 이명: 고영희[高永喜])은 황해도 해주 사람으로 중국 成都師範學校를 졸업하고 1930년을 전후하여 상해에서 흥사단 단원으로, 한국독립당에서 활동하였으며, 1940년 한국광복군이 조직되자 총사령부 정훈처 선전과장 등을 맡아 활동하였다. 이러한 활동을 인정받아 1995년 대한민국 정부로부터 건국훈장 애국장을 추서받았다.

8 金光, 『尹奉吉傳』, 上海法界韓光社, 대한민국16년 중화민국22년 7월 20일, 3쪽. 대한민국16년은 1934년이고, 중화민국 22년은 1933년이다. 또 김광의 '자서'는 "一九三二,四.本著者識"이라고 1932년 4월이라고 적혀 있어 혼란스럽다. 그런데 본인이 1년간 침식을 같이 했다고 밝히고 있으며, 『윤봉길전』의 서문을 쓴 김기원은 '한국기원 4266년 6월' 작성하였다고 기록한 것으로 보아 김광의 서문은 1933년 4월로, 출판은 1933년 7월로 보는 것이 맞을 것 같다. '序'를 쓴 金起元은 임시의정원 의원과 의장을 지낸 金朋濬이다.

라고 윤봉길과 1년간 침식을 같이 하면서 사소한 일부터 가슴 속 깊은 뜻까지 흉금을 터놓고 이야기를 하였다 한다. 저자는 상해의거 이후 체포되어 고통을 받다가 순국한 '친구' 윤봉길을 추모하면서 그가 남긴 '일기'와 '잡록' 몇 권에다가 1년간 직접 들은 생생한 기억들을 정리하여『윤봉길전』을 저술한 것이다. 이로 보아 이 책의 사료적 가치는 높은 것으로 보인다. 그러나 불행하게도 이때 이용한 윤 의사의 일기와 잡록을 찾을 수는 없다. 저자는『윤봉길전』에서 윤봉길의 탄생부터 순국까지 전 생애를 기술하였다. 그중에서도 특히 그동안 잘 알려지지 않았던 윤봉길의 국내에서의 활동이 상세하다. 이를테면 윤봉길이 일본 경찰의 단속으로 역사를 강의할 수 없게 되자 한글 교과서 속의 글을 몇 개 칠판에 써놓고 한국의 고대사와 위인의 전기 등을 교육하여 민족의식을 고취한 일화를 소개하였다. 또 윤봉길이 야학을 개설한 후에 학생들에게 총독부의 이른바 문화통치의 허구성을 날카롭게 비판한 내용도 자세하다. 강의 중에 일본을 '일본제국주의 악마' 또는 '일본 야수'라고 표현할 정도로 일제에 대하여 불타는 적개심을 가지고 있었음도 소개하였다. 김광은 이러한 윤봉길을 "중한 양국의 공동의 항일을 위해 선봉적(先鋒的)인 용사(勇士)"이며, "양국의 혁명지사를 대신하여 밝은 빛을 개척(開拓)한 선구자(先驅者)"[9]라고 평하였다.

임시정부 외교부장이었던 조소앙(趙素昻, 1887~1958, 본명: 조용은[趙鏞殷], 본관: 함안)은 1933년 5월, 80여 명의 독립운동가 열전을 묶어 중국 남경에서『유방집(遺芳集)』을 펴냈다. 이 중에「윤봉길전」은 윤봉길의 탄생부터 상해의거까지 기술되어 있다. 윤봉길이 15세에 지은 '학행(學行)'이란 한시를 비롯하여 '월진회가'와 '신공원에 답청하며'를 원

<hr>

9 金光,「自序」,『尹奉吉傳』, 上海法界韓光社, 대한민국16년 중화민국22년 7월 20일, 3쪽.

문을 그대로 인용하였다. 그리고 윤봉길의 '유시'와 '유촉'도 소개하면서 상해의거를 자세히 서술하였다. 이로 보아 이 글은 윤봉길이 김구의 지시로 작성한 친필이력서와 유서 등을 참고하여 작성한 것으로 보인다. 조소앙은 윤봉길에 대하여 "적병에 포위되어 적군 사령부에 이르게 되었으나, 공의 태도는 더욱 장하여 마치 전쟁에 승리하여 승전(勝戰)을 알리는 장군(將軍) 같았다."[10]라고 평하였다.

송상도(宋相燾)(1871~1947.4, 호: 송강[松岡], 기려자[騎驢子], 본관: 야성)는 그의 『기려수필(騎驢隨筆)』에 「윤봉길전」을 썼다. 송상도는 1910년 경술국치를 당하자 짚신 신고 괴나리 봇짐을 지고 전국 팔도를 다니면서 항일지사의 행적을 조사, 수집하여 이를 묶어 『기려수필』이라고 하였다. 『기려수필』은 총5권 5책과 미정고 1책으로 된 필사본으로 230여 명의 전기가 있는데, 「윤봉길전」은 제5권에 실려 있다.[11] 저자는 윤봉길의 덕산에서의 출생부터 1946년 7월 태고사에서의 국민장 거행까지를 기술하였다. 저자가 다음 해인 1947년 4월에 작고하였으니, 목숨이 다할 때 까지 항일지사들의 행적을 조사하여 전기를 완성하고자 하였음을 알 수 있다. 여기에는 윤봉길이 상해로 망명하여 '조선독립당'과 '중한항일동맹'에 가입하여 행동했다거나, 체포된 윤봉길이 '조선공산당' 소속이라고 자백했다는 기술도 있다. 또 "윤봉길은 신사복을 입고 행사가 진행되는 단 아래에 서 있다가 도시락에서 폭탄을 꺼내 단상으로 던졌다. 그리고 곧바로 이어서 두 사람이 각각 폭탄 하나씩을 던졌다. (중

---

10 조소앙 저(이정원 역), 『유방집』, 한국고전번역원, 2019, 335쪽. 조소앙의 「윤봉길전」은 『유방집』 1933년판에 실린 글이다. 『유방집』은 1992년 아세아문화사에서 영인 출판한 바 있으나 「윤봉길전」의 뒷부분이 낙장인 상태로 간행되었다. 다행히 2019년도에 이를 번역하면서 『유방집』 초판본을 찾아내 이를 보완하여 「윤봉길전」의 전체 내용을 알 수 있게 되었다.
11 김상기, 「송상도의 항일운동과 『기려수필』」, 『독립지사 송상도 선생의 삶과 저술』, 충남대학교 한자문화연구소, 충청문화연구소, 2012.7, 3~18쪽.

략) 내가 한 일은 조선 사람 두 명과 함께 독립운동에 뜻을 두고 감행했을 뿐이다"라고 하는 등 맞지 않는 부분도 있다. 그러나 상해의거에 대해서는 "'권총 한정'으로[12] 시라카와를 비롯한 대장을 마치 양의 무리를 죽이듯 도살하였다"라면서 『동아일보』와 『조선일보』를 참고하여 상세히 적었다. 그리고 의거에 대해서는

> 중국이 수 만의 대군을 동원해서도 못한 일을 윤봉길은 해내고 말았다. 국제연맹이 달성하지 못한 정전(停戰)의 목표를 윤봉길은 달성하였다. 이 일은 일본을 놀라게 하였을 뿐만 아니라 중국을 놀라게 하였고, 중국만 놀라게 한 것이 아니라 국제연맹을 놀라게 하였다. 윤봉길의 거사는 20세기 피의 역사에서 전례를 찾을 수 없는 일이었다[13]

라고 "중국군 수만 명을 동원해서도 못한 일을 윤봉길이 해냈다"면서 윤봉길의 거사는 '20세기 피의 역사'에서 전례를 찾을 수 없다고 하였다. 또 "그 충성심이 해와 달을 꿰뚫을 만하고 그 의로움이 서리와 눈을 능가할 만하다"라고 평하였다.

해방 후 윤봉길에 대한 연구는 '매헌윤봉길의사기념사업회'(이하 기념사업회)가 조직되면서 비로소 활성화되었다. 기념사업회는 1965년 12월 19일 서울 조계사에서 발족되었다. 초대 회장 김용태(1926~2005)는 대전의 기성면 출신으로, 서울대학교 사회교육과 동창인 김종필과의 인연으로 정계에 진출하였다. 1963년 제6대 국회의원 선거에서 민주공화당 후보로 당선되어 4년간 원내총무를 맡았는데, 이 기간인 1965년 기

---

12 원문(『기려수필』, 국사편찬위원회, 423쪽)에는 '拳銃一挺'이라고 되어 있으나 '폭탄 한 발'를 잘못 적은 것으로 보인다.
13 송상도, 『기려수필』, 국사편찬위원회, 1955, 420~424쪽; 송상도 지음, 강원모·김도훈·이관성·이재숙·정만호 옮김, 『기려수필』 3−망국의 한 기록으로 꽃 피우다, 문진, 2014, 360~367쪽.

념사업회 회장에 추대되어 2년간 재임하였다. 그의 재임 기간인 1967년 기념사업회는 국가보훈처로부터 허가를 받아 등록 단체가 되었다. 1967년 12월부터는 곽상훈이 제2대 회장에 추대되었다. 이때 기념사업회에서는 『매헌윤봉길의사 유고』와 『판결문 및 유시(매헌사료)』를 간행하여 연구 자료로 제공하였다. 기념사업회에서는 1972년 4월에 의거 40주년을 기념하여 이민수(李民樹) 저 『윤봉길의사 약전』 1천 부를 발간하여 배부하였다. 이 책이 윤봉길에 대한 최초의 평전류라 하겠다.[14] 이민수(1916~2004)는 예산 출신으로 민족문화추진회의 번역 위원과 독립운동사편찬위원회 집필 위원 등으로 활동한 문학가이다.

윤 의사의 동생인 윤남의(尹南儀, 1916~2003)는 1975년 4월 윤봉길에 대한 평전인 『윤봉길 일대기』(정음사)를 발표하였다.[15] 그는 형님이 망명하기 전까지 7, 8년을 한 방에서 거처하면서 형님이 계몽운동을 비롯한 이상촌 건설의 기수로서 맹활약한 사실을 알리기 위해서 이 책을 쓴다고 하였다. 그리고 자신이 아는 바와 주변에서 들어 온 이야기들을 정리하고, 집에 비밀리에 보관해 온 편지류, 한시류, 농민독본, 월진회와 위친계 관련 서류, 기사년일기 등을 참고하여 사실적으로 서술하였다. 특히 상해에서 보낸 편지를 받고 16세였던 자신이 느꼈던 심정까지 소개하여 독자로 하여금 공감이 가도록 하였다. 또한 순국 당시의 서술에는 당시 간행된 『조선일보』(1932.12.20)나 일본 신문인 『시사신보』(1932.11.26) 기사도 인용하였다. 해방 후 김구 선생이 예산 집에 찾아온 일과, 1966년 장개석 총통의 초청으로 대만에 갔던 일도 소개하였

---

14 이민수, 『윤봉길의사 약전』, 매헌윤봉길의사기념사업회, 1972.4.
15 윤남의, 『윤봉길 일대기』-정음문고 76, 정음사, 1975. 윤남의는 본명이 尹永錫이다. 그는 윤봉길의 지도 아래 월진회에 참여하여 농촌계몽운동을 전개한 공적으로 1996년 건국포장에 추서되었다.

다. 끝으로 그는 '선백(先伯)'이 남긴 거룩한 정신과 뿌리고 간 성결한 피를 모두 밑거름 삼아 고난을 해결해 나가기를 바란다고 하였다. 서술 형식은 어린 시절과 계몽운동 시기부터 상해의거와 순국, 그리고 현양 사업까지를 시기 순으로 쓰는 방식을 취했다. 문장도 대화체를 많이 택해 흥미를 유도했으며, 자료들을 직업 인용하여 내용의 신빙도를 높혔다. 그런데 이 책은 윤남의의 증언을 토대로 문학평론가인 임중빈(任重彬, 1939~2005)이 저술한 것으로 보인다. 임중빈은 이 사실을 "윤 의사의 계씨 윤남의(尹南儀) 저『윤봉길 일대기』를 정음사 문고본으로 써 본 일이 있는데다"[16]라고 밝히고 있다.

임중빈은 윤남의의 책이 나온 지 얼마 안 된 1975년 10월『천추의 열 윤봉길』(인물연구소)을 펴냈다.[17] 임중빈은 보령 출신의 문학평론가이다. 그는 윤남의를 비롯하여 이강훈(李康勳), 조시원(趙時元), 정화암(鄭華岩), 조경한(趙擎韓), 김홍일(金弘壹), 김재호(金載浩), 정종갑(鄭鍾甲) 등 "30인 이상 50인에 이르는 산 증인들의 고증과 증언을 토대로"[18] 이 책을 완성하였다. 또한 윤봉길의『농민독본』과 김홍일의『대륙의 분노』(문조사, 1973)와 같은 애국지사들의 저서도 참고하였다. 그리고『개벽』,『삼천리』,『동광』등과『대판조일신문』,『동아일보』,『조선일보』같은 당시 간행된 신문 잡지까지 구해서 충실을 기하고자 노력하였다. 마지막 장인「새벽종」에서는 1949년 4월 29일 예산 읍내에 세워진 비문의 내용을 소개하였다. 또한 매헌윤봉길의사기념사업회의 조직과 기념 사업의 추진 과정에 대한 기술도 상세하다. 예산 충의사의 건립과 대전에 동상이 건립되는 과정에 대한 언급도 있다. 그리고 매헌사적지성역화추진위

---

16 임중빈,『윤봉길의사 일대기』서문, 범우사, 1998, 5쪽.
17 임중빈,『천추의열 윤봉길』, 인물연구소, 1975.
18 임중빈,『윤봉길의사 일대기』서문, 범우사, 1998, 5쪽.

원회의 발족과 생가의 성역화 사업 등 윤봉길 의사의 애국정신을 기리는 여러 기념사업 연혁을 정리했다. 저자는 1998년 5월 이 책을 축약하고 일부 보완하여 『윤봉길의사 일대기』라는 제목으로 다시 출간하였다.[19]

1975년 12월에는 이민수의 『윤봉길전』이 서문사에서 간행되었다. 이 책의 서문에서 그는 윤봉길을 "무명의 한 개 농부의 아들로 태어나 농촌운동에서부터 시작하여 무수한 구국운동을 벌이다가 마침내는 상해로 건너가 홍구공원의 대의거를 성공하고 25세라는 청춘의 몸으로 일생을 마친 의사"라고 평했다.[20]

이처럼 윤봉길에 대한 학술 논문이 나오기 전에 평전이 연이어 출간된 것은 특이한 일이다. 그것도 역사학자가 아닌 문학가 또는 후손에 의한 평전류였다. 물론 많은 자료를 조사, 섭렵한 노작들이지만, 아직 자료가 충분하지 못한 상태에서 후손의 증언에 힘입은 바가 큰 것으로 보인다.

윤봉길에 대한 학술적 연구는 1976년 12월 외솔회에서 기획, 간행한 『나라사랑』 제25호 특집호에서 처음으로 시도되었다. 여기에는 윤병석 선생님을 비롯하여 송건호, 홍순옥, 조동걸, 박용옥, 임중빈, 이민수 등이 발표한 모두 7편의 글이 실렸다.[21] 이 기획 논문들은 윤봉길의 생애는 물론 민족사상과 상해의거, 농촌운동 등 다양한 관점에서 조명하였다. 여기에서 윤 선생님은 「윤봉길의 상해의거」를 발표하였는데, 이는 상해의거에 대한 최초의 글로 보인다. 윤 선생님은 이 글에서 '상해 홍구공원의 윤 의사 폭탄 투척 현장 상황표'를 그림으로 제시하여 상해의거의 현장을 재현하였다. 도시락 폭탄의 외형과 내부의 세밀한 구조를 그림으로 제시하였으며, 물통형 폭탄의 구조와 폭탄에 대한 상세한 설명을 하

---

19 임중빈, 『윤봉길의사 일대기』 서문, 범우사, 1998.
20 이민수, 『윤봉길전』(서문문고 205), 서문사, 1975.12.
21 외솔회, 『나라사랑』 25, 1976. 12.

였다. 근거자료로 일본외무성 및 육해군성문서 중에 「외무성 경찰사 조선민족운동」편을 들고, 여기에 윤 의사의 판결문과 신문서 등이 실려 있음을 소개하였다. 아울러 서울대학교 규장각에 소장되어 있는 윤봉길의 「유시, 유촉」도 이용하였다. 그리고 윤 의사의 순국은 그의 뜻대로 한국 독립운동의 새로운 전기를 가져왔다고 평가하였다.[22] 이 글은 상해의거의 상황과 윤봉길이 사용한 폭탄의 구조를 학계에 처음으로 밝힌 것으로 보인다.

이 책에는 조동걸, 박용옥 교수의 글도 있다. 조동걸 교수의 「임시정부와 상해의거」는 상해의거로 임시정부의 활로가 개척되었음을 밝힌 글이다. 여기에서 그는 상해의거는 임시정부의 존립과 발전을 가능하게 해준 역사적 사건이라면서 독립운동사의 시기 구획에서 상해의거를 분기점으로 잡아야 한다고 평가하였다.[23] 박용옥 교수의 「윤봉길의 농촌 운동」은 윤봉길의 농촌운동에 대해 처음으로 정리한 글이다.[24] 박 교수는 윤봉길이 편찬한 『농민독본』과 '월진회 취지서' 등 관련 자료를 분석하여 그의 농촌계몽과 부흥운동을 밝혔다.[25]

기념사업회에서는 1978년 4월 윤 의사가 남긴 『농민독본』 등 월진회 관련 문서와 서신, 한시들을 묶어 『매헌윤봉길의사유고(梅軒尹奉吉義士遺稿)』를 간행하여 일반에 제공하였다. 또한 기념사업회에서는 매년 상해의거를 기념하여 기념강좌를 열었는데, 윤 선생님께서 1990년 4월 29일, 의거 58주년 기념강좌에서 초청 강연을 하였다.

---

22 윤병석, 「윤봉길의 상해의거」, 『나라사랑』 25, 38~44쪽
23 조동걸, 「임시정부와 상해의거」, 『나라사랑』 25, 81쪽.
24 박용옥, 「윤봉길의 농촌 운동」, 『나라사랑』 25, 87~94쪽.
25 윤봉길에 대한 연구현황을 전반적으로 살피는 작업은 별도의 연구가 필요하다. 최근 이에 대한 연구로는 김학준의 「매헌 윤봉길의사에 관한 자료와 출판물－연구의 현황과 앞으로의 과제」(『매헌윤봉길의사 상하이의거의 역사적 의미와 내일의 과제』, 매헌윤봉길의사기념사업회, 2022.11. 29~54쪽)가 참고된다.

1992년 4월에는 의거 60주년을 기념하여 '윤봉길 의사 의거 제60주년기념사업추진위원회'(회장: 김영삼)가 조직되어 국제학술회의를 개최하였는데 윤 선생님께서 학술회의 관련 업무를 주관하였다. 이 학술회의에서 국내에서는 윤병석 교수를 비롯하여 신용하 교수, 조동걸 교수, 이강훈 광복회 회장, 국외 학자로는 대만의 국립정치대학교 후춘후이(胡春惠) 교수, 중국 길림사회과학원 조선연구소 양자오취안(楊昭全) 소장, 연변대학교의 황용국(黃龍國) 교수, 미국 워싱턴아세아자료연구소 방선주(方善柱) 소장, 러시아 모스크바대학교의 블라지미르 리 교수 등의 발표가 있었다. 윤병석 교수는 이 자리에서 「1932년 '상해의거' 전후의 국제정세와 독립운동의 동향」을 발표하였다.[26] 이 연구는 상해의거를 전후한 시기의 국제정세를 동아시아 지역을 중심으로 포괄적으로 살피고, 아울러 의거를 전후한 시기의 민족독립운동의 동향을 추적하여 상해의거의 의의를 부각시켰다. 또한 상해의거의 영향으로 임시정부의 기반과 체제가 강화된 점, 한중 연합항일운동의 체제가 이루어지게 된 점, 국제적으로 외교적 효과를 올린 점, 마지막으로 쇠잔해가던 국내인의 민족의식을 제고시킨 점 등을 들었다. 그리고 의열투쟁의 의의로 한민족의 의식을 각성시켜 자주 자존 의지를 강화시킨 점, 일제 침략자와 부일배들을 응징하여 엄중히 경고한 점, 애국애족의 모범을 실천함으로 이를 본받는 이들이 출현하여 독립운동이 이어지게 한 점 등을 들었다.

또한 추진위원회에서는 상해의거 60주년을 기념하여 『도록 윤봉길 의사』를 펴냈는데, 윤병석 교수는 조동걸 교수, 신용하 교수와 함께 편집위원으로 참여하여 도록을 편찬하였다. 이 도록은 윤봉길의사에 대한 최초의 도록이다. 이 도록은 윤남의 님이 보존한 자료 중에서 윤 의사가 사

---

26 윤병석, 「1932년 '상해의거' 전후의 국제정세와 독립운동의 동향」, 『한국독립운동과 윤봉길의사』, 매헌윤봉길의사기념사업회, 1992.4, 3~26쪽.

용한 수저 등 유품 사진과 한시, 농민독본, 기사년일기, 월진회 회칙, 청도와 상해에서 보낸 편지, 그리고 이력서 등의 원문을 읽기 쉽게 활자화 하여 실었다. 방선주 님이 발굴해서 보내 준 신문과 잡지 자료도 실었다. 일본 오사카아사히신문, 미국 뉴욕타임즈, 중국의 노스차이나데일리뉴스 등의 기사, 그리고 윤 의사의 판결문과 옥중 청취서 등도 소개하였다.[27] 이 도록은 윤 의사의 생애와 상해의거를 알려주는 귀중한 자료집의 성격도 갖고 있는데, 윤 선생님께서 주관하여 편집한 것으로 보인다.

1998년 4월 16일 기념사업회 이사회에서는 매헌연구원을 창립하고 윤병석교수를 원장에 선임하였다. 윤 선생님은 이후 2017년까지 원장의 책임을 맡아 윤봉길 관련 자료를 수집, 정리하고 연구 사업을 선도하는 데 앞장섰다.[28] 1998년 4월 29일에는 상해의거 66주년을 기념하여 상해 노신공원에 매헌기념관인 '매정(梅亭)'을 건립하고 기념식을 거행하였는데, 윤 선생님은 한국 측 단장으로 참석하였다. 윤 선생님은 이날 기념사에서 숭고한 상해의거의 현장에 '매정'을 건립하고 매원(梅園)을 조성하여 윤 의사의 살신성인과 동양평화를 위한 숭고한 정신을 영원히 기리게 되었다면서 이 정신이 기리 계승되기를 기대한다고 하였다.[29]

2002년 4월 29일에는 상해의거 70주년을 기념하여 매헌기념관에서 개최된 매헌강좌에서 「윤봉길의사의 상해의거의 의의」에 대하여 강의하였다. 여기에서는 '홍구공원의 의탄'의 상황을 상세히 언급하였다. 다음

---

27 윤봉길의사 의거 제60주년기념사업추진위원회, 『도록 윤봉길 의사』, 매헌윤봉길의사기념사업회, 1992.4.28.
28 「매헌연구원 설치」, 『겨레사랑』 6, 매헌윤봉길의사기념사업회, 1998.9, 38쪽. 윤병석교수는 1998년 5월 매헌연구원 원장에 취임하여 2017년 3월 필자에게 원장을 넘겨주기 전까지 19년간 원장으로 재임하면서 윤봉길 연구 사업을 위해 진력하였다.
29 윤병석, 「윤봉길의사 상해의거 사적지 제막 기념사」, 『겨레사랑』 6, 매헌윤봉길의사기념사업회, 1998.9, 27~28쪽.

에 '상해의거의 의의'를 설명하면서 상해의거는 국내외에 한국과 한국인의 존재와 독립의지를 부각시켰으며, 상해의거는 20세기 극동에서의 제국주의의 몰락의 조종(弔鐘)을 친 역사적 사실로 주목되어 마땅하다고 하였다.[30]

2002년 12월에는 윤 의사 순국 70주년을 기념하여 순국지인 일본 가나자와(金沢)에서의 기념행사에 매헌연구원 원장 자격으로 참석하였다. 이 행사는 12월 19일 오후 2시에 가나자와 노다산(野田山)에 세워진 '윤봉길의사순국기념비' 앞에서 거행되었는데, 한국 측에서는 기념사업회 부회장과 국가보훈처 보훈선양국장, 그리고 주일본 한국총영사와 한국민단 이시가와현(石川県) 단장 등이 참석하였다. 윤 선생님은 귀국한 뒤 참배 결과를 『겨레사랑』에 기고하였다. 윤 선생님은 이 글에서 윤 의사의 피체 후 재판과정과 가나자와에서의 순국 상황과 일제의 암장, 그리고 1946년 유해 발굴까지를 서술하였다. 그러면서 일제의 윤 의사에 대한 총살집행은 일제의 악랄한 보복과 응징일지 몰라도 역사의 정의로서는 윤 의사의 '거룩한 순국'이라면서 윤 의사는 "민족의 자유와 국가의 독립, 그리고 평화를 위하여 의연히 성혈(聖血)을 뿌려 사생취의(捨生取義)의 전범을 보였다"고 평가하였다. 또한 윤 의사가 1930년 3월 6일 고향을 떠나 망명 길에 올랐는데, 16년 뒤 같은 날인 3월 6일 유해가 발굴된 것이 기이하다고 하였다.[31]

2007년 1월에는 매헌연구원 원장으로 『민족의 영웅 윤봉길의사』를 펴냈다. 92쪽의 작은 책자로 매헌윤봉길의사기념사업회에서 간행하였

---

30 윤병석, 「윤봉길의사의 상해의거의 역사적 의의」, 『겨레사랑』 8, 매헌윤봉길의사 기념사업회, 2003.4, 18~22쪽.
31 윤병석, 「매헌 윤봉길의사 순국 70주년기념 가나자와(金澤) 순국지 참배」, 『겨레사랑』 8, 매헌윤봉길의사기념사업회, 2003.4, 9~13쪽.

다. 13쪽까지는 화보이다. 본문은 16쪽부터 65쪽까지인데, 모두 8장으로 구성되었다. 제1장 「민족의 영웅 윤봉길 의사」에서 윤 의사의 생애를 개관하였다. 윤봉길은 농민이고, 민족의 영웅이고, 조국에 고귀한 생명을 바친 의사라고 정의하고 농민의 아들로 태어나 농민운동을 하였으나 일제의 무력 탄압으로 뜻을 이룰 수 없자 상해로 망명하여 홍구공원에서 의거를 감행하였음을 약술하였다. 그리고 이 '파천황(破天荒)'의 의거는 한국독립운동의 새 전기를 마련하였다고 평가하였다. 제2장은 「고향, 성장」, 제3장은 「신구학문 수학」, 제4장은 「농촌부흥운동」, 제5장은 「한인애국단 입단」, 제6장은 「홍구공원의 의탄」, 제7장은 「가나자와 순국」, 제8장은 「상해의거의 의의」이다. 윤 선생님은 이 글을 작성하면서 윤 의사가 남긴 농민독본과 월진회 취지문, 백범일지, 그리고 일제 측의 신문조서와 당시 신문 기사 등을 이용하여 윤 의사의 생애를 서술하였다. 그리고 윤 의사의 의거를 '상해의거'라고 명명하면서 그 역사적 의의를 다음 6가지로 나누어 설명하였다. 첫째는 일제의 상해사변 승리를 크게 훼손시켰다. 둘째, 만보산사건 이후 악화되었던 한중 양민족의 증오와 대립관계를 해소시키고, 한중 양민족의 항일연대를 회복 시켰다. 셋째, 중국인에게 항일의식을 고조시켜 한중 공동항전의 터전을 다지게 하였다. 넷째, 대한민국임시정부를 부활시키고 활성화시키는 결정적 계기를 만들었다. 다섯째, 국내 한민족의 민족의식을 다시 한번 일깨워주고 독립사상을 크게 고취시켰다. 여섯째, 국내외에 한국과 한국인의 존재와 독립의지를 크게 부각시켰다. 마지막으로 「윤봉길 의사 약보」를 실었다. 이로서 이 저서는 향후 윤봉길 전기의 표본이 되었다. 또한 부록으로 윤 의사의 시문과 유촉 등을 실어 윤봉길 연구를 위한 기초 자료도 제공하였다.[32]

---

32 윤병석, 『민족의 영웅 윤봉길의사』, 매헌윤봉길의사기념사업회, 2007.1. 이 책은 같은 해에 『Maeheon Yun Bong-gil, a Patriot and National Hero』이란

매헌연구원 원장실에서
운회 윤병석 교수

윤 선생님은 매헌연구원 원장으로 재임하면서 윤봉길을 주제로 한 학술대회를 주관하였다. 2008년 12월에는 윤 의사 탄신 100주년을 기념하는 학술심포지움을 개최하였다. 이 심포지움에서 윤 선생님은 「윤봉길 의사의 상해의거와 독립운동」을 발표하였다.[33] 이 발표에서는 윤 의사의 신구학문 수학, 농촌부흥운동, 망명과 한인애국단 입단, 그리고 '홍구공원 의탄'과 가나자와 순국까지 포함하여 윤 의사의 전 생애를 설명하였다. 그리고 상해의거의 역사적 의의를 서술하였다. 이날 심포지움에는 신용하 교수, 한시준 교수, 박용옥 교수와 필자도 발표하였다. 윤 의사에 대해 연구를 하지 않던 필자도 주제 발표를 하게 되었다. 마침 일본 와세다대학에서 2000년도 1년간 외국인교수로 있으면서 윤봉길 관련 자료들을 수집하여 보관하고 있던 중이었다. 그래서 「윤봉길의 상해의거에 대한 일본 언론의 보도」란 주제로 발표를 하였다.[34] 이 글이 윤봉길에 대한 필자의 첫 연구였으니, 윤 선생님께서 필자를 윤봉길 연구자로 이끌어주신 것이다.

기념사업회에서는 2010년 상해의거 80주년이 되는 2012년을 기하여 『매헌윤봉길전집』을 간행하고자 전집편찬위원회를 조직하였다. 윤 선생님께서는 편찬위원장을 맡아 국내외의 윤봉길 관련 자료들을 체계적

제목의 영문판으로도 발행하였다.

33 윤병석, 「윤봉길 의사의 상해의거와 독립운동」, 『윤봉길의사의 상해의거와 독립운동』, 매헌윤봉길의사기념사업회, 매헌연구원, 독립기념관 한국독립운동사연구소, 2008.12. 이 발표문은 『매헌학보』 제1집(매헌연구원, 2010.1)에 「윤봉길 의사의 상해의거와 가나자와 순국」이란 제목으로 게재되었다.

34 김상기, 「윤봉길의 상해의거에 대한 일본 언론의 보도」, 『한국독립운동사연구』 32, 2009.4.

이며 가능한 완벽하게 집대성하여 윤 의사의 겨레사랑과 나라사랑 및 평화사상을 올바로 연구, 현양하며 관련 한국독립운동 이해에 도움을 주고자 전집 편찬, 간행을 추진하였다.[35] 3년에 걸친 조사, 수집을 거쳐 2012년 6월 『매헌윤봉길전집』(전8권)을 발간하였다. 이 전집은 윤봉길 연구의 새 전기를 마련할 수 있게 되었다. 필자는 편찬위원으로 참여하여 주로 일본지역 자료 수집의 일을 맡았다. 필자는 일본 와세다대학에 있을 때 수집한 관련 자료가 있었으나, 2011년 기념사업회의 지원으로 일본에 출장 가서 와세다대학 도서관과 일본 국회도서관 소장의 자료, 그리고 방위성 방위연구소 소장의 『만밀대일기』에 있는 윤 의사의 사형집행 관련 자료 등도 수집하여 전집의 제4권을 완성할 수 있었다.

전집의 발간은 필자로 하여금 윤봉길 연구에 한걸음 더 뛰어들게 하였다. 이후 「윤봉길의 가나자와(金澤)에서의 순국과 순국지」, 「윤봉길의 수학과정과 항일독립론」 등의 논문[36]과 독립기념관 한국독립운동사연구소에서 추진하는 독립운동가 열전 시리즈 중의 윤봉길 편을 맡아 『자유의 불꽃을 목숨으로 피운 윤봉길』을 저술할 수 있었다.[37] 또한 선생님의 후임으로 매헌연구원 원장으로 재임 시인 2018년 11월에는 윤 의사 탄신 110주년을 기념하여 '매헌 윤봉길의사의 문학사상과 독립정신'이란 대주제로 학술회의를 개최하였다. 이 자리에서 필자는 윤 의사의 한시집에 대한 재검토를 통해 그중에 『명추(鳴椎)』는 윤 의사의 저작물로 볼 수

---

35 윤병석, 「편찬사」(2012.3.29.), 『매헌윤봉길전집』 1, 매헌윤봉길기념사업회, 2012.6.

36 김상기, 「윤봉길의 金澤에서의 순국과 순국지」, 『한국독립운동사연구』 41, 2012.4; 김상기, 「윤봉길의 수학과정과 항일독립론」, 『한국근현대사연구』 67, 2013.12; 김상기, 「윤봉길 상해의거의 국내외적 영향과 의의」, 『한국독립운동사연구』 61, 2018.2; 김상기, 「윤봉길의 순국과 현양사업」, 『한국근현대사연구』 86, 2018.9; 김상기, 「尹奉吉義士의 金澤殉國과 顯彰事業」, 『코리아연구』 9, 立命館大學 코리아연구센타, 2018.12.

37 김상기, 『자유의 불꽃을 목숨으로 피운 윤봉길』, 역사공간, 2013.11.

있음을 제기하였다. 또한 『옥타(玉唾)』의 뒷 표지에 있는 두 편의 글을 윤 의사의 저작물로 보고 『모수자천가(毛遂自薦歌)』라 명명하였다. 그리고 이로 보아 윤 의사가 일찍이 한학을 수학하면서부터 나라를 위해 몸을 바치는 결연한 의지를 키워왔음을 알 수 있다고 평가한 바 있다.[38]

Ⅲ. 나오며

윤병석 선생님은 독립운동사 연구에 전념하였다. 연구 범위는 한말 의병에서부터 3·1운동, 만주와 연해주, 그리고 미주에서의 독립운동, 간도와 독도 문제 등 폭이 넓다. 학술적으로 실증한 인물도 윤봉길을 비롯하여 안중근, 이한응, 장인환, 전명운, 강우규, 김상옥 등 의열사와 안창호, 김구, 이승만, 박은식, 신채호, 이동휘 등 임시정부 요인들, 그리고 미주와 러시아 지역에서 활동한 박용만, 홍진, 이동휘, 계봉우, 김정규 등 다양하다. 그러나 그중에서도 윤봉길에 대한 학술적 관심과 연구를 마지막까지 붙들고 있었던 것으로 보인다. 아무런 보수도 없이 매헌연구원 원장을 19년간이나 수행해 온 것이 이를 말해준다. 그리고 80세였던 2012년 『매헌윤봉길전집』을 편찬해 냈다.

필자는 1980년 대학원 석사과정에 입학한 이후 1990년 8월 박사학위를 받을 때까지 10년간 선생님으로부터 논문 지도를 받았다. 그 후에도 1994년 대전으로 내려오기 전까지는 논문 쓸 때마다 초고를 가지고 서초동의 선생님 댁을 찾아갔다. 선생님은 거실의 소파에서 한 자 한 자

---

38 김상기, 「매헌 윤봉길의 수학과정과 사상적 배경」, 『매헌 윤봉길의사의 문학사상과 독립정신』, 매헌윤봉길의사 탄신 110주년기념 국내학술회의, 매헌윤봉길의사기념관, 2018.11.

필자의 박사학위 수여식장에서(1990.8.24)

읽으시면서 연필로 수정해주시곤 했다. 선생님과의 대화는 공부 얘기 외에는 거의 없었다. 사모님께서 가끔 다른 이야기를 하시려고 하면 못하게 하셨다. 참으로 공부 이야기 밖에 못하시는 재미없는 분이셨다. 그러니 자연히 제자인 필자 역시 재미있는 이야기를 못한다.

2020년 4월 23일 새벽에 전화벨이 울렸다. 선생님의 따님 윤성규 교수의 잠긴 목소리였다. 선생님은 2019년 5월 댁에서 넘어지신 이후 병원에 계시다가 1년도 안되어 하세하셨다. 이젠 댁에도, 병원에 가도, 다시 뵐 수는 없지만 선생님의 모습은 언제나 마음 속에 남아 있다. 또 무슨 말씀을 하시려는지도 대개는 짐작할 수 있다. 선생님의 정답고 흐뭇한 모습이 그립다.

3 윤병석 교수의 계봉우 연구

이영호
인하대학교 명예교수

I. 머리말

운회(雲淮) 윤병석 선생님은 한말 의병운동과 국권회복운동에서 시작하여 국내외 독립운동에 이르기까지 다양한 분야의 민족운동을 연구하고 교육한 한국근대사·민족운동사 연구의 대가이다. 필자는 운회 선생님께 학부에서부터 대학원에 이르기까지 한국근대사 및 민족운동사 강의를 들은 제자이고 선생님의 후임으로 인하대학교 사학과에 재직하면서 교육과 연구를 감당했다. 전공이 한국근대 사회경제사인 탓에 선생님의 연구를 계승하지는 못했다. 다만 인하대학교 한국학연구소에서 선생님의 사업을 보조하는 한편, 나중에는 선생님의 계봉우(桂奉瑀) 연구를 계승하는 학술활동을 수행했기 때문에 여기서 그 경과를 보고하고자 하는 것이다.

첫째 인하대학교 한국학연구소 27년 역사를 편찬한 과정을 소개한다. 한국학연구소는 1986년 운회 선생님이 창립했다. 선생님은 1995년퇴임할 때까지 한국학의 체계화와 국제화를 위한 대규모 국제학술회의를 두 차례 개최하고, 그리고 해외 한국학자의 초청 강연회를 꾸준히 열었다. 당시 중국·소련·동구권 등 개방되지 않은 다른 세계의 한국학 학자들을 거의 다 초청하여 사회주의권 한국학 연구동향을 국내에 소개한 것은 학술사적으로 큰 의미를 지니는 성과였다. 필자는 2007년 11월 한국연구재단으로부터 10년간 약 100억 원의 지원을 받아 인문한국(Humanities Korea) 사업을 수행하면서 연구소의 역사를 편찬했는데, 그때 선생님의 학술사적 성과를 기록으로 남겼다. 또 인하대 한국학연구소가 초창기 '한국학'을 연구하는 기관으로 설립된 의미에 대해 선생님의 인터뷰를 따서 수록하고, 이후 연구소의 발전상도 기록해두었다.[1]

둘째 한국학연구소 인문한국사업의 일환으로 운회 선생님이 시작한 '계봉우 연구'를 발전시켜 일단락 지었다. 한국학연구소의 HK사업은 "동아시아 상생과 소통의 한국학"을 아젠다로 삼았다. 동아시아 여러 나라에서 탄생한 한국학의 흐름을 찾아내고 상호 소통하며 성장하는 길을 모색하는 사업이었다. 중국연변·베트남·타이완·몽골 등지의 한국학을 발굴했다. 그때 '러시아 한국학'을 잉태한 계봉우를 연구할 기회를 얻었다.

계봉우 연구는 운회 선생님이 처음 시작했다. 필자는 그것을 계승하기 위해 선생님의 제자인 이현주 선생과 함께 계봉우 연구를 기획했다. 자료를 수집하고 학술회의를 개최한 뒤 단행본을 발간하기로 하고, 여러 차례 기획회의, 중간발표 모임을 진행했다. 운회 선생님께서 직접 모임에 참석하신 적도 있다. 그 결과 2011년 9월 29일 『계봉우의 민족운동과 한국학』, 2012년 12월 13일 『계봉우와 러시아의 한국학』을 주제로

---

1 『인하대학교 한국학연구소(1986~2013)』, 민속원, 2013.

두 차례 학술회의를 개최할 수 있었다.

2011년『계봉우의 민족운동과 한국학』학술회의 개회사를 통해 필자는 다음과 같이 발언했다.

> 연구소에서는 '동아시아 상생과 소통의 한국학'이라는 아젠다를 가지고 '동아시아 지식인의 한국학 인식', 즉 한국학의 계보를 재구성하는 작업을 진행하고 있습니다. 지난번에는 '해외 한국인의 민족학'으로서 이미 김영건이라는 인물을 통해 한국학과 베트남학의 연계성에 대해 학술회의를 진행했습니다. 이번에는 북쪽으로 러시아에서 활동하신 북우 계봉우 선생의 한국학을 '재발견'해 보고자 합니다. 재발견이라고 하고 싶은 것은, 한국학연구소를 설립하신 윤병석 선생님께서 1960년대부터 관심을 가졌고, 1992년에 두 차례에 걸쳐 러시아 항일유적지와 문헌을 조사하면서 북우 선생의 문헌들을 발견하셨기 때문입니다. 그렇지만 이처럼 전문학자들의 학술회의를 통해 그의 삶과 학문이 조명되는 것은 처음입니다. 더욱이 북우 선생의 막내 아드님이신 계학림 선생께서 지켜보시게 되어 감격스럽고 또 뜻깊은 자리가 되는 것 같습니다.

한국학연구소의 HK사업을 통해 해외 한국학을 연구하는 일환으로 초대 연구소장이신 운회 선생님의 계봉우 연구를 계승하는 것임을 분명히 했다. 계봉우의 아들을 초청하여 직접 회고를 들을 수 있어 의미가 더 컸다고 생각한다.

2012년 두 번째 학술회의에서는 "계봉우의 발견과 연구를 주도하신 윤병석 선생님께 발견과정과 연구과제에 대한 말씀을 부탁드렸는데 몹시 심한 독감이 드셔서 참석하지 못하게 되어 아쉬운 마음"이라는 인사말을 했다.

두 차례 학술회의의 결과는 2013년 단행본으로 간행했다.[2] 계봉우가 남긴 자료의 방대함으로 미루어보면 연구의 출발점이라고 해도 과언은

---

2 인하대학교 한국학연구소 엮음,『러시아의 한국학과 북우 계봉우』, 소명출판, 2013.

아니지만 운회 선생님이 시작하고 발전시킨 계봉우 연구를 우리 제자와 후학들은 일단 여기서 마무리짓기로 했다.

이제 이 추모집에서 『윤병석 학문』의 한 자락을 「계봉우 연구」를 통해 정리하고 그 의미를 되새겨 보고자 한다.

II. '뒤바보'를 찾아서

운회 선생님은 한국독립운동사를 연구하는 과정에서 계봉우를 만나게 된다. 1960년대 국사편찬위원회에 근무하면서 대한민국임시정부 기관지인 상해판 『독립신문』(국한문본)에서 「아령실기(俄領實記)」, 「의병전(義兵傳)」, 「북간도(北間島), 그 과거와 현재」라는 글을 처음 보았다. 지금은 계봉우의 저술로 알려져 있지만 그 당시에는 '뒤바보' 또는 '사방자(四方子)'라는 필명으로 되어 있어 저자를 알 수 없었다. 이들 자료의 중요성을 알아본 선생님은 이를 학계와 사회에 공개했다. 당시 선생님은 국사편찬위원회에서 『한국독립운동사』, 『한국독립운동사자료집』 편찬사업을 5개년 계획으로 추진하고 있었다.[3] 나중에 계봉우의 저술로 밝혀진, 1912년 북간도에서 교과서로 사용하던 「오수불망(吾讐不忘)」, 1920년 상해판 『독립신문』에 연재된 「북간도, 그 과거와 현재」가 이렇게 『한국독립운동사』에 채록되었다.[4] 선생님은 다시 1975년 「아령실기」를 대중잡지

---

3 윤병석, 「역사학계 주변에서 지내 온 나의 학행」, 『한국사학사학보』 17, 한국사학사학회, 2008, 210쪽.

4 「오수불망」(1912) 『한국독립운동사』 2, 국사편찬위원회, 1966, 607~637쪽; 「북간도, 그 과거와 현재」(四方子), 『한국독립운동사』 3, 1967, 565~573쪽. 「북간도, 그 과거와 현재」는 『독립신문』 1920년 1월 1일, 1월 10일, 1월 13일, 1월 22일에 4회에 걸쳐 '四方子'라는 필명으로 연재되었다.

에 소개하고,[5] 「의병전」은 학술지에 소개했다.[6] 「아령실기」와 「의병전」은 1979년 간행된 선생님의 저작에도 다시 수록되었다.[7]

「아령실기」는 1864년 이후 연해주로 건너간 사람들의 생활상, 사회조직, 문화, 독립운동 등을 기록한 한인 디아스포라의 역사다. 선생님은 연해주 역사에 대한 기본적인 이해를 이 자료에서 터득한 것으로 보인다. 저자 뒤바보는 시베리아와 북간도를 오가며 동포를 지도하고 국사에 조예가 깊은 인물이라 소개되어 있었으므로 선생님은『한국독립운동지혈사』와의 관련성을 분석하여 백암 박은식이 아닐까 추정했다.[8]

「의병전」도 「아령실기」와 같은 측면에서 박은식의 저술로 판단할 수 있지만 문제가 생겼다. 서술 가운데 저자가 자기 나이를 언급한 부분이 나왔는데 이를 비교하니 「의병전」의 저자는 16세, 박은식은 37세로 산정되어 도저히 같은 인물로 볼 수 없게 되었기 때문이다. 선생님은 "도리어 이 「의병전」의 저술자는 박은식이 아닐 가능성이 크다고 할 수도 있다"고 모순을 부정하지 않고 판단을 유보했다.[9]

그 후 1986년 「북간도, 그 과거와 현재」의 필자 사방자는 계봉우라는 송우혜 선생의 주장이 나왔다.[10] 그리고 이를 이어받아 김상기 교수는

---

5 뒤바보 저, 윤병석 주, 「아령실기」,『서울평론』, 서울신문사, 1975년 10월 2일, 98호부터 11월 23일, 101호까지 4회에 걸쳐 해제와 전문이 소개되어 있다. "〈본지독점〉, 시베리아의 한인 이주 및 조국독립운동기"라는 타이틀이 붙었다. 「아령실기」는『독립신문』1920년 2월 26일, 48호부터 4월 8일, 62호까지 12회에 걸쳐 '뒤바보'라는 필명으로 연재된 것이다.
6 윤병석, 「의병전 해제」,『한국학보』1, 일지사, 1975. 30~37쪽. 「의병전」은『독립신문』1920년 4월 27일, 70호부터 5월 27일, 79호까지 10회에 걸쳐 '뒤바보'라는 필명으로 연재된 것이다.
7 윤병석,『한국근대사료론』, 일조각, 1979, 2.「義兵傳」, 7.「俄領實記」.
8 윤병석,『서울평론』1975년 10월 2일, 46쪽; 「아령실기」,『한국근대사료론』, 1979, 155~156쪽.
9 윤병석, 「의병전 해제」,『한국학보』1, 1975, 36쪽.
10 송우혜, 「북간도 대한국민회의 조직형태에 관한 연구」,『한국민족운동사연구』1, 한국민족운동사연구회, 1986, 116쪽.

「의병전」의 저자 뒤바보도 계봉우라고 주장했다.[11] 이들 견해를 경청하면서도 운회 선생님은 1990년에 이르기까지 박은식, 계봉우, 황욱 가운데 뒤바보가 누구인지 확정짓지 못했다.[12]

1990년 한국과 러시아가 수교하고 1991년 말 소련연방이 해체되자 곧 선생님은 계봉우가 뒤바보인지 확신하지 못한 채 뒤바보를 찾아 러시아로 떠났다. 1992년 7월 5일~19일, 10월 2일~11월 3일, 조동걸 교수과 함께 시베리아와 중앙아시아를 거쳐 모스크바까지 러시아 지역의 한인 독립운동 유적을 조사하고 아울러 자료를 조사했다. 계봉우가 이동휘와 함께 설립한 연길 소영자의 광성학교 흔적을 찾아갔다. 계봉우는 그곳에서 『조선역사』, 『국어』, 『조선지리』 등의 교과서를 편찬하여 보급했었다. 다음으로 계봉우가 국어를 가르쳤다는 블라디보스토크 신한촌의 팔호중학교도 답사했다. 그런데 모스크바에서 박미하일 교수의 안내로 러시아 사회과학원 동방학연구소에 갔을 때 그곳에 소장되어 있는 계봉우의 『조선역사』와 『동학당폭동』(원고본)을 만나게 되었다. 박미하일 교수는 카자흐스탄 크즐 오르다에서 계봉우로부터 한문과 역사를 배우고 계봉우의 원고본들을 동방학연구소에 보관시킨 장본인이었다. 운회 선생님은 러시아 국립도서관에서 계봉우가 저술한 『고려어교과서』와 『고려인의 구력과 명절의 미신』도 조사 수집했다. 이제 뒤바보가 계봉우인 것은 말할 필요도 없게 되었다.[13]

11 김상기, 「조선말 의병전쟁 연구의 현황과 문제」, 『의병전쟁연구』(상), 한국민족운동사연구회 편, 지식산업사, 1990, 14~18쪽.
12 운회 선생님은 「의병전」의 저자를 박은식인지 아닌지 확정하지 않은 채 「의병전해제」를 1990년의 간행물에 다시 그대로 전재했다. 윤병석, 「의병전 주해」, 『의병전쟁연구』(상), 지식산업사, 1990, 73~39쪽.
13 윤병석, 「계봉우의 생애와 저술목록」, 『인하사학』 1, 인하역사학회, 1993, 3~5쪽; 윤병석, 「계봉우의 '아령실기'와 '동학당폭동', '조선역사'」, 『역사비평』 1993년 봄, 역사문제연구소, 387쪽; 「계봉우와 고려인 역사」, 『한국독립운동의 해외사적 탐방기』, 지식산업사, 1994, 217~223쪽.

여기서 한 가지 확인해 둘 일이 있다. 1986년 스웨덴 스톡홀름에서 열린 유럽한국학학술회의(AKSE)에 참가한 운회 선생님은 카자흐스탄에서 계봉우로부터 한국의 역사와 한문을 사사 받았다고 하는 박미하일 교수가 계봉우의 여러 가지 저술과 활동에 대해 이야기 하는 것을 들었다고 한다.[14] 그렇지만 그때 『독립신문』에 연재된 뒤바보 또는 사방자 명의의 「아령실기」, 「의병전」, 「북간도, 그 과거와 현재」가 계봉우의 저작인지는 언급되지 않았던 것 같다. 뒤바보를 찾으려는 운회 선생님의 노력과는 별도로 계봉우의 자료에 대해 헬싱키대학 고송무 교수는 이미 카자흐스탄에서 계봉우의 유족으로부터 국어국문학 관계 저술을 중심으로 집중 조사하고 있었다고 한다.[15]

이렇게 하여 계봉우의 여러 저술들이 발굴되었다. 1993년에는 계봉우의 자서전도 발굴되었다.[16] 뒤바보, 사방자의 필명이 계봉우라는 것은 이 자서전에서 명확하게 밝혀졌다.

「아령실기」, 「의병전」 등의 사료적 가치가 컸던 만큼 계봉우의 저술로 밝혀지자 운회 선생님은 조동걸 교수와 함께 서둘러 그의 저술들을 모아 자료집으로 발간했다. 독립기념관에서 1996년 『북우 계봉우 자료집』 1권을 간행하여 『꿈속의 꿈』, 『조선문학사』를 수록하고, 1997년 2권에는 『조선역사』, 『동학당폭동』을 수록했다.

2011~2012년 인하대 한국학연구소에서 학술회의를 준비하면서 필자는 이현주 선생과 함께 계봉우에 관한 자료를 추가로 발간하기 위해 노력했다. 원고본 자료를 상당수 수집했지만 독립기념관, 러시아 동방학

---

14 『인하대학교 한국학연구소 1986~2013』, 45~46쪽.
15 조동걸, 「북우 계봉우의 생애 및 연보와 저술」, 『한국학논총』 19, 국민대학교 한국학연구소, 1997.
16 윤정국, 「독립운동가, 역사학자 계봉우 생애 햇빛」, 『동아일보』 1993년 4월 1일.

연구소, 유족 사이에 자료의 저작권 문제가 해결되지 않아 자료집 발간
은 포기했다.

　이렇게 하여 독립운동가일 뿐 아니라 러시아에서 활동한 뛰어난 한
국학자로서 북우(北愚, '뒤바보'의 한자) 계봉우(桂奉瑀, 1880~1959)가
우리 학계에 묵직하게 등장했다. 그의 저작은 국어, 국문, 역사, 사회·경
제, 민속·종교, 예술 등 한국학 전반에 걸쳐 있다.[17] 그 가운데 운회 선생
님은 계봉우가 저술한 역사관련 자료에 대한 해석에 중점을 두고, 그 가
운데서도 계봉우의 민족운동 연구에 집중했다.

III. '계봉우 역사학' 연구

　계봉우의 역사연구는 한국역사 전반에 걸쳐 있다. 남아 있는 저술은
『오수불망』(1912), 『안중근전』(1914), 「북간도, 그 과거와 현재」(1920),
「아령실기」(1920), 「김알렉산드리아 소전(小傳)」(1920),[18] 「의병전」
(1920), 『동학당폭동』(1932), 『조선역사』(1,2권 1936, 3권 1952) 등이
다. 책 제목이 알려져 있는 『신한독립사』(1912), 『조선역사』(1912), 『최
신동국사』(1917), 『신찬주신사(新撰주신史)』(1923)는 발견되지 않았다.
운회 선생님의 계봉우 연구는 역사학 분야로 제한되며, 주로 자료 추적,
자료 소개 및 해제, 계봉우의 생애와 민족운동 연구에 집중되었다.

　운회 선생님은 「아령실기」, 「의병전」에 대해서는 앞에서 언급한 것처
럼 그 저자를 알기 전 일찍부터 자료를 소개하고 해제를 붙이는 작업을

17　인하대학교 한국학연구소 엮음, 『러시아의 한국학과 북우 계봉우』, 소명출판,
　　2013, 〈부록 2〉 계봉우의 저술목록.
18　「김알렉산드리아소전」은 『독립신문』 1920년 4월 17일, 4월 22일, 4월 22일에
　　3회에 걸쳐 뒤바보라는 필명으로 연재된 것이다.

진행했다. 「아령실기」는 러시아 연해주로 이주한 한족의 이주 개척과 그들의 조국 독립운동에 관한 역사적 사실을 기록한 역사물이라고 설명했다. 「의병전」은 시간적으로 1895년 을미의병부터 20세기 전반에 이르는 20여 년간에 걸쳐, 그리고 공간적으로 국내뿐 아니라 북간도와 연해주에 이르기까지 우리나라의 항일 의병활동을 인물 중심으로 망라한 보기 드문 저술이라고 평했다.

「아령실기」, 「의병전」 외에 「북간도, 그 과거와 현재」, 「김알렉산드리아소전」을 포함하여 이들 네 편의 논술은 "근대사학사에서 3·1운동 전후의 민족주의사학을 상징하는 대표적 저술"로 박은식, 신채호의 일련의 역사물을 계승하는 의미를 지닌다고 평다.[19] "동해수부(東海水夫)라는 필명으로 『국민회역사』를 쓴 홍언(洪焉)을 미주 한인사회의 역사가라 한다면, 뒤바보 또는 사방자라는 필명으로 『아령실기』와 『의병전』, 『북간도의 과거와 현재』, 『김알렉산드리아전』 등 역사물을 1920년 정초부터 상해판 『독립신문』에 5개월에 걸쳐 연재한 계봉우는 연해주 고려인사회의 역사가로 지목할 수 있다"라고 홍언(洪焉)과 비교하기도 했다.[20]

운회 선생님은 「아령실기」, 「의병전」, 「북간도, 그 과거와 현재」의 저자를 확정 짓지 못하고 박은식 및 그의 『한국독립운동지혈사』와 관련이 깊다고 생각하면서 이들 자료를 이용하여 근대민족운동에 대한 논문을 작성했다. 연해주의 독립운동에 대해서는 「아령실기」를 바탕으로 논문을 작성했다.[21] 먼저 한인의 연해주 이주가 언제부터인지 알 수 없었던 상황에서 「아령실기」의 기록을 신뢰하여 1864년부터라고 보았다. 연해주의

---

19 윤병석, 「계봉우의 생애와 저술목록」, 1993, 23쪽; 「계봉우의 한국사 저술과 『만고의소 안중근전』」, 2000, 388쪽.
20 윤병석, 「계봉우의 '아령실기'와 '동학당폭동', '조선역사'」, 1993, 386쪽.
21 윤병석, 「1910년대 연해주지방에서의 한국독립운동」, 『한국사학』 8, 한국정신문화연구원, 1986, 131~183쪽.

한인촌 형성, 이민 동기, 독립운동에 나선 사회단체의 실상 등에 대해서도 「아령실기」에 의지했다. 북간도의 독립운동 기지화 과정을 서술하면서는 「북간도, 그 과거와 현재」를 요긴하게 활용했다.[22] 이렇게 선생님은 계봉우의 저술로 확인되기 전에도 「아령실기」, 「의병전」, 「북간도, 그 과거와 현재」의 자료적 가치를 인정하여 북간도와 연해주에서 전개된 독립운동을 해명할 중요 자료로 활용했던 것이다.

운회 선생님은 이들 자료가 계봉우의 저술로 확인되고 러시아에서 계봉우 관련 새로운 자료를 입수하게 되자, 곧바로 계봉우의 생애와 저술에 대해 분석하고, 그것을 인하대학교 사학과에서 발간하기 시작한 학술지에 게재했다.[23] 고려인 사회의 역사가, 민족교육자이자 항일민족운동가, 그리고 공산주의자로서 활동한 계봉우의 전 생애를 조명했다.[24] 함께 자료 조사에 나섰던 조동걸 교수도 계봉우의 생애와 저술을 자세하게 조사 보고했다.[25]

운회 선생님은『동학당폭동』에 대해서는 러시아에서 입수한 뒤 곧바로 인하대학교 한국학연구소에서 발간하는『한국학연구』에 원문을 소개하고 해제를 붙였다.[26] 그리고『북우 계봉우 자료집』2권의 해제인 「북우 계봉우의 한국사 저술」에서 계봉우의『조선역사』를 소개하고『동학당폭

22 윤병석, 「1910년대 서북간도 한인단체의 민족운동」, 『한국근대민족주의운동사연구』, 역사학회편, 일조각, 1987, 73~117쪽.
23 윤병석, 「계봉우의 생애와 저술목록」, 『인하사학』 1, 인하역사학회, 1993.
24 윤병석, 「계봉우의 '아령실기'와 '동학당폭동', '조선역사'」, 1993; 「계봉우의 생애와 저술목록」, 1993.
25 조동걸, 「북우 계봉우의 생애와 저술활동」, 『북우 계봉우 자료집』(2), 독립기념관 한국독립운동사연구소, 1996; 「북우 계봉우의 생애 및 연보와 저술」, 『한국학논총』 19, 국민대학교 한국학연구소, 1997.
26 윤병석, 「해제 및 동학당폭동」, 『한국학연구』 5 별집, 인하대학교 한국학연구소, 1993.

동』에 대해 다시 분석했다.[27]

운회 선생님은 일련의 자료 해제 및 분석을 통해 계봉우의 조선사 편찬과정의 체계를 규명하고자 했다. 1912년 북간도에서 민족주의 교육에 종사할 때『조선역사』를 편찬하여 교과서로 사용했는데, 그것은 "일제의 식민사관에 의한 일선동조론(日鮮同祖論) 등의 한국사 변작(變作)을 폭로하고 일제의 동화정책에 맞서 후진에게 조국사상을 고무시키는 데 그 목적이 있었다"고 보았다. 이후 1920년대 연해주 소비에트 치하에서 교재로 간행한『신찬주신사』는 '조선'보다 더 오랜 연원을 가진 '주신'을 내세웠지만, "역사의 흐름을 경제의 변천에서 추구하는 유물사관에 입각해 한국사를 기술하고 있다는 점"을 특징이라고 지적했다. 이때의 시각은 계봉우가 중앙아시아로 이주한 뒤 1936년 저술한『조선역사』(1, 2권)에서 "유물사관에 의한 조선사를 체계화" 하는 것으로 이어졌다고 분석했다. 동빈 김상기(金庠基)의『동학과 동학란』(1931)을 비판하면서 유물사관으로 재해석한『동학당폭동』(1932)을『조선역사』 6편 5장에 배치한 점에도 주목했다.[28] 그리하여 "『조선역사』는 계봉우로서는 망명지에서 성취한 한국사 체계화의 결정"이었다고 평가했다.[29]

이렇게 계봉우의 역사관은 민족주의 시각에서 유물사관으로 변모하면서『조선역사』(1936)로 수렴되었는데, 후에『신한독립사』(1911),『최신동국사』(1920)의 존재가 알려지게 되면서,[30] 그 과정은 좀 더 분명해

---

27 윤병석,「북우 계봉우의 한국사 저술」,『북우 계봉우 자료집』(2), 1997(『한국독립운동가의 문집과 자료집』7,「북우 계봉우 자료집」, 선인, 2012 수록).
28 윤병석,「계봉우의 생애와 저술목록」, 20~22쪽.
29 윤병석,「북우 계봉우의 한국사 저술」, 7쪽.
30 윤병석,「계봉우의 한국사 저술과『만고의수 안중근젼』」,『역사와 실학』15 · 16, 역사실학회, 2000, 373, 377~378쪽.

졌다.[31] 최근, 1945년 연변에서 간행된 『우리국사』(3편)의 원본이 『최신
동국사』임이 밝혀진 점까지 고려할 때,[32] 이제 우리는 계봉우의 조선사
서술은 〔『신한독립사』(1911) −『오수불망』(1911−1912) −『조선역사』
(1912) −『최신동국사』(1913년경) −『신찬주신사』(1923) −『조선역사』
(1936)〕의 순으로 변모했다고 정리할 수 있다.

　한편 계봉우의 『동학당폭동』은 1994년 동학농민운동 100주년을 맞
이할 즈음에 발굴되어 학계의 비상한 관심을 모았다. 운회 선생님은 그
전문을 1993년 소개하고 해제를 붙였다. 선생님은 "『동학당폭동』의 연
구사적 의의는 박은식, 장도빈, 김상기 등의 연구가 구축해 놓은 실증적
근대 역사연구방법론의 전통 위에 계급투쟁설에 입각한 유물사관을 적
용하여 동학농민운동을 체계화시킨 데 있다"고 결론지었다. 즉 김상기의
『동학과 동학란』의 연구성과와 풍부한 자료를 바탕으로, 엥겔스의 저작
『독일농민전쟁』과 비교함으로써, 1894년의 동학농민운동을 개념상 '농
민전쟁'으로 자리매김한, 유물사관의 입장에서 최초로 이루어낸 학문적
체계화라는 것이다.[33]

　운회 선생님의 연구를 계승하는 '계봉우 역사학' 연구를 진행하면서,
필자는 『조선역사』에서 계급운동을 특별히 강조한 점에 주목했다. 구체
적인 기술은 적지만 계봉우는 『조선역사』에 전 시기에 걸쳐 농민운동의
항목을 설정했다. 다만 역사발전의 원동력으로 계급투쟁론을 기계적으
로 주장하지는 않았다. 그렇지만 계봉우는 '동학당폭동'에 대해서만큼은
봉건시대 농민대중에 의한 계급투쟁의 최고봉이라고 평가했다.[34]

31　이영호, 「계봉우의 한국역사 인식과 역사관」, 『한국학연구』 25, 2011, 94~98쪽.
32　박준형, 「해방 직후 간도에서 발행된 『우리國史』의 체재와 한국사 인식 − 계봉우
　　의 『최신동국사』에서 『우리國史』로」, 『역사교육』 159, 역사교육연구회, 2021.
33　윤병석, 「『동학당폭동』 해제」, 『한국학연구』 5, 별집, 1993.
34　이영호, 「계봉우의 한국역사 인식과 역사관」, 2011, 107~108쪽.

운회 선생님의 '계봉우 역사학' 연구는 계봉우 안중근전 연구에서 정점에 이르렀다. 안중근에 대해 관심을 가지고 있던 선생님은 계봉우가 안중근 의사의 전기를 집필한 과정에 주목했다. 계봉우는 1913년 연해주에서 「권업신문」 기자로 활동할 때 안중근의 동생 안정근으로부터 안중근의 전기 편찬에 필요한 자료를 넘겨받아, 「권업신문」 1914년 6월 28일부터 8월 29일까지 단선(檀仙)이라는 필명으로 한글로 연재했다. 선생님은 이 전기의 특징으로 의병의 국내진입작전, 안중근의 천주교 신자로서의 활동, 시인으로서의 능력, 단지동맹의 규명 등을 서술한 점을 들었다. "미완본이지만 『만고의수 안중근전』은 박은식의 『안중근전』과 대비되는 역사의식의 산물"이라고 높이 평가했다.[35]

2000년에 쓴 이 글을 바탕으로 운회 선생님은 2009년 계봉우에 대한 대중강연을 진행하기도 했다.[36] 또한 이 글은 2010년의 『한국학연구』에도 그대로 수록되었다.[37] 인하대학교 한국학연구소의 학술대회 결과를 수록한 단행본에도 거의 그대로 게재되었다.[38] 선생님은 2000년 이후에는 더 이상 계봉우에 관한 연구를 진행하지 않고 안중근 연구와 전기 자료 편찬에 집중했지만, 안중근과 계봉우의 관계에 대해서는 깊은 관심을 가지고 널리 알리는 활동을 전개했던 것이다.

사실 운회 선생님의 목표는 '계봉우 역사학' 연구가 아니었다. 그의 저술을 활용하여 민족운동을 연구하기 위한 것이었다. 계봉우를 주목한 것은 그의 저술이 국내외 민족운동 실상에 대한 많은 정보를 담고 있었

---

35 윤병석, 「계봉우의 한국사 저술과 『만고의수 안중근전』」, 2000, 381~388쪽.
36 윤병석, 「순국선열 계봉우」, 대한민국순국선열유족회/월간순국, 2009 이달의 독립운동가, 공훈선양학술강연회.
37 윤병석, 「계봉우의 민족운동과 한국학」, 『한국학연구』 22, 2010.
38 윤병석, 「계봉우의 민족운동과 한국학」, 『러시아의 한국학과 북우 계봉우』, 소명출판, 2013.

기 때문이었다.

계봉우 자신이 저술가일 뿐 아니라 교육운동가, 민족운동가였기 때문에 운회 선생님은 그의 민족운동 활동을 밝히기 위한 작업에 착수했다. 그즈음 선생님은 계봉우와 함께 이동휘의 자료도 조사 간행하고 있었기 때문에,[39] 새로 발굴한 자료를 활용하여 이동휘와 계봉우의 생애 및 독립운동을 관계지어 정리했다.[40] 두 사람은 교육구국운동을 중심으로 한 애국계몽운동 참여, 기독교신앙 수용과 선교활동, 신민회 참여, 북간도를 거쳐 연해주로의 망명, 독립운동 단체의 조직과 활동, 한인사회당에서의 활동 등 함께 활동하거나 유사한 활동을 벌였다. 계봉우가 이동휘를 추종하면서 민족운동의 여정을 함께 했다고 볼 수 있다. 선생님은 두 사람의 민족운동 노선을 비교하면서 그 유사성을 부각했다.

운회 선생님은 계봉우를 이동휘 뿐만 아니라 홍범도와도 비교하여 평가했다. 대륙에 망명하여 조국독립운동에 헌신한 민족운동가 중 성재 이동휘, 여천 홍범도, 북우 계봉우는 비슷한 시기, 비슷한 지역에서 유별난 행적과 발군의 활동으로 논평할 수 있는 인물이라고 비교했다. "이동휘는 일제와의 독립전쟁의 지도자로, 홍범도는 의병과 그를 이은 독립군의 명장으로, 그리고 계봉우는 국혼을 찾으려는 민족주의 역사를 비롯하여 독립운동의 지도원리와 이념 정립을 위한 한국학 연구의 선도자로 걸출한 위상을 보이고 있다"는 것이다.[41]

운회 선생님의 '계봉우 연구'를 종합해보면, 그것은 주로 역사학의 범위에 머물러 있었다. 처음에는 자료 추적을 하다가 그 자료들이 계봉우의 저술로 확인된 뒤에는 그의 생애를 정리하고, 저술에 대한 해제를 통

---

39 윤병석, 「리동휘 성재선생 해제」, 『한국학연구』 5 별집, 1993.
40 윤병석, 「이동휘와 계봉우의 민족운동」, 『한국학연구』 6·7, 1996.
41 윤병석, 「순국선열 계봉우」, 2009, 5~6쪽.

해 '계봉우 역사학'의 특성을 파악했다. 그리고 생애 가운데 이동휘와 함께 한 민족운동을 추적했다. 선생님은 '계봉우 역사학'을 넘어 그의 민족운동 활동을 조명하는 데까지 진행하고 중단했다.

운회 선생님은 '계봉우 역사학'의 내용적 특성을 박은식, 신채호, 홍언과 비교하여 민족주의역사학으로서의 의미를 지닌 것으로 평가했다. 한국학으로서의 특성에 대해서는 "조국역사에 대한 계봉우의 전후 50여 년에 걸친 각고의 노력 끝에 삭막한 망명지에서 나온 여러 연구저술은 제국주의에 의한 한민족 수난기에 기구한 역사를 전개시킨 러시아지역 한인사회를 상징하는 '한국학'이라 할 수 있을 것"이라고 요약했다.[42]

참고로, 운회 선생님과 함께 계봉우의 자료를 발굴한 조동걸 교수는 해외에서 한국사를 연구하고 저술한 경우로 박은식과 신채호를 대표적으로 들었는데, 거기에 계봉우를 추가하게 되었다고 하면서,[43] 『동학당폭동』, 『조선역사』 등 '계봉우 역사학'의 특징을 초기 '문화사학'에 속하는 것으로 평가했다.[44]

Ⅳ. '계봉우 한국학' 연구

사실 계봉우는 역사학자를 넘어 한국학자였다. 우리 말과 문학, 사회와 경제, 민속과 종교, 예술 등 오늘날 우리가 한국학이라 부르는 전 영역에 걸쳐 연구하고 저술했다. 인하대학교 한국학연구소에서 우리가 운

---

42 윤병석, 「북우 계봉우의 한국사 저술」, 『북우 계봉우 자료집』(2), 1997, 7쪽; 윤병석, 「계봉우의 한국사 저술과 『만고의수 안중근전』」, 2000, 388쪽.
43 조동걸, 「북우 계봉우의 생애 및 연보와 저술」, 1997, 128, 177쪽.
44 조동걸, 「민족국가 건설운동기의 역사인식」, 『한국의 역사가와 역사학』 하, 창작과 비평사, 1994, 160쪽; 조동걸, 「북우 계봉우의 생애 및 연보와 저술」, 1997, 170쪽.

64 운회 윤병석교수 추모문집

회 선생님의 '계봉우 역사학' 연구를 계승하면서 '계봉우 한국학' 연구로 범위를 확장한 것은 그 때문이었다. 그것은 한국학연구소의 설립 목적에도 부합하는 방향이었다.

운회 선생님은 1986년 인하대학교 한국학연구소를 설립하면서 그 목적을 다음과 같이 설정한 바 있다. 즉 "한국학을 과학적으로 연구하고 체계화함으로써 민족문화 발전에 기여하며, 한국학을, 관련 국제학회와의 교류를 통하여 연구함으로써, 세계문화 속에서 한국학의 중요성과 위치를 제고함을 목적으로 한다"라고 했다. 19세기 후반 '본국학'에서 시작하여 1930년대 식민지 하에서 '조선학'의 개념이 형성되고 해방 후 '국학'으로 되었다가 1980년대에 들어서 비로소 객관적 의미를 지니는 '한국학' 개념이 등장할 때, 운회 선생님이 그 선두에 있었다. 한국학의 범주에는 한국의 어학, 문학, 역사, 민속, 철학, 종교 등 전통적인 인문학이 모두 포함되었다. 이러한 범주의 한국학을 체계화하고 세계화하려는 것이 바로 운회 선생님이 창립한 한국학연구소의 목표였다.

연구소를 설립한 지 얼마 되지 않아 한국학의 국제화를 위한 국제학술회의가 개최되었다. 1987년 9월 10~12일 개최된 제1회 한국학 국제학술회의의 주제는 "국내외에 있어서 한국학의 현재와 미래"였다. 미국, 영국, 프랑스, 대만, 일본, 네덜란드 등 전세계에서 왈라벤, 레디야드, 와그너, 로빈스, 서대숙, 강희웅, 이옥 등 유수한 한국학자들이 초빙을 받았고, 수백 명의 국내외 학자들이 참석했다. 제2회 한국학 국제학술회의는 1995년 5월 25~26일 "해방 50주년, 세계 속의 한국학"이라는 주제로 더 큰 규모로 열렸다. 방선주, 최홍빈, 이옥, 박보리스, 콘체비치, 왈라벤 등의 외국학자들이 참석했다. 이러한 대규모 국제학술회의 뿐만 아니라 한국학연구소에서는 소규모 학술강연회를 개최하여 고영일, 박문일, 콘체비치, 최홍빈, 황용국, 박창욱 등 외국학자들을 지속적으로 초

빙했다. 당시 활성화되지 못하고 있던 한국학의 국제화에 얼마나 힘을 쏟았는지 알 수 있다.[45]

머리말에서 언급한 것처럼 한국학연구소 HK사업은 한국학의 국제화를 목표로 해외 한국학 연구를 순차적으로 추진했고, 계봉우를 연구하면서 러시아의 한국학에까지 미쳤다. 2011년『계봉우의 민족운동과 한국학』,[46] 2012년『계봉우와 러시아의 한국학』을[47] 주제로 두 차례 학술회의를 진행했다. 1차 학술회의의 팜플렛 '모시는 글'에는 그 의의가 다음과 같이 언급되어 있다.

> 계봉우 선생은 19세기 말 20세기 전반까지 80년의 짧지 않은 삶을 살면서, 한국, 러시아, 중국, 카자흐스탄 등 동북아시아 4개 국가를 넘나들며 열악한 환경 속에서도 민족독립운동과 한국학자로 왕성한 활동을 한 인물입니다. 특히 선생의 연구는 어느 특정 분야에만 치우치지 않고 국어학, 국문학은 물론 한국사와 경제, 종교, 민속, 국악 등 한국학 전반에 걸쳐 있기도 합니다. 더군다나 선생은 러시아 지역에서 한국학의 선구적 업적을 다대하게 남긴 분이기도 합니다. 따라서 근대 동아시아에서의 한국학 성립 및 계보를 정립하는 데 있어 계봉우의 한국학 연구 업적에 대한 고찰은 필수 조건이 아닐 수 없습니다.

계봉우는 민족운동가로서의 삶과 함께 해외 한국학자로서 북간도, 연해주, 중앙아시아에서 활동했다. 그의 한국학은 러시아 한국학을 잉태하는 역할을 했다.

두 차례 진행된 학술회의의 결과는 2013년 단행본『러시아의 한국학

---

45 『인하대학교 한국학연구소 1986~2013』, 제1장 「연구소가 걸어온 길」 참조.

46 2011년 9월 29일 인하대학교 한국학연구소 동아시아한국학 학술회의『계봉우의 민족운동과 한국학』. 제1부에서 윤병석의 기조강연 「계봉우의 생애와 저술」, 계봉우의 아들 계학림의 특별강연 「나의 아버지 계봉우」가 있었다.

47 2012년 12월 13일 인하대학교 한국학연구소 제23회 동아시아한국학 학술회의『계봉우와 러시아의 한국학』.

과 북우 계봉우』로 간행되었다.[48] 단행본은 계봉우의 민족운동, 한국학, 그리고 러시아의 한국학을 점검하는 것으로 했다.

제1부는 '계봉우의 항일민족운동과 러시아의 한국학'으로 하여 윤병석의 「계봉우의 민족운동과 한국학」, 반병률의 「러시아혁명 전후 시기 계봉우의 항일민족운동, 1919~1922 – 기독교 민족주의자에서 사회주의자로」, 박노자의 「계봉우와 미하일 박의 한국학」을 수록했다. 제2부는 '계봉우의 한국학 연구'라는 주제로 국어학 분야에서 조원형의 「언어학자 '계봉우'」, 국문학 분야에서 류준필의 「계봉우의 문학사 인식과 서술 – 『조선문학사』를 중심으로」, 역사학 분야에서 이영호의 「계봉우의 한국역사 인식과 역사관」, 이현주의 「계봉우의 사회주의 사상과 역사서술 체계」, 임학성의 「계봉우의 한국사회사 인식 – 『조선역사』의 계급 및 노예관련 서술을 중심으로」을 수록했다. 부록에 게재한, 계봉우 아들 계학림이 쓴 「삶 후의 삶 – 한국의 영웅, 학자, 계몽가인 나의 아버지 계봉우에 대한 회고」를 통해서는 계봉우의 삶을 가까이 느낄 수 있고, 저술 원고의 행방과 계봉우 추모의 과정도 확인할 수 있다.

'러시아 한국학'과의 관련에 대해 박노자는 일본·미국·유럽 등지에서 전개된 해외 한국학의 특징을 지적한 뒤, 계봉우에게서 잉태한 러시아의 한국학이 자신의 스승이기도 한 미하일 박에게서 탄생한 것으로 흐름을 정리했다. 그 두 사람은 마르크스 레닌주의의 법칙으로 역사를 서술하면서 공산주의적 입장에서 일제의 압제와 조선인의 민족해방투쟁을 이해하는 방향에서 일치했던 것으로 평가했다.

계봉우는 3·1운동을 경계로 민족주의자에서 사회주의자로 전환함으로써 그의 민족운동 방식도 변하고, 한국학의 내용도 달라졌다. 민족주

---

48 인하대학교 한국학연구소 엮음, 『러시아의 한국학과 북우 계봉우』, 소명출판, 2013.

의적 관점에서 마르크스의주의적 관점으로 이동했다. 그럼에도 불구하고 국어·국문학이나 역사학 분야의 저술에서 보거나, 러시아 한국학자로서의 활동에서 보거나 민족과 계급의 결합은 언제나 그의 화두였다.

V. 맺음말

운회 윤병석 선생님의 역사 연구는 한국근대 민족운동사, 즉 의병운동, 국내외 독립운동, 계봉우·이상설·박은식·윤봉길·안중근 등 독립운동가 인물 연구 등에 걸쳐 있었다. 독립운동가 가운데 가장 먼저 추적하기 시작하고 40여 년에 걸쳐 오랫동안 연구한 대상이 바로 계봉우였다. 일찍이 국내외 의병운동, 북간도와 연해주의 독립운동에 관한 글을 쓴 '뒤바보'를 추적하고, 뒤바보가 계봉우로 밝혀진 뒤 그의 저술을 발굴 소개하고, 독립운동 활동에 대한 연구도 진행했다. 운회 선생님은 '계봉우 역사학' 연구를 촉발하고 그 단서를 열었다.

그런데 계봉우의 저술은 우리 말과 문학, 사회와 경제, 민속과 종교, 예술 등 한국학 전 영역에 걸쳐 있다. 운회 선생님은 인하대학교 한국학연구소를 창립하여 한국학의 체계화와 국제화를 꾀했다. 간도·연해주·중앙아시아에서 민족운동뿐 아니라 한국학 저술에 매진했던 계봉우는 연구의 적절한 대상이었다. '계봉우 역사학'의 남은 부분과 더불어 '계봉우 한국학'은 이렇게 후학에 남겨진 과제가 되었다. 인하대학교 한국학연구소를 중심으로 제자와 후학들은 운회 선생님의 '계봉우 역사학' 연구를 계승하면서 '계봉우 한국학' 연구로 확장했지만, 그것도 이제 겨우 단서를 연 것에 불과하다.

1995년 대한민국 정부는 북우 계봉우에게 건국훈장 독립장을 추서했다. 그리고 2019년 4월 22일 대통령은 계봉우 부부의 유해를 전용기 좌석에 모시고 고국으로 봉환했다. 민족운동에 헌신한 북우 계봉우의 삶과 그의 한국학 관련 저술들이 찬란한 빛을 발하게 된 것은 운회 윤병석 선생님의 40여 년에 걸친 정열적인 추적과 연구의 덕택이었다.

4

윤병석 교수의 안중근 연구

반병률
한국외국어대학교 명예교수

I. 머리말

윤병석 교수는 주요 인물들의 자료집 편찬위원회의 위원장 또는 위원으로서(안창호, 양기택, 박은식, 신채호, 김구), 또는 개인적으로(이동휘, 안중근, 장지연, 윤봉길, 장인환, 전명운) 자료집(또는 자료 총서)을 간행하였다. 새로이 발굴된 값진 자료들에 대한 해제(김정규, 최익현, 계봉우 등), 전기(이상설, 안창호), 논문(황현, 이상룡, 김창숙, 장석영, 이은숙, 민긍호, 이인영, 이구영 등), 논설(이승훈, 이남규, 김옥균, 윤관, 이강년 등) 등 여러 형식의 학문적 성과를 통하여 한국역사상의 주요 인물들을 학계와 일반대중들에게 소개하고 연구를 심화시켰다.

이들 인물 가운데서도 안중근은 윤병석 교수가 지속적인 심혈을 기울여 연구한 인물이 아닌가 하는 생각이다. 쏟은 시간과 노력의 측면에서 볼 때 안중근은 역사학자 윤병석 교수의 연구 역정에서 특별한 위치를 차지하고 있었다고 할 수 있다.

Ⅱ. 안중근 관련 연구 업적

윤병석 교수는 1993년 안중근기념관 제3회 국제학술회의에서 「안중근의사의 의병활동과 사상」을 발표한 이래, 2012년에 간행한 저서 『한국독립운동가의 문집과 자료집』(선인, 2012)의 제8장 「안중근 문집 및 전기 전집」에 이르기까지 무려 19년의 긴 세월에 걸쳐 끊임없이 연구를 지속하였다. 박민영 선생이 작성한 연구업적 목록에서 윤병석 교수의 안중근에 관한 학술연구 논문과 저술만을 정리하면 다음과 같다.

1. 「안중근 의사의 의병활동과 사상」, 『안중근의사 연구의 어제와 오늘』, 안중근 기념관 제3회 국제학술회의 보고서, 1993.
2. 「안중근 의사 전기의 종합적 검토」, 『한국근현대사연구』 9, 한국근현대사학회, 1998.12.
3. 「안중근의 단지동맹과 동의단지회(同義斷指會)」, 안중근기념관.독립기념관, 하얼빈 의거 99주년 기념 학술회의, 1999.
4. 「안중근의 '동의단지회'의 보유(補遺)」, 『한국독립운동사연구』 32, 독립기념관 한국독립운동사연구소, 2009.
5. 『安重根傳記全集』(1책), 국가보훈처, 1999.
6. 「계봉우의 한국사 저술과 만고의사 안중근전」, 『실학사상연구』 15·16합집, 2000.
7. 「안중근의 연해주 의병운동과 동의단지회」, 『한국독립운동사연구』 14, 독립기념관 한국독립운동사연구소, 2000.10.
8. 『大韓國人 安重根－사진과 유물－』, 안중근기념관, 2001.
9. 「안중근 의사의 민족운동과 의열」, 『광복 60주년 기념 안중근 의사 순국 95주년 추념 학술연구지』, 안중근의사숭모회, 2005.

10. 「안중근 의사의 하얼빈 의거와 동양평화론」, 『안중근의거에 대한 인식』, 안중근의사기념사업회, 2005.

11. 「안중근 의사의 저술과 유묵」, 『안중근과 이등박문-안중근자료집 편찬을 위한 기초연구』, 안중근기념사업회, 2007.

12. 「안중근 의사의 저술과 유묵」, 『안중근 기초연구』, 안중근기념사업회, 경인문화사, 2009.

13. 「안중근 의사의 하얼빈 의거의 역사적 의의」, 『한국학연구』 21, 인하대 한국학연구소, 2009.

14. 「박은식의 안중근 전기 저술」, 게재지 미확인, 2009.

15. 「안중근의 사진」, 『한국독립운동사연구』 37, 독립기념관 한국독립운동사연구소, 2010.

16. 「안중근의 하얼빈 의거 순국 100주년의 성찰-안중근 연구의 방향」, 동북아역사재단, 『안중근의거 100주년 기념 국제학술회의 자료집』, 2009.

17. 「안중근의 하얼빈 의거 순국 100주년의 성찰-안중근 연구의 방향」, 『군사연구』 129, 육군군사연구소, 2010.

18. 『안중근 연구-하얼빈 의거 100주년의 성찰』, 국학자료원, 2011.

19. 『안중근 문집』(1책), 독립기념관 한국독립운동사연구소, 2011.

20. 『한국독립운동가의 문집과 자료집』, 선인, 2012. 제8장 안중근 문집 및 전기 전집.

이들 연구논문과 저술들은 학계와 한국 사회의 대중적 요구에 부응한 측면도 있지만, 안중근의 선양과 연구를 심화시키고자 하는 윤병석 교수 자신의 학문적 아젠다에 따라 이루어졌다고 할 것이다. 오랜 세월에 걸쳐 깊은 학문적 성찰과 노력의 결실인 이들 연구성과를 제대로 이해하고 정리한다는 것은 필자의 역량 밖의 일이다.

다행스럽게도 윤병석 교수는 2011년『안중근 연구-하얼빈 의거 100주년의 성찰』(국학자료원)을 간행하였다. 짐작컨대 오랜 세월에 걸쳐 다양한 형태로 발표·간행된 논문과 저술을 한 권의 책으로 정리·소개하고자 했던 것 같다. 아쉬운 대로『안중근 연구-하얼빈 의거 100주년의 성찰』을 텍스트로 삼아 이를 읽으면서 갖게 된 필자의 짧은 소견을 덧붙이는 것으로 소임을 대신하고자 한다.

III.『안중근 연구-하얼빈 의거 100주년의 성찰』(국학자료원, 2011)

이 저서는 안중근에 관한 주요 논문들을 종합적으로 정리한 것이다. 하얼빈 의거 100주년을 맞이하여 그때까지의 연구성과들을 한데 모아 종합하는 한편, 이를 바탕으로 향후의 연구과제들을 제시하고 있다. 저서의 제목은 제2장의 제목과 같다. 윤병석 교수는 2009년 하얼빈 의거 100주년을 기념하여 동북아역사재단에서 주최한 국제학술회의에서 같은 제목의 논문을 발표하였고, 이를 정리하여『군사연구』129집(육군 군사연구소, 2010)에 게재한 것이다.

이 책의 장 구성은 다음과 같다.(괄호 안은 원래 게재되었던 학술지 또는 저서)

제1장「안중근의 사진」
　(『한국독립운동사연구』37, 독립기념관 한국독립운동사연구소, 2010)
제2장 안중근의 하얼빈 의거 순국 100주년의 성찰-안중근 연구의 방향
　(『군사연구』129, 육군군사연구소, 2010)

＊이 논문은 2009년 10월 26일, 동북아역사재단이 주관한 안중근의거 100주년 기념 국제학술회의에서 발표한 글을 수정·게재한 것이다.

제3장 안중근의사 傳記의 종합적 검토

（『한국근현대사연구』 9, 한국근현대사학회, 1998.12）

＊이 장에 해제「朴殷植 著『三韓義軍參謀中將 安重根傳』, 梅縣 葉天倪 纂述, 『安重根傳』을 부기(付記)하였는데, 논문 간행(1998년 12월) 후 새롭게 발굴된 두 전기물을 소개한 것이다. 이 해제는 2011년 3월에 간행한『1세기 만에 보는 희귀한 안중근 전기－삼한의군참모중장 안중근전』백산포민 박은식 저술,『安重根傳』매현 섭천예 Ye Tianni 찬술」(국학자료원)에 실린 것이다.

제4장 안중근의 단지동맹과 동의단지회(同義斷指會)

（「안중근의 '동의단지회'의 보유」,『한국독립운동사연구』 32, 독립기념관 한국독립운동사연구소, 2009）

＊제4장의 제목은 안중근기념관과 독립기념관이 1999년에 공동 주최한『하얼빈 의거 99주년기념학술회의』에서 발표한 논문의 제목이지만, 이 책에는 이 논문을 수정.보완한「안중근의 '동의단지회'의 보유(補遺)」를 수록하였다.

제5장 계봉우의 한국사 저술과 만고의사 안중근전

（『실학사상연구』 15.16 합집, 2000）

제6장 박은식의 안중근 전기 저술

＊이 장은 2009년 11월에 발표한 것이나 게재지는 확인할 수 없다.

제7장 안중근의사의 하얼빈 의거와 동양평화론

（『안중근의거에 대한 인식』, 안중근의사기념사업회, 2005）

제8장 안중근의 연해주에서의 의병운동

（『한국독립운동사연구』 14, 독립기념관 한국독립운동사연구소, 2000.10）

＊논문의 원래 제목은「안중근의 연해주 의병운동과 동의단지회」임.

제9장 안중근의사의 저술과 유묵

（『안중근과 이등박문－안중근자료집 편찬을 위한 기초연구』, 안중

근기념사업회, 2007)

윤병석 교수는 「권두언」에서 이 저서의 내용을 다섯 가지 논제로 분류하였는데, 이를 참고하여 필자 나름대로 이를 재정리하면 다음과 같다.

(1) 안중근 관련 자료를 집대성한 『안중근전집』 편찬의 필요성과 그를 위한 기초 연구와 편찬 방법: 제1장 안중근의 사진, 제9장 안중근의 저술과 유묵에 관한 기초연구
(2) 안중근에 관한 전기물들에 종합적 소개와 해설: 제3장 안중근 전기의 종합적 검토
(3) 연해주에서의 의병 활동: 제8장 안중근의 연해주에서의 의병운동
(4) 안중근 자신의 글인 『안응칠 역사』와 『동양평화론』에 대한 해설: 제3장 안중근 전기의 종합적 검토, 제7장 안중근의 하얼빈 의거와 동양평화론
(5) 향후 안중근 연구의 방향: 제2장 안중근의 하얼빈 의거 순국 100주년의 성찰-안중근 연구의 방향

1. 안중근 전기의 종합적 검토

윤병석 교수의 안중근 연구 가운데 독보적인 업적이라고 한다면 역시 지속적인 관심과 노력을 기울여 안중근 의사의 전기류를 종합적으로 정리한 것이라고 할 수 있다. 윤병석 교수는 지속적인 자료 발굴과 실증적 분석을 통하여 안중근의 전기들의 저자 또는 필자, 발행 시기, 집필(발행) 장소, 발행처, 발굴 과정(계기), 분량, 배포범위와 영향 등 전기의 서지사항을 소개하고 필자(저자)의 생애와 활동 등 전기와 관련된 주요 사

항들을 상세하게 소개하였다. 윤병석 교수는 안중근 의사에 관한 전기물들을 세 그룹으로 분류했다.

(1) 안중근 자서전 -『安應七歷史』

『안응칠역사』는 안 의사 순국 60년이 지난 1969년『安重根 自傳』이라는 제목의 일역본(日譯本)이 발견되었고, 9년 후인 1978년 2월에는 한문(漢文) 원문대로의 필사본이 발견되었다. 그리고 다시 1년인 1979년 9월에는『안응칠역사』의 등사본이 재일 한인학자 김정명 교수에 의해서 발굴되었는데, 앞서 발견된 "일역본과 한문 등사본에서 '이하 략'"이라고 된 부분이 보완된 "완본 등사본이라는 데에 의미가 컸다." "비록 안 의사의 친필본은 아니더라도 안 의사의 귀중한 유고의 내용은 원문대로 전문(全文)이 '햇빛을 본 것'이다." 이러한 평가와 더불어 윤병석 교수는 "안 의사의 친필원고도 어디선가 나타날 것이라는 기대를 해보는 것"이라며 희망의 여지를 남겼다.(123~124쪽, 129쪽)

(2) 안중근 전기류

윤병석 교수는 1989년 이후 발현되기 시작한 안중근 전기류가 총 9종에 달한다고 정리했다. 윤병석 교수가 정리한 전기류를 집필 또는 간행 시기에 따라 정리하면 다음과 같다.

1) 작자 미상,『近代歷史』, 1910년 4월 15일.

국내에서 간행되어 일반에게 비밀히 널리 읽힌 것으로 현재는 그 일역(日譯) 필사본이 남아 있다. 안 의사 전기 중에서 최초의 것으로 주목된다.(138쪽) 일역본은 일본 외무성 사료관 소장의 「불령사건(不逞事件)

을 통해 본 조선인의 측면관(側面觀)」이라는 제목의 조선 총독 보고문서 가운데서 발견되었다. 이 전기의 영향은 매우 큰 것으로 총독부 당국은 "안중근은 청년 학생 사이에서 뇌리에 아플 정도로 심각하게 박혀 있다. 안중근의 사진을 담은 그림엽서와 복사지가 불령분자들의 가택 수색을 할 때마다 나오지 않은 집이 없다"고 경계심을 드러낸 전기였다. 윤병석 교수는 단지동맹(1909년)과 동의회 의병의 국내 진공 작전(1908년)을 시기상 순서를 바꾸어 서술하고 있는 오류를 지적했다.(138~140쪽) 하얼빈 의거 공판 기록을 잘 정리하여 작성한 저서이나 촉박하게 집필한 탓에 따른 것으로 짐작된다.

2) 창강(滄江) 김택영(金澤榮) 저, 『安重根傳』 1910년(庚戌本) 필사본.

김택영이 중국 통주(通州)에 망명했을 때인 1910년에 저술하여 1만부를 간행하여 유통했다. 『滄江集』에 수록되어 있고, 필사본이 위당(韋堂) 안숙(安潚)이 편집한 『史材』에 수록되어 있다. 윤병석 교수는 『史材』에 실린 「安重根生死詩」의 작자는 고증이 필요하여 단정할 수는 없으나 안중근의 작품으로 볼 여지도 없지 않다고 보았다.(143~144쪽) 1916년 개작본이 『詔護堂文集定本』에 수록되어 있다.

3) 단선(檀仙) 계봉우(桂奉瑀) 저, 『만고의사 안중근전』, 1914.

『권업신문』 1914년 6월 28일부터 8월 29일까지, 10회에 걸쳐 한글로 연재한 글로 미완성의 작품이다. 윤병석 교수는 『만고의사 안중근전』은 "미완성의 전기이나 적어도 하얼빈 의거 직전까지의 안 의사의 호국애족의 생애를 독특한 구성으로 여타 전기에 비하여 가장 사실적으로 기술한 전기"라고 그 가치를 높게 평가했다.(152쪽) 특히 이 글은 독특한 구성을 하고 있는데, "일반적 전기에서 통용되는 편년식이나 중요 사실 위주의 기술 방식이 아니고 편장(編章)을 나누어 활동의 정신적 덕목을 중시하는 분류방식의 기술을 취하고 있다"고 평가하였다. 즉, 안중근을 상무가(尚武家), 종교가, 교육가, 대시가(大詩家), 여행가, 사군이충(事君以忠)의 안중근, 사친이효(事親以孝)의 안중근, 교우이신(交友以信)의 안중근, 임전무퇴(臨戰無退)의 안중근으로 나누어 서술하고 있다.

4) 경재(耕齋) 이건승(李健承) 저,『安重根傳』, 저작시기 불명.

1910년 12월 1일 압록강을 건너 서간도 회인현(懷仁縣) 횡도천(橫道川)에 망명했던 이건승의 저술로 그의 자필 문집『海耕堂收草』에 수록되어 있다.

5) 애선자(哀仙子) 홍종표(洪宗杓) 저,『大東偉人安重根傳』, 1911년 8월.

미국 하와이의 신한국보사에서 발행한 저술이다. 윤병석 교수는 저자인 홍종표가 미주지역에서 국민회와 신한민보 등에서 언론인으로 활약하며 많은 글을 남긴 '동해수부(東海水夫)' 홍언(洪焉)임이 확실하다고 단정했다. 윤병석 교수는 홍언의『대동위인안중근전』을 "한인사회에서 나온 이상설의『兩義士合傳』을 이은 의열인물전의 자리를 점하고 있는 것"이라고 평가했다.(145~147쪽)

6) 백산포민(白山逋民) 박은식(朴殷植) 저,『三韓義軍參謀中將安重根傳』
   1912년.

이 전기는 박은식이 중국 북경에 머물고 있을 때 저술한 것으로 박은식이 상해로 와서 백산포민(白山逋民)이라는 필명으로 중국혁명당 계통의 정치잡지 『民國彙報』에 게재한 것이다. 이 전기는 박은식이 1914년 말 1915년 초 창해노방실(蒼海老紡室)이라는 필명으로 간행한 『安重根傳』에 앞서 저술·간행한 것이다.

7) 창해노방실(蒼海老紡室) 박은식 저, 『安重根』, 1914년 말 1915년 초.

상해 대동편집국(大同編輯局)에서 간행된 것인데, 박은식은 저술의 "근간이 되는 『安重根傳』을 같은 대동편집국에서 『東西洋偉人叢史』라는 제목으로 간행하였다"고 했다. 윤병석 교수는 『東西洋偉人叢史』에 수록된 안중근 전기는 "아직 실물이 나타나 있지 않"았지만 그 내용은 『安重根』과 같은 내용일 것이라고 추정했다.

윤병석 교수는 1912년에 간행된 『삼한의군참모중장안중근전』과 1914년·1915년 초에 간행된 『안중근전』 두 저술의 차이를, 전자는 "조국독립전쟁을 수행한 '의군참모중장'에 초점을 맞추고 있으나" 후자는 "세계적 안목을 갖춘 '평화의 수호자'임을 강조하고 있다"고 해석하였다. 또한 전자는 "한국 '영웅적 행위'"에 강조를 두고 있음에 비하여 후자에 이르러는 국가간 경쟁의 승패는 "국민 전체의 힘에 달린 것이지 어떤 개인의 힘에 달린 것이 아니다"라며, 박은식이 "영웅주의 사관에서 벗어나 국민주의 사관으로 바뀌어지고 있음을 보여는 증좌"라고 설명하였다.(166~168쪽)

8) 박은식 저, 「안중근」(한글본), 1917년 12월.

블라디보스토크 신한촌의 한인신보사에서 간행한 『愛國魂』(하권)에 수록되어 있는 안중근 전기이다. 『愛國魂』은 안중근을 비롯하여 민영환, 조병세, 최익현, 이준, 이범진, 이재명, 안명근 등 순국선열의 약전과 행적을 기술한 것으로 한인신보사 주필인 옥사(玉史) 김하구(金河球)가 편찬한 것이다. 박은식이 창해노방실(蒼海老紡室)이라는 필명으로 간행한 『安重根』을 일반독자들이 쉽게 읽을 수 있도록 국문으로 초역한 것이다. 윤병석 교수는 「안 의사 추도가」와 우덕순의 "만났도다 만났도라 원수 너를 만났도다" 하는 우덕순가와 10절로 된 「안 의사 추도가」를 수록한 점이 이채롭다고 평가하였다.(135~136쪽)

9) 정원(鄭浣)·정육(鄭淯) 저, 『安重根』, 1920년경.

하얼빈 의거 직후에 집필된 정원(程淯)의 『安重根傳』(상편)과 저서의 편찬자인 정완(鄭浣)이 편술한 『安重根略史』(하편)를 묶어낸 저술로, 윤병석 교수는 "안 의사 순국 후 중국인에 의해 최초로 간행된 안 의사 전기물"이라고 평가했다.(155쪽) 상해에서 3·1운동 후 1920년경에 간행된 것으로 추정하였다.(156쪽, 157쪽)

10) 매현(梅縣) 섭천예(葉天倪) 저, 『安重根傳』. 간행연도 미상

중국학자 매현(梅縣) 섭천예(葉天倪)가 찬술한 전기로, 부록 '韓國諸義士略傳'에는 우덕순, 안명근, 이재명, 이준 등의 약전이 수록되어 있는데, 우덕순과 이준 부분에는 "종래 관련 전기 등에서 흔히 볼 수 없는 내용을 기술하고 있다"고 설명하였다.(170쪽)

윤병석 교수는 찬술자인 섭천예(葉天倪)가 안중근을 "평화 사상의 견지자로 그를 구현하기 위하여 소중한 일신의 생명을 바친 것으로 평론"하였고, "하얼빈 의거를 정의 인도 공리가 지배하는 세계평화 시대를 여는 중요 계기로 논평하였다"고 설명하였다. "요컨대 안중근의 『동양평화론』의 이념과 내용을 통찰하며 논찬한 것 같다"고 평가하였

다.(172~173쪽)

윤병석 교수는 1998년『한국근현대사연구』에 논문「안중근의사 傳記의 종합적 검토」를 발표하였고, 다음 해인 1999년에는 당시까지의 안중근 전기류를 집대성하여『安重根傳記全集』(국가보훈처)을 간행하였다. 논문 발표와 자료집을 간행한 후 추가로 두 전기물이 발굴되었는데, 2001년에 박은식 저술의『三韓義軍參謀中將安重根傳』, 2009년에 섭천예(葉天倪) 찬술의『安重根傳』이 그것이다. 윤병석 교수는 이 두 전기의 발굴로 1999년에 간행된 "『안중근전기전집』의 내용을 크게 보완하게 되었다"며 기쁨을 표시하였다.(169쪽)

윤병석 교수는 이 두 전기에 대한 연구 결과를 2011년 3월『1세기 만에 보는 희귀한 안중근 전기 -『삼한의군참모중장 안중근전』백산포민 박은식 저술.『安重根傳』매현 섭천예 Ye Tianni 찬술』(국학자료원)을 출간하였다.

『안중근전기전집』의 저술 등 안중근에 관한 한 독보적인 학문적 업적을 남긴 윤병석 교수는 "이들 전기류에 대한 종합적 연구가 수행되어 '안중근학' 정립의 디딤돌이 되어야 할 것"이라고 제언하였다.(163쪽)

(3) 안중근의 주변인물이나 사학자들에 의해 기술된 전기 또는 전기 자료

1)『禹德淳 先生의 懷古談』

1946년 2월에 박성강(朴性綱)이 편찬한『독립운동의 선구 안중근 선생 공판기』말미에 수록된 기록으로, 박성강이 해방 후 귀국한 우덕순으로부터 청취한 증언을 문책(文責) 기록으로 작성하여 공판기에 수록한 것이다. 이 책에는 「安美生女史의 一問一答」이라는 회견록도 함께 수록되어 있다.(158쪽)

2) 오산(吾山) 이강(李剛) 작, 『내가 본 안중근 의사』, 필사본.

이 기록에는 하얼빈 의거 전후 블라디보스토크 동지들과의 연락 관계가 비교적 상세히 언급되어 있고 안 의사의 순국 후 모부인(母夫人)을 비롯한 유족의 동향이 기술되어 있는데, 간행되지 않고 남산 안 의사기념관에 소장되어 있다.

3) 위애(緯涯) 이전(李全) 저, 『安重根 血鬪記-義彈의 凱歌』

1950년 대건인쇄소에서 간행한 저술로 돈의학교(敦義學校)에서 망명 직전인 1907년 여름의 짧은 기간에 안중근의 문하생이었던 저자가 오랫동안 안 의사 고향에서 전기자료를 수집하고 해방 후에 서울에 상경하여 1947년에 간행한 전기이다. 윤병석 교수는 이강이 책의 서문에서 "전편을 통독하니 그 자료의 광수박채(廣搜博採)와 기술의 정확 세치(細緻)하기 열자(閱者)를 경도케 하였다"고 평가한 점을 인용하였다.(160쪽)

4) 해원(海圓) 황의돈(黃義敦) 저, 『安義士重根傳』.

윤병석 교수가 "사학자가 저술한 대표적인 안 의사 전기"라고 평가한 전기물이다. 윤병석 교수는 황의돈이 『안응칠역사』나 박은식의 『안중근』 등을 참고하지 못한 채 "해방 후에 알려진 안 의사의 공판 기록과 일제총독부의 취조기록을 비롯하여 김구의 『백범일지』, 송상도의 『騎驢隨筆』 등 관련문헌을 수집, 면밀한 실증을 토대로" 집필하였다고 분석했다.(161

쪽) 이 전기는 1957년 3월 17일부터 동아일보에 연재한 것으로『海圓文稿』에도 수록되어 있다.(161쪽)

2. 안중근의 사진과 유묵

제1장「안중근의 사진」은『한국독립운동사연구』37(독립기념관 한국독립운동사연구소, 2010)에 투고한 논문이다. 이 글에서 윤병석 교수는 안중근의 "사진류가 산질되거나 은폐된 것도 없지" 않고, "현존하는 사진류도 설명이 왜곡되거나 혹은 분식 내지 비하되어 원형을 잃은 것도 있다"라고 지적하였다. 그리하여 이 글의 목적이 "그동안 전래되어 각종 저술과 혹은 기념관 등 전시에 이용된 사진을 모아 점검하고, 그의 원본 소장을 추적하려는 것"이라며, 이 사진들의 "촬영 내지 제작 목적을 비롯하여 촬영 시기와 장소 등을 밝혀 그 사진의 올바른 위상을 세워보려는 것"이라고 하였다.(49쪽)

안중근의 사진과 유묵의 중요성을 인식하여 윤병석 교수는 2001년『대한국인 안중근─사진과 유물─』(안중근기념관, 2001)을 간행한 바 있는데, 안중근에 관한 도록이나 관련 저술에 게재된 안 의사의 사진을 14종으로 확인하였다.(이들 14종의 사진은 책의 앞부분에 수록되어 있다.)

윤병석 교수는 이들 14종의 안중근 사진들을 (1) 안중근의 의거.순국 전후의 사진, (2) 안중근 전기에 수록된 안중근 사진, (3) 안중근 사진을 넣은 우편엽서와 판매용 안중근 사진의 세 부류로 나누어 분석하였다. 그리하여 "이들 사진은 거의 안 의사의 하얼빈 의거와 순국에 관련되어 촬영되고 제작된 것"이라며, "촬영 시기도 안 의사가 그의 동지 우덕순 유동하와 함께 하얼빈에 도착하여" "의거 결행을 기념하여 촬영한 것을 제외하면 나머지는 하얼빈 역두의 의거 현장에서부터 체포 투옥과 그를 이은 심문 공판을 거쳐 뤼순감옥에서 사형이 집행되어 순국할 때까지의 것"이라고 정리하였다. 따라서 "학술적 견지에서는 안 의사의 사진은 될수록 원본에 가까운 것을 찾아 이용할 필요가 있다"고 권고하였다.

한편, 윤병석 교수는 "망명 전 국내에서 '삼흥학교 교장'으로 활동할 때의 사진"이라 소개되기도 하는 안중근 사진은 우덕순, 유동하와 함께 찍은 "하얼빈에서 의거 결의 기념 사진"에서 적출하여 제작하였거나, "같은 장소에서 같은 모습으로 촬영 제작된 것"이라고 보아야 한다며 그 오류를 지적하였다.(61~62쪽)

마지막으로 윤병석 교수는 "행방불명된 안중근 의거 현장 영상물"이 "현재까지도 전래 여부와 소재 여부를 알 수 없다"고 안타까움을 표하고 있다.(59쪽)

3. 안중근 의사가 남긴 글들

윤병석 교수가 밝힌 안중근 의사의 글을 다음과 같다.

(1) 연해주 활동시기:

    1)『해조신문』에 기고한「인심결합론」

    2) 단지동맹 결성시 지은「동의단지회 취지서」

    3) 동생 안정근과 안공근 및 친구 김문규(金文奎)에게 보낸 서한 3통 (일본 군헌에 압수되어 일역된 것)

(2) 하얼빈 의거 전후

    1) 하얼빈 의거 전후에 쓴 몇 가지 "진귀한 필적과 탁월한 시문"

2) 뤼순감옥 수감중에 남긴 글: 「안응칠 소회(素懷)」, 「이토 히로
　부미의 죄악 15개조」, 『안응칠 역사』, 『동양평화론』(미완성)

3) 순국 직전에 쓴 「모주전상서(母主前上書)」 등 6통의 유서

　윤병석 교수는 안 의사의 "탁월한 시문"에 주목할 것을 주문했다. 이
들 시문은 "대개 옥중에서 휘호한 유물에 포함되어 있고, 얼마간은 그
의 『안응칠 역사』 등 다른 저술과 자료 속에 수록되어 있다"고 분석하였
다. 윤병석 교수가 특히 강조한바, 그동안 안중근의 일생을 일관한 "상무
적 기풍과 군략적 행적으로 말미암아 그의 문예적 사유와 애국적 시문은
크게 현양되지 못하였다"고 지적하고 이에 대해 주목할 것을 강조했다.
"하얼빈 역두의 장거를 앞두고 우덕순과 화답할 때 읊은 「장부가(丈夫
歌)」를 비롯한 이들 시문은 "안 의사의 장대한 우국광세(憂國光世)의 시
정(詩情)을 결집한 것"이라고 평가하였다. 그리하여 윤 교수는 안중근 전
기의 필자들 가운데 계봉우가 「만고의사 안중근전」에서 "안 의사를 '시신
(詩神)', '시선(詩仙)', '시왕(詩王)'으로까지 칭예(稱譽)하고 있다"는 점을
강조하였다.(103~104쪽)

4. 안중근의 필적과 유묵

(1) 안중근의 필적

1) 윤병석 교수는 1909년 초 단지동맹을 결성할 때 12인의 동지들이
　혈맹할 때 선혈을 모아 태극에 안 의사가 혈서한 "대한독립(大韓獨
　立)"의 "원본은 전해지지 않고 있으나 엽서로 만든 사진이나 그밖
　에 보도 사진 등으로 확인할 수 있다"고 설명했다.(104~105쪽)

2) 「장부가(丈夫歌)」는 한문과 국문 2종으로 "안 의사의 결연한 의거 결의를 그대로 실증한 절품(絶品)"이라고 평했다.

3) 이강에게 보낸 간찰(안 의사가 작성하고 우덕순과 연명 날인함).

4) 빌렘 신부에게 보낸 2통의 엽서(실물로 전해지고 있음). 하나는 망명 전인 1906년 1월 6일 자. 다른 하나는 망명 후인 1908년 10월 1일 자. 문안 간찰. 전자는 일부에서 친필 여부에 대한 논쟁이 있고, 후자는 1908년 여름 국내진공작전 후 "화급한 일로 고향에도 못 들린 채 국내의 수원까지 몰래 들어왔다가 돌아가는 길에 부친 것"이라고 판정했다. 안 의사의 행적과 관련하여 주목되는 것으로 이에 대한 추가적 연구의 필요성을 제기했다.(106쪽)

(2) 안중근의 유묵

윤병석 교수는 "1910년 2월 3월에 걸쳐 뤼순감옥에서 휘호한 안 의사 특유의 고귀한 유묵은 전하는 말로는 200여 폭이 작성되었다고"[1]하지만, "한·중·일에 산재되어 확인할 수 있는 것은 실물 또는 사진본 등을 합하여 59폭뿐이다"라고 결론지었다. "사형 언도 후 이라이시 고등법원장을 만나 동양평화를 설파할 때 휘호하였다는" 4폭의 휘호는 "기록상으로 휘호된 내용까지는 알 수 있으나 실물은 고사하고 사진으로도 아직까지 확인할 수 없는 것"이라고 설명했다.(106쪽)

윤병석 교수는 이들 시문을 8가지로 분류하였는데, 이들을 종합적으로 평가하여 "그들 유묵 속에는 하나같이 동양 평화를 기원하며 살신성인한 안 의사의 깊은 뜻이 담겨있다"고 하였으며, "겨레의 보물로 길이 보존하고 아울러 미발견 유묵의 조사. 수집에도 힘써야 할 것"이라고 조

---

1 박은식, 『한국통사』, 상해: 대동편집국, 1915, 165쪽.

언하였다.(106~109쪽)

5. 동의회(同義會)와 '대한의군(大韓義軍)'

안중근은 심문이나 재판과정에서 1908년 여름 국내진공작전의 조직적 주체였던 동의회에 관하여 진술한 바 없다. 다만 공판 심문 과정에서 자신은 '팔도 의병 총독' 김두성 휘하에서 '참모 중장'의 직책에 피선되었다고 진술했고, 『안응칠 역사』에서도 안중근은 함께 의병을 일으킨 김두성과 이범윤이 각각 '총독'과 '대장'으로 피임되었고, 자신은 참모 중장의 직책에 피선되었다고 썼다. '의병 총독 김두성'이나 '참모 중장' 등은 공판 심문 과정에서 처음으로 등장하는 인물과 직책이다.

동의회의 조직을 보면, 총장 최재형, 부총장 이범윤, 회장 이위종, 부회장 엄인섭이었다. 안중근은 동의회의 평의원이자 국내진공작전 당시 우영장(右營將)을 맡았다. 최재형과 이범윤은 1906년에 함께 의병을 조직했고, 1908년에 들어와 동의회를 조직했다.

윤병석 교수는 '동의회 의병'과 '대한의군'을 동일시하고 있다. 이와 아울러 '강원도 사람 김두성'을 유인석으로 추정한 조동걸 교수의 주장에 동의하고 있다.(84쪽) 여기에서 '팔도 의병' 조직과 동의회를 어떻게 볼 것인가 하는 문제가 남아 있다. 안중근은 동의회의 우영장(右營將), '팔도 의병'의 '참모중장'으로, 이범윤은 동의회의 부총장, '팔도 의병'의 '대장'으로 직함이 다르다. 이에 더하여 동의회 총장은 최재형, '팔도 의병 총독'은 김두성이다.

더 큰 문제는 '팔도 의병'은 전국적인 조직이고, 동의회는 연해주 지방의 의병조직으로 그 위상의 차이가 다르다. 계봉우가 『만고의사 안중근전』에서 최재형을 '의병 총장'으로 기록하였는데, 이는 분명히 동의회를 염두에 둔 것이다. 필자는 안중근이 연해주 지방조직인 동의회를 언급하지 않고, '팔도 의병'을 말한 것은 그의 공판전략에 따른 것이라고 생각하고 있다. 이에 더하여 연해주에서 여전히 활동하고 있는 최재형을 비롯한 동의회 동지들을 보호하기 위한 안중근의 깊은 고려에 따른 것이라 할 수 있다.

일반적으로 공판 과정과 『안응칠 역사』에서 언급한 '팔도 의병' (또는 '대한의군')에 소속된 '참모 중장'설을 안 의사 자신이 언급한 것이라고 하여 기정사실화하고 있다. 그리고 안 의사의 주장을 신뢰하여 그대로 기록하고 있는 전기류와 연구들에서 그대로 받아들이고 있다.

문제는 일반대중들에게도 광범위하게 받아들여지고 있지만, 이를 입증할 수 있는 1차 사료는 없다는 점이다. 특히 안정근으로부터 안중근 자료들을 참고하여 그 신뢰도가 높은 계봉우의 『만고의사 안중근전』에는 이러한 내용이 없다는 점에 유념할 필요가 있다.

6. '단지동맹' 동의단지회(同義斷指會)

(1) 단지동맹의 공식 명칭 동의단지회

안중근 연구와 관련해서 윤병석 교수의 독보적인 업적 가운데 하나는 단연 '단지동맹'으로 알려져 있는 동의단지회에 관한 것이다.(제3장과 제5장) 단지동맹의 결사과정에 대하여 안 의사는 『안응칠 역사』에서 "마침내 열두 사람이 각각 왼편 손 약지를 끊어 그 피로써 태극기 앞면에 글자 넉자를 크게 쓰니 '大韓獨立'이었다. 쓰기를 마치고 대한독립만세를 일제히 세 번 부른 다음 '하늘과 땅에 맹세하고 흩어졌다"고 기록하여 놓았다.(180쪽)

윤병석 교수는 특히 계봉우의 『만고의사 안중근전』에서 '단지동맹'의 정식 명칭이 동의단지회라는 사실을 비롯하여 "단지동맹의 내용을 명확히 구명하였다"며, 『안응칠 역사』를 비롯한 여러 전기나 그 밖의 관헌 문헌에서 언급되지 않은 내용이 포함되어 있다"는 사실을 강조했다. 이어 『만고의사 안중근전』은 "단지동맹에 의하여 결성된 회명이 동의단지회라는 사실과 그 회의 「취지서」를 구체적으로 명기한" 최초의 자료라고 그 사료적 가치를 높게 평가하였다.(153~155쪽)

안 의사가 심문 과정에서 '정천동맹(正天同盟)'이라 하여 국가를 위하는 일을 하자는 것"이라고 한 진술을 근거로(181쪽) 단지동맹의 정식 명칭이 '정천동맹'이라고 주장하는 일부 학자들이 있다. 이와 더불어 사료적 근거 제시 없이 동의단지회라고 명시한 계봉우의 『만고의사 안중근전』을 신뢰할 수 없다고 주장하기도 한다. 이러한 주장은 치밀한 사료 비판의 결여와 해석상의 억지에서 비롯된 것이다.

(2) 동의단지회의 성격

우선 동의단지회의 성격에 관해서 일반적으로 이토 히로부미 등 일본의 주요 지도자와 이완용, 송병준 등 매국적 한인들을 처단하기 위한 비밀결사로 보는 견해가 학계와 일반대중들 사이에서 널리 받아들여지고 있다. 당시 일본의 첩보 당국은 물론이려니와 미주에서 간행되던 『신한민보』의 기사(1909년 11월 24일 자) 역시 단지동맹 동의단지회를 이토 히로부미와 한국의 '난신(亂臣)'들을 처단하기 위한 결사로 파악했다.

계봉우의 『만고의사 안중근전』를 활용하여 '동의단지회' 연구에 심혈을 기울여온 윤병석 교수의 연구 결과는 이처럼 단지동맹을 '암살을 위한 비밀결사'로 보는 해석이 잘못되었음을 시사하고 있다. 윤병석 교수는 계봉우의 『만고의사 안중근전』에 기록된바 동의단지회의 목적을 밝힌 「취지서」를 소개하였는데, 이 '취지서'의 내용에 의거하여 동의단지회가 "재기 항쟁을 위하여 혈맹으로 조직한 일심 단체"라고 해석했다.(154쪽)

동의단지회가 '암살을 위한 비밀결사'가 아니라 의병운동을 다시 일으키기 위한 주요 의병 간부들의 결사체임을 밝힌 것이다. 윤병석 교수는 정대호가 심문 과정에서 단지동맹이 "의병을 하기 위한 것"이라고 진술한 점.(183쪽) '단지동맹 의형제' 조응순이 "각지 각파로부터 동지 12인을 간발(揀拔)하야 [밑줄은 필자] 단지동맹" 하였다고 말한 점을 근거로 제시했다.[2] 이에 더하여 하얼빈 의거를 지원하였던 『대동공보』 간부 이강(李剛)이 「내가 본 안중근 의사」에서 회고한바, 영산 전투 후 연추에 퇴각하여 "간부회의를 [밑줄은 필자] 열고" 단지동맹을 안 의사가 제의한 사실에 주목하였다.(195쪽) 이를 정리하면 동의단지회는 의병 재기를 위한 결사체로 동의회와 같은 성격의 의병조직이었고, 그 맹원들은 개별적 차원이 아니라, 지역과 분파를 대표하는 의병 간부들이었다. 또한 이들 맹원들이 1908년의 국내진공작전에 참전했던 동의회 소속이었음을 시사한다.

이는 안 의사가 공판 과정에서 이토 히로부미 처단이 개인적 차원의 '테러'나 암살이 아니라, '독립전쟁'의 일환이었음을 강조한 사실과 맥락을 같이 한다. '단지동맹' 동의단지회를 암살을 목표로 한 비밀결사로 보게 되면, 안중근을 테러리스트나 암살자로 규정했던 일본당국의 입장과 같게 되는 것이다. 이는 하얼빈 의거를 염두에 둔 결과론적인 해석으로 사실에도 부합하지 않을 뿐만 아니라, 더욱 중요한 것은 안중근 의사의

---

2 「故義士 安重根氏 追悼會」, 『獨立新聞』 1921년 4월 2일 자. 조응순의 이 발언은 1921년 3월 26일 안중근의사 순국 12회 기진(忌辰)를 맞이하여 상해에서 동포들이 개최한 추도식에서 행한 것이다. 『독립신문』은 조응순이 "일즉 의사(義士)로 더불어 함께 거의(舉義)하야 함북 연변(沿邊)에서 적(敵)을 많이 죽이고 그 후 의사로 더불어 단지동맹한 이"라고 소개하였다.

깊은 뜻에도 어긋난 해석이 아닐 수 없다는 점이다.

(3) 동의단지회의 12인 결사 동지들의 명단

안 의사는 단지동맹의 동지들을 보호하기 위하여 처음부터 동맹의 존재에 대하여는 입을 다물었다. 안 의사가 단지동맹에 대해서 처음으로 진술한 정대호와의 대질 신문 이후 이름을 말하기 시작하였으나, 동지들의 이름을 정확하게 진술하지 않았다. 처음에는 12명을 다 기억하지 못한다고 진술하다가 마지막에 가서야 12명의 이름을 말하였는데,[3] 그것도 성(姓)을 달리 얘기하거나 이름의 글자 순서를 바꾸는 방식으로 끝까지 정확한 이름을 숨기고자 했다.

이러한 사정으로 동의단지회 맹원들의 정확한 이름을 밝히는 것이 결코 쉬운 작업이 아니다. 윤병석 교수는 이처럼 혼란스러운 상황에서도 심문 과정에서의 안 의사의 진술과 일본 측 첩보 보고서를 참조하여 12명의 명단을 밝히고자 노력했다. 윤병석 교수가 나름대로 최종·확정한 동의단지회(단지동맹) 맹원 12명의 최종 명단은 2001년 10월 18일 러시아 정부의 협조를 얻어 연추 교외에 세운 '단지동맹 유허비'에 새겨져 있다.(195~196쪽)

【명단 1】
안중근, 김기룡, 백규삼, 황병길, 조응순, 강순기, 강창두, <u>정원주</u>, <u>박봉석</u>, <u>류지홍</u>, <u>김백춘</u>, <u>김천화</u>

---

3 윤병석 교수에 따르면, 안 의사가 12명의 인명을 말하기 시작한 것은 경(境)경시의 심문이 시작된 1909년 12월부터였다고 분석했다.

한편, 윤병석 교수는 일본 헌병대가 작성한 1914년 10월 20일 자 첩보 보고서에서 기록된 바 맹원 12명의 명단을 소개하고 있다. 일본 헌병대는 이들이 당시 러시아지역에서 활동하고 있는 인물들이라고 밝혔다.(194쪽)

【명단 2】
안중근, 황병길, 정주원, 박봉석, 유치홍, 강순기, 김응렬, 김길룡, 강창동, 조응순, 백규삼, 갈화천

한편, 러시아지역에서 활동한 항일혁명가 최호림은 『遠東邊疆高麗人生活歷史抄錄』에서 12명의 맹원을 기록하여 놓았다.

【명단 3】
안중근, 황병길, 백규삼, 조응순, 김기룡, 유치홍, 강승규, 정주원, 강창도, 김응렬, 박석봉, 갈화천

이상에 소개한 바 3개의 명단에서 밑줄 친 이름들은 정확하지 않게 표기된 것이다. 필자는 최호림의 『원동변강고려인생활역사초록』의 기록을 기본으로 하여 최종 명단을 확인한 바 있다.[4]

안중근, 황병길(黃丙吉), 백규삼(白圭三), 조응순(趙應順), 김기룡(金起龍), 유치홍(柳致弘), 강순기(姜順琦), 정주원(鄭柱元), 강창두(姜昌斗), 김응렬(金應烈), 박석봉(朴錫鳳), 갈화춘(葛化春)

---

4 반병률, 『여명기 민족운동의 순교자들』, 신서원, 2013, 53~54쪽 ; 『항일혁명가 최호림과 러시아지역 독립운동의 역사』, 한울아카데미, 2019, 47쪽, 각주 66.

7. 안중근 연구의 방향 제시

(1) 『안중근 전집』 간행의 필요성

윤병석 교수는 『안중근 전집』과 같은 안중근 자료의 집대성의 필요성과 편찬 방법 등을 제시하고 있다. "안중근 연구의 심화와 청소년을 위한 현양사업의 진흥을 위해서"는 "『안중근 전집』 편찬 간행이 늦출 수 없는 당면한 기본사업"이라며, 여기에는 안중근의 "귀중한 사진, 저술, 시문, 유묵 등은 물론, 국내외에 산재한 관련 문헌 및 그밖의 관련자료가 출처와 함께 체계적으로 해제, 편찬, 집대성되어야 한다고 제시했다. 그동안 수집 정리된 각종 자료와 학계의 연구 결과가 종합적으로 반영되어야 한다고 제언한 것이다.[5] 윤병석 교수는 『안중근 자료전집』의 편찬 간행이야말로 안 의사의 현양사업과 대국민교육을 위해서도 필수적인 과제임을 강조했다.

(2) 안중근 의사 현양과 연구 방향

1) 의열투쟁 및 독립전쟁의 일환으로서의 하얼빈 의거

윤병석 교수는 앞으로의 연구가 하얼빈 의거를 종래와 같이 의열투쟁의 대표적 사례로만 강조하는 것에 머물러서는 안 된다고 역설했다. 일제와 혈투한 독립전쟁의 일환으로도 중요한 위상을 겸한 사실로 확인시킬 과제에 대한 심층 연구의 추진이 필요하다고 본 것이다.(113쪽)

안 의사를 "'의사' 또는 '의협(義俠)'이라고 하는 것도 당연하지만, 그

---

5 안중근평화연구원의 기획으로 『안중근자료집』 전27권이 간행되었다. 2014년에 제1차 세트 전11권, 2016년에 제2차 세트, 전7권, 2017년에 제3차 세트, 전9권.

보다도 나라를 도로 찾으려는 한국의군의 '의병장' 또는 한국독립군의 '주장(主將)'이라 함도 가명(嘉名)인 것이다. 따라서 안 의사는 한국독립 운동사상 의열투쟁과 독립전쟁을 겸행한 '순국선열'로 칭예되어야 할 것"이며, 이를 위한 "연구의 심화가 절실한 과제"임을 강조했다. 이를 위해서 "의열투쟁의 성격과 계보를 밝혀 그 의의를 정립하는 심층 연구도 절실하다"고 제언했다." 이에 더하여 안 의사의 의열투쟁을 '암살' 또는 '테러'로 해석하는 편견은 말끔히 불식되어야 할 것"임을 지적했다.(115쪽)

2) '애국지사' · '만고의사'에 더하여 '세계 평화주의자', '세계 위인'으로서의 안중근

윤병석 교수는 '애국지사', '만고의사'로서의 안중근에 더하여 "제국주의 침략에 유린된 동양 평화를 지키려던 '평화의 대표자를 자임한 평화주의자'이며 세계평화를 위하여 자가 목숨을 바친 '세계 위인'으로 칭예(稱譽)되는 행적과 사상을 보였다"고 평가했다. 이러한 윤병석 교수의 이러한 평가는 박은식, 신채호, 계봉우, 섭천예(葉天倪)의 저술에 근거한 것이다.(115쪽)[6]

---

6 하얼빈 의거 당시 안중근 의사가 이토를 처단한 후 러시아어와 한국어로 '대한 만세'를 외친 것으로 널리 알려져 있다. 그러나 당시 안 의사는 러시아어와 한국어는 물론 프랑스어로 '대한 만세'를 부른 것이 사실이다. 필자는 이 사실을 기회 있을 때마다 이를 지적하곤 하였으나 주목하는 사람들이 없었다. 하얼빈 의거 당시 현장에 있었던 러시아인 기자의 기사를 옮긴 『대동공보』는 이토 저격후 안중근의 만세 장면을 다음과 같이 보도했다. "죽인 사람 곁에 섰던 니끼포로프 정위가… 죽인 사람의 총을 없애고 붙잡았더라. 죽인 사람이 잡히어 헌병소로 가면서 아라사와 불란서 말로 우라 꼬례야 비브 랴 꼬례야 대한 만세를 불렀으며 대한 말로 노래를 하였는데 아마 혁명가더라(애국가)" (「별보: 伊藤公爵被殺後聞」, 『대동공보』 1909년 10월 31일 자 1면). 이 사실로부터 안 의사가 당시 프랑스어가 국제어로 통용되고 있던 상황을 인식하고 있었음을 말해주며 안 의사가 남다른 국제적 안목을 갖고 있었음을 짐작할 수 있다.

3) 심문·재판과정에서의 일제 당국의 강제성, 잔인성, 부당편협성에 대한
   심층연구의 필요성

윤병석 교수는 국제적 여론을 의식한 일본당국이 안중근의사에 심
문·재판과정에서 대체로 관대했다고 인식되어 온 것이 아닌가 하는 문
제를 제기했다. 그동안 학계에서 안 의사에 대한 검찰 수사관들의 조사
심문의 강제 및 잔인성, 재판과정의 부당성과 편협성에 대한 인식이 부
족했다며 이에 대한 연구가 절실하다는 점을 강조했다.(116~119쪽)

4) 이토 히로부미의 침략적 행적과 그에 따른 정치적 위상에 대한 심층
   검증의 시급성

윤병석 교수는 하얼빈 의거의 표적물인 이토의 침략적 행적과 그와
관련된 국내외의 정치적 위상에 대한 심층 검증이 시급하다는 점을 강조
하였다.(119~120쪽)

5) 이토의 위장된 '동양평화론'과 안중근의 '동양평화론'의 대비 연구의
   필요성

윤병석 교수는 이토의 위장된 '동양평화론'과 안 의사의 '동양평화론'
의 대비연구는 잘못된 근대 한인 사이의 역사 청산에도 기여할 것임을
제시했다.(120쪽)

윤병석 교수가 제시한 연구과제들은 이후 역사학자들에 의하여 실행
에 옮겨졌으며 어느 정도 성과를 거두기도 하였다. 전체적으로 보면 여
전히 윤병석 교수의 문제 제기가 충족된 수준에 이르지 못했다고 판단되
며, 후학들이 되새겨야 한다고 생각된다.

Ⅳ. 맺음말에 대신하여

　윤병석 교수는 한국 근대사에 족적을 남겼던 주요 인물들에 관하여 귀중한 학문적 업적을 남겼다. 필자의 단견일 수 있지만 이들 인물 가운데서도 안중근 의사는 윤병석 교수의 연구 활동에서 남다르게 특별한 위치를 차지하고 있었다고 생각한다. 윤병석 교수는 자료의 발굴과 해제, 해석과 평가는 물론, 향후 연구의 방향을 밝혀줌으로써 안중근 연구에서 등대와 같은 역할을 했다고 생각한다.

　오랜 세월과 노력을 기울여 이루어낸 윤병석 교수의 수많은 논문과 저술을 종합적으로 고찰한다는 것은 필자의 역량을 한참 벗어나는 일이다. 다행히 2011년 『안중근 연구 – 하얼빈 의거 100주년의 성찰』이 간행되었는데, 이 저서에는 윤병석 교수의 주요한 글들이 수록되어 있다. 아쉬운 대로 이 저서의 내용을 소개하는 것으로 이 글의 범위로 한정하였다.

　이 글은 제대로의 논문 형식을 갖추지 못한 리포트 수준에 불과하다. 그나마도 2011년에 출간된 『안중근 연구 – 하얼빈 의거 100주년의 성찰』 (국학자료원)을 읽고 나름대로 이해한 바를 정리한 것이다. 저서의 내용을 정리하는 데 급급하여 학계의 안중근 연구 현황 속에서 윤병석 교수의 업적을 연구사적으로 그 의의를 제대로 보여주지 못했다.

　그나마 필자가 덧붙인 것은 연해주에서의 안중근 활동과 관련하여 필자가 연구과정에서 관심을 두었던 주제에 관련된 것이다. 즉, 안중근이 관여했던 동의회, 동의단지회, 하얼빈 의거 등에 관한 몇 가지 소견을 피력함으로써, 이와 관련된 윤병석 교수의 업적이 가진 의미를 강조하고자 했다. 구체적으로 말하면 동의회와 '대한의군'의 관계, '단지동맹'의 정식 명칭인 동의단지회의 성격과 구성원의 명단에 관한 것이다.

5

윤병석 저『獨立軍史』의 일제하 재만 독립운동사 연구사상의 의의

채영국

전 독립기념관 한국독립운동사연구소 책임연구위원

I. 머리말

『독립군사』는 1920년 발생한 봉오동(鳳梧洞), 청산리대첩(靑山里大捷)70주년을 기리기 위해 1990년 출간한 윤병석 선생의 저서다. 선생은 이 책의 간행목적이 봉오동, 청산리대첩을 집중 고찰하기 위함이라 밝히며, 제목의 부제를 ' – 봉오동, 청산리의 독립전쟁'으로 붙였다.

선생은 한국독립운동의 성격을 '독립전쟁'으로 성격지을 수 있다는 견해를 밝혔다. 따라서 독립전쟁을 실천한 만주와 연해주의 독립군들이야 말로 한민족을 일제치하에서 벗어나게 한 가장 주체적인 존재들이라고 주장했다. 한국근대사의 여러 분야를 연구한 결과 선생은 한민족의 만주 독립운동이 조국을 광복시키는데 가장 효과적인 활동을 벌인 것이라 평가한 것이다.

선생이 이 책을 발간하기 전까지 일제하 한국근대사에 대한 연구는 일제 침략기를 암흑의 시대라 규정해 독립운동사 연구가 그다지 활발하지 못했다. 그 중에서도 활동무대가 중국 땅인 만주 독립운동사에 대한 것은 이런 저런 이유로 더욱 미진한 연구 분야였다. 이 분야에 대한 것은 독립운동 당사자들이 펴낸 몇 권의 책이나 수기 등이 있었을 뿐이었다. 하지만 이러한 책이나 수기들로는 역사적 사건에 대한 배경, 원인, 과정 등 전모를 쉽게 이해하기가 어렵다.

선생은 이 같이 접근해 이해하기 어려운 분야를 이 책을 발간해 한민족의 만주지역 독립운동사가 연구자들뿐만 아니라 일반인도 쉽게 접근할 수 있도록 하였다. 선생이 이 책에서 다룬 시간적 범위는 1910년을 전후한 시기부터 1930년대 중반까지다. 또 공간적으로는 중국의 동삼성, 즉 광활한 만주와 러시아 연해주지역까지다. 상당히 길고 넓은 역사적 시공간범위를 선생은 체계적이고 논리적으로 이 책에 담아 세상에 내놓았다.

II. 목차구성

이 책은 1910년 국망을 전후한 시기부터 한민족의 국권수호 및 국권회복운동을 시기 및 공간별로 나누어 살핀 목차로 구성되었다. 독립군의 항일무장활동에 대한 Ⅰ. '독립전쟁론과 독립군, 독립군단 결성을 고찰한 Ⅱ. 독립군단의 정비와 항일개전(抗日開戰), 독립군의 항일전 중 가장 큰 승첩으로 인정받는 두 전첩에 대한 Ⅲ. 봉오동 청산리의 독립전쟁, 독립군단의 통합과 1920년대 중반 이후 독립군의 활동상을 규명한 Ⅳ. 독립군단의 통합운동과 항전(抗戰) 등 4개 장으로 구성되었다.

제Ⅰ장은 만주와 연해주로 망명한 민족운동가들이 독립전쟁론이란 이념을 실천하기 위해 한인사회를 형성하는 한편 민족교육 및 독립군 양성기관을 설립해 애국인재를 육성하는 과정 등에 대한 목차다. 즉 압록·두만강을 사이에 두고 한국과 연결되는 서·북간도, 연해주에 건설된 독립군기지 구축에 대한 목차들이다.

제Ⅱ장은 독립군기지에서 육성된 애국인재를 기반으로 북간도와 서간도, 그리고 연해주에 주력 독립군단이 만들어 지고 독립군의 항일 무장투쟁이 시작된 사항들을 목차로 구성했다. 북간도의 경우는 독립군기지 개척시기 만들어진 크고 작은 항일 단체들의 정비와 이 지역을 대표한 단체인 대한국민회와 그 소속의 국민군, 그리고 북로군정서를 서술하는 항목들이다. 서간도의 경우는 독립전쟁 초기 압록강과 접한 남만주의 항일무장투쟁을 이끌어 간 서로군정서·대한독립단·대한청년단연합회·광복군총영 등을 설명하는 항목들이다. 연해주의 경우는 서북간도와 마찬가지로 이 지역에 구축된 독립군기지와 그 기지에서 육성된 독립군들이 시작한 항일개전을 설명한 목차들이다.

제Ⅲ장은 독립군이 펼친 항일전 사상 1, 2위의 규모이자 대승전인 봉오동과 청산리대첩을 고찰하기 위해 「봉오동 승첩」, 「청산리 대첩」, 「청산리 대첩의 의의」 등 세 절의 목차를 구성했다. 이 두 전첩은 강력한 군사력으로 대한제국을 식민지화한 일제를 상대해 군사력으로 맞서 싸워 한민족의 힘과 의지를 보여준 대표적인 것이었다. 따라서 이 책에서는 이두 전첩을 특히 강조해 서술했다.

제Ⅳ장은 청산리 대첩 이후부터 1930년대 중반까지 독립군의 움직임과 대일 항전상을 규명하는 목차들이다. 청산리 대첩 후 재만 독립군은 북만주의 밀산(密山)을 거쳐 연해주로 이동해 앞으로의 항전을 준비했다. 그리고 서북간도에서 일본군이 철수하자 돌아와 통합운동을 벌이고, 정비된 힘으로 또 다시 무장항일전을 펼쳤다. 이 장은 1930년대 중반까지 이 같은 독립군의 시기별 구국투쟁을 규명한 목차들이 구성되어 있다.

Ⅲ. 서술 내용

1. '독립전쟁론'과 독립군

이 장은 이 책의 제목이자 독립군의 항일 구국운동의 역사를 가리키는 '독립군사'의 기본 개념과 그 바탕이 어떻게 구축되었는지를 고찰한 것이다. 선생은 일제 강점기 한민족의 항일독립운동을 '독립전쟁'으로 성격지었다. 그 이유를 의병항쟁 – 독립군의 항전 – 광복군의 본토 수복전이 국망을 전후한 시기부터 해방을 맞이할 때까지 독립전쟁이 끊김 없이 이어졌기 때문이라 하였다. 그러나 항일전의 시초는 동학농민군의 반제항일전(反帝抗日戰)이 의병항일전으로 연결되었음을 주장해 동학군도 항일의 일부분을 담당했음을 명확히 했다. 오늘날 연구자들 사이에 일제가 경복궁을 점령하면서 다시 거의한 2차 동학농민전쟁을 독립운동으로 인정해야 되는지 안 되는지를 논쟁하고 있다. 하지만 선생은 이 책에서 동학전쟁을 항일의 범주에 넣어야 한다고 주장하였다. 이어 사회주의 계열인 동북항일연군과 조선의용대의 활동도 독립전쟁의 범주에 포함시켰다.

이 같은 명제를 내린 후 선생은 독립군사의 기본 주제들인 독립전쟁론·독립운동기지·독립군 등을 설명하고 있는데, 독립전쟁론은 애국계몽운동과 의병항일전을 합일, 발전시킬 이념과 전술을 모색한 결과 찾아진 것으로 적기(適期)에 일제를 상대로 독립전쟁을 실천한다는 논리라 하였다. 따라서 이를 실천하고자 연해주·서북간도·하와이와 미주에 독립운동기지가 구축되고, 이 기지에 대전학교(大甸學校)·신흥학교(新興學校)·백서농장(白西農莊)·국민군단 사관학교 등을 설립해 독립군을 양성했다고 설명했다.

이 같은 개괄적 설명 후, 선생은 구체적으로 독립군기지가 형성되어

가는 과정을 살폈다. 먼저 각 지역 독립군기지의 출발점을 언급했는데, 북간도는 용정촌(龍井村)의 서전서숙(瑞甸書塾), 북만주는 봉밀산(峰密山)의 한흥동(韓興洞), 서간도는 경학사(耕學社), 연해주는 블라디보스토크의 신한촌(新韓村)의 설립과 그 과정을 분석했다. 즉 북간도의 경우는 민족교육기관, 서간도는 한인사회 형성을 주도한 자치기관의 설립과 운영과정을 규명했고, 북만주와 연해주는 이주한인을 기반으로 만들어진 한인촌락인 한흥동과 신한촌의 형성과정과 그 구조를 고찰했다. 각 지역에 만들어진 독립운동기지를 같은 대상을 기준으로 설명하지 않고 민족학교, 자치기관, 한인촌 등 각기 다른 것들을 연구대상으로 삼고 있다. 이는 그들 지역이 처음 독립운동기지로 개발될 때 특징할 만한 것이 서로 다르게 추진된 점도 있지만, 『독립군사』가 쓰여질 시기만 해도 만주 독립운동사에 대한 자료가 너무나 영성하여 공통된 대상을 잡기가 어려웠기 때문이었을 것이다. 이들 독립운동기지 개척 및 운영의 세부적 내용은 오늘날 여러 연구에 선생의 업적이 인용되어 알려졌다.

선생은 특히 경술국치를 당하기 바로 직전인 1910년 8월 23일 블라디보스토크에서 한국 민족운동자들이 독립의 의지를 다지며 조직한 성명회(聲明會)와 이 단체가 작성해 발표한 선언서를 심도 있게 고찰했다. 성명회와 그 선언서에 대해 선생은 1984년 간행한 『이상설전(李相卨傳)』에서 독립운동의 초석이 되는 단체이며 선언서라고 강조한 바 있다. 그같이 중요하기에 선생은 그에 대한 내용을 『독립군사』 목차에 넣어 서술한 것이다. 민족운동자 8천 6백 24명이 서명한 선언서는 보재 이상설이 기초하고 의암 유인석이 보완한 것으로 일제에게 빼앗긴 나라를 기필코 되찾겠다는 한민족의 의지를 담은 것이다. 열강에게 한국의 독립을 후원해줄 것을 요청한 이 선언서 끝에는 유인석이 '대한일반인민총대(大韓一般人民總代) Luinsek'라고 서명한 사실을 밝혔다. 위정척사 사상을 견지

한 유인석이 얼마나 간절히 독립을 원했기에 자신이 배척한 서양의 양식을 따라 서명했겠는가를 언급했다.

경술국치를 전후해 각 지역에 독립운동기지가 마련된 후 이들 기지의 개척 과정을 선생은 다음과 같이 설명했다. 먼저 독립운동기지 중 북간도는 민족수난기 우리민족의 신천지였다고 표현했다. 일제에 나라를 빼앗긴 한민족이 그 만큼 조국광복을 염원하며 북간도로 몰려들었다는 역사적 사실을 말한 것이다. 이 시기 북간도의 영역은 연길(延吉)·화룡(和龍)·왕청(汪淸) 등 3개 현(縣)을 중심으로 하고 그 주위 혼춘(琿春)·액목(額穆)·돈화(敦化)·동녕(東寧)·영안(寧安)의 5개 현까지를 합한 지역이라고 설명했다. 연구자 가운데는 북간도의 영역을 일제가 책정한 영역을 그대로 인정해 연길·왕청·화룡·훈춘현 등 4개 현이라고 하는 이도 있고, 액목현을 북만주라고 주장하는 이도 있다. 하지만 선생은 일제 강점기 한민족이 독립운동기지로 개척해 북간도로 인식한 영역은 위의 8개 현이며, 돈화는 물론이고 액목·동녕·영안 같은 현도 북간도에 속한다고 하였다.

이상설의 헤이그특사 파견 후 북간도는 세 부류의 민족운동가들에 의해 독립운동기지로 개척되었다고 선생은 파악했다. 첫째는 민족주의 교육기반을 확고히 만든 김약연(金躍淵)을 비롯한 정재면(鄭載冕)·박정서(朴禎瑞)·황의돈(黃義敦) 등을 들었다. 이들은 명동촌에 설립한 규암재(圭巖齋)를 명동서숙, 명동학교로 발전시켜 가며 독립운동기지의 기반을 다졌다. 둘째는 기독교 선교활동을 통해 한민족의 유대감을 형성하고 그를 기반으로 독립운동기지를 구축한 이동휘와 그 계열의 인물들이라고 하였다. 이동휘가 주도한 기독교 세력은 원산·함흥 등지에서 북간도로 망명한 민족운동자들과 함께 북간도 각지에 교회와 민족학교를 세워 독립운동의 기반을 구축했다. 셋째는 대종교 계열의 인물들을 들었다. 대종교 창시자 나철(羅喆)을 비롯해 서일(徐一)·계화(桂和)·박찬익(朴贊翊) 등은 화룡현 삼도구(三道溝) 청파호(靑波湖)에 대종교 북도본사(北道本司)를 세우고 북간도 한인사회에 민족종교를 전파하면서 독립전쟁에 참가할 인재를 육성했다. 이 같이 세 부류의 인사들에 의해 북간도 한인사회와 독립운동기지가 견고해지면서 자치기관인 간민자치회(墾民自治會)가 조직되고 이 단체가 시간이 가면서 간민교육회, 간민회 등으로 발전하면서 북간도 독립운동기지가 확고해졌다고 파악하였다.

서간도의 경우도 북간도와 마찬가지로 한국독립운동자들이 활동한 지역적 범위를 상세히 규정하였다. 즉 백두산 서남쪽 압록강 너머 동가강(琿江) 일대를 중심으로 송화강 중상류까지를 서간도라 하였다. 그 지역 안에 들어가는 현(縣)으로는 집안(輯安)·통화(通化)·유하(柳河)·회인(懷仁)·관전(寬甸)·임강(臨江)·장백(長白)·무송(撫松)·안도(安圖)·흥경(興京)·해룡(海龍) 등이라고 밝혔다.

서간도지방을 독립운동기지로 개척한 두 주축을 선생은 을미의병장 유인석계열의 의병들과 신민회(新民會) 회원들이라 했다. 1896년 통화현 오도구(五道溝)로 망명한 유인석은 서간도를 나라의 흥복지계가 가능한 땅이라 주장하며 독립운동기지 개척을 시작했고 이강년(李康秊)의진의 생존자들, 황해도의 이진룡(李鎭龍)·조맹선(趙孟善)·박장호(朴長浩) 등의 의진, 백삼규(白三奎)·조병준(趙秉準)·전덕원(全德元) 등의 의진, 홍범도·채응언(蔡應彦) 등의 의진이 그 뒤를 따랐다. 또 서간도를 독립운동기지로 계획하고 유하현으로 망명한 신민회 인사들은 1911년 자치기관인 경학사(耕學社)를 설립해 이주한인의 생계를 이끌며 독립운동기지 구축을 시작했다. 그리고 해가 가면서 경학사에 이은 부민단(扶民團)을 만들고, 신흥학교(新興學校) 및 신흥학우회(新興學友會) 등을 설립해 독립군 인재를 양성하는 과정을 고찰했다. 이 부민단과 신흥학교를 설명하는 과정에서 선생은 이들이 소재했던 합니하(哈泥河)의 지형을 설명했다. 합니하는 촌락이 형성된 곳으로부터 동남쪽 30리 거리에 고뇌산(古磊山)이 솟아있고, 북쪽에는 청하자(清河子)의 심산유곡, 남서쪽에는 장산밀림(長山密林), 그리고 푸른 혼강이 굽이쳐 흐르는 난공불락의 요새라 설명했다. 이러한 지형속에 1913년 5월에 건물을 낙성하고 시작한 신흥학교는 4년제 본과와 6개월 또는 3개월의 속성별과를 두어 독립 인재들을 육성해 냈다. 또 이 학교 졸업생들은 본교의 교직원들 및 재학생들과 힘을 합해 신흥학우단을 조직해 남북만주의 항일 독립운동을 이끌어 나갔다.

연해주 독립운동기지를 설명하는 대목에서 선생은 먼저 이 지역이 러시아 영토가 되게 된 역사적 과정, 즉 1858년 애혼조약(愛琿條約)과 1860년 북경조약에 의해 이 지역이 러시아영토로 확정되게 된 사실들을 서술했다. 이어 서북간도와 마찬가지로 연해주의 지리적 상황을 설명했다. 서북쪽은 아무르강 지역에서 시작되고, 동쪽은 사할린과 연접한 타탈스키 해협에서 한반도 동해에 미치고, 남서쪽은 두만강 하류의 土里 대안에 미쳐 한반도와 접경하고 있다고 연해주를 설명했다.

이 연해주에 1910년을 전후한 시기 국내외에서 한인 민족운동자와 항일의병들이 몰려들었다. 이들은 독립운동기관인 권업회를 설립하고, 이 단체의 주도하에 연해주 한인사회 곳곳에 민족학교를 설립해 애국인재를 양성했다. 그리고 이주한인 사회를 형성해 독립운동기지의 밑바탕을 구축해 간 사실을 규명했다.

이와 같이 만주와 연해주에 독립운동기지가 구축되어 성장해 가는 과정의 중간자적 역할을 한 것이 백서농장과 대한광복군정부였다. 선생은 이 두 단체의 중요성을 강조해 설명했다. 자료가 희귀해 작자미상의 필사본 〈제구항(第九項) 백서농장사(白西農莊史)〉를 활용해 밝혀냈다는 백서농장에 대한 실체는 다음과 같다. 1914년 설립된 백서농장은 백두산 서쪽인 통화현 제8구(第八區) 관할 빨리소(八里哨)구(區) 소관하의 小北岔(쏘배차)에 위치했다. 이곳의 지형은 산기슭이며 사방 2백 리의 무인지경이었다. 신흥학교나 각 분지교에 설치한 노동강습소에서 배출한 385명의 청년을 근간으로 설립된 독립군 군영이었지만 농장이라 이름 붙인 것은 내외의 이목을 고려했기 때문이었다. 백서농장의 장주는 김동삼이었고, 그 아래 행정부서와 교관 및 3개 중대의 병력이 있었다. 백서농장에 대한 선생의 이러한 고찰은 이후 더 분석되어 연구된 바 없다. 중국과 수교된 이후 많은 연구자들이 선생의 이 규명을 근거로 현장을 답사하여 그 실체를 실감하곤 하였다.

백서농장 설립해인 1914년과 같은 해 권업회가 주도해 만든 대한광복군정부를 선생은 독립전쟁을 구현할 군정부였다고 규정했다. 1914년은 한인의 시베리아이주 50주년이자 러일전쟁 10주년이 되는 해였다. 이러한 시기를 이용해 권업회는 블라디보스토크에 대한광복군정부를 건립하고 이상설을 정통령으로, 이동휘를 부통령으로 선출했다. 이 최상층 지도부 외 확실한 조직은 자료부족으로 알기어려움을 밝혔다. 하지만 이 광복군정부는 서북간도 및 남북만주와 시베리아·미주 등의 국외 한인사회가 양성하고 편성한 광복군을 모두 망라해 그 힘으로 독립전쟁론을 구현코자 했다고 주장했다.

2. 독립군단의 정비와 항일개전

3·1운동을 계기로 서북간도 및 연해주 독립운동기지에서는 그 동안 준비한 힘을 바탕으로 독립군단을 조직하고 독립전쟁을 시작했다. 북간도의 경우 선생은 경신참변(庚申慘變) 이전까지 24개의 독립군단이 성립

되어 활동했다고 제시했다. 대한국민회 산하의 국민군을 비롯해 혼춘대한국민의회(琿春大韓國民議會)·북로군정서(北路軍政署)·대한독립군(大韓獨立軍)·군무도독부(軍務都督府) 등이 북간도의 대표적 독립군단이라 했다. 선생이 이 책에서 제시한 북간도의 독립군단 중 신대한청년회·복황단·창의단·청년맹호단·급진단·외정회부·보황단·건국회·자위단 등은 아직까지 깊은 연구는 불구하고 조직의 형태나 노선 및 활동사항의 일부라도 규명된 바가 없다. 나를 비롯한 후학들의 분발이 요구되는 과제다.

서간도의 경우 선생은 서로군정서·대한독립단·대한청년단연합회의용대·광복군총영 등을 대표적인 초기 독립군단들로 들었다. 부민단은 1916년 조직의 내부에 시사연구회(時事研究會)를 설치했다. 이 연구회는 국내를 5개 지역으로 나누고 만주는 3개 지역 그리고 일본·중국관내·미주·러시아 등을 각각 하나로 해 이들 지역에서 조국광복과 관련된 각종 자료를 수집 분석했다. 그리고 그 결과물을 바탕으로 부민단을 운용하고 3·1운동 후에는 한족회(韓族會)를 성립시켰다. 한족회는 내부에 독판부와 정무청 및 의회를 구성한 군정부를 건립했다. 그러나 1919년 4월 상해에 대한민국임시정부가 수립되자 한족회는 군정부를 서로군정서로 변경해 임정 산하의 독립군단이 되도록 했다고 설명했다. 이 저서 이전 다른 연구자들의 연구에서는 3·1운동 후 서간도에 서로군정서가 탄생했다고만 설명되던 것을 선생은 그 과정을 상세하게 규명했던 것이다.

한말 의병장 출신들이 망명해 탄생시킨 대한독립단을 비롯해 3·1운동 후 국내외 각지에 조직된 3백 여 청년단이 하나로 통합해 성립된 대한청년단연합회, 그리고 임정 산하기관으로 관전현(寬甸縣) 안자구(安子溝)에서 결성된 광복군총영을 초기 서간도의 대표적 독립군단으로 제시했다. 이들 4개와 함께 22개의 독립군단을 초창기 서간도 독립군단으로 제시하며 이들의 활동중심지와 주요 간부들을 표로 만들어 소개하였다.

1918년 약 2만 8천 명에 달하는 일본군이 연해주를 침략해 블라디보스토크를 점령하고 흑룡강을 따라 치타 이서(以西)까지 들어왔다. 일본군이 침략하자 1918년 1월 22일 연해주의 한국 민족운동가들인 남만춘(南萬春)·김철훈(金哲勳)·오하묵(吳夏默)·박승만(朴承晩) 등은 볼셰비키의 이르쿠츠크 공산당 안에 한인 지부를 결성했고, 같은 해 6월 26일에는 이동휘·김립(金立)·박진순(朴鎭淳) 등이 하바로프스크에 한인사회당을 창립했다고 설명했다.

3·1운동이 일어나자 연해주의 민족운동가들은 각지에 사관학교를 설립하는가 하면 독립군 동원기관을 만들어 독립군단 설립의 기반을 조성했다. 그리고 1920년이 접어들자 최경천(崔慶天)이 의군부를, 강국모(姜國模)가 혈성단(血誠團)을, 김규면(金奎冕)이 신민단을, 김하석이 국민의회를, 황병길(黃炳吉)이 경비대 등을 만들어 연해주 남부지역에 근거지를 구축했고, 박(朴)일리아의 이항군(泥港軍)과 이르쿠츠크 공산당 소속 한인군은 연해주 중부지방에 근거지를 잡았음을 규명했다.

3. 봉오동 청산리(鳳梧洞 靑山里)의 독립전쟁

봉오동전투를 학술적으로 상세하게 고찰하기는 선생이 처음이었다. 선생은 이 저서를 저술하기 한 해전인 1989년 「한국독립군의 봉오동승첩 소고」,(『한국민족운동사연구』 4, 한국민족운동사학회)를 내 논 바 있다. 선생이 이 저서를 간행하기 이전이나 이후 타연구자의 논문에서 봉오동 전투가 다루어 지지 않은 것은 아니나 대부분 홍범도를 주 연구로 하고 그가 이룬 항일업적 중 하나로 봉오동전투를 고찰했다. 제목에 봉오동이란 이름이 들어가 주연구 주제가 된 것은 선생의 이 저서가 나오고

10년 후인 2000년 박창욱에 의해 「봉오동전투와 청산리전투 연구」(『한국사연구』111, 한국사연구회)와 2019년 신주백에 의해 연구된 「봉오동전투, 청산리전투 다시 보기」(『역사비평』127, 역사문제연구소)가 있다. 그리고 선생이 이 저서에서 처음 자료로 활용한 「봉오동부근전투상보(鳳梧洞附近戰鬪詳報)」를 30년이 지난 2020년 이상훈이 이 자료를 적극 분석해 연구한 「'봉오동부근전투상보'를 통해 본 봉오동전투」(『한국독립운동사연구』제72집, 독립기념관 한국독립운동사연구소)를 내 났다.

위에서 언급했듯 선생은 처음으로 「봉오동부근전투상보」를 활용해 봉오동전투의 전모를 밝혀냈다. 선생은 봉오동전투를 고찰하기 전 독립군이 과연 일본군을 상대로 전투를 벌일 만한 무기를 보유했는가를 밝혔다. 우선 무기의 확보에 대해 고찰했다. 독립군은 러시아식 5연발 군총, 단발총, 미국제나 독일제 혹은 일본제 30·38년식 소총, 루거식 권총, 7연발 권총, 남부식 권총, 기관총 및 속사포, 수류탄 등을 사용했다. 이 같은 무기를 확보하기 위해 1920년 5월경까지 간도국민회가 17만 엔, 대한군정서가 13만 엔, 대한군무도독부가 13만 엔, 대한신민단이 3만 엔, 대한광복단이 4만 엔 등의 군자금을 모집했다. 이 돈으로 시베리아에서 무기를 구입해 중·소 관헌의 삼엄한 감시를 피하며 본대까지 운반했다.

둘째는 독립군을 대상으로 강인한 훈련을 실시했다. 왕청현 서대파(西大坡)에는 대한군정서 사관연성소를, 왕청현 명월구에는 대한국민회 사관학교를 설립했다. 이들 사관학교에서는 매일 5시간 이상 집총훈련과 구보 및 전술훈련을 실시했다.

셋째는 여러 독립군단을 하나로 묶는 연합 또는 통합을 추진했다. 안무(安武)를 지휘관으로 하는 국민군은 홍범도의 대한독립군과 통합하고, 이 통합군은 최진동의 군무도독부와 연합해 대한북로독군부(大韓北路督軍府)를 조직했다.

이 같은 사전 준비가 있었기에 봉오동전투를 승전으로 이끌 수 있었음을 선생은 규명했다. 봉오동전투의 상황에 대한 고찰은 독립군을 향해 들어오는 일본군에 대한 것, 이들 일본군을 유인하는 독립군 연합부대의 작전, 독립군의 공격으로 궤멸당하는 일본군, 패전한 일본군의 후퇴 등에 대한 것들을 사실감 있고 논리적으로 규명 서술했다. 전투가 끝나고 대한민국임시정부 군무부는 일본군은 전사자 157명, 중상자 2백여 명이고, 독립군은 전사자 장교 1인, 병사 3인, 중상자 2인이라 밝혔다. 하지만 일제 측은 일본군 전사 1명, 부상 2명, 독립군 측은 전사자 33명이고 다수가 사상했다고 보고했다. 이 같이 양측의 발표가 틀린 점에 대해 선생은 중국의『상해시보』의 보도와 봉오동전투가 일어난 지역 근처에 소재한 국민회 지회와 분회가 공한과 호외를 통해 독립군이 크게 승첩했음을 알린 사실과 전투가 있고난 뒤 불과 보름 만에 보도된『독립신문』의 전승기사를 증거로 들어 임시정부의 발표가 신빙성 있음을 고증으로 밝혔다.

청산리대첩은 독립군사에 있어 가장 주목받는 연구주제다. 따라서 이에 대해서는 1980년대 중반에 여러 연구가 나왔다. 즉 신용하,「독립군의 청산리 독립전쟁의 연구」(『한민족독립운동사연구』, 을유문화사, 1985), 박영석,「한 독립군병사의 항일전투 – 북로군정서병사 이우석(李雨錫)의 사례」(『일제하독립운동사연구』, 일조각, 1984), 송우혜,「청산리전투와 홍범도장군」(『신동아』, 1984. 8월호), 김정미,「조선독립운동사상에 있어서의 1920년 10월 – 청산리전투의 역사적의미를 구하여」(『조선민족운동사연구』 3, 청구문고(靑丘文庫), 1986), 강덕상,「해외에서의 조선독립운동의 발전」(『조선민족운동사연구』 2, 1985) 등이다. 선생은 이들 연구를 주목할 만한 업적이라고 평가했다.

이들 연구에는 청산리 대첩에 대한 배경과 발단, 그리고 그 과정과 결과에 대한 실증적 고찰이 이루어졌다. 따라서 선생은 이들 연구에서 이루어진 성과를 인정하면서, 일본군의 서북간도 침략과 그로 인해 이루어진 청산리 회전(會戰) 등을 보다 심도있게 규명하고자 했다. 그리고 이를 토대로 청산리대첩의 역사적 의의를 추출해 냈다.

의의에서 선생은 먼저 백운평과 어랑촌에서 승전한 북로군정서 총재 서일(徐一)이 임정에 보고한 「대한군정서보고」를 분석해 독립군이 대첩을 올린 원인을 첫째, 정신적 측면에서 독립군은 필승의 항전의지를 가진 데 비해 일본군은 피사도생(避死逃生)하려는 염전(厭戰)의식이 충만하였고, 둘째, 전술적 측면에서 독립군이 전투하기 유리한 진지를 선점하여 정확한 공격을 한 데 비해, 일본군은 삼림계곡 등의 지형을 이용한 전술이 뒤떨어져 자상자투전(自傷自鬪戰)까지 전개했고, 셋째, 독립군은 지휘관의 작전지휘 능력면에서 일본군을 월등히 압도하여 일본군을 험곡장림(險谷長林)에서 맹진토록 해 놓고 맹공, 대승을 거두었다고 분석했다.

아울러 선생은 한국 독립군이 청산리대첩을 승리로 이끌 수 있었던 기본적인 원인을 다음과 같이 이주 한인사회에서 찾았다. 첫째 북간도 한인사회는 독립군에게 헌신적 전투지원과 막대한 군수지원을 아끼지 않았다. 청산리대첩 당시 그 지방 한인들은 병참은 물론 음식까지 독립군에게 자발적으로 제공하여 병참이 월등한 일본군을 섬멸시킬 수 있었다. 둘째 한인사회는 독립군을 위한 정보활동과 통신연락을 조직적이며 효과적으로 제공하여 청산리회전을 대첩으로 이끄는데 기여했다. 독립군들은 장정 또는 회전 중 어느 때나 그 지역 한인으로부터 일본군의 배치상황과 병력이동 등의 정확한 정보를 제공받아 때로는 일본군의 포위망에서 벗어났고, 때로는 그들을 선제공격하여 승리를 거두었다. 나아가 한인들은 적극적으로 일본군의 군용 전화선을 찾아내 절단, 통신연락을 마비시켜 독립군의 작전을 돕기까지 했다.

　이같이 하여 승리한 청산리대첩은 3·1운동에서 보여준 한민족의 자주 독립의지를 계승하여 일제 침략군과 독립전쟁을 결행하면 승리할 수 있다는, 민족적 자주 독립 역량을 훌륭히 입증해 보이는데 중요한 전통을 세운 것이라고 선생은 그 의의를 규정했다.

4. 독립군단의 통합운동과 항전

　청산리대첩의 주력군인 북로군정서·대한독립군·국민회군 등은 대첩이 끝난 후 북만(北滿)의 밀산을 거쳐 러시아의 자유시로 향했다. 이 같은 독립군의 이동에 대해 선생은『현대사자료』28,『독립신문』,『한국독립운동사』(애국동지원호회편) 등을 활용해 그 노정을 밝혔다. 아울러 독립군의 북정 후 일본군이 한인사회를 대상으로 자행한 경신참변(庚申慘變) 또한 이들 자료를 활용해 그 참혹상을 소상히 밝혔다.

　일본군이 철수한 후 한국 독립군은 재건을 위해 심혈을 기울였다. 선생은 이 과정을 독립군의 정비 상황부터 살폈다. 서간도의 경우 서로군정서는 1921년 액목현에 집결해 정비를 시작했고, 광복군총영은 오동진·윤하진(尹河振) 등이 중심이 되어 관전현에서 힘을 모았다. 또 한국과 국경을 접한 장백현에서는 흩어진 독립군을 모으고 통합시켜 한교공회(韓僑公會)·광정단(光正團)·대한국민단 등 새로운 독립군단들이 탄생했다.

　북간도 북부와 그 주변지역인 영안현(寧安縣)·돈화현(敦化縣) 등에는 자유시참변을 겪고 만주로 되돌아 온 독립군들이 힘을 모아 진영을 정비했다. 즉 대한국민회를 비롯 대한신민단·의민단·대한광복단·혈성단·독립단·북로군정서 등의 독립군들이 이들 지역으로 집결했다.

선생은 이 같이 정비된 독립군 세력이 1921년 4, 5월 북경(北京)에서 개최된 군사통일회의 영향을 받아 통합운동을 벌이게 된 것으로 설명하고 있다. 즉 서간도를 포함한 남만주의 광활한 지역에 포진한 한국 독립운동 단체들은 군사통일회의에서 통합에 대한 의식을 받아들여 1922년 봄 대한통군부(大韓統軍府)라는 통합체를 결성했다. 그리고 그 해 8월에는 통군부를 확대 발전시켜 대한통의부(大韓統義府)를 성립시켰다. 선생은 이 통의부를 조국 광복운동을 수행하면서 입법·사법·행정의 체계를 갖추고 이주한인사회를 통치하고 운영한 군정부(軍政府)로 규정했다. 북간도 북쪽에 정비된 독립군들도 남만주에서와 마찬가지로 통합운동을 일으켜 1922년 8월 이범윤을 총재, 김좌진을 총사령관으로 한 대한독립군단을 결성했다.

선생은 1920년대 중반 재만 독립운동을 주도한 참의(參議)·정의(正義)·신민부(新民府) 등 3부의 성격을 군정부로 규정하였다. 그 이유를 세 단체가 오직 항일무장활동에만 치중한 것이 아니라 이주한인을 이끌 자치조직 즉 민정기관과 무장투쟁을 위한 군정기관이 양립하며 한민족의 독립을 달성하려했기 때문이라 설명했다.

참의부는 3부 중 국경과 가장 근접한 지역에 위치해 국내진입 유격전이 활발했다고 밝혔다. 따라서 국내에서 많은 군자금을 조달할 수 있는데다 관할지역의 이주한인으로부터 의무금을 받아 일부는 독립군을 훈련시키거나 무력을 확보하는데 썼고, 일부는 관할 한인의 산업진흥과 문화계몽, 교육향상을 도모하는데 사용하였다고 서술했다. 참의부의 무장활동으로는 1924년 5월 19일 제2중대 1소대장 장창헌(張昌憲)의 지휘 하에 이루어진 재등실(齋藤實) 조선총독 저격작전과 1925년 3월 16일 고마령(古馬嶺)에서 일제 군경과 참의부 제2중대와의 격전을 서술했다. 참의부의 이 두 전투는 이 저서가 나오기 이전 만주 독립군사에 대한 저술에 자주 나오는 소재였고 이후의 연구서에도 등장하는 대표적인 독립군 전투로 꼽히는 것이다.

정의부는 군정부로서의 기능을 가장 확실히 수행한 단체로 설명하고 있다. 즉 이 단체는 관할 한인을 실질적으로 이끌고 삶을 지원하기 위해 행정·입법·사법 등 3권 분립 체제를 확실히 세운 단체였음을 밝혔다. 그와 함께 의용대를 편성해 항일무장활동을 전개했는데 그 구성원은 관할한인을 대상으로 의무병제를 실시해 충원하였다고 하였다.

그런데 선생은 이 저서에서 정의부 성립일을 『고등경찰요사(高等警察要史)』(경상북도경찰부, 1934)에 의거해 1924년 12월 25일(이날이 양력이라면 음력으로는 11월 29일임)로 기록하고 있다. 하지만 정의부 성립을 위한 전만통일회 결의문에서 성립일로 명시한 날은 1924년 11월 24일이다. 선생이 오류의 월일을 기록한 것은 이 책을 저술할 시기 접할수 있는 자료가 한정되었기 때문이었다. 또한 선생은 이 책에서 정의부 헌장을 1926년 1월 24일 군민대표회의 시 새로 제정된 헌장을 제시하고있다. 그 이유를 창립 시 제정된 헌장은 찾을 수 없기 때문이라 하고 있다. 그러나 이후 최초의 헌장은 일본 외무성 외교사료관 소장의 '대정(大正) 13年(년) 12月(월) 9日(일) 정의부헌장(正義府憲章) 송부(送付)의 건(件)'이 공개되어 세상 밖에 밝혀졌다.

신민부는 1920년 10월 일본군이 만주를 침략해 독립군을 공격한 영향, 또 1921년 6월의 자유시참변 후 만주로 회귀한 독립군과 민족운동자들이 북만주에 집결했기 때문에 그 곳에서 성립했다고 분석했다. 이단체를 성립시킨 주체세력은 1922년 성립한 대한독립군단의 주요인물과 청산리대첩과 경신참변 후 북만주에서 재정비한 북로군정서 인물들이 주축이 되었다고 설명했다. 신민부는 1927년 8월 중국구국군 제13군과 연합해 대규모 항일전을 전개하고자 작전을 준비했다. 그러나 이 계획은 동삼성의 최고 군벌인 장작림의 방해로 이루어지지 못했다. 추진 단계까지 이르지는 못했지만 이 한중연합작전의 시도는 조선혁명군이나 한국독립군의 한중연합작전의 단초가 되었음을 선생은 설명했다.

1920년대 후반 이후 재만 독립군의 통합운동과 조선혁명군·한국독립군의 활동은 꽤 긴 기간의 독립군사이자 여러 역사적 사건이 나타나고 있지만, 선생은 그 줄기만 간략히 서술하고 있다. 이 책을 집필할 때까지 이 부분에 대한 자료수집이 특히 어려웠기 때문이었을 것이다.

그러나 선생은 이 긴 역사를 민족유일당운동과 그 결과에 의해 나타나는 재만 독립군들의 이합집산에 대해 알기 쉽도록 설명하고 있다. 1928년 5월 12일부터 26일까지 15일간 재만 독립운동 대표 39명이 전민족유일당 조직을 위한 회의를 개최했음을 밝혔다. 이 회의에서 유일당 결성 방안으로 단체본위조직론, 단체중심조직론, 개인본위조직론 등이 대두되어 전민족유일당조직협의회와 전민족유일당조직촉성회가 결성되었음을 서술했다. 그리고 이들 중 촉성회는 1928년 12월 하순 길림에서 혁신의회(革新議會)를 결성해 활동하다가 이를 이은 민족유일당재만책진회를 조직했다. 이 책진회 멤버들인 김좌진·정신(鄭信)·민무(閔武) 등은 1929년 7월 영안현(寧安縣) 산시역전(山市驛前)에 본부를 둔 한족총연합회를 조직했다. 그러나 그 해 12월 25일 김좌진이 서거한 후 이 연합회는 한족자치연합회로 단체명을 바꾸고 활동하다 1930년 7월 이연합회를 모체로 한 한국독립당과 그 소속군인 한국독립군을 조직했음을 설명했다.

또 협의회는 1929년 4월 1일 군정부인 국민부(國民府)를 건립했다. 그리고 그 해 9월 7일 국민부는 단지 한인의 자치를 위한 활동만 하기로 하고, 조선혁명당과 조선혁명군을 조직해 독립운동과 군사에 관한 일체를 담당시켰다.

이와 같은 1920년 후반 이후부터 1930년대 중반까지 재만 독립군사의 줄기를 규명 서술하며 본서를 끝맺었다.

Ⅳ. 활용자료

이 책에 활용된 자료는 한국측과 일본측 자료가 주를 이룬다. 중국측 자료로는 「상해시보(上海時報)」와 「봉오동지전(鳳梧洞之戰)」(『근대중한관계사자료휘편(近代中韓關係史資料彙編)』)이 참고되기는 하였으나 이 책이 발간될 시기까지 한중수교가 이루어지지 않아 당안관자료나 중국 언론자료 등은 활용되기 어려웠다.

한국측 자료로 많이 활용된 것은 임시정부가 간행한 『독립신문』과 채근식의 『무장독립운동비사』, 애국동지원호의 『한국독립운동사』 등이다. 그밖에 박은식의 『한국독립운동지혈사(韓國獨立運動之血史)』(上海, 維新社, 1920), 한국광복군총사령부정훈처에서 편집 간행한 『광복(光復)』 제1권, 최형우의 『해외조선혁명소사(海外朝鮮革命小史)』(동방문화사(東方文化史), 1945) 등과 재만 독립운동 당사자들인 이상룡(李相龍, 『석주유고(石洲遺稿)』)·황학수(黃學秀, 『몽호해외기(夢乎海外記)』)·이은숙(李恩淑, 『민족운동가 아내의 수기(手記)』·이범석(우등불, 사상계사, 1971) 등의 유고 및 수기·자서전 등이 활용되었다. 특히 이 저서에는 「제9항 백서농장사(白西農莊史)」, 「제8항 시사연구회사(時事研究會史)」, 「한족회 중앙총회병군정부사(韓族會中央總會倂軍政府史)」, 이관직(李觀稙)이 쓴 「우당이회영선생실기(友堂李會榮先生實記)」(이회영의 아들 이규창(李圭昌) 소장), 「십삼도의군도총재유인석상소문초(十三道義軍都總裁柳麟錫上疏文草)」(정희택(鄭喜澤) 소장), 「신민부약사(新民府略史)」 등 필사본이 활용되었다. 이들 필사본들은 오늘날은 대체적으로 책으로 간행되었다. 하지만 선생이 이 책을 집필할 시기에는 오직 한 사람만이 소유하고 있어 그 소장처를 찾아 이를 확보한 뒤 연구에 활용할 수 있었던 것이다. 재만 독립군사 연구가 얼마나 어려웠던가를 알려주는 대목이기도 하다.

일본측 자료는 자료집에서 많이 활용되었다. 강덕상(姜德相)의『현대사자료』27, 28(東京, みすず書房, 1972)과 金正明의『조선독립운동』2, 3(東京, 原書房, 1967), 김정주(金正柱)의『조선통치사료』7, 8, 9(東京, 한국사료연구소, 1970) 등에 수록된 자료들이다. 이들 자료집에는 현장의 일본군이 밀정을 통하거나 또는 본인이 직접 파악한 정보를 상부에 보고한 문서들이 수록되어 있는데, 이들은 왜곡은 있을 수 있으나 재만 독립군의 실상은 어느 정도 파악할 수 있는 자료들이다. 그 외 일본외무성·조선총독부 경무국·조선군사령부 등에서 생산한 자료들을 여러 경로를 통해 수집해 본 저서 서술에 활용했다. 특히 이 저서에는 그 시기 독립기념관이 원본으로 수집해 소장하고 있던 일본군의 봉오동전투에 대한 보고서인「안천추격대(安川追擊隊)의 봉오동부근전투상보(鳳梧洞附近戰鬪詳報)」라는 자료가 활용되어 봉오동전투를 이전의 그 어떤 연구보다 철저하게 규명할 수 있었다. 또 경상북도 경찰부가 1932년 펴낸『고등경찰요사(高等警察要史)』와 같은 해 재상해일본총영사관이 편찬해 낸『조선민족운동년감(朝鮮民族運動年鑑)』이 본 저서 내 곳곳의 목차 내용을 채우는데 활용되었다.『조선민족운동연감』은 일본영사관이 발간한 것이지만 대한민국임시정부의 자료를 강탈해 책으로 만든 것이기에 한국측 자료라 해야 할 것이다.

1960, 1970년대에 국사편찬위원회와 원호처 소속의 독립운동사편찬위원회에서 자료집을 편찬했다. 이들 중 국사편찬위원회편의『한국독립운동사』2, 3, 4, 5(1968~1970)와 독립운동사편찬위원회편의『독립

운동사자료집』제10집(1975)이 본 저서 서술에 활용되었다. 이 자료집들은 한국에서 편찬된 것이나 내용은 일본군의 보고서 또는 판결문 등을 번역하고 편집해 간행한 것이다.

이 같은 원 자료들을 기본으로 하고, 선생이 이 저서를 내놓기 이전의 선연구로 앞 청산리대첩 관련 서술에서 언급한 박영석·송우혜·강덕상·신용하·김정미의 논문과 박환의 「신민부에 대한 일고찰」(『역사학보(歷史學報)』108, 역사학회, 1985), 김준엽·김창순 공저의 『한국공산주의운동사』1(청계연구소, 1986)를 검토해 반영했다. 이 저서 이전 이 분야 선생의 선연구로는 「참의·정의·신민부의 성립과정」(『백산학보』7, 1969, 『이상설전(李相卨傳)』(일조각, 1984), 「연해주에서의 민족운동과 신한촌」(『한국민족운동사연구』3, 한국민족운동사연구회, 1989), 「1910년대 연해주지방에서의 한국독립운동」(『한국사학』8, 한국정신문화연구원, 1986), 「1910년대 미주지역의 한인사회의 동향과 조국독립운동」(『두계이병도박사구순기념논총(斗溪李丙燾博士九旬紀念論叢)』, 지식산업사, 1988) 「1920년대초 독립군단과 통합운동」(독립기념관 개관 1주년 기념 제2회 독립운동사학술심포지움, 독립기념관 한국독립운동사연구소, 1988), 「한국독립군의 봉오동승첩 소고」(『한국민족운동사연구』4, 지식산업사, 1989), 『한국사와 역사의식』(인하대학교 한국학연구소, 1989) 등이 있었다. 선생은 이 선연구를 토대로 하고 위에 든 자료와 타 연구자들의 논문을 반영해 폭을 넓히고 심화시켜 본 저서를 집필했다.

V. 맺음말

이 저서는 일제강점기 조국 광복을 위해 가장 활발한 국권회복운동을 전개한 재만주 및 연해주 독립군의 항일무장 투쟁을 고찰한 연구서다. 다만 같은 지역에서 전개된 사회주의계열의 활동은 다루지 못했다. 그 이유는 여러 가지가 있지만, 이 책을 내놓을 시기만 해도 국내에서 사회주의계열의 항일운동에 대해서는 자료를 수집하기도 연구를 수행하기도 쉽지 않은 분위기였다.

사회주의 부분을 뺀다면 이 책은 만주 및 연해주에서 민족주의계열의 항일 무장투쟁사를 거의 빠짐없이 다룬 연구서다. 이 저서가 발간된 이후, 재만 및 연해주 독립운동에 대한 여러 편의 학위논문과 일반 논문이 나와 항일 무장투쟁사의 깊이를 심화시키고 범위를 넓혔다. 나를 비롯한 후학들이 만주 및 연해주 독립운동사에 대한 연구주제를 설정할 때 이 책이 큰 도움이 되었음은 당연하였다.

하지만 이 저서가 세상에 나오면서 우리 후학들에게 던진 몇 가지 숙제들을 아직도 해결하지 못하고 있다. 이 저서에는 약 600명의 민족운동자 이름이 나온다. 물론 이들 600여 명이 항일무장투쟁을 전개한 독립운동자 전부는 아니며 이보다 수백, 수천 배가 넘으리라 생각된다. 하지만 선생이 밝혀 낸 이들 600여 명 중 오늘날 까지 학계의 연구 또는 국가보훈처의 독립유공자 포상 등에 의해 인물정보가 밝혀진 분들은 채 50퍼센트가 넘지 않고 있다. 단체 또한 마찬가지다. 약 200개의 단체가 이 저서에서 제시 되었지만 30여 년의 기간 동안 그 들의 면모를 확실히 밝혀 낸 것은 그 다지 많지 않다. 선생의 제자로 재만 독립운동사를 공부해 온 필자다. 이번 기회에 이 책을 숙독하며 이 같이 미흡한 점이 발견되어 늦었지만 또 다시 분발해야하지 않을까 생각해본다.

공부를 시작할 초창기 만주 독립운동에 대한 지침서가 없어『무장독립운동비사』(채근식, 1948)와 『독립운동사』 5(원호처, 1973)를 들고 씨름할 때 선생이 이 책을 내놓으셨다. 급할 때마다 마치 사전처럼 펼쳐 내

머리의 공백을 채운 보물 같은 책이다.

　필자가 지금으로부터 20여 년 전 일본 시가현립대학에 객원연구원으로 가 있을 때, 나의 스승 윤병석 선생님이 찾아 오셨다. 필자를 본 선생님은 마치 잃어버린 자식을 찾은 것처럼 반가워 하셨다. 그리고 짧은 만남 뒤 한국으로 돌아가시면서 가방에서 봉투 하나와 양주 한 병을 꺼내 주셨다. 배곯지 말고 밥 사먹고, 잠 안 올 때 한 모금씩 하고 자란 염려 어린 당부를 하시면서. 올해로 선생님이 돌아가신 지 3년이 되었다. 지난날 선생님과 함께 했던 시간을 생각하면 그리움이 밀려오고, 아린 슬픔이 되어 가슴이 저며 온다.

『중국동북지역 한국독립운동사』 출판기념회(1997.10.24)

6   윤병석 선생님의 이상설 연구

박민영

원광대학교 원불교사상연구원 책임연구원

    이 소고(小考)는 선사(先師) 윤병석(尹炳奭) 선생님께서 필생 이룩한 학문적 업적과 성과의 중심부에 자리하고 있는 이상설 연구를 개관해 봄으로써 선사가 남긴 학문적 유훈을 새겨보고 나아가 사은(師恩)에 대한 추모의 자료로 삼고자 하는 뜻을 담아 집필한 것이다.

    선사의 최초의 학술적 논고는 1964년에 발표한 일본인의 황무지개척권 요구 반대투쟁에 관한 것이었다.[1] 러일전쟁의 와중에 일제가 드러낸 국토점탈 야욕의 실상을 폭로한 것이다. 이어 1966년에는 일제의 국권 침탈의 첨병 역할을 한 주한일본군의 실체와 그 성격을 구명한 논고를 발표하였고,[2] 3·1운동과 만주 독립운동 연구[3]로 시야를 넓혀갔다. 1970년대에는 거시적 관점에서 독립운동사의 큰 흐름을 관조하고 그 성

---

1 「일본인의 황무지개척권 요구에 대하여-1904년 長林名義의 委任契約企圖를 중심으로-」, 『역사학보』 22, 역사학회, 1964.
2 「구한말 주한일본군에 대하여」, 『향토서울』 27, 서울시사편찬위원회, 1966.
3 「삼일운동에 대한 일본정부의 정책」, 『삼일운동 50주년 기념논집』, 동아일보사, 1969; 「참의, 정의, 신민부의 성립과정」, 『백산학보』 7, 백산학회, 1969; 「1928,9년 정의, 신민, 참의부의 통합운동」, 『사학연구』 21, 한국사학회, 1969.

격과 의의를 탐구하는 문제에 천착하였다.[4] 이와 같은 1960년대, 1970
년대 초기의 연구 성과를 집대성한 저서가 『3·1운동사』(1975), 『의병과
독립군』(1977) 등이며, 근대사 연구자들에게 기본 자료로 제시하기 위
해 『한국근대사료론(韓國近代史料論)』(1979)을 간행하였다.

연구 초기에 이와 같은 주제와 관심을 가졌던 선사는 1973년부터
1984년까지 10여 년에 걸쳐 이상설 전기를 집필하였다. 이를 계기로 선
사의 주된 연구 주제와 방향은 이상설의 독립운동과 직접, 간접으로 연
계되는 분야로 전이, 확장되어갔다고 할 수 있다.

그 가운데 가장 두드러지는 분야가 구한말 이래 1910년 국치 전후
를 지나 1919년 3·1운동에 이르기까지 국외에서 펼쳐진 독립운동사 분
야였다. 이 시기에 간도, 연해주를 비롯하여 미주, 구주 각지에서 펼쳐
진 독립운동의 실상과 그 성격, 의의를 구명하는 일련의 논고를 지속적
으로 발표한 사실에서 선사의 그러한 학문적 경향성을 짐작할 수 있다.
곧 선사가 수행한 이상설 연구는 독립운동사 전반에 걸쳐 매우 폭넓은
연구를 수행한 선사의 학문 영역에서도 시종일관 그 중심에 있었던 것이
다. 그리고 이러한 연구 성과는 독립운동사의 올바른, 바람직한 방향성
을 제시하는 데 크게 기여하였다. 이제 선사가 이룩한 커다란 학문적 업
적이라 할 『이상설전』의 발간경위와 그 연구사적 의의를 살펴보면 아래
와 같다.

---

4 「한국독립운동의 사조」, 『광복30주년독립운동논문집』, 독립운동사편찬위원회,
  1975; 「1910년대 한국독립운동시론」, 『사학연구』 27, 1977; 「1910년대의 국내
  외 독립운동」, 『한국근대사의 재조명』, 서울대학교출판부, 1977.

Ⅰ. 선사의 이상설 전기 집필 경위

필자는 2020년 '독립운동의 대부'라는 부제하에 『이상설 평전』을 간행하였다. 졸저의 서문에서 밝혔듯이, 필자가 낸 평전은 '선사가 남긴 유업의 계승'이라는 의미를 담고 있기도 하다. 생전에 선사께서 현재적 시의(時宜)에 맞게 이상설 전기를 집필할 것을 누차 권유하신 연고가 있기 때문이다. 또 당연한 귀결이겠지만, 선사 소저(所著) 『이상설전』은 졸저의 집필 방향을 설정하고 체계화하는 데 길잡이가 되었음을 말할 나위가 없다. 졸저의 아래 서문은 이와 같은 학적 연고(緣故)와 선사의 유훈을 밝힌 대목이기에 몇 줄 소개하고자 한다.

> 특히 은사인 고 윤병석 교수께서 1984년에 간행한 이상설전(1998년 증보판)은 이 책의 집필 방향을 설정하고 체계화하는 데 중요한 길잡이가 되었다. 그 저술은 이상설 연구의 초석이 되었을 뿐만 아니라, 제시된 독립운동의 방향성과 풍부한 활용자료 등으로 인해 독립운동사 연구에 크게 기여하였다. 생전에 은사께서 저자에게 현재적 시점에 맞게 이상설 전기 집필을 누차 권유하신 연고가 있기에, 이 작은 평전은 선사께서 남긴 유업의 계승이라는 의미를 담고 있기도 하다.[5]

위 인용문에서도 잠시 언급했지만, 1984년에 간행한 선사의 『이상설전(李相卨傳)』은 역사적 인물로서의 이상설 연구의 초석이 되었을 뿐만 아니라, 제시된 이상설의 독립운동론의 비중 있는 방향성과 매우 폭넓게 섭렵한 자료 활용 등으로 인해 한국근대사, 특히 독립운동사 연구에 크게 기여하였다. 근대사, 독립운동사 연구자 가운데 이 저술에 힘입지 않

---

5 졸저 『이상설 평전』, 신서원, 2020, 6쪽.

고 무관하게 공부한 학자는 아마 드물 것이다. 전문 학술서로는 드물게 1984년 초판이 간행된 뒤 1993년에는 중판이 나오고, 후술하겠지만 초판본에다 추가 발굴된 자료와 관련 논고를 합하여 1998년에는 증보판을 간행하는 등 모두 3차에 걸쳐 증간된 사실만으로도 이 저술이 갖는 연구사적 가치, 학술적 의미를 잘 알 수 있다.

이상설은 1919년 3·1운동 이전 독립운동의 역사를 상징하는 가장 두드러진 인물이었다. 독립운동 50년 역사에서 가장 중요한 화두 가운데 하나가 '통합'이었다. 고립 분산된 민족의 역량을 하나로 모으는 일이 일제로부터 독립할 할 수 있는 토대를 마련하는 것이기 때문이다. 전 시기에 걸쳐 모든 분야의 독립운동가들이 독립운동 전선의 통일을 주창하고 독립운동 단체마다 통합과 연대를 표방했던 사실이 이를 입증해준다. 그런 만큼, 일제는 역으로 국내외 각지에서 독립운동 세력, 단체 간에 서로 분열·대립·갈등을 조장하는 데 혈안이 되었다. 일제에 매수된 밀정은 독립운동 내부의 문제이기에 앞서 일제의 악랄한 독립운동 탄압책의 산물이었다는 점을 상기해야만 한다.[6]

이상설은 민족 지도자로서 통합과 연대를 선창하고 이를 구현하기 위해 노력한 대표적인 인물이었다. 전 민족 구성원의 역량을 하나로 모아 일제를 구축하는 데 앞장섰다. 또 그가 활동한 지역적 공간은 국내는 물론, 중국·러시아·유럽·미국 등 동서양에 널리 걸쳐 곧 독립운동사의 무대와 거의 일치하고 있다. 활동지역이 넓었던 만큼이나, 그가 종사한 독립운동 분야도 구한말 국권수호투쟁과 구국외교를 시작으로 1910년 경술국치 이후 국외독립운동 근거지 구축, 항일민족주의교육, 독립전쟁 노선 등에 걸쳐 있어서, 이상설은 곧 1919년 3·1운동 이전까지 한민족 독

---

6 졸저 『이상설 평전』, 5쪽.

립운동의 중심을 관통하는 활동을 하고 있었다.[7] 이와 같은 이상설의 생애와 그가 전개한 독립운동에 대해 커다란 방향성과 그 실상의 정립을 가능케 한 저술이 바로 선사의 『이상설전』이었다. 이러한 사실에서 『이상설전』이 갖는 연구사적 의의는 매우 크다고 할 수 있다.

해방 후 여러 가지 사정으로 이상설에 대한 논찬과 공훈 선양은 비교적 늦게 시작되었다. 그에 대한 추모 사업은 주로 공적 선양행사로 시작되었다. 그가 출생한 진천의 산직마을에는 1957년에 이상설의 일생 업적을 간략히 한문으로 새긴 '유허비'가 최초로 건립되었다.[8] 그 뒤 1972년에는 진천군 진천읍의 남산골에 '보재이상설선생유적보존위원회'에서 숭모비를 세웠다.[9] 그 비문은 독립운동사편찬위원회 위원장을 지낸 당대의 문필가 노산 이은상이 지었다. 노산은 그 비문에서

　　나라가 기울어 나라를 울고 집을 버려 집을 울고 제 몸 또한 울어 세 울음
　의 슬픈 시를 읊었던 선생을 위해 나는 이제 선생의 풀지 못한 천추 회한을 다
　시 울어 그 눈물로 먹을 갈고 그 먹을 찍어 이 글을 쓰는 것"[10]

이라고 깊은 회한을 담았다.

한편, 역사적 인물로서의 이상설에 대한 학술적 연구는 전기 간행에서 시작되었다. 1984년 『이상설전』이 실제로 간행될 때까지 이상설 전기 편찬은 여러 명사에 의해 수차 시도되었으나, 모두 결실에 이르지는 못했다. 그 가장 큰 이유는 이상설이 남긴 자료가 매우 영성한 때문이었다. 그가 생전에 남긴 자료는 임종 시 모두 불태웠다. 1917년 작고할 때 모

7　졸저 『이상설 평전』, 6쪽.
8　『이상설전』, 일조각, 1984, 269쪽.
9　「이상설 의사비 제막」, 『동아일보』 1972년 1월 14일.
10　『이상설전』, 268쪽.

든 자료를 불태우라는 이상설의 유명(遺命)이 너무나도 지엄해 이를 거역치 못하고 유품과 필적 하나도 남기지 않고 모조리 소각시켰다는 것이다. 이상설을 최후까지 모셨던 동지 이동녕이 당시 지나치리만큼 유명에 순종했던 처사를 후회했다는 후일담이 진한 여운을 남기는 이유가 여기에 있다. 또 이상설의 아우인 이상익(李相益)과 외아들 이정희(李庭熙)[11]는 일제의 감시를 철저히 받는 처지여서 얼마간의 유물과 자료 등을 친척 집에 나누어 맡겨 두었는데 그나마도 6·25전쟁 때 피란 와중에 소실되고 말았다고 한다.[12]

이상설 전기를 최초로 저술하고자 한 사람은 저명한 국학자인 위당 정인보였다. 위당은 이상설의 탁월한 독립운동 공적과 훌륭한 인품을 숭모하여 전기를 짓고자 하였다. 그러나 관련 자료를 모을 수가 없어서 중도에 포기하고 대신 그의 생애와 업적을 압축하여 장문의 오언율시로 압축해 남겨 놓았다. 이때 정인보는 "보재 이공이 이미 돌아가셨다. 내가 전기를 짓고자 하나 남기신 자료가 없어 괴롭다. (중략) 혹 이런 감개(感慨)를 남겨두면 쓸쓸하지는 않을 것이고 다른 날 캐고 엮은 자료가 되어 의당 마침내 전기가 이루어질 것이다."[13]라고 소회를 남기며 훗날 전기가 나오기를 소망하였다.

정인보에 이어 이상설 전기 집필을 맡은 인물이 육당 최남선이었다. 최남선은 독립운동계의 거목인 이상설 전기 집필이 부담스러워 주저하기도 하였지만 종내 자신의 친일행적에 대한 속죄의 뜻에서 전기 집필을 스스로 다짐하고 굳게 약속했다고 한다. 하지만 그도 1957년 작고하고

---

11 이상설의 외아들 이정희는 1946년 48세로 병사하였다.(「李相卨先生嗣子 李庭熙氏 別世」, 「동아일보」 1946년 10월 13일.)
12 이완희, 「보재 이상설 선생의 유훈」, 「나라사랑」 20, 외솔회, 1975, 113쪽.
13 정인보, 「담원문록」 상, 연세대학교출판부, 1967; 최기영 편, 「헤이그특사100주년 기념자료집」 1, 독립기념관 한국독립운동사연구소, 2007, 157, 161쪽.

말아 전기 간행작업이 중단되고 말았다.[14] 그에 이어 노산 이은상이 전기 편찬을 맡는다고 하였다가 그도 끝내 중도에 그치고 말았다고 한다. 이처럼 당대 최고의 문필가들에 의해 수차에 걸쳐 전기 편찬이 시도되었지만 한 번도 성사되지 못하였다. 그만큼 이상설 전기 집필 작업은 결코 쉽지 않은 난제로 남겨졌던 것이다.

그 뒤 이상설의 학술 전기가 실제로 세상에 나온 것은 한참 세월이 지난 1984년이었다. 선사의 『이상설전』이 그것이다. 전기 집필을 시작한 것이 1973년 초였으므로 무려 10년 이상의 세월이 걸렸던 것이다.

『이상설전』의 집필 계기가 된 것은, 1968년 도미했던 이상설의 장조카 이관희가 이상설 전기 간행을 위해 1972년에 일시 귀국한 일이었다. 이상설의 외아들 이정희가 해방 이듬해에 작고한 뒤 유족을 대표하여 선양사업을 맡게 된 조카 이관희(李寬熙), 이완희(李完熙) 형제는 해방 직후부터 20년간 관련 자료를 모아왔던 것이다. 당시 신문기사를 통해 그 정황을 짐작할 수 있다.

> 보재 이상설 선생의 장질(長姪) 관희(觀熙)씨(72)가 지난 8월 부인 김정배(金貞培) 여사(67)와 함께 미국에서 일시 귀국했다. 지난 68년 출국 4년 만에 돌아온 이 씨는 문화호텔에 묵으면서 "평생을 조국의 광복을 위해 몸 바쳐 온 보재 선생에 관한 전기가 이제껏 하나도 나온 일이 없어 그분의 뜻과 애국정신을 길이 보존하기 위해 20년 전부터 모아왔던 자료를 정리 보충하여 '이상설 전기'를 출판할 계획으로 귀국했다"고 말했다. 전기는 약 4백 페이지 가량으로 이 씨는 귀국 후 자료를 보강하기 위해 김상기, 이병도, 이희승 박사 등 학계 원로를 만나 자문을 구했고, 자신은 헤이그, 파리, 런던 등을 여행, 당시 보재 선생의 행적을 기록한 『런던 타임즈』 등 외지를 구했다는 것이다.[15]

---

14 이완희, 「보재 이상설 선생의 유훈」, 114쪽.
15 「이상설선생 전기 출판키로」, 『한국일보』 1972년 10월 21일자.

위 인용문을 통해서 그동안 국내외에서 수집한 자료를 지니고 귀국한 이관희는 당시 학계의 최고 원로인 김상기, 이병도, 이희승 등을 만나 이상설 전기 집필을 의뢰하고 자문을 구했음을 알 수 있다.[16] 실제로 이 세 사람은 장차 발간될 전기를 염두에 두고 서문까지 준비해 놓았던 것으로 확인된다. 일석 이희승은 「보재 이상설선생전기편찬의 소식을 듣고」라는 글을 지어 놓았다. 그 일단을 소개하면 다음과 같다.

> 선생은 처음 의정부참찬으로 국내에서 을사조약을 저지하려 갖은 방법과 노력을 다하였으나, 마침내 뜻을 이루지 못하고 해외로 망명하여 1907년 7월 동지 이준, 이위종 양인과 함께 화란국 수도 해아시에서 열린 만국평화회의에 고종황제의 밀서를 제출하여 국제정의와 해외여론에 호소하려 필사의 노력을 다하였다. 그러나 왜적의 외교관들의 방해로 초지를 관철하지 못하고 동지 이준 선생이 이곳에서 분사한 후 다시 노령 해삼위로 돌아와 국내와 연락하여 의병을 조직하여 독립운동을 계속하는 한편, 장기항전의 계획으로 권업회를 설립하여 교포들의 경제적 실력을 배양케 하였다. 이밖에 학교의 설립, 신문의 발간 등 다각적으로 독립운동을 전개하시다가 1917년 3월 48세를 일기로 조국광복을 보지 못하고 만리이역에서 한 많은 일생을 마치셨으니, 참으로 천도무심(天道無心)함을 원망치 않을 수 없다.[17]

다음으로, 선사의 스승인 두계 이병도도 1972년 11월 15일자로 미리 지은 서문에서 그 소회를 다음과 같이 밝혔다.

---

16 이관희가 남긴 것으로 짐작되는 현전 자료에 따르면, 그가 이때 자문을 구하거나 집필을 의뢰하려 두루 찾았던 학자로는 위 세 사람 외에도 선사를 포함하여 유홍렬, 장도빈, 신석호, 김성균, 홍이섭, 이선근, 임중빈, 이현희, 김영호, 김영모 등이다. 그리고 이관희가 수집한 자료의 일부 사본은 현재 독립기념관에 소장되어 있다.
17 독립기념관 소장자료.

선생이야말로 당시 탁월한 재식(才識)과 포부를 가진 분이시어니와, 이러한 분들이 오늘과 같은 좋은 시대와 환경 속에서 생장 활약하셨다면 비단 그 자신뿐만 아니라 국가사회를 위하여 얼마나 다행스런 일일까? 참으로 무료(無聊)와 아쉬운 느낌을 금치 못하겠다. 이제 보재 선생의 전기를 편찬하는 데 있어 평소에 선생을 앙모하고 그 영함씨(令咸氏) 관희씨와의 친분이 두터운 관계에서 졸문(拙文)이나마 권두의 일언을 부치는 바이다.[18]

끝으로, 동빈 김상기가 준비한 서문은 다음과 같다.

> 아! 보재 선생의 거룩한 구국활동과 독립운동의 업적은 길이 청사에 빛날 것이어니와 이제 선생의 전기가 영질(令姪) 관희, 완희 양씨의 자료 수집을 비롯하여 여러 가지 정성어린 노력과 우리 학계의 중진이며 전 국사편찬위원장인 취정(翠汀) 김성균(金聲均)씨의 집필로 편찬의 완성과 그의 간행을 보게 되었다. 이는 비록 만시(晩時)의 탄(嘆)도 없지 아니하나 오랫동안에 걸친 양씨의 대망(待望)에 부응케 된 것은 진실로 희행(喜幸)한 일이 아닐 수 없는 바이다.[19]

동빈의 위 서문에서는 이상설 전기 집필을 담당한 학자로 국사편찬위원장을 지낸 김성균으로 명기한 점이 특기할 만하다. 이러한 정황으로 짐작해 보면, 김성균이 처음에 전기 집필을 승낙했으나 여러 사정으로 인해 곧 사양하지 않았나 싶다.

이와 같이 오랜 기간에 걸쳐 우여곡절을 지나고 최종적으로 이상설 전기 집필의 책무를 맡게 된 학자가 곧 선사였다. 전기 집필의 과제가 낙점되기까지의 과정에 대해 선사는 1984년 『이상설전』을 발간할 때 '머리말'과 '서언'에서 각각 아래와 같이 밝혀 놓았다. 먼저 '머리말'을 보자.

---

18 독립기념관 소장자료.
19 독립기념관 소장자료.

필자는 10년 전인 1973년에 은사 이병도 박사와 지금은 작고하신 김상기,
신석호, 홍이섭 박사, 그리고 연세대학교의 손보기 박사의 권면으로 이상설
의 전기를 맡게 되었다. 처음 비재(非才)임을 알고 굳게 사양하였으나, 은사
와 학계 원로들의 권면과 유족들의 성의로 끝내 사양 못하고 이제야 이 『이상
설전』을 펴내게 되었다.[20]

이어 '서언'에서는 위의 내용을 더 구체적으로 기술해 놓았다.

그들(이관희, 이완희 형제-주)은 1973년 1월 9일에 서울 종로구 동숭동 소
재 서울대학교 교수회관 함춘원(含春苑)에 당시 학계의 원로인 이병도 박사
를 비롯하여 이제는 작고하신 김상기, 신석호, 홍이섭 박사와 연세대학교의
손보기 박사를 모시고 전기 편찬을 상의하였던 것이다. 그 모임에서 필자에
게 자료 수집, 정리와 전기 집필의 책임을 맡기도록 협의하였다는 것이다.[21]

유족 이관희가 그동안 학계의 저명 학자들과 전기 집필을 위해 접촉
하면서 자문을 구하고 노력한 그 마지막 결실이 선사에게로 귀결되었음
을 알 수 있다. 직계 스승인 이병도를 비롯하여 김상기, 신석호, 홍이섭,
손보기 등 은사, 원로들의 권면으로 인하여 전기 집필의 책임을 맡게 되
었다는 것이다. 그리고 전기 집필에 착수한 시점도 1973년 1월이라는
사실도 확인할 수 있고, 그로부터 10년 이상의 적공(積功) 끝에 『이상설
전』이 세상에 나오게 되었던 것이다.

---

20 『이상설전』 '머리말'.
21 『이상설전』, 6쪽.

II. 『이상설전』의 학술적 가치

1972년 이상설 집필을 시작한 선사가 이상설 연구 논고를 처음으로 발표한 것은 그 이듬해의 일이다. 1973년 8월 3일부터 8월 22일까지 총 17회에 걸쳐 『서울신문』에 '해삼위의 정통령'이라는 부제를 단 '이상설 (李相卨)' 제하에 보재의 생애 전반과 독립운동의 큰 줄기를 연재한 것이 그것이다.[22] 선사는 이 연재물을 게재하면서 이상설 연구의 큰 틀과 방향 성을 어느 정도 정리한 것으로 짐작된다. 참고로 이 연재물에서 매호별 로 제시한 주제를 보면 다음과 같다.[23]

(황무지개척권 요구 반대투쟁)	고종 순국 상소
북간도 서전서숙	만국평화회의(상, 하)
(구미 순방외교)	미국에서의 1년
밀산부 독립운동기지(상, 하)	십삼도의군
성명회(상, 하)	권업회
대한광복군정부(상, 중, 하)	그의 인물과 신학문

선사가 이상설 연구 논고로 최초로 낸 연재물의 위 목차는 뒤이어 제 시할 『나라사랑』 특집호, 나아가 1984년 『이상설전』의 구성 목차와도 대 체적으로 일치하고 있다. 다만 뒤이은 연구에서 대한광복군정부, 밀산부

---

22 필자가 열람한 신문의 결호로 인해 제1회와 제7회 2회분의 연재물은 확인하지 못해 유감이다. '이상설' 연재 제호의 題字는 이상설의 조카 李完熙가 썼고, 최 종 17회 연재물 끝에는 '알림'이라 하여 "보재 이상설에 관한 자료를 갖고 계신 분은 尹炳奭씨(국사편찬위원회 조사실장, 전화 73-9517)에게 연락해주시기 바 랍니다."라는 附記를 실었다. 이를 통해서도 당시 자료 수집에 얼마나 많은 노 력을 기울였는지 짐작할 수 있다.
23 미처 확인하지 못한 제1회와 제7회 연재물의 제목은 필자가 임의로 달아 괄호로 처리하였다.

근거지 개척 등과 같은 특정 분야에 대해 비중을 새롭게 산정하면서 균형감을 맞춰간 것으로 짐작된다. 이러한 사실은 1973년 시점에서 선사는 이미 이상설 연구의 큰 줄기를 파악하고 있었음을 알려준다.

선사는 1973년『서울신문』일간지 연재에 이어 그 이듬해인 1974년에는 시사종합 월간지에 시사성을 가미한 논고를 발표하였다. 『월간중앙』 1974년 11월호에 '독립사상의 원류'라는 부제와 함께 게재한 「이상설(李相卨)」이 그것이다. 그 내용과 논지는 앞의 연재물과 대체적으로 동일한 범주에 있으나, 시사성을 감안하여 소목차를 새롭게 조정하여 다음과 같이 제시하였다.

최초의 망명정부	황제는 순사직(殉社稷)하라
북간도에서의 민족교육	최후의 공식 외교행각
미국에서의 1년	만주 밀산부의 한흥동
상투 튼 유인석, 알파베트 서명	시베리아의 한인사회
남북, 신구의 갈등 위에	대규모의 독립군 준비
내 몸을 재로 하여 바다에	도량과 학문 겸비의 대인물

위의 목차 가운데 헤이그 사행을 다룬 제목은 '최후의 공식 외교행각'으로, 성명회의 병탄 반대투쟁은 '상투 튼 유인석, 알파베트로 서명'으로, 그리고 권업회 활동을 다룬 제목은 '남북, 신구의 갈등 위에' 등으로 각기 시사성을 띤 제목으로 대체해 놓은 것이 특징이다.

이상 발표한 두 논고를 바탕으로 선사는 1975년 외솔회에서 발간한 계간지『나라사랑』제20집 '보재 이상설 선생 특집호'[24]에다 학술적 논고

---

24 이상설 특집으로 간행된『나라사랑』20집은 선사의 글 외에도 손보기와 같은 학자, 민충식, 이용화 등 이상설을 지근에서 보필했던 독립운동가, 이상설의 조카 이완희 등 각계 인사들이 학술, 추모, 선양류의 글을 실었을 뿐만 아니라, 특히 여기에는 시권(試券), 만국평화회의 「공고사(控告詞)」, 성명회 선언서 등 이상설

의 성격이 강한 「이상설의 생애와 독립운동」을 발표하였다. 이 무렵에는 전술한대로 선사가 전기 집필을 상당히 진행시킨 시점이라는 사실은 손보기 교수가 이 특집호(76쪽)에서 "윤병석 선생의 연구와 전기 집필에 대한 수고에 치하를 드린다"라고 첨언한 사실을 통해서도 감지할 수 있다.

『나라사랑』에 실린 선사의 장문 논고인 「이상설 선생의 생애와 독립운동」을 보면, 이때 이미 이상설의 생애와 독립운동의 대강을 제시하고 있는 사실로 보아『이상설전』의 집필 구상과 목차를 이 무렵에는 상당한 수준으로 완성해 놓은 것 같다. 『나라사랑』에 실린 글의 목차를 구체적으로 제시해보면 다음과 같다.

을사오조약의 파기운동	서전서숙의 설립
헤이그 만국평화회의 사행	구미 각국에의 순방외교
미국에서의 활동	독립운동기지의 설정
13도의군의 편성	성명회의 결성
권업회에서의 활동	대한광복군정부의 건립

1975년 제시된 위 목차를 염두에 두고, 선사가 1984년 간행한『이상설전』본문에서 제시한 15개 목차(서언과 결어는 제외하였음)를 소개하면 아래와 같다.

제1장 가계와 출생 및 수학시절의 遺事	제2장 신구학문의 兼修
제3장 官界에서의 활동	제4장 일본인의 황무지개척권 요구의 반대
제5장 을사오조약의 파기운동	**제6장 서전서숙의 설립**
제7장 헤이그 만국평화회의 사행	**제8장 구미 각국에의 순방외교**

관련 중요 자료들이 부록으로 실려 있어 인물 연구에 큰 도움을 주었다.『나라사랑』특집호 발간은 이상설 연구의 중요한 한 전기가 되었다고 할 수 있다.

　위 목차 가운데 이상설이 펼친 독립운동을 다룬 제5-14장까지의 장 제목이 1975년 『나라사랑』에서 제시한 목차의 제목과 일치하고 있다. 이러한 사실로 미루어 보아 선사는 이미 1975년 시점에서 이상설 연구의 기본적 시각과 틀을 안정적으로 갖추고 있었음을 짐작할 수 있다. 곧 선사는 이상설 집필의 토대를 상당히 이른 시기에 안정적으로 구축했던 것 같다.

　1984년에 『이상설전』이 출간되자, 그 직후에 『동아일보』는 다음과 같은 저자 인터뷰 기사를 실었다. 그 전문을 소개한다.

　"이제 무거운 짐 하나 벗었습니다."

　헤이그밀사사건으로 우리 귀에 익은 이상설(1870-1917)을 지난 10여 년간 빈약한 자료의 고충을 겪으면서도 끈질기게 추적해온 윤병석 교수(인하대, 한국사)는 『이상설전』을 내놓은 첫 소감을 이렇게 말했다.

　고종이 1907년 헤이그 만국평화회의에 밀파한 3명의 특사 중 수석(首席)이었으며 을사조약 파기운동 등을 주도하기도 했던 이상설은 연해주 니콜리스크에서 숨진 한말 독립운동의 중추적인 인물. 해방 직후 정인보가 그의 전기(傳記)를 시도했으나 6.25로 무산되었으며 최남선과 이은상도 그 뒤 각각 이상설의 전기를 쓰려다가 끝내 못쓰고 말았었다.

　이후 지난 73년 김상기(金庠基), 신석호(申奭鎬), 홍이섭(洪以燮, 이상 작고), 이병도(李丙燾) 박사 등 역사학계의 원로들이 모인 가운데 그의 전기 저술이 공식적으로 논의됐고 그 과제를 윤 교수가 떠맡았던 것이다.

　윤 교수는 이 작업을 하면서 가장 힘들었던 일을 자료수집 작업과 구체적인 한 인물을 당시의 독립운동과 어떻게 연결시키는가 하는 방법론 문제였다고 밝혔다. "이상설 선생은 스스로 자신에 관한 기록들을 없애버렸기 때문에 다른 인물기록에 부수적으로 나오는 것들을 모아 쓸 수밖에 없었습니다." 윤 교수는 이상설이 조국광복을 이루지 못하고 세상을 떠난다고 해서 자신이 남기게 될 모든 유품들을 불태우게 했다고 소개했다.

한편 이 책의 발간으로 초기 독립운동의 이념을 체계적으로 이해하는 데 도움이 될 것으로 학계는 평가하고 있다. "이번의 연구는 다음 연구들을 위한 하나의 디딤돌이 됐으면 합니다. 그래서 이 책은 되도록 많은 기록들의 목록을 많이 담아놓았습니다." 윤 교수는 이 책을 토대로 이상설 연구가 본격화되길 바랐다.[25]

『이상설전』 신간 소개를 겸한 위 기사에서는 전기 집필을 맡게 된 경위, 자료와 평가 문제에 따른 집필의 애로점, 그리고 이상설과 독립운동사 연구의 토대 제공과 같은 기여도에 이르기까지 전반적으로 언급하였다.

선사도 『이상설전』의 머리말에서 특히 자료 문제에 비중을 두고 다음과 같이 언급하였다.

유족이 수집한 자료를 열람하고 이어 한국독립운동사를 탐구하는 관점에서 할 수 있는 최대한의 관련 자료를 수집하면서 그의 생애와 독립운동을 생각하여 보았다. 그러나 이상설은 생전에 그 자신의 저술을 불태웠을 뿐 아니라 임종 유언에서 그에 관련된 것을 없애라고 하여 있어야 될 많은 자료들이 없어졌다. 그런 중에서도 우선 다행하였던 것이 이 책 권말에 제시한 바와 같은 이상설의 유문과 그의 논찬자료를 모을 수 있었던 것이다.

이상설이 직접 남긴 자료가 드문 가운데서도 그동안 집필과정에서 이상설 소작(所作)의 유문(遺文)과 이상설을 논찬한 세인(世人) 소작의 자료를 모을 수 있었던 점을 특기할 성과로 제시하고, 후학이 연구 자료로

---

25 「무거운 짐 하나 벗은 기분입니다」, 『동아일보』 1984년 12월 11일자.

활용할 수 있도록 이를 모두 부록으로 첨부해 놓았다는 것이다.

선사는 『이상설전』을 집필하는 10년 기간에 '몇 번이나 중도에 포기하려'는 생각을 했었다고 그 어려움을 토로하였다. 그 이유가 영성한 자료 문제도 있었지만, 위 인터뷰 기사에도 지적하였듯이 역사적 인물에 대한 균형 잡힌 평가를 내리기가 결코 쉽지 않았다는 점 때문이라고 밝혔다. 이러한 어려움은 『이상설전』을 집필하던 1970~1980년대의 근대사 연구가 이상설을 넉넉히 수용할 수 있을 만큼 저변이 넓지 못했던 실정에 기인하였던 것이다.

또 선사는 전기를 집필하면서 이상설이 독립운동사의 중심부를 따라 활동했음에도 불구하고 그동안 "헤이그 사행에서는 이준이, 성명회와 십삼도의군에서는 유인석이, 독립운동의 기지 설정에서는 이승희가, 국민회와 권업회에서는 이종호와 이동휘 등이 부각된 것"[26] 같이 그 업적이 상대적으로 묻혀 있었던 사실을 지적하고 그에 대해 균형감을 갖고 정당하게 평가하려 했음을 지적하였다.

『이상설전』이 나온 이듬해 2월 선사와 학문적 동반자 관계에 있던 조동걸 교수는 『경향신문』에 서평을 기고하였다. 『이상설전』을 심층적으로 다루어 그 연구사적 의의와 기여도를 세밀하게 논급한 이 서평의 서두에서 우선 『이상설전』을 읽고 자연스럽게 소환된 이상설의 역사적 위상을 다음과 같이 절대적으로 평가하였다.

> 역사 서술에서 실제 없었던 것을 '만약 … 이라면' 하는 가정을 앞세우는 것은 금물이다. 그러나 윤병석 교수의 『이상설전』을 읽고 나면 누구나 그와 같은 가정을 생각하게 된다. 그것은 보재(이상설의 호)가 2-3년만 더 살았다면, 그가 주도한 1904년 대한협동회로부터 서전서숙(1906), 해아특사(1907), 애

---

[26] 『이상설전』 '머리말'.

국동지대표회(1908), 한민학교(1909), 십삼도의군과 성명회(1910), 권업회
(1911), 대한광복군정(1914), 신한혁명단(1915)으로 이어진 독립운동사의 맥
락을 직접 3·1운동이나 임시정부로 연결시켜, 그가 독립운동을 발전시키는
데 큰 디딤돌이 되었을 것이라는 생각을 하게 된다.[27]

곧 조동걸 교수는 1917년 작고한 이상설의 죽음을 못내 아쉬워하는
소회를 이 서평에 담았던 것이다. 나아가 선사의 『이상설전』은 국치 이
전부터 축적된 독립운동의 큰 줄기를 따라 활동한 이상설의 공적을 명확
히 구체적으로 구명한 것으로, 이런 사실을 토대로 볼 때 그 이전의 독립
운동의 큰 사조를 1919년 3·1운동, 임시정부로 직결시킬 수 있었던 역
사적 인물이 곧 이상설이라고 상정해 보았다. 그러므로 보재가 1919년
3·1운동 때까지 생존했더라면 이후 독립운동사가 더욱 확실하게 발전할
수 있었을 것이라는 아쉬움을 담았던 것이다.

또 조동걸 교수는 『이상설전』이 갖는 독립운동 연구사적 의의를 크게
네 가지로 요약 정리하였다. 첫째는 1906년 이상설의 북간도 망명과 신
교육의 요람인 서전서숙의 설립을 해외독립운동의 기점으로 새롭게 제
시했다는 점을 평가하였다. 둘째는 그동안 독립운동의 일환으로 구미 각
국을 상대로 한 외교가 주로 3·1운동 때 비롯된 것처럼 생각했던 것을
이상설 특사가 헤이그 사행에 이어 영국, 미국, 프랑스, 독일, 러시아 등
을 순방하며 1907~1909년간 한국의 독립 지원을 호소했던 사실을 구
명함으로써 구국외교의 실상을 새롭게 이해하게 만들었다는 사실을 높
이 샀다. 셋째는 구미를 상대로 한 구국외교활동과 북만주 밀산 독립운
동근거지 개척 등을 구명함으로써 한말 독립운동의 공간을 세계무대로
널리 확대시켰다는 점도 강조하였다. 넷째는 이상설이 1910년 십삼도

---

27 조동걸, 「묻혀있던 독립운동 거인의 발굴」, 『경향신문』 1985년 2월 27일자.

의군 편성과 성명회 결성 등으로 망명정부 수립계획을 추진했고, 이러한 활동이 1914년의 대한광복군정부와 1915년의 신한혁명단으로 계기적으로 연속되는 '주권적 의지의 맥락'이었다는 사실을 구명해 냈다는 점을 높이 평가하였다.

III. 『이상설전』의 학계 기여

조동걸 교수의 서평은 1980년대 전반기 독립운동사 연구 지형을 놓고 볼 때, 『이상설전』이 발간됨으로써 이 책이 갖는 연구사적 지형의 발전적 변화와 확대의 실상을 논급한 것으로, 곧 독립운동사를 새로운 차원에서 이해하게 만듦으로써 연구의 지평을 크게 넓혔다는 것이다.

선사의 『이상설전』에 대해 이상에서 언급한 학술적 가치는 1980년 당대 학계의 시각에 한정하여 평가한 것으로, 40여 년이 경과한 오늘 시점에서 볼 때 『이상설전』이 갖는 더 큰 진정한 가치는 이후 한국근대사, 독립운동사 분야 연구에 균형잡힌 방향성의 제시했다는 사실과, 그리고 책의 주석과 부록에 언뜻 보기에 지나치다고 생각할 만큼 자세하고 풍부하게 수록해놓은, 희귀한 자료의 활용성 등 두 가지에 있다고 할 수 있다. 이와 같은 견해는 비단 필자만의 생각이 아니라 근대사, 독립운동사를 공부하는 학자 대부분이 공유하는 견해로 간주해도 크게 무리가 없을 것 같다.

앞서 제시한 15개 목차에서도 언뜻 보았지만, 선사가 『이상설전』에서 논급한 독립운동사 분야, 곧 이상설이 주도하거나 참여한 사건, 단체 등을 총괄적으로 정리해보면 아래와 같다.

황무지개척권 요구 반대투쟁	을사조약 반대투쟁
민족주의교육(서전서숙)	헤이그 사행과 구미 순방외교
미주 한인사회의 민족운동	독립운동기지의 설정
13도의군과 성명회	권업회와 대한광복군정부

곧 선사가 『이상설전』에서 논급한 위의 제 분야와 사건, 단체는 1904년 러일전쟁 도발부터 시작하여 1919년 3·1운동 이전까지 전개된 국내외 독립운동의 주된 사조와 거의 일치하고 있다는 사실을 발견할 수 있다. 이를 다시 성격별로 독립운동 분야를 유형화해보면 국내에서의 상소 언론투쟁, 민족주의교육, 구국외교, 미주 한인사회의 민족운동, 국외 독립운동 근거지 건설, 국치 전후 연해주 한인사회의 독립운동, 독립전쟁 구현 노력 등으로, 오늘날 학계에서 정설로 정착되어 일반적으로 기술되는 내용들이다. 요컨대 선사는 10여 년에 걸친 이상설 연구를 통해 그가 참여한 단체, 사건 등과 독립운동사의 제 분야를 일체화시켜 계기적으로 그 실상을 구명함으로써 마침내 독립운동사 연구의 큰 틀과 방향을 제시할 수 있었던 것이다.

앞서 소개한 『동아일보』의 저자 인터뷰 기사에서 선사가 "한 인물을 당시의 독립운동과 어떻게 연결시키는가 하는 방법론"의 문제에 고심했다는 사실도 독립운동사 체계화 문제의 어려움을 토로한 대목이라 이해할 수 있다. 또 선사가 『이상설전』 '머리말'에서 "이상설은 그가 활동하던 장소가 국내외에 널리 걸쳐 있었고 활동하던 시기의 역사적 배경이 아직 제대로 해명되지 못한 면이 컸다"고 하면서 "자칫 잘못하면 객관성을 상실하여 이상설의 독립운동은 물론 나아가 그의 관련 있던 사실(史實)이나 인물들까지도 잘못 해석될까" 하는 우려가 있었음에도 불구하고 "이상설의 독립운동은 어떻든 한국독립운동사를 체계화함에 반드시 해명되어야 할 과제"라는 점을 확실히 자각하였기 때문에 끝내 탈고할 수 있었다고 술회하였다. 그리고 마침내 '서언'에서는 "1905년부터 1917년간의 한국독립운동의 큰 줄기를 체계적으로 볼 수 있는 한 단서를 찾아낸 것 같다."[28]고 자평한 대목이 장차 독립운동사 체계화에 『이상설전』이 기여하게 될 소망 또는 기대를 담고 있다고 생각한다. 또 조동걸 교수가 "개인적 논찬보다 이상설이 활약했던 역사의 상황분석에 힘을 기울여 을사조약 전후부터 3·1운동 전야까지의 독립운동사를 새로운 시각으로 정리하고 있다"[29]고 지적한 대목도 독립운동사 체계화에 기여할 전망을 평가한 것으로 생각된다.

독립운동사 체계화 기여 문제와 더불어 선사의 『이상설전』이 학계에, 후학들의 공부에 크게 기여한 면이 이 책에서 제시되었거나 수록된 방대한 자료라 할 수 있다. 주지하다시피 『이상설전』에는 주석과 부록 등의 형태로 중요하고 희귀한 자료가 방대하게 수록되어 있다. 발간 이후 오늘에 이르기까지 오래도록 후학들에 의해 이들 자료가 폭넓게 활용됨으로써 독립운동사 연구가 크게 진작될 수 있었던 것이다. 『이상설전』에 수록된 자료는 이관희, 이완희 형제가 20년 동안 수집한 자료, 집필과정에서 새롭게 확보한 자료 등이 망라되었다. 특히 유관 인물들이 남긴 단편적이고 산발적인 희귀자료를 비롯하여 문집류 속의 들어있는 자료, 그리고 국외에서 어렵게 수집한 문건류 등은 그동안 여러 학자들에 의해 국내외 독립운동 사건, 단체, 인물 연구에 널리 활용되어 왔다.

이관희, 이완희 형제가 집필기간에 선사에게 제공한 자료는 모두 70여 건에 이른다.[30] 이상설 사진류, 과거 시권(試券), 고종의 헤이그 사행 신임

---

28 『이상설전』, 6쪽.
29 조동걸, 「묻혀 있던 독립운동 거인의 발굴」.
30 『이상설전』(4쪽)에 제공받은 70건 자료의 목록이 모두 제시되어 있다.

장, 성명회 선언서(불문), 지사후인들이 지은 이상설 약기(略記)·약사(略史)·전기초(傳記抄), 그리고 민충식·권오돈 등 이상설을 지근에서 수종(隨從)한 인물들의 회고록 등 다방면에 걸쳐 있다. 이들 자료는 전기 집필의 기본자료로 활용되었고, 해당 내용의 각주에 원문으로 제시되어 있다.

특히 선사는 후학의 연구자료로 제공하기 위한 목적에서 책의 부록으로 귀중한 자료를 수록해 놓았다. 먼저 이상설의 '유문(遺文)'으로는 과거 시권 2건을 비롯해 서(序)·잡저·시·편지 각 1건, 상소문 7건, 그리고 헤이그 평화회의 제출 공고사(控告詞), 성명회 선언서 등 모두 15종을 수록하였다. 특히 성명회 선언서는 한민족의 강한 독립의지를 표출하기 위해 무려 8,624명의 방대한 서명인 명단이 첨부되어 있는데, 그 많은 명단을 모두 수록해 놓았다.

이상설 '유문'에 이어 부록에는 또 이상설을 논찬한 당대, 후대인의 '논찬자료'가 수록되어 있다. 여기에는 이상설의 지인동지라 할 이중하·이범세·정인보·이건승·이건방·이건창·안숙·조완구·조소앙·장석영·박은식을 비롯하여 중국인 관설재(管雪齋), 영국인 베델 등 외국인에 이르기까지 이상설을 논찬한 글 21건이 들어 있다. 주로 독립운동 당대인들이 남긴 이러한 논찬류의 글은 이상설에 대한 균형 잡힌 이해와 평가에 도움을 주는 자료들이라 할 수 있다.

앞서 언급했듯이, 선사는 1984년 초판 이후 14년이 지난 1998년에 『이상설전』의 증보판을 냈다. 그 중간에는 절판으로 인해 1993년 중판을 내기도 했다. 증보판을 발간하게 된 이유, 배경에 대해 선사는 지난 10년 동안 국내외 정세변화와 독립운동사 연구 성과의 축적에 따라 이상설 이해에도 상당한 진전이 있었다는 점과, 다음으로 이상설의 주요 활동무대였던 북간도, 연해주, 구미 일대의 현지조사 성과의 축적, 그리고 그동안 발굴된 새로운 자료 등을 들었다. 그리하여 전기를 새로 쓰고

싶었지만 그것이 여의치 못한 현실에서 차선책으로 증보판을 내는 것이라고 하였다.[31]

증보판에는 우선 화보란에 구미, 연해주, 국내 등 유적지 현장 및 선양 관련 사진류를 다수 첨록하였다. 그리고 본문은 선사가 59세 때인 1988년 4월에 네덜란드 헤이그의 라이덴(Leiden)대학에서 개최된 유럽한국학대회(AKSE)에 참가하여 발표한 「이상설의 遺文과 이준열사」라는 논고를 한 장(章)으로 삽입하여 초간본 15장과 함께 모두 16장으로 재편집하였다. 이 논고는 이위종이 지니고 있던 이상설의 사행 일기를 장지연이 초록한 「이상설일기초(李相卨日記抄)」[32]를 통해 헤이그 사행의 실상을 더 구체적으로 보완 논증한 것으로 이상설 연구를 진일보케 한 노작이다.

증보판에서는 그동안 새롭게 확인된 자료 가운데 특기할 만한 것을 수록하였다. 우선 이상설의 유문으로 위에서 언급한 「일기초」를 비롯하여 미주 『신한민보』에 게재한 논설 「황실비멸국지이기(皇室非滅國之利器)」와 장인환, 전명운 두 의사의 약전인 「양의사합전(兩義士合傳)」, 그리고 1996년 선사가 지은 「초혼사(招魂辭)」를 특별히 실어 놓았다.

선사의 「초혼사」는 이상설선생기념사업회 주관으로 1996년 10월 27일 연해주 우수리스크에서 이상설의 혼백을 모셔올 때 지은 것으로, 보재의 혼백은 진천 숭렬사 경내에 부인 서씨와 합장 성분(成墳)하였다. 이상설을 기리고 흠모하는 선사의 애절한 마음이 배어있는 「초혼사」의 일단, 그 말미를 소개하면 다음과 같다.

---

31 「증보판을 내면서」, 『증보 이상설전』, 일조각, 1998.
32 이 자료는 단국대학교 동양학연구소에서 1983년에 펴낸 『장지연전서』 제7권 (984~989쪽)에 수록되어 있다. 초간본 간행 당시에는 유감스럽게도 이 자료의 존재 사실을 인지하지 못했기 때문에 추후에 보완한 것이다. 필자도 대학원 시절 한국민족운동사연구회의 강독회에서 「이상설일기초」를 공부했던 기억이 있다.

보재 선생은 지금으로부터 80년 전인 1917년 3월 2일 조국광복을 못보고 이곳 망명지 시베리아 우수리스크 쌍성자 한인 집에서 48세를 일기로 천추의 한을 품은 채 서거하셨습니다. 그동안 자기 몸은 돌보지 않고 오로지 조국광복에 심신을 다 바친 까닭에 피를 토하는 중병으로 임종이 다가오자 "동지들은 합심하여 기필코 조국광복을 이룩하라. 나는 조국광복을 이룩하지 못하고 이 세상을 떠나니 어찌 고혼(孤魂)인들 조국에 갈 수 있으랴. 내 몸과 유품, 유고는 모두 불태우고 그 재마저 바다에 뿌린 후에 제사도 지내지 말라"라는 서릿발 같은 유언을 남기시었습니다. 임종을 지킨 석오 이동녕을 비롯한 조완구, 백순 등 여러 동지는 유언을 좇아 이곳 우수리스크 쌍성자 앞들을 지나 연해주 남쪽지방을 관통하여 아무르만으로 흘러 한반도의 동해로 이어지는 수분하 강변에서 그 재를 강에 흘러 보냈습니다.

조국이 광복된 지도 반 세기를 지난 이제야 보재이상설선생기념사업회에서는 국가보훈처의 후원을 얻어 이곳에 찾아와 초혼례를 올리고 선생의 혼백을 조국 땅에 모시려고 합니다. 굽어살피시고 조국 땅에서 간난한 민족의 앞날을 보우하시고 길이 천상의 홍복(鴻福)을 누리옵소서.[33]

| 선사(先師)를 기리며 |

돌이켜 보면, 선사와 사제로 맺은 인연은 참으로 오래다. 지금부터 42년 전인 1981년, 대학 2학년 때였다. 가방 대신 늘 들고 다니시던 책보자기는 그 시절 선사의 징표와도 같았다. 백암의 통사(痛史) 서문을 강독하시던 모습, 3·1운동의 '거족성(擧族性)'을 하나하나 예거하시던 장면이 40여 년의 세월이 지났건만 어제 일 같이 새롭다.

1984년 한국학중앙연구원 한국학대학원에 진학하여 지도교수로 모셨고, 그해 가을학기에는 선사께서 개설하신 강좌를 우여곡절 끝에 홀로 수강하는 참으로 고단한 시간도 보냈다. 판교에서 인천으로 가 선생님

---

33 『증보 이상설전』, 271~272쪽.

연구실에서 한 학기 내도록 강독받았던 의암 유인석의 연보는 곧 1986년 제출한 석사논문의 초석이 되었다.

석사과정을 마친 1986년부터는 더욱 지근(至近)에서 선사를 수종하며 공부하였다. 때로는 하명(下命)에 따른 과제를 수행하기도 하고, 선사께서 진행하시던 연구를 곁에서 보필하기도 하였다. 그 시절 선사를 모시고 수행한 과업으로 특히 기억에 남는 것은 1986년 수개월 동안『한국일보』에 독립운동사 기획물 '재발굴 한국독립운동사'를 연재하신 일이다.[34] 매주 1회씩 각 회당 40매 분량의 원고를 몇 달 동안 거의 한 번도 빠짐없이 집필하셨다. 연재 기간 내도록 서초동을 출입하면서 자료 정리와 원고 정서 등 선사의 집필을 도왔다. 선사께서도 매우 고단한 시절을 보내셨지만, 곁에서 조력하는 필자로서도 잠시도 한눈을 팔 수가 없어서 그야말로 고역이었다. 하지만, 돌이켜보면 독립운동사 공부를 그때처럼 집약적으로 열심히 했던 시절은 없었던 것 같다. 선사로부터 학은과 사랑을 가장 두텁게 입었던 시절이었다.

은사께서는 그뒤 1989년에는 수개월 동안 박성수, 조동걸 두 분 교수님과 함께『경향신문』에 연중 기획물 '의병전쟁'을 윤번으로 연재하셨다. 이 기획물은 현장 답사를 필수로 했던 만큼 선사를 모시고 조명동 담당기자와 함께 면암 최익현의 유적지가 있는 태인과 순창, 노응규 의병장의 유적지인 함양과 진주 등지를 탐방하였다. 필자가 훗날『대한선비의 표상, 최익현』이라는 제하에 면암 평전을 낸 것은 당시 여정 중에 은사께서 제시하신 면암 연구의 과제를 늦게나마 마무리한 것이기도 하다.

1990년에는 선생님 회갑을 맞으셨다. 지금과 달리 당시만 해도 회갑을 귀하게 여기던 때라 기념 논총을 간행하였다. 지난(至難)했던 간행과

---

34 한국일보사에서는 그 연재물을 묶어 이듬해(1987)에『재발굴 한국독립운동사』제1권을 냈다.

정은 다 차치하고, 선생님을 모시고 서울 인사동 필방에서 (필진에 대한) 답례물을 마련할 때의 정경은 지금도 너무나 생생하다.[35]

국내는 물론 선사를 모시고 국외 유적지 조사도 몇차례 진행하였다. 특히 1992년에 학계 최초로 남으로 블라디보스토크에서 북으로 이르쿠츠크에 이르기까지 연해주지역의 독립운동 유적지를 조사한 일과 1995년에 서북간도 일대를 답사한 일은, 비록 고된 여정이었지만, 두고두고 소중한 공부 자산이 되었기에 오래도록 기억에 남는다. 은사와 조동걸 두 분 선생님을 모시고 염인호 시립대 교수와 함께 했던 연해주 조사는 '무에서 유를 창조했을 만큼' 특히나 험난하고 고단한 여정이었다. 이르쿠츠크에서 찾은 망중한의 절정, 리스트비얀카의 바이칼호 선상 유람은 영원히 잊지 못할 추억으로 남았다. 선사께서 주관하여 간행한 『러시아지역의 한인사회와 민족운동사』(1994, 공저)와 『중국동북지역 한국독립운동사』(1997, 공저) 등이 그 성과를 정리한 결과물이기도 하다.

이처럼 은사께서는 그 옛적 필자가 학문의 길로 들어선 이래 서투른 공부를 오래도록 성심으로 계도해 주셨으니, 돌아보건대 헤아릴 수 없이 크나큰 스승의 은혜에 마냥 억색(臆塞)해지는 심경 가눌 길 없다. 필자가 그동안 크고작은 학문적 성취를 이룩한 것이 있다면, 이는 전적으로 선사께 입은 학은(學恩)의 소산이다. 비록 세상을 달리하셨지만, 선사께서는 저 세상에서라도 저의 학업을 지켜보시고 또 면려해 주실 것이라 굳게 믿는다.

선생님, 꿈에서나마 뵙고 싶습니다.

---

35 당시 선사께서는 雲淮라는 自號를 처음으로 언급하시면서 논총에 기고해준 필자들에게 선물로 마련한 필묵함의 벼루에 '庚午四月二十三日 雲淮 敬贈'이라고 새겼다.

| 2부 |

추모의 글

1

윤병석 선생에 대한 추억

이만열
숙명여대 명예교수

윤병석 선생의 3주기를 맞아 후학들이 그를 추모하는 문집을 기획하면서 불초에게도 몇 자 적어 달라는 부탁을 했다. 감사하게 생각한다. 윤 선생은 대학과 학문의 선배로서 이런 저런 인연으로 비교적 자주 뵈온 편이다. 특히 근현대사의 중요한 인물들의 문집 간행 때는 일을 같이 하면서 많은 것을 배웠다. 되돌아보니 그런 인연들 때문인지, 윤 선생을 두고 두번이나 간단하게 글을 쓴 적도 있었다. '제2회 독립기념관 학술상 심사경위 및 축사'(2006.08.11, 이 책에 수록)와 3년 전 윤 선생께서 타계하셨다는 소식을 듣고 그 이튿날 페이스북에 '독립운동사 연구 1세대 선구자 두 분이 가시다'(필자의 산문집, 『역사의 길 현실의 길』, 푸른역사, 305~309쪽)라는 제목으로 윤병석 선생과 조동걸 선생을 함께 추억한 적이 있다. 윤 선생에 대해 세 번째로 쓰는 이 글에는 앞에 쓴 내용이 되풀이된 부분도 있어 먼저 양해를 구한다.

윤병석 선생을 처음 뵙게 된 것은 대학에 입학(1957)하고 난 뒤 얼마되지 않아서다. 대학 진학 때에 역사공부만을 목적으로 사학과에 간 것이 아니어서 역사과목 수강에 충실한 편은 아니었지만, 교양과목 수강에서는 사학과 동기생들과 어울리지 않을 수 없어 그런 대로 역사공부하는 행세는 했다. 신입생 환영회나 학과 총회 등에서는 선후배들과 같이 어울렸고 때로는 선배들의 안내를 받아 학교 생활에도 적응해 갔다. 당시 사학과에는 동양사·서양사·국사 세 과목의 합동연구실을 두고 학생들을 지도하고 있었다. 각 연구실에는 조교 선생이 학생들의 학업을 도와주고 상담도 하고 있었다.

갓 입학하여 신입생 몇이 합동연구실을 둘러 보았다. 그때 합동연구실을 지키는 세 분의 조교는 동양사의 민두기 선생, 서양사의 차하순 선생, 국사의 윤병석 선생이었다. 합동연구실은 천정이 높았고 두꺼운 널판지로 천정까지 닿게 짠 육중한 서가가 연구실 벽을 감고 있었고 창문 쪽에만 서가가 없었다. 서양사 합동연구실 서가에는 서양언어로 된 잡지와 서적들이 즐비해 있었고, 동양사 연구실에도 한장본의 한문 도서들이 꽉 차 있었다. 국사연구실에는 문집류와 총독부 간행의 자료집 『조선사』, 일본에서 간행된 『사학잡지』 등 한국사 관련 인쇄물들이 즐비했다. 연구실 바닥에는 10여 명 이상이 둘러앉을 수 있는 직사각형의 큰 테이블이 있어서 가끔 그곳에서 회의나 세미나도 진행했다.

우리가 입학한 때는 1957년. 한국전쟁이 휴전된 지 4년되는 해였지만, 서울 시내와는 달리 종로 5가 동숭동에 위치한 학교 건물은 한국 전쟁 때도 상한 데가 별로 없어서 연구실의 모습은 해방 전후 시기의 모습 그대로가 아니었나 생각된다. 당시 교수 연구실에는 언감생심 출입할 형편이 아예 못되는 형편, 우리들은 합동연구실을 통해서 선후배가 어울리고 가끔 회의도 진행했다. 그러니까 합동연구실을 통해 학교 분위기와 학우들의 동태, 공부하는 방법도 익혀갈 수 있었다.

윤병석 선생의 연보를 보니, 선생은 내가 입학하던 해에 대학을 졸업했고 그 이듬해 국사연구실 조교를 맡게 되었다고 한다. 내 기억이 아슴해서 그런지 내가 갓 입학했을 때 국사연구실에서 다른 분은 뵙지 못했던 것같고 키가 훤칠한 데다 약간의 충청도 억양이 섞인 윤 선생이 가끔 조근조근하게 학생들을 타일렀던 것으로 희미하게 기억한다. 허선도 선생님을 가끔 합동연구실에서 뵌 것 같고 곧 학부강의를 맡은 것 같지만, 윤 선생 외의 다른 분이 합동연구실에 상주한 것 같지는 않다. 연보에는 윤 선생이 1958년부터 4년간 국사연구실 조교를 한 것으로 되어 있다. 그러나 선생은 당시 경신고등학교 교사에 육군사관학교와 중앙대학 등에 출강하고 있어서 연구실에서 자주 뵙지는 못했던 것 같다. 조교 선생이 자리를 비워서 그랬는지, 다른 두 합동연구실과는 달리 국사합동연구실에서는 선후배들이 가끔 모여서 토론도 하고 서클 모임과 강독도 하곤 했던 것으로 기억한다.

필자가 윤 선생을 다시 가까이에서 뵙게 된 것은 1970년대 후반이다. 선생은 국사연구실 조교를 마치는 그 해부터 약 15년간 국사편찬위원회에 자리를 잡고 한국사료총서 간행과 한국사(25권) 출간에 힘썼던 것 같다. 특히 이 무렵부터 간행되기 시작한 한국사료총서는 당시에 이미 한국사 연구자료로 회자되었는데, 『매천야록(梅泉野錄)』, 『전봉준공초(全琫準供招)』 등도 이 무렵에 정리, 간행된 것이 아닌가 한다. 무엇보다 윤 선생으로서는 이 시기에 평생 붙잡고 연구하게 되는 '한국독립운동사'라는 학문의 영역을 개척해 나갔던 것으로 보인다. 이 무렵 미국 포드 재단의 지원으로 도미하여 미국 문서보관소와 컬럼비아대 등지에서 사료 발굴에 힘써 '성명회(聲明會) 선언서' 등을 수집하는 등 독립운동사 연구를 본격화하는 계기를 만들어갔던 것이다.

선생께서 독립운동사 연구를 본격화하게 된 것은 국사학계의 학풍에 새로운 연구방향을 제시한 것으로 중요한 의미를 갖는다고 본다. 해방 후 한국 역사학계에는 해방 후의 혼란과 사상적 갈등 속에서 일제강점기의 학적인 분위기를 제대로 청산하지 못하고 새로운 학풍을 열어가지도 못했다. 일제 강점기의 학풍은 크게 식민주의 사학과 민족주의 사학으로 대별할 수 있지만, 연구의 분야나 시대, 학문방법론으로 말하면 사회경제사 연구가 시작되고는 있었지만 실증적 방법론이 지배적이었으며, 시대별로 보더라도 고대사 연구가 주를 이루고 있었다.

일제 관학자들은 단군(檀君)을 부정하면서 한국의 고대사는 외세에 의해 타율적으로 전개된 역사로 보았고, 고려시대와 조선 시대에도 거란과 몽골, 왜(倭)와 후금(後金:淸)의 침략으로 겨우 명맥을 잇고 있다가 일제에 강점된, 타율적인 역사였다고 보았다. 그러다가 해방 후 1960년 전후해서 식민주의사관에 대한 비판적 인식이 새롭게 대두되면서 이를 탈피해야 한다는 의식이 강렬하게 일어나고 있었다. 한편 당시에는 고려시대에 대한 새로운 학풍도 전망할 수 있었는데, 이기백·김철준·김성준·이우성·강진철 등은 고려시대 기인(其人)제도에 깊은 관심을 갖고 논의하는 것을 목도했다. 그 보다 젊은 층인 김용섭·강만길 등은 조선 후기 사회경제사에 관심을 갖고 있었다. 이런 1960~1970년대의 학풍에서 윤병석 선생은, 동년배인 조동걸 교수와 함께, 당시로서는 접근하기 어려운 한국독립운동사 연구에 학문적인 입지를 세워가고 있었다.

해방 후에 독립운동사와 현대사 연구가 제대로 이뤄지지 않은 데에는 몇가지 이유가 있었다. 필자가 대학에 입학했을 때만 해도 강의시간에 교수님들은 연구자의 입장에서 볼 때 '현대'라는 시점이나 연구자가 생존하고 있는 그 시대는 역사연구의 대상이 될 수 없다고 강조했다. 강의 중에도 '역사 연구는 적어도 한세대 혹은 최소 30~40년이 경과하지 않은 사건들은 역사 연구의 대상이 될 수 없다'고 공공연히 말하곤 했다. 그렇게 시간이 경과하지 않고서는 그 시대를 객관적으로 볼 수 없다는 것이다. 당시만 해도 일방적인 강의만 존재했고 강의 중 토론은 거의 생각할 수 없었다. 그렇기 때문에 교수들도 이렇게 현대의 역사를 연구영역에서 소외시켰지만 강의와 지도를 받던 후속세대도 이런 분위기에서 자연스럽게 현대사에 대한 관심을 갖지 않도록 되었다. '현대사'라는 역사의 대상은, 해방 직후의 경우 '일제강점기'였고 일제강점기의 한국사라면 '독립운동사'가 그 중심에 서지 않을 수 없었다. 그러나 연구대상에서 현대사를 제외시켜야 한다는 당시의 풍조는, 일제 강점기의 독립운동사마저 연구영역으로 끌어들이는 것을 주저하게 만들었다. 오히려 제외시키는 역할을 했다. 일제 강점기에 일제의 한국통치가 어땠으며 그 시기에 한국인들은 일제의 통치에 저항하면서 국권회복을 위해 어떻게 싸웠으며 연대해 나갔는가 하는, 말하자면 독립운동을 역사학의 대상으로 삼는 것을 주저하게 만들었다는 뜻이다. 그 결과 역사학은 저 수천 수백년 이전의 옛것을 살피는 케케묵은 학문인 것처럼 되었고 우리의 현실과는 동떨어진 학문으로 만들어졌다. 해방 후 한동안 우리 학계가 고대사와 중세사 연구에 역점을 두었던 것도 이런 시대상황 때문이었을 것이다.

해방 후 1960년대까지, 일제시대사와 독립운동사 연구에 접근하지 못하게 된 또 다른 이유가 있었다. 이는 일제의 잔재 청산이 제대로 되지 않았기 때문이다. 해방과 동시에 국토는 분단되고 미군정이 시작되면서 행정과 치안을 위한다는 명목으로 친일파를 재기용하게 되었다. 이는 친일파 및 친일행위를 평가, 청산하는 작업을 불가능하게 만들었다. '점령군'으로 등장한 미군정이 일제시의 관료와 경찰을 재등용한 것은 일제 강점기의 역사청산을 불가능하게 했다. 친일파들은 해방 정국의 사회혼란을 틈타 반공대열에 앞장 섬으로 자신들을 애국자로 신분세탁해 갔다. 그런 상황에서 '친일파'나 '독립운동사'를 연구한다는 것은 쉽지 않았다. 독립운동사 연구는 일제에 대한 저항의 역사를 연구하는 것이면서 그때까지 잔존하고 있는 친일파(행위)에 대해 응징하겠다는 의도를 포함하고 있었다. 따라서 미군정으로 친일파가 득세한 사회에서 친일파 응징과 연관되어 있는 독립운동사를 학문적 과제로 한다는 것은 쉽지 않았다.

해방 후의 이같은 역사학 연구의 지형을 깨뜨리는 데에 숨통이라도 틔운 것은 1960년 4·19혁명이었다. 4·19혁명은, 해방과 함께 다졌어야 할 민주주의 기반과 친일청산·독립정신 강화, 좌우대립의 극복과 평화통일을 이룩해야 할 과제를 제시하게 되었다. 역사학에서도 의당 식민잔재의 청산과 독립운동사 연구의 필요성이 강조되지 않을 수 없었다. 이기백의 『한국사신론』에서 식민주의사학의 개념과 그 청산과제가 제시되었다면, 독립운동사 연구는 이를 실천하는 역사학의 과제로서 이를 투시한 소장학자들의 연구과제의 몫으로 다가오게 되었다. 일부 노장층의 선도와 격려가 없진 않았지만, 독립운동사 연구는 당시로서는 소장층인 윤병석·조동걸과 그 외 몇 분들에게 주어진 시대적 사명처럼 되었다. 윤병석의 독립운동사 연구는 사학사적으로 이렇게 중요한 의미를 갖게 되었다고 본다.

윤 선생의 독립운동사 연구는 크게 두 가지 측면에서 이뤄졌다. 하나는 독립운동사 사료의 수집·편찬이고 또 하나는 독립운동사 연구 그 자체라고 할 수 있다. 그가 생존해 있을 때 서실(書室)을 방문한 적이 있는데 거기에는 그가 직접 혹은 간접으로 수집한 독립운동사 관련 자료들이 수북히 쌓였던 것으로 기억한다. 우선, 이렇게 많은 자료를 수집하고 자료에 대한 해박한 식견이 있었기 때문에 독립운동사 관련 자료집 편찬과 개인의 문집 편찬책임을 자주 맡았던 것이다. 『백범 김구전집』을 비롯하여 『백암 박은식 전집』『단재 신채호 전집』『도산 안창호 전집』『매헌 윤봉길 전집』 등 독립운동에 관계된 인물들의 문집 편찬에는 그가 관여하지 않은 적이 없다고 할 정도였다. 이같이 자료에 대한 수집과 연구를 바탕으로 윤 선생은 독립운동사 연구 자체에 열정적으로 매진했다. 그는 독립운동가들과 독립운동, 해외독립운동까지를 망라하여 독립운동 연구의 폭을 넓혀갔던 것이다. 특히 간도와 연해주 지역에서 활동한 독립운동가들에 대한 자료수집과 연구가 끊이지 않았고, 이는 안중근·이동휘·계봉우·이상설 선생의 연구로 이어졌다. 그의 이런 연구는 독보적인 성격을 갖고 있기도 하지만 이런 연구가 토대가 되어 후학들이 그 연구를 심화시키기도 하고 확대시키기도 했다.

윤병석 선생의 독립운동사 연구의 업적은, 이 추모논집에도 수록된 필자의 '제2회 독립기념관 학술상 심사경위 및 축사'에 언급되어 있기 때문에 여기서는 더 언급하지 않겠다. 윤 선생은 그런 연구의 바탕 위에서 정부가 주관하는 '독립유공자공적심사위원회'에 적극 참여하여 건국공로훈장 수여자를 점검하는 업무와, 앞에서도 언급한 바 있는, 현대한국사에서 큰 족적을 남긴 선인들의 '문집'을 정리하는 데에 그 책임자로서 활동하게 되었다.

윤병석 선생에 관해서 언급하자면 끝이 없겠기에, 필자와 맺은 교제에 대해 언급하는 것으로 이 글을 끝맺고자 한다.

대학에 갓 입학하여 합동연구실을 출입하면서 안면을 튼 후 윤 선생을 학문적인 일로 접하게 된 것은 필자가 1970년 대학전임이 된 뒤의 일이다. 삼진사(三珍社)라는 출판사에서 천관우 선생이 주간이 되어 1973년에 '한국사대계'(12권)를 간행한 바 있다. 그때 필자가 고대사 집필자로서 참여하고 윤병석 선생이 근현대사 일부의 집필자로서 참여했는데, 천관우 선생 주재로 편집회의를 할 때 한 두번 뵌 적이 있었다. 1976년에 인하대학교 교수로 부임한 선생은 2년 후 한국정신문화연구원에 파견되어 사료연구실장을 맡게 되었는데 아마도 서울대 김철준 선생이 한국정신문화연구원 연구부장을 맡게 되어 윤 선생을 초빙하여 그 직책을 맡도록 한 것이 아닌가 추측된다. 이를 계기로 윤 선생은 필자에게 '단재(丹齋) 신채호(申采浩)의 역사학'에 관해 심층 연구하여 발표할 수 있는 기회를 주었다. 그 뒤 인하대학교로 돌아가 문과대학 학장을 역임하는 등 학사행정에 관여하기도 했지만 무엇보다 인하대학교 한국학연구소가 주최가 되어 1987년부터 간헐적으로 세계한국학학술회의를 개최하였다. 그때 몇 차례에 걸쳐 진행한 그 학술회의는 다양한 분야를 아우르는 면에서도 그렇거니와 세계의 한국학 학자들을 초빙하는 데서도 그 이전에는 볼 수 없었던 국제학술회의였다. 그 2회(1995.8) 학술회의 때에도 윤 선생은 필자에게 「근대 민족주의 사학과 민족문제-신채호의 사학을 중심으로-」라는 제목으로 발표하도록 기회를 마련해 주었다.

이렇게 시작된 선생과의 학문적 교제는 해외 학술회의에도 같이 참여하는 기회를 갖게 되었다. 2001년 8월 20일 몽골 수도 울란바토르(庫倫)의 국립대학교에서 몽골과 한국 학자들이 모인 가운데 '한국 독립운동과 몽골'이라는 주제로 '한·몽공동학술회의'가 있었다. 이 학술회의는 국가보훈처에서 지원하여 이뤄진 것으로, 윤병석 조동걸 교수를 비롯해서 한시준, 김희곤, 최기영, 박종기, 장석흥, 김상기, 반병률, 이만열 등과, 국가보훈처의 오기택 과장과 김용달 박사도 같이했다. 이 학술회의에서 기조강연을 맡은 조동걸 선생은 강연모두에 자기 조상이 원나라와 관련이 있다는 점을 설명하여 몽골과의 친연성을 은근하게 비쳤다. 이어서 한국측에서는 반병률(의사 이태준[1883~1921]의 독립운동과 몽골), 한시준(내몽고지역의 한국 독립운동), 장석흥(국의 해외독립운동과 몽골) 교수가 차례로 발표했고, 오후에는 J.Boldbaater(볼드바타르, 1920~30년대 한몽관계), L.Chuluunbaater(촐론바타르, 몽골의 한국 및 동아시아 정책과 그 특징), L.Jamsran(잠스랑, 몽골독립과 쌔閌) 및 J.Battur(바투투르, 한몽교류 관련 자료와 연구성과) 등 네 분의 몽골 학자들이 발표했다. 이어서 필자의 사회로 한·몽의 학자 8분이 참여한 종합토론이 시작되었는데, 첫 토론자였던 윤병석 선생님이 예정시간을 초과하면서까지 열정적으로 토론에 임했으며, 토론을 마칠 때에는 윤선생이 적절한 총평도 해서 이 학술회의의 의의를 제고시켰다. 이날 필자는 반병률 교수의 발표를 통해, 전에 막연히 알고 있던 고향 출신의 내 조항(祖行)에 해당하는 이태준(李泰俊) 선생에 대해 더 자세하게 알게 되어 개인적으로도 의의가 깊었던 학술회의였다.

카라코름의 숙소 겔 앞에서(2001.8.21)

그 이튿날 한국측 일행은 일찍 일어나 몽골의 옛수도인 카라코름(和林)을 향해 출발했다.

울란바토르에서 420km나 떨어진 곳이다. 가고 오는 동안에, 몽골학의 대가인 이평래 교수로부터 몽골의 역사와 문화 종교에 대한 강의를 들어 많은 것을 깨달을 수 있었고 나로서는 평생 처음으로 양고기를 먹어 보기도 했다. 그 날 저녁에는 윤병석 조동걸 선생님과 함께 몽골의 천막 가옥인 '겔'에서 같이 잠을 잤다. 이번 여행 중 두 분으로부터는 우리 역사와 관련된 많은 이야기―특히 조선 의용대와 의용군, 김두봉과 이극로, 허헌의 딸 허정숙의 임원근·최창익과의 관계, 김두봉과 김일성의 관계―들을 들을 수 있었는데 이런 이야기들은 두 분이 아니면 들려줄 수 없는 것이 아닌가 한다. 두 분의 이야기를 들으면서 느낀 것은, 이야기의 보따리를 푸는 쪽은 조 선생이시고 거기에 자세한 주석을 가하는 것은 윤 선생이라는 느낌을 받았다.

윤 선생과의 학문적인 교류가 많은 편은 아니었으나 필자가 후배의 도움을 받아 「1880년대 서간도 한인촌 기독교 공동체 연구」(『숭실사학』 제6집, 매산김양선교수20주기기념호, 1990)를 발표한 후에 크게 격려를 받은 적이 있다. 이 논문은 한국에 선교사가 들어오기(1885) 전에 서간도 쪽에 들어온 스코틀란드 선교사 로스(John Ross)와 매킨타이어(John Macintyre)에 의해 성경이 한글로 번역되고, 그 번역된 성경에 의해 압록강 북쪽에 한국인 수세자(受洗者)가 생겼으며, 기독교공동체가 형성되었다는 것과, 그때 번역된 성경이 한국으로 들어와 선교사 입국 전에 이미 서울과 지방에 신앙공동체가 형성되었다는 것을 밝힌 것이다. 윤 선생은 이 논문을 어디에서 보셨는지, 필자에게 한국 초기기독교사 연구에 획기적인 변화를 가져온 것이라고 크게 격려한 적이 있었다. 아마도 이 논문이 윤 선생께서 뒷날 간행한 『간도 역사의 연구』(국학자료원, 2003)에도 참고가 된 부분이 있기 때문이 아닌가 생각한다.

그 뒤 윤 선생과 자주 접촉하게 된 계기는, 앞에서 이미 언급한, 한국의 근현대 인물들의 전집(全集)을 간행할 때다. 이럴 때는 조동걸 선생도 거의 참여했다. 전집을 간행할 때 대부분 윤 선생이 편찬위원장을 맡게 되었는데 간간히 필자도 편찬위원으로 참여한 적이 있다. 그 중 필자는 『백범김구전집』과 『단재신채호전집』 간행 때에 윤 선생과 더 밀접하게 일을 추진했다. 편찬위원장을 맡은 윤 선생은 그런 전집을 펴낼 때마다 일일이 꼼꼼하게 검토하면서 누락된 자료를 검토했고, 어떤 때는 누락된 자료를 찾기 위해 편찬위원 중의 몇 분을 대만에 가서 자료를 찾아오도록 한 적도 있었다. 자료를 보완해야 할 때에는 어디 어디를 다시 찾아보라고 지시하는가 하면 같은 자료가 이곳저곳에 산발적으로 뵐 경우에는 나름대로의 기준을 가지고 선별하는 안식에 따라 선별토록 했으며, 그 전집들의 서문이나 해제를 직접 써서 그 자료집의 가치를 돋보여 주기도 했다. 여기서도 윤 선생의 독립운동사 연구도 동양 역사학의 정수(精髓)라 할 고증학적인 바탕 위에 서 있었음을 알 수 있었다. 윤 선생께서 직접 연구하여 남긴 업적도 중요하지만 그가 정선(精選)된 자료집을 남기게 함으로 후학들의 연구에 학문적인 토대를 탄탄하게 마련해 주었던 것도 독립운동사 연구 및 근현대사학 연구에서 중요한 역할을 했다고 생각된다. 그런 의미에서도 윤병석 선생은 한국의 독립운동사 연구는 물론 한국근현대사 연구에 초석을 깔아준 선구적인 학인이었다고 생각된다. (2023.2.18)

2 윤병석 선생님을 추모하며

유영렬
안중근의사기념관 관장, 전 국사편찬위원회 위원장

윤병석 선생님은 우리나라 독립운동사 연구의 선구자이시며, 독립운동사 연구에 거대한 업적을 남기셨다. 윤 선생님은 생을 마감할 때까지 열정적으로 학문에 매진하여 후학에 모범을 보이셨다.

내가 윤 선생님을 처음 뵙게 된 것은 1970년 국사편찬위원회에서 근무하게 되면서이다. 나는 편사실에 발령을 받았고, 윤 선생님은 조사실장으로 계셔서 업무적으로 직접 관계는 없었다. 그러나 윤 선생님은 당시 내가 석사논문을 쓰는 과정에서 많은 도움을 주셨다.

나의 석사논문 제목은 「독립협회의 민권사상」이었는데, 당시 국사편찬위원회의 여러 사람들이 한국사에서 '민권사상' 운운하는 것은 적합하지 않다고 했다. 그런데 윤 선생님은 나의 논문제목을 긍정적으로 보시고, 내용과 연구방법에서 많은 조언을 해주셨다.

1974년 9월에는 내가 조사실로 발령이 되고, 윤 선생님은 실장이셔서 업무적으로도 긴밀한 관계를 가지게 되었다. 나는 학문적으로 대한제국시기의 민족운동을 전공했는데, 독립운동 관계를 논하거나 강의할 때는 윤 선생님의 논문과 저서에서 많은 도움을 받았다.

그렇다고 내가 항상 윤 선생님께 신세만 진 것은 아니었다. 당시 나는 국사편찬위원회에서 거의 유일하게 영어를 하는 편이었다. 그래서 국사편찬위원회 여러분들은 논문의 영문 요약을 나에게 부탁했다. 윤 선생님이 쓰신 논문의 영문요약도 내가 해드렸다. 윤 선생님은 인하대학교로 가신 뒤에도 한동안 나에게 영문번역을 부탁하셨다.

1977년 8월 4일자 일기를 보니, "오늘 윤병석 교수님이 부탁하신 독립운동관계 논문의 영역을 끝내드렸다. 사례로 8천 원 주시는 것을 사양하였다. 어쩐지 받을 수 없다는 기분이었다."라고 쓰여 있다. 윤 선생님은 국사편찬위원회를 떠난 외인이기 때문에 사례를 해야 한다고 생각하신 것 같았다.

1982년에 나도 대학으로 옮겨 숭실대학교 교수로 부임했다. 그러나 나와 윤 선생님과의 관계는 계속되었다. 숭실대학교 학술대회에 윤 선생님을 발표자로 초청하기도 하고, 논문 원고를 부탁하기도 했다.

당시 웬만한 교수들은 박사학위를 가지려고 노력했는데, 윤 선생님은 이에 초연하셨다. 나는 윤 선생님의 높은 학문적 업적을 생각할 때, 마땅히 박사학위를 받으셔야 한다고 생각했다. 그래서 내가 숭실대학교 대학원장이 된 뒤에, 윤 선생님이 거듭 사양하시는 것을 무릅쓰고, 숭실대학교에서 선생님께 명예박사 학위를 수여하게 되었다.

2006년 내가 국사편찬위원회 위원장이 되고, 2019년 안중근의사기념관 관장이 되기까지 윤 선생님과의 관계는 지속되었다. 사실상 나는 학문 활동을 시작한 이후 50여 년 동안 윤 선생님과 깊은 관계를 가지고, 선생님을 학문적인 선배로 존경해 왔다.

이제 윤 선생님이 하나님의 부르심을 받아 영면하신지 3년이 되었다. 별세하실 때까지 학문에 정진하시고, 훌륭한 제자들을 많이 양성하여, 학자로서 하실 일을 다 하셨으니 천국에서도 평안하실 것이다.

3   윤병석 선생님과의 추억 몇 토막

박성래

한국외국어대학교 명예교수

 윤병석 교수를 생각하면 여러 가지 떠오르는 일들이 많다. 우선 미국에서 처음 윤 교수님과 만났던 일이다. 아마 1971년 쯤이었을까? 당시 하와이대학교의 강희웅(Hugh Kang 한국이름: 姜希雄, 1931~) 교수는 하와이대에 한국학연구소(Center for Korean Studies, 1972~)를 설립하고 해외 한국 연구의 중심지로 발전시키는데 큰 역할을 해 왔고, 한국어 연구를 영어로 번역하는데 기여해 온 해외 한국학 연구의 1세대다. 강 교수는 그때쯤 한국에서 한국역사학자 등 여러 분을 하와이에 초빙하여 '한국학 세미나'를 열었고, 거기 초빙되어 미국에 온 윤 교수를 내가 처음으로 뵙게된 것이었다.

 나는 원래 그보다 4년쯤 일찍 미국 본토의 한 복판에 위치한 캔자스대학교(University of Kansas, Lawrence, KS) 사학과에 유학하여 과학사를 공부하던 중이었는데, 마침 거기서 석사학위(MA)를 마치고, 하와이대학교(University of Hawaii, Honolulu, HI)로 옮겨 온 직후였다. 캔자스대에서 나를 지도했던 다우브(Edward Daub, 1924~2015) 교수는 서양과학사 보다는 동양의 과학사를 연구해 보라는 제안을 했고, 그 말을 따라 나는 한국사로 연구 방향을 바꿔 하와이로 이동한 셈이라고도 말할 수 있을 듯하다.

특히 60년대 중반쯤 미국의 어느 재단(Ford?)이 한국 연구 기금을 미국의 5개 대학에 기부했다는 신문 기사를 보고, 그 가운데 3곳에 장학금을 알아보려고 연락을 했던 일이 있다. 내가 캔자스에 있을 때의 일이다. 하버드, 워싱턴, 하와이대학교 등이었는데, 하버드에서는 돈이 없다며 자비로 온다면 환영한다는 대답이, 워싱턴에서는 응답이 아예 없었고, 하와이에서는 1년 뒤에는 가능성이 있다는 투의 답신이었다. 극심한 고생 속에 겨우 캔자스대에서 석사학위를 마친 나는 없는 용기를 쥐어짜 하와이대로 방향을 다시 잡아나갔다.

그야말로 만용(蠻勇)이랄까? 1967년 봄에 미국의 캔자스대학에 도착한 나는 처음부터 극심한 가난에 허덕이기 시작했고, 첫 여름 방학에는 이웃의 미주리주의 세인트루이스에 있는 워싱턴대학교(Washington University, St. Louis, MO.)에 유학 중이던 친구 서연호 군(숭문학교 이사장)을 찾아가 도시에서의 직장을 찾아보기도 했다. 여러 가지 잡 일을 하며 숙식을 겨우 해결하면서도 나는 두 번째 만용을 부려 미국으로 떠난 지 1년 반 만에 한국에서 신부를 데려와 결혼까지 했다. 1968년 11월 한국에서 사귀고 있었던 애인을 초청해 대학 구내의 작은 교회(Danforth Chapel)에서 나의 주임교수 주례 아래 결혼까지 했던 처지였다.

말하자면 내가 미국의 한복판 캔자스를 떠나 하와이로 간 것은 꼭 서양 과학사 대신 동양으로 공부 방향을 바꾸기 위해서라기보다는 혹시나 조금 더 좋은 경제적 조건을 찾을 수 있지 않을까 하는 희망 때문이었다고 할 수도 있다. 마침 동서문화센터(East-West Center) 장학금으로 하와이대학교에 유학 가 있던 친구 오호성(吳浩成, 성균관대 명예교수)

군이 하와이에는 한국 교포들이 많고, 연관된 직장도 많아서 아내가 직장을 얻어 도움이 될 수도 있다고 부채질해 주었다. 캔자스에서는 아내는 정식으로는 아무 일도 할 수 없는 처지였다. 아내는 유학생의 부인 자격(F=2 visa)으로 미국에 왔기 때문에 미국에서 일하여 수입을 얻는 것은 불법이었기 때문이다.

실제로 하와이에 가자 바로 아내는 몰래 한국인의 직장에 다니며 수입을 챙길 수도 있었고, 게다가 1년 뒤에는 내가 이미 미국에서 석사학위를 받았다는 증명서를 이민국에 제출하여 영주권을 받기까지 했다. 이런 제도가 있는 줄도 모르고 있었던 우리 부부에게 이런 규정을 알려준 것은 어느 한국인 교포였다. 영주 자격을 얻은 다음에는 아내가 우리 가족을 벌어먹이기 시작했다고 함직하다.

그런 배경 속에서 겨우 미국에 자리 잡기 시작한 나에게 윤 교수는 내가 만난 첫 한국사 전공 학자였던 셈이다. 그를 특히 내 머릿속에 남기게 된 것은 윤 교수만이 내가 당시 알게 된 몇 분의 한국학 학자들 가운데 유일하게 나와 평생을 이런저런 연고로 끈을 이어 갔기 때문이다. 그는 1977년 내가 귀국하여 한국외국어대학교 교수로 있게 되자 늘 내 뒤를 지켜보고 도움도 주셨던 때문이다.

그런데 지금 내가 언제 윤 교수를 만났든가 기억해 내려니 그 정확한 시기를 끄집어내기가 어렵다. 내 기억력이 어느 대목에서는 아주 엉망이라서 그렇겠지만, 강 교수가 주선해 만든 하와이대학교의 〈한국학 세미나〉가 정확하게 언제였고, 어느 분이 초청됐던가 잘 생각이 나지 않는다.

내가 미국 본토의 캔자스대학교에서 하와이대학교로 옮겨간 것이 1969년 여름이었으니 그 세미나는 1970년 이후. 아마 1971년일 듯하다. 그리고 거기 참가했던 한국 교수들 가운데 가장 뚜렷하게 내 머리에 남는 인물이 바로 윤병석 교수였던 셈이다. 물론 내가 구체적으로 한국의 대학 교수가 되어 일생을 살아가게 된 것은 은사 김준섭(金俊燮, 1913~1998) 선생님 덕이라 할 수 있지만.

생각해 보면 윤 교수가 특히 내 기억 속에 남아 있었던 것은 1977년 귀국 후 줄 곳 윤 교수님과는 교류해 왔었기 때문일 것이다. 특히 윤 교수의 부인 이은순(李銀順) 교수와 같은 학교, 같은 학과에서 평생 동료로 지냈으니 말이다. 나보다 두어 살 위인 이은순 교수는 외대 사학과 교수로서 나와 거의 비슷한 시기에 같은 학교의 같은 학과에서 근무하게 되었고, 함께 살아가면서 좋은 일과 나쁜 일을 두루 경험도 했던 셈인데, 지금 돌이켜 보면 아쉬움도 많았다.

그 가운데 몇 자락.

첫 사건으로는 윤 선생님이 정신문화연구원에 계실 때의 일이다. 연구원에서 무슨 기회가 있을 때 초청해 주시기도 했지만, 그 가운데 가장 중요한 일은 언젠가는 원장 고병익(高柄翊, 1924~2004) 교수와 접선이 되어 한국학의 전산화 문제에 손을 걸치게 된 일도 있었다. 고병익 교수는 1980~1981년 한국정신문화연구원 원장을 했으니, 그 시기의 어느 때일 것이다. 고병익 원장은 자신도 한국학자료 전산화에 관심을 보여 그 문제에 관한 모임을 정신문화연구원 회의실에서 주선했다. 그 모임에는 고 선생은 물론, 윤병석 교수, 그리고 미국 하버드대학교의 와그너 (Edward W. Wagner, 1924~2001) 교수도 참석했고, 전산 전문가 등도 왔었다. 아마 우리나라에서 열린 한국학의 전산화에 대한 첫 모임일 것이다. 참석자가 그리 많지는 않았지만, 그 모임에는 당시 계명대에 있던 김기협(金基協, 1950~) 교수도 한 자락 발표를 한 기억이다. 한국학 전산화 문제는 그 후에도 조금 더 관심을 끌어 예를 들면 기계연구소장 김훈철(金燻喆, 1933~) 박사도 『조선왕조실록』(朝鮮王朝實錄) 전산화에 관심을 보인 일이 있다.

사실 이 문제에 대해서는 내가 귀국과 함께 가장 열심히 힘들였던 분야라 할 수가 있다. 내가 하와이대학교에서 학위를 위해 완성한 논문은 「조선시대의 재이와 정치」(Portents & Politics in Choson Korea, 1392~1510)인데, 그 핵심에는 한국 역사서에 기록되어 남아있는 자연 재이 현상의 통계적 처리 문제가 있었다. 일식, 햇무리, 가뭄, 홍수, 세 쌍둥이 등 수많은 현상을 우리 선조들은 어떻게 이해하고 있었고, 그것이 역사적으로 어떤 의미가 있었던 것인가를 밝혀 보려는 노력이었다.

재이(災異)라 여겨졌던 자연 현상은 『삼국사기』에 1천 개 이상, 『고려사』에는 약 6천5백, 그리고 『조선왕조실록』에는 조선 시대 초기 100년 동안 약 1만 개 기록되어 있었다. 이 많은 기록을 통계처리하기 위해 나는 1970년 하와이대학교에서 computer programming을 배워 내게 필요한 용도로 이용하면서 computer의 무한한 정보처리 능력을 활용하면 한자로 되어 있는 우리 옛 사료에 간단히 접근할 가능성에 주목했고, 그 방향의 노력을 나름대로 시작한 셈이었다.

하지만 그 야심 찬 생각은 윤 선생님의 도움에도 불구하고, 또 당시 정신문화연구원의 고병익 원장 등 몇 분들의 관심과 노력에도 불구하고, 구체적인 열매를 맺지는 못한 채 흐지부지되고 말았다. 하지만 그리 오래지 않아 내가 주장했던 한자만 몇 자 치면 컴퓨터가 그 글자가 나타나는 부분을 바로 찾아 보여주는 단계의 사료검색을 가능하게 할 정도로 한국학의 전산화는 급속한 발전을 하게 되었다. 최근 30년 사이에 한자 사료 접근이 아주 간단하게 된 현실은 실로 놀라운 일이다. 그 일에 내가 일찍 눈뜨고 있었음을 자긍심을 가지고 되새기곤 한다.

두 번째 윤 선생님이 고마웠던 일은 1977년 봄 내가 미국 유학에서 돌아와 한국외국어대학교 교수로 재직하고 있을 때, 나를 인하대학교 사학과로 데려가려고 힘썼던 사실이다. 당시 나는 사학과가 없는 외대의

'교양과학' 담당이어서 1학년 학생의 절반 정도를 담당하여 학기마다 똑같은 강의를 여러 차례 반복할 수밖에 없는 처지였다. 아마 나 같은 경우에 처한 대학 강사나 교수들은 이런 일을 당면하면 크게 낭패할 것도 같다. 하지만 처음 귀국해 강의하면서 나는 그런 일을 그리 힘들게 생각하지는 않았다. 오히려 같은 강의를 반복하면서도 그를 즐긴 것 같다. 우리학교에서만이 아니라 다른 대학에서도 강의할 기회만 준다면 피곤한 줄모르고 따라다니며 강의를 반복했다. 아마 나름 한국의 대학에 '과학사'라는 분야를 소개한다는 자부심 같은 것을 갖고 있었던 때문일 것이라생각한다.

하여간 윤 교수의 노력에도 불구하고 인하대로 옮겨 갈 가능성은 전혀 보이지 않았다. 나 자신 윤 선생에게 그 일이 어떻게 추진되고 있었던지 물어보지도 않았다. 내가 그리 열성적이지 않아서도 적극적으로 추진되지는 않았는지도 모르겠다. 윤 교수가 인하대 얘기를 꺼냈을 때는 나도 아마 솔깃한 정도였을지 모른다. 하지만 아무 결과 없이 이야기로 끝나고 말았다. 생각해 보면 남광우(南廣祐, 1920~1997) 교수가 인하대의 문리대 학장을 한 1980년대 초였을지도 모르겠다. 남 교수는 내가 외대 대학원 교학처장을 할 때 외대 대학원 강의를 하고 있어서 내 방에 들려서 차를 마신 일도 있었는데, 한 번도 그 일을 직접 물어 볼 생각은 하지도 못했다. 그런대로 시간은 지나고 나는 외대에 자리를 잡아가고 있었던 것 같다.

세 번째로는 윤 교수님이 그의 책을 가지고 나를 가르쳐 주신 경우를 들 수 있다. 윤 선생님의 『이상설전』(1984)을 기증받고 그 내용 가운데 내게 참고가 될 만한 대목을 발견해 그 부분을 이용한 것이 뒤에 내 책 『인물 과학사』 한국편(책과함께, 2011. 475~482쪽)에 "우리나라 최초의 근대수학자 이상설(1870~1917)"이란 부분으로 재탄생된 것이다. 윤 교수는 이 저서에서 이미 이상설이 「수리(數理)」, 「백승호초(百勝胡艸)」 등을 썼고 그 필사본이 어디에 있다고까지 소개하셨지만, 게으른 나는 그 자료를 더 추적해 더 깊이 있는 연구로 발전시키지는 못한 채 세월을 보내고 말았다. 하지만 후에 수학사 연구자들이 이 책들을 추적해 소개해서 오늘 더 상세한 내용을 알게 되어 있으니 다행스러운 일이다. 윤 교수의 철저한 연구가 이웃 과학사나 수학사 문제에 영향을 준 사실을 알려준다고 하겠다.

이렇게 알려진 사실 때문에 독립운동가로만 널리 알려진 이상설의 다른 측면이 한국사에 중요한 대목으로 등장하면서 그 부분이 주목되어 이상설기념사업회가 수학자 내지 과학자로서의 이상설에 눈을 돌리게 되었다. 덕택에 윤 교수와 나는 몇 차례 그 사업회의 초대를 받아 자문을 해 준 일도 있다. 내 연구의 길목에서 나를 가르쳐 준 셈인 "한국 근대수학의 아버지 이상설"이란 평가는 그 후 많은 학자들의 연구 결과 근대수학뿐만 아니라 근대과학 전반에 걸쳐, 그리고 근대학문 여러 분야에서 이상설이 흔적을 남기고 있음이 알려지고 있다. 독립운동가로 알려진 이상설을 "한국 근대수학의 아버지"로 재평가한 나의 노력이 더욱 풍성한 열매를 맺게 된 것이라 생각하게 된다.

공부하며 서로 돕고 영향 주는 일은 흔하다고도 할 수가 있다. 윤병석 교수의 책 『이상설전』에서 수학자 이상설을 발견해 소개한 내 책 『인물과학사』 한국편(229~236쪽)에는 또 다른 한국의 과학자로 "몽골 임금의 주치의에 오른 이태준"이 들어 있다. 1911년 세브란스의학전문학교 2회 졸업생인 의사 이태준(李泰俊, 1883~1921)은 그해에 일어난 중국의 신해(辛亥)혁명의 영향 속에 중국으로 망명해 독립운동에 가담했고, 중국에서의 의료 활동을 거쳐 1914년에는 몽골로 옮겨 몽골 사람들을 전염병으로부터 해방하는데 크게 기여한 것으로 밝혀졌다. 특히 1998년 연세대는 〈한국 최초 의사 배출 90주년 기념강연회〉를 열었는데, 그 자리에서 반병률 교수는 "세브란스와 독립운동"이란 주제 아래 이태준을 소개하였다. 그리고 반 교수의 논문 「의사 이태준의 항일민족운동과 몽골」은 『역사문화연구』(외대, 2005. 277~302쪽. 박성래교수 정년기념 특별호)에 실려 있다. 또한 그의 고향 함안군(咸安郡)은 작년 11월 그가 태어나 자란 군북면(郡北面)에 대암(大岩) 이태준 기념관을 세우기도 했다.

이렇게 우리는 서로 주고받으며 역사의 지평을 조금씩은 넓혀가고 있는 셈이 아닌가! 윤병석 교수님을 추모하며 이런 생각을 펼쳐보게 된다.

4 　　　　　　　　　윤병석 선생님을 추모하며

이배용

전 이화여대 총장, 현 국가교육위원회 위원장

　윤병석 선생님을 회고하면 그냥 한마디로 진정한 학자시며 선량한 인격자시다.

　저는 오래전부터 선생님 댁을 드나들면서 공적으로나 사적으로나 가까이서 선생님을 뵐 수 있었다. 바로 사모님께서 이화여대 사학과 1회 졸업생으로서 선배님이시고 대학 시절 가장 가깝게 지도해주셨던 이은순 선생님이시기 때문이다.

　두 분의 가정은 정말 이상적인 부부상이시다. 윤 선생님은 말씀이 적은 과묵한 학자이시고 이은순 선생님은 재치가 넘치는 열정적이고 다정다감한 분이시다. 이은순 선생님은 합리적인 분으로 사회적으로 때로는 당신의 주장을 관철시키기 위해 강한 풍모도 보이시기는 하나 선생님 앞에서는 늘 순종적이셨다. 길게 보고 멀리 보시는 윤 선생님의 선택을 믿었기 때문이다. 또한 바깥일이 바쁘셔도 언제나 윤 선생님의 식사까지 정성으로 챙기시는 내조의 힘을 빼놓을 수 없다. 이렇게 절묘한 조화를 이루기가 어렵다. 그야말로 천생연분이 따로 없다. 간혹 이은순 선생님이 당시 여성에 대한 차별과 불공정한 일에 좌절하고 포기하려 할 때 항상 굳건한 바위같이 곁에서 선생님이 지켜주셨기에 학교 교수 생활에서나 학계에서나 당당하게 대학자로 성공할 수 있는 버팀목이 되었다. 더불어 선생님 댁에 자주 드나들던 저에게도 늘 용기를 주시고 실력을 닦아갈 수 있는 혜안을 심어주셨다. 말씀은 적어도 정의롭게 바른길을 가르쳐 주실 때는 당당하게 대처할 수 있도록 힘을 주셨다. 특히 가정과 일을 양립하는 어려움이 있어 박사학위 과정을 들어가는 것을 망설일 때 서슴없이 결단을 내리도록 주위에서 제일 먼저 권유하신 분도 윤 선생님이시다.

일찍이 선생님은 충청북도 제천에서 비교적 부유한 집안에 막내로 태어나 가족들의 사랑을 듬뿍 받고 자란 분이다. 그래서 이은순 선생님 말씀에 따르면 키는 훌쩍 크셔도 천진난만한 어린아이 같은 순진함이 있고 세상 물정에 어두워 손해 보기 십상이라 당신이 보살피고 받쳐주지 않으면 자기 몫도 챙기기 어려운 분이라고 연민의 정을 보이기도 하셨다.

흔히 요즈음 남녀평등을 강조하며 새로운 부부상을 많이들 이야기하지만 윤 선생님 내외분은 일찍이 현대적 부부상을 실천하였던 분이다. 가부장적인 권위보다는 항상 선한 모습으로 여성이라고 차별 두는 것이 아니라 사랑으로 역지사지하시면서 화목한 가정을 이끌어오신 분이다. 자녀들에 대한 애정과 교육에도 남달라 자애로운 아버지 상을 보는 것 같아 늘 마음이 따뜻하고 포근한 가정의 분위기를 느꼈다. 자녀들도 지금은 각 직장에서 중견으로 성장하여 사회의 든든한 몫을 하고 있다. 그래서 댁에 가면 묵향이 집안 분위기를 신선하게 하지만 그보다도 더 가슴에 다가오는 것은 온화한 인화의 향기다.

학문적으로는 독립운동사의 개척자이시다. 후학들에게 독립운동사 연구에 초석을 놓아주신 분이다. 실제로는 그 당시에는 현대사 분야 연구가 일천하고 자료공개도 원활하게 진행되지 않은 상태이기 때문에 쉽게 접근하기 어려운 점이 많아 기피 분야였다. 그러나 선생님은 늘 양보(?)하시는 성격이라 득실을 따질 겨를도 없이 남이 하지 않으려는 길에 일찍이 뛰어드셨다. 자료를 쉽게 구하기 어려워도 집념으로 연구에 몰두하시며 후학들에게 용기를 주고 연구의 환경을 넓혀주고 길잡이가 되어주셨다. 댁의 2층 서재에는 발 디딜 틈도 없이 책들이 쌓여있어 우리의 시선을 압도하였다. 언제나 찾아뵈면 병환이 심해지기 직전까지도 책상 앞에 꼿꼿이 앉으셔서 집필에 여념이 없으셨던 모습이 지금도 눈에 선하다.

선생님을 통해 배운 것은 자료에 대한 성실한 접근이다. 원전을 중요시하여 국내뿐만 아니라 중국 등 해외 사료를 부지런히 직접 뛰어다니면서 수집하셔서 독립운동사를 선도하며 독보적인 업적을 쌓으셨다.

또 독립운동사뿐 아니라 일찍이 개항기부터 일제강점기에 이르는 시기의 한국사를 폭넓게 연구하셨다. 특히 의병과 3·1 독립운동, 만주 독립운동 등 독립운동에 기여한 역사적 인물의 평전을 체계적으로 정리, 집필하셨다. 이를테면 이상설, 김구, 안창호, 윤봉길, 안중근, 신채호, 양기탁, 박은식 등 대표적 독립운동가들의 자료집 편찬을 주관해 독립운동사 연구의 기반을 마련하셨다.

아울러 한국사의 세계화에도 큰 업적을 남기셨다. 인하대학교 인문학장을 역임하실 때 해외 학자들을 초청하여 매우 규모가 큰 세계 한국학 학술포럼을 주관하셨다. 저도 직접 학술대회에 참여하면서 선생님의 미래를 바라보는 혜안과 스케일에 강한 영감을 얻은 바 있다.

국내에서뿐 아니라 한국학의 해외전파를 위해 유럽 한국학대회, 하와이 등 미주에서도 한국학 학술대회가 번창하도록 여러 차례 직접 참여하시고 주도적 역할을 하셨다.

영원한 외유내강형으로 오랜 세월 축적된 학문적 내공과 함께 흔들리지 않는 성실한 학자적 자세는 오늘날 한국 근대사 연구가 제자리를 잡는데 탄탄한 초석을 놓아 주셨다.

학덕이 높아 따르는 제자도 많고 모범적인 가정을 일구어오신 윤병석 선생님은 인의예지신(仁義禮智信)의 덕목을 두루 갖추신 선비정신의 표상이셨다. 그분이 남기신 학문의 족적은 후학들의 나침판이 되리라 믿어 의심치 않는다.

존경하는 윤병석 선생님을 추모하며 이 글을 올립니다.

5

윤병석 선생의 진솔하신
학문과 인품을 기리며

최병헌
서울대학교 명예교수

2016년 2월 초순경 조출한 한 출판기념 모임에서 아름답고 존경
스러운 광경을 목격하게 되었다. 바로 윤병석(尹炳奭, 1930~2020)
선생의 저서 『3.1운동사와 대한민국 임시정부 광복선언』(국학자료원,
2016.1.31)의 출간을 기념하는 모임 자리에서였다. 그 모임을 특히 아
름다운 자리였다고 표현한 것은 선생의 자녀들이 노부모의 저서 출간을
기념하여 가까운 친지와 제자들과 함께 마련한 소규모의 조출한 자리였
는데, 일반적인 출판기념회에서 흔히 볼 수 없는 자녀들의 알뜰한 효심
과 정성을 느꼈기 때문이었다. 채 20명도 안 되는 소규모의 조출한 자리
로 마련한 것은 평소에 떠벌이기를 싫어하시는 선생의 꾸밈없는 소박한
성품을 배려한 결과로 보였다. 또한 존경스러웠다고 표현한 것은 저서
출간의 소회를 자상하게 밝히시는 선생의 모습에서 9순을 불과 3년 앞둔
노대가의 학문에 대한 변함없는 의욕과 열정을 느꼈기 때문이었다. 당시
70대 초반에 불과하였던 나에게는 자신을 되돌아보지 않을 수 없게 하

는 순간이었다. 그 자리에서 나는 선생의 건강을 기원하는 의미의 건배를 제의하면서, 우리 학계에서의 학자들의 일반적인 조로 현상을 지적하고 선생의 학문적 열정이 앞으로도 계속되기를 축원하였다. 그러나 아쉽게도 이 책이 선생의 마지막 저술이 되고 말았으나, 한국독립운사 분야를 개척하여 그 연구 토대를 확실하게 구축하신 업적은 앞으로 더욱 높이 평가될 것임에 틀림없다고 보며, 그분의 후학들에 의해 더욱 발전할 것임을 믿어 의심치 않는다. 그리고 나로서 그분의 학문 자세에서 특히 기리고 싶은 것은 생애의 마지막까지 최선을 다하시는 순수한 열정이 후학의 사표가 되기에 부족함이 없다는 점이다.

선생의 최선을 다하시는 학문적 자세는 일상적인 삶의 모습에서도 그대로 보여 주었는데, 국사편찬위원회의 옛 동료들에 대한 변함없는 우정으로도 나타내 주셨다. 국사편찬위원회에 재직했던 사람들로 구성된 무사회라는 모임이 있는데, 매년 1~2차의 회식 자리를 갖고 있다. 그런데 선생께서는 생애 마지막까지 참석을 거르는 일이 거의 없었다. 서거하시기 전해인 2019년 12월의 참석이 마지막이었는데, 거동이 아주 불편하신 중에도 자리를 지켜주셨다. 그리고 귀가하실 때에는 자택까지 부축해 드렸던 기억이 생생한데, 그것이 선생과의 마지막 대면이 되고 말 줄이야.

선생과의 인연이 맺어지게 된 것은 내가 1967년 4월 국사편찬위원회에 근무하게 되면서부터였다. 그런데 선생은 조사실장으로 재직 중이었고, 나는 편사실에 배정됨으로써 가까이에서 접할 기회는 없었다. 나는 6년 7개월 근무하는 동안 아쉽게도 선생을 직접 모시거나 업무를 같이할 기회를 갖지 못하였던 것이다. 그런데 내가 1973년 서울대학교 국사학과로 옮긴 이후에 오히려 선생을 직접 대면할 기회를 자주 갖게 되었다, 선생은 한국독립운동사 분야의 독보적인 사학자로서 1970년대 이후 30여 년 동안 서울대학교 국사학과의 강의를 줄곧 맡아왔는데, 그것이 계기가 되어 종종 뵐 수 있는 기회를 갖게 되었던 것이다. 선생께서는 1976년에 인하대학교 교수로 자리를 옮긴 이후에는 좋은 후배 학자들을 발탁하는데 각별한 주의를 기울이시던 모습이 인상적이었다. 그리고 2000년대 초 내가 한국사연구회장을 맡았을 때에 선생은 특별한 관심을 갖고 조언해 주셨고, 특히 한국독립운동사를 주제로 국제학술회의를 개최했을 때는 마지막까지 자리를 지켜주시면서 이끌어주시던 선생의 모습이 생생하게 기억된다. 한국근대사나 독립운동사에 관해 의문이 있을 때는 서슴없이 선생께 문의하고 도움을 요청하곤 하였는데, 그때마다 자상하게 일러주셨을 뿐만 아니라, 때로는 관련 학자를 소개하여 주면서까지 의문을 해결해 주려고 애쓰시던 모습을 지금도 잊을 수 없다.

1989년 김철준(金哲埈, 1923~1989) 선생이 서거하시고, 그 2년 뒤에 선생의 유택 옆에 추모비를 세우기로 하여 그 비문의 찬술을 천관우(千寬宇, 1925~1991) 선생께 청탁하기로 결정한 일이 있었다. 그때 윤병석 선생께 상의하였더니, 선생은 기꺼이 승낙해 주셔서 함께 천관우 선생을 찾아뵈러 가게 되었다. 그 당시 천 선생께서는 권위주의 체제로 인한 어려운 환경에서 힘든 생활을 이어가시고 있었고, 그 위에 건강도 매우 좋지 않으신 상태였다. 결국 천 선생께서는 자신이 찬술해 주는 것이 도움이 되지 않을 것이라는 이유로 사양하시어 뜻을 이루지는 못하였으나, 그 자리에서 두 분과 함께 술잔을 기울이면서 나눈 대화는 평생 잊을 수 없는 추억이 되었다. 두 분이 함께 공유한 지식인의 고뇌는 나의 삶의 좌표 설정에 하나의 이정표가 되었던 것이다.

그런데 김철준 선생의 추모비문 찬술자의 문제는 난항 끝에 윤 선생께 의뢰하지 않을 수 없게 되었는데, 선생께서는 쾌히 승낙하여 주셨다. 그 뒤 선생이 찬술해 주신 비문은 박병호(朴秉濠) 선생의 글씨로 돌에 새기게 되었다. 그리고 비석의 제작은 충남 대덕군 신탄진(현 대전직할시

대덕구 신탄진동) 소재의 석재공장에 의뢰하였는데, 선생께서는 제작 과정이 궁금하다고 하시어서 내가 모시고 함께 석재공장에 가게 되었다. 그 때 꼼꼼하게 살펴보시는 선생의 모습에서 새삼 자상한 인품의 확인과 함께 감사한 마음을 금할 수 없었다. 그런데 돌아오는 길에 선생께서는 대전의 국립현충원에 들르자고 하시어 함께 찾게 되었다. 그 때 선생께서는 현충원에 단순히 참배하는 데 그치지 않고 그 관리 실태를 꼼꼼하게 점검하시는 모습을 보게 되었는데, 독립운동사를 연구하는 학자로서 그치지 않고 국가보훈처의 독립유공자공적심사위원을 오랫동안 맡아서 국가유공자들을 선양하는 사업에 참여해온 분으로서의 사명감 같은 것을 실감케 한 기회였다.

내 나이 이미 산수(傘壽)의 나이를 넘겨 지나온 세월을 뒤돌아보니, 실로 헤아릴 수 없을 만큼 수많은 분들로부터 크고 작은 사랑과 은혜를 입어왔음이 새삼스럽게 상기되었다. 그런데 은덕을 베풀어준 분들 가운데도 특별히 잊을 수 없는 몇 분 가운데 한 분이 바로 윤병석 선생이었다고 아니할 수 없다. 학문의 면에서는 선생의 한 분으로서, 그리고 생활의 면에서는 선배 가운데 한 분으로서 무엇보다도 진솔하고 진정성 있게 베풀어주신 깨우침이 나의 학문과 삶에서 큰 힘이 되어 주셨던 분으로 길이길이 기억하게 될 것이다.

6 《도산 : 코리안·아메리칸(Dosan: Korean-American)》 국제학술대회를 회상하며

윤경로
한성대학교 명예교수

한국근대사, 특히 한국독립운동사 전공자라면 윤병석 선생님의 학덕과 은덕을 입지 않은 연구자들이 없을 것이다. 필자 역시 직계 제자에는 감히 들지 못하지만 평소 선생님의 학덕에 힘입은 바 적지 않다. 1990년대 접어들어 윤병석 선생님께서 간행책임을 맡아 추진하신 박은식, 안중근, 안창호, 김구 등에 관한『자료집』편찬은 한국사학사에 길이 남을 선생님의 큰 학술적 업적이라 할 것이다.

이러한 여러『자료집』편찬 작업에 미력이나마 부분적으로 참여하면서 선생님을 가까이에서 뵙게 되었고 이 밖에도 도산사상연구회와 백암기념사업회 등의 모임에서도 많은 가르침을 받았다. 선생님과 공저로『안창호일대기』,(역민사, 1995)를 펴냈던 일도 그즈음의 일이었던 것으로 기억한다. 선생님은 어느 자리에서고 말씀이 많지는 않으셨지만, 독립운동 관련 사료 등에 대해서는 유난히 관심이 많으셨고 사료 '욕심' 또한 강하셨던 것으로 기억된다. 노년에 접어드셔서는 사모님(이은순 교수님)의 전화를 받으시면 바로 댁으로 달려가시던 모습이 최근 나의 모습과 '오버랩' 되니 세월이 많이 흘렀음을 실감한다.

이 밖에도 윤병석 선생님을 생각하면 떠오르는 단상들이 적지 않지만, 그중 한 가지만 선생님을 추모하며 소개하고자 한다. 지금부터 꼭 30년 전 미국에서 있었던 국제학술대회에 대한 추억이다. 1994년 2월 미주 로스앤젤레스와 샌프란시스코에서 〈도산: 코리언-아메리칸, Dosan: Korean-American〉이라는 주제의 국제학술대회가 개최되었다. 30년 전 일이라 기억이 가물거리지만 우리 한국사학사에 남길만한 일이 아닐까 싶어 이 기회에 역사화 해보려한다.

1992년 8월 중국과 국교를 튼 그 이듬해 여름방학 때였다. 필자가 당시 열성적으로 참여 활동하고 있던 시민단체 《경실련》(경제정의실천시민연합) 주최로 중국, 그것도 백두산에서 〈세계한민족청년대회〉를 열었다. 이 대회에 세계 도처에서 활동하고 있던 한인청장년 100여 명이 북경에 집결하여 백두산을 등정한 일이 있었다. 이때 역사학계서는 당시 《경실련통일협회》 이사장을 맡고 계시던 고려대 강만길 선생님과 성균관대 성대경 선생님께서도 동행하셨다. 이날 날씨까지 유달리 쾌청하여 백두산 정상에 올라 사진으로만 보아왔던 천지와 건너편 북녘땅을 바라보며 '우리의 소원은 통일'을 목 놓아 외쳤던 감격이 어제 일 같기만 하다.

세계 여러 나라에서 모인 이 대회 참가자 중 독일에서 학위를 마치고 미주 LA 지역에서 활동하고 있다는 김중순 박사(후에 계명대학교 교수)라는 젊은 교수가 아래와 같은 제안을 했다. 내용인즉슨 2년 전 (1992.4~5.) 미주 LA에서 발생한 흑인 폭동으로 그 지역에 삶의 터전을 어렵게 마련했던 한인사회가 화재와 약탈 등으로 상당한 타격을 받았다고 하면서 이들에게 본국에서 위로와 힘이 되어 줄 프로그램을 마련해 주면 좋겠다는 간곡한 요청이었다. 귀국 후 이 문제를 놓고 논의하던 중

미주 이민 제1세대의 대표적 인물인 도산(島山) 안창호(安昌浩) 선생을 '롤 모델'로 한 국제학술회의를 LA에서 개최하면 실의에 빠져있는 미주 교민사회에 큰 위로와 힘이될 것이라는 제안을 김 박사에게 전했다. 그러자 바로 매우 좋은 제안이라고 하며 적극 추진해줄 것을 요청해 왔다.

당시 이 행사 준비 실무책임을 자임한 필자는 곧 학술대회 주제와 발표자 및 토론자 등 참석자 선정 등에 대한 논의를 위해 제일 먼저 찾아뵌 분이 다름 아닌 윤병석 선생님이었다. 도산 안창호와 관련된 학술대회라면 당시 이 분야의 최고 원로 학자분이 윤병석 선생님이라고 판단했기에 선생님을 찾았던 것이다. 설명해드리니 매우 뜻깊은 행사가 될 것 같다고 하시면서 적극 추진해보자고 하셨다. 이에 힘을 받아 최종적으로 윤병석, 조동걸, 강만길, 이만열, 신용하 선생님 등 당시 최고의 역사학자 다섯 분을 참가자로 모시기로 하고 발표 주제와 토론자 등 선정 작업을 윤병석 선생님과 주로 의논하였다. 문제는 이 국제학술대회 개최에 따른 상당한 경비를 어떻게 마련할 것인가였다. 당시만 해도 미국에 가는 일이 오늘날 같지 않았고 경비 또한 만만치 않았던 시절이었다. 그러나 경비 문제도 생각보다 쉽게 풀렸다. 미국에서 한인 교민사회를 위한 초유의 국제학술대회였기에 관련기관, 특히 SATII(한국어진흥재단)에서 적극 지원을 해주었던 것으로 기억한다. 이 밖에도 서영훈 선생님께서 대회장을 맡아 적극 추진해주신 것이 큰 힘이 되었다. 서영훈 선생님은 도산이 창립한 흥사단 총재와 대한적십자사 총재와 KBS 사장 등을 역임하셨고 당시 〈신사회공동선운동연합〉이라는 시민단체 상임대표를 맡는 등 당시 매우 왕성한 사회활동을 하셨기에 이 대회 성사에 큰 역할을 해주셨다.

이 국제학술대회 주제는 도산 안창호와 관련된 역사분야만이 아니라 정치학, 교육학, 사회학, 이민사 등 여러 분야에서 활동하던 국내외 학자 30여 명이 넘게 참여했던 대규모의 한국학 국제학술대회였다.

1994년 2월 2박 3일간(2월 3일~5일) LA 한인사회 중심부에 위치한 Oxford Palace Hotel에서 《도산:코리언·아메리칸,Dosan: Korean-American》이라는 대주제하의 국제학술대회가 드디어 열렸다. 첫날 (2/3) 저녁에는 전야제가 있었다. 이 자리에는 학술발표자, 토론자 외에도 안병욱, 서영훈 원로 선생님과 수잔 안(Susan Ahn Coddy) 여사를 비롯한 도산 후손들 그리고 LA지역 한인사회 유지들이 많이 참석했다. 특히 전야제 행사 중 특히 기억나는 것은 당시 국민적 인기가수이자 서울시 시의회의원이었던 이선희 가수가 초빙되어 'J에게'를 불러 참석자들의 열렬한 환호를 받으며 수차례의 '앙코르 송'이 있었던 일이 새롭게 떠오른다.

2월 4일 9시부터 본격적으로 시작된 학술발표회 회의장은 참석자들로 가득 차 성황리에 시작되었다. 이후 진행된 학술발표 주제와 내용들이 매우 방대했기에 여기서는 역사 분야만 추려 소개하기로 한다. 첫날 개회사(Opening Remark)는 강만길 선생님께서 하셨고 이어 안수산 여사께서 〈인간 안창호〉라는 제하에 '아버지 안창호'를 회고하는 순서가 있은 후 본격적인 학술대회가 시작되었다. 첫 발표자는 로버트 김(Rovert Kim)이라는 분의 〈도산의 생애와 사상〉이라는 주제의 영문 발표와 이어 박한식 교수께서 역시 영어로 토론하셨다.

한국 측 발표와 토론은 그날 오후 시간부터 시작되었다. 〈도산의 민족주의, Dosa's Nationalism〉이라는 주제 아래 이만열 선생님의 사회 (Chair)로 진행된 첫 발표는 신용하 선생님이 〈민족의식 형성과 초기민족운동〉이라는 제목하에 도산과 신민회를 중심으로 한 발표가 있었고 이어 필자가 〈도산의 국내에서의 구국계몽운동〉이라는 주제 발표를 했다. 이때 토론자로는 박만규, 정제우, 박정신, 고정휴 박사 등이 참여했던 것으로 기억된다. 잠시 휴식 후 이어 하와이대학교의 최영호 선생님 사회로 윤병석 선생님께서 〈미주에서의 도산의 민족운동〉, 조동걸 선생님께서 〈중국에서의 도산의 독립운동〉을 발표하셨고 토론에 반병률, 방선주, 송해룡, 안병용 교수 등이 참여했던 것으로 기억된다. 토요일(3/5) 마지막 날에는 서울대 김신일 교수의 사회로 〈도산의 교육사상〉, 〈도산의 정치사상〉, 〈도산의 사회사상〉에 대한 발표와 토론이 있은 후 미국 주최측 실무책임자였던 김중군 박사의 사회로 종합토론이 있었고 끝으로 강만길, 박한식 두 분의 총평으로 대단원의 막을 내렸다.

30년 전의 일이라 가물거리지만 지금도 어제의 일 모양 기억이 뚜렷한 또 다른 기억 하나가 2박 3일간 진행된 이 학술대회 전 과정을 당시 LA에서 〈라디오 코리아〉 방송국을 운영하고 있던 가수 출신의 이장희 씨가 라디오 방송으로 전체를 실황중계하고 또한 당시 LA지역에서만 저녁 시간에 1~2시간 한국어 TV가 방영되었는데 이 TV에 학술대회 내용이 부분적이지만 방영되어 LA 지역 한인들의 학술대회에 대한 관심과 참여를 높였던 것으로 기억된다. 개인적으로는 이 TV 방영을 보고 일찍이 미국에 건너간 옛 고향 친구를 만난 기쁨도 있었다.

LA 학술대회는 이것으로 끝나지 않았다. 학술대회 이후 '도산스퀘어'와 '도산우체국' 등을 비롯한 미주 한인들이 잠들어 있는 묘지 등 여러 관련 유적지 답사 외에도 본래 계획에는 없었던 샌프란시스코까지 가서 그곳에서 또 한 번 약식 '심포'가 개최되기도 했다. LA 심포에 참석했던 샌프란시스코 한인대표의 간곡한 요청으로 역사 분야만 다시 샌프란시스코에서 그 지역 교민들을 위해 같은 내용을 한 번 더 하였던 것이다.

그뿐만 아니다. 이 행사를 마친 후 미주 첫 한인 이민 지역인 샌프란시스코의 여러 한인 유적지를 두루 답사하였던 기억도 잊을 수 없다. 샌프란시스코 행사를 마친 일행은 다시 관광버스 편으로 라스베이거스를 둘러 생전 처음 '파친코'를 다해보고 이어 하와이까지 날아갔던 기억이 새롭다. 이때 하와이까지 함께한 일행은 윤병석 선생님 내외분, 신용하 선생님 내외분 그리고 필자의 내외 등이었던 것으로 기억된다. 하와이 도착 후 하와이 대학의 최영호 교수님의 안내로 여러 한인독립운동 유적지 등을 돌아보았던 기억도 잊을 수가 없다. 이 밖에도 반병률 선생 부부가 와이키키 해변에 마련한 'LA갈비 만찬'도 어제 일 모양 떠오른다.

지금부터 꼭 30년 전의 옛일이라 기억이 정확하지는 않으나 아무튼 윤병석, 조동걸, 강만길, 이만열, 신용하 선생님 등 당대 우리 한국근현대사와 한국독립운동사 연구에 큰 족적을 남기신 다섯 분의 선생님들을 모시고 미주지역에서 있었던 학술대회 참가와 여행은 필자의 개인적 추억담으로만 간직하기에는 아까워 윤병석 선생님 추모집을 빌려 어설프게나마 회고해 보았다. 이제 윤병석 선생님과 조동걸 선생님 두 분은 우리 곁을 떠나셨지만 생존해 계신 세분 선생님들도 80 후반 90세를 넘기신 원로분들이 되셨고 필자 역시 70대 후반을 훌쩍 넘겼으니… 아! 옛날이여!!

아! 옛날이여!
이젠 내 곁을 떠나간 아쉬운 그대이기에
마음속의 그대를 못 잊어 그려본다
달빛 물든 속삭임 별빛 속의 그 밀어
안개처럼 밀려와 파도처럼 꺼져간다
아-옛날이여!
지난 시절 다시 올 수 없나,
아! 옛날이여 지난 시절 다시 올 수 없나 그날
아- 그날 그날이여!!!

이선희, 〈아! 옛날이여!〉

7   1978년 6월의 만남

최진옥
한국학중앙연구원 한국학대학원 명예교수

윤병석 선생님과의 인연은 1978년 6월에 시작되었다. 2월에 대학원을 졸업하고 한국정신문화연구원(현 한국학중앙연구원)에 공채를 거쳐 처음 출근한 것이 6월 1일이었다. 산과 논밭이 펼쳐진 한적한 농촌 마을에 한옥 모양의 2층 건물 7개 동이 위용을 드러내고 있는 것을 보고 몹시 놀랐다. 나는 그전에 그렇게 좋은 경치 속에 그렇게 큰 규모의 연구기관이 있는 것을 본 적이 없었다.

선생님과 나는 사학연구실의 실장과 연구원으로 만났다. 6월 30일, 학계와 사회로부터 주목을 받으며 성대하게 개원식을 마쳤다. 모든 것이 다 처음인 데다 개원 초에 각 연구실은 실장과 연구원, 두 명으로 출범하였기 때문에 선생님과 나는 사학연구실의 기틀을 잡기 위하여 매사를 함께 했다. 연구원의 설립 취지와 학계가 필요로 하는 사학연구실의 역할을 정립하기 위하여 역사학계의 의견을 광범위하게 듣는 일부터 시작했다.

4차례의 협의회를 거치면서 학계의 요구를 수렴하여 한국사 연구 방법론 연구, 한국문화사 체계화 연구, 한국사 기초자료의 수집과 정리의 세 가지 기본 방향을 수립하였다. 첫째와 두 번째 분야는 전문 연구자에게 연구비를 지원하여 수행하였고, 자료 수집과 정리는 연구원의 주관으로 진행하기로 하였다. 자료 정리의 첫 번째 대상이 단성현호적대장의 영인 작업이었다. 두 번째가 광산김씨 고문서의 정리 작업이다. 이를 기반으로 고문서 수집 정리 작업의 기초가 마련되었고, 이는 연구원의 대표 업적으로 발전하게 되었다.

윤병석 선생님의 주도 아래 사학연구실의 면모가 갖추어지는 과정에서 선생님은 나를 잘 이끌어 주셨다. 대학원을 졸업한 직후라 아무런 경험도 없었는데 예산 집행이라든가 연구 기획에 관해 많은 걸 가르쳐주셨다. 초보자인 내가 작성한 기안문서나 연구 계획서들을 꼼꼼하게 읽어보고 지적해주셨다. 기억하건대 윤병석 선생님은 엄격하셨다. 성실하시고 꼼꼼하셨다. 행정 처리에 있어 빈틈이 없으셨다. 선생님에게 그렇게 익힌 행정업무 능력은 그 후 내가 교수로서 보직자로 일하는 데 많은 도움이 되었다.

초창기에 있었던 많은 일 가운데 기억에 생생한 것은 1980년 『한국사학(韓國史學)』을 출판할 때의 일이다. 1978년 학계의 의견을 듣고, 1979년 한국근대문화에 관한 공동연구를 진행하여 그 결과인 30여 편의 논문을 『한국사학』 3권으로 간행할 때다. 6월 30일 개원일에 맞춰 3권의 논문집을 출판하기에는 시간이 촉박하였다. 선생님은 시간을 단축하기 위하여 서대문에 있는 인쇄소 부근에 여관방 하나를 잡아놓고 거기서 교정을 보기 시작하였다. 이성무 선생님도 파견 나와 계시던 때라 세 사람이 교정지 나오는 대로 교정을 보고 인쇄소에 넘기고 하면서 시간 내에 책을 낼 수 있게 하셨다.

『경상도단성현호적대장(慶尙道丹城縣戶籍大帳)』 간행에 관한 기억도 생생하다. 단성향교에 보관되고 있던 호적대장을 연구원으로 가져왔다. 보관 상태가 좋지 않아 문화재청에 협조를 얻어 보존처리를 하고 책을 해체하여 마이크로필름으로 촬영하였다. 호적대장 원본의 크기가 커서 8분의 1로 축소 영인하기로 했는데 그 과정에서 원본에 도장이 찍힌 부분은 글자 판독이 어려울 정도로 까맣게 나온다. 그 부분은 일일이 원본 대조하여 두주 작업을 한 후에 필름 작업을 하여 인쇄하였다. 당시로서 그렇게 큰 판형의 책을 출판하는 일이 쉽지 않았고 작업 과정도 까다로웠다. 인쇄소에서 일을 제대로 처리하지 못하면 심하게 역정을 내시기도 하였다. 과정 하나하나마다 선생님은 아주 꼼꼼하게 점검하시어 조선시대 호적대장의 영인본 간행이라는 큰 성과를 내셨다.

이렇듯 선생님은 일에 대한 열정이 대단하셨다. 옆에서 보면서 출판 과정을 이해하는 데 많은 도움을 받았다. 선생님께 받은 가르침 중에 공부하는 사람으로서 평생 간직한 가르침이 있다. 『한국사학』 교정 작업을 하면서 비문이 나오거나 중언부언하는 글이 있는 논문을 보시고 말은 실수하더라도 남지 않는데 글은 한 번 인쇄되면 두고두고 남기 때문에 신중해야 한다고 하셨다. 이 말씀이 내게 깊이 다가왔다.

선생님은 학문하는 사람으로서 성실한 태도와 글 쓰는 작업의 엄중함을 현장에서 가르쳐주신 분이다. 연구 초년생인 나에게 평생 지켜야 할 과제를 주셨고 나는 그걸 지키려고 부단한 노력을 하였다.

윤병석 선생님은 커피를 참 좋아하셨다. 하루에 몇 잔이 되든 상관없이 기회만 있으면 드시는 걸 마다하지 않으셨다. 프림도 설탕도 듬뿍 넣는 걸 좋아하셨다. 지금 그 모습을 회상하자니 커피를 부탁할 때의 어색한 듯 웃으시던 모습과 타드렸을 때의 좋아하시던 모습이 오버랩되면서 문득 그리워진다. 커피가 그렇게도 맛있었을까.

은사님을 그리며

김성호

중국 연변대학 조선한국연구중심 역사연구소 특별초빙교수

1993년 6월 초 어느 날, 인하대학교 사학과 윤병석 교수님께서 나를 연구실로 부르신다는 통지가 왔었다. 처음으로 윤 교수님의 부름을 받은 나는 급히 교수님의 연구실을 찾아갔다. 윤 교수님과 처음으로 갖는 단독 만남이었다. 몇 해 전부터 연변대학에서 소집한 여러 차례의 한국학 국제학술회의에서 윤 교수님을 몇 번 만나 뵈었고 또 그해 4월 하순에 내가 박사학위 공부를 위해 인하대학교에 와서 한 달 반가량 있으면서 학과에서 여러 차례 윤 교수님을 만나 뵈었지만 이렇게 단독으로 만나기는 처음이었다. 그때까지 나의 느낌에서 윤 교수님은 말씀이 적고 엄숙하시며 권위적인 학자 분이여서 저도 모르게 약간 긴장되기도 하였다.

내가 인사를 올리고 자리에 앉으니 윤 교수님은 자신이 나의 박사학위 지도교수를 담임하게 되었다는 것을 간단히 알리면서, 나의 학업과정을 물으시었다. 나는 나의 학력과 사회신분 등을 마땅히 솔직하게 지도선생님께 회보해야 한다는 생각에서 길림대학과 연변대학, 그리고 조선 김일성종합대학에서 역사학을 공부하고 연변대학 조선문제연구소 역사

연구실에서 근무한 과정, 한국 근현대사를 전공하고 있다는 것과 더불어 내가 이미 20년 당령(黨齡)을 가진 중공당원이라는 것까지 간략하게 전부 말씀드렸다. 교수님께서는 저의 말을 조용히 들으시다가 내가 중공당원이라고 하니 바로 "처음으로 공산당원을 가르치게 되었네"라고 하시면서 "중국 대학의 교수들 중에 당원이 많은가" 물으셨다. 내가 "대학 교수 대부분은 당원들입니다"라고 대답하니 "그 무슨 당파에 관계없이 역사학으로 말하면 제일 중요한 것은 역사를 사실 그대로 밝히는 것이다"라고 말씀하셨다. 그리고 연변 학자들의 논문들이 역사 사실들은 제대로 밝히지 않고 각주를 잘 달지 않으며 자기 나름대로 정치적 원론만을 거창하게 늘어놓는다는 것과 연변에서 한국에 온 방문학자들이 학문교류보다도 사회의 돈 많은 사업가들을 보다 많이 찾아다니며 심지어 중약장사까지 하는 일 등등을 이야기하시면서 "이곳 공부가 그렇게 쉽지 않으니, 김 선생이 만약 큰 결심이 없으면 차라리 학위 공부를 시작하지 않는 것이 좋겠다"고 무겁게 말씀하시었다. 눈치가 좀 무딘 나로서도 당시 직감적으로 느끼건대 교수님께서 우리 연변의 학풍과 학자들에 대해 불만족스러운 견해를 적지 않게 가지고 있으며 나의 학위 공부에 대해서도 어딘가 못마땅해하시거나 시원치 않게 보시고 있다는 것을 알 수 있었다. 내가 여러 가지 부족한 점이 많지만 반드시 노력하여 학업을 끝까지 완성하겠다는 자기의 결심을 말하니 "그럼 앞으로 두고 보기로 하자"고 말씀하시었다. 그리고 나에게 "김 선생은 이미 몇 개 대학에서 역사학을 공부하고 역사연구소에서 일하였는데, 우리 한국 자유국가의 역사학 연구방법과 내용 면에서 같지 않은 점들이 적지 않을 것이다. 우리가 사회주의 국가의 역사학을 잘 알지 못하는 것처럼 김 선생도 이곳의 역사학을 잘 알지 못하는 것이 적지 않을 것이다. 아마도 서로 간에 장단점이 있을 수도 있으니, 서로 비교하여 잘 참작하고 공부하는 것이 좋을 것 같다"고 말씀하시었다.

대화가 끝날 무렵, 내가 교수님께 "오늘부터 제가 정식으로 선생님의 제자가 되었는데 말씀을 낮추어 저의 이름을 불러주십시오"라고 하니, 선생님께서는 처음으로 약간 웃으시면서 "연변대학의 선생인데 어떻게……" 하면서 말끝을 흐리셨다. 여하튼 내가 졸업할 때까지 선생님은 한 번도 나의 이름을 직접 부르지 않으셨고 항상 "김 선생"이라고 하시면서 줄곧 말씀을 낮추지 않으셨다.

처음으로 윤 선생님과의 단독 면담에서 나는 선생님께서 나의 학위 공부 지도를 어딘가 못마땅해하거나 부담스럽게 생각하시지 않는가 하는 우려와 불안감이 실로 적지 않았다. 당시 나는 행운으로 차려진 네 번째 대학 공부에서 우선 공부를 열심히 하여 보다 많은 책들을 읽으면서 전공지식을 쌓고 학위 같은 것은 취득하면 더욱 좋고 실패해도 괜찮다는 생각이었다. 남들이 어떻게 보든 관계없이 자기가 반드시 해야 할 일만을 열심히 하면 된다는 것이 나의 지금까지의 생활신조였다. 그리고 박사학위가 없어도 노력만 하면 교학과 연구 사업은 얼마든지 할 수 있다는 자부심이 들기도 하였다.

간단히 말하여 당시 인하대학교에서는 나에게 비교적 훌륭한 생활조건과 공부조건들을 충분히 마련해주었고 총장님 이하 학생과의 김도현 과장님, 이근배 선생, 사학과의 이충희, 한영국, 서영대, 이영호 등 여러 교수님들과 채영국, 이현주, 견수찬(나에게 컴퓨터사용을 가르쳐 주었음) 등 여러 동문들은 생활의 여러 방면과 공부에서 나를 인정 깊게 대해주고 많이 배려해주셔서 나는 아무런 부담 없이 마음껏 공부할 수 있었다. 학위과정에서 나는 수업을 거의 한 번도 빠짐없이 참가하였는데, 강의 내용과 방법 면에서 내가 전에 중국과 조선에서 배운 것과 다른 것들이 실로 적지 않았다. 간단히 요약하여 말하면 내가 전에 배운 것은 역사상의 계급 투쟁사를 중심으로 거시적인 이론 분야를 보다 많이 공부하였다면, 이곳에서는 역사사회의 여러 영역을 세분화하여 구체적으로 가르치며 미시적인 사실 논증을 특히 강조하는 것 같았다. 그리고 역사발전의 각 시대와 관련사건, 인물들의 역사경험과 교훈계시 등에 대한 종합분석과 이론적 담론이 결여되어 있지 않는가하는 생각이 들기도 하였다. 여하튼 여러 선생님들이 제시한 참고서적들이 너무 많아 전부 읽어내기가 실로 어려웠다. 전에 계급 투쟁사를 중심으로 한 사회발전사를 배운 것보다 역사학 연구영역이 점차 넓고 깊어진다는 것을 느끼게 되면서 연구방법론과 시각관점 등에 대한 나름대로의 학문적 고민이 더욱 많아지게 되었다.

공부기간에 나는 여러 선생님들이 요구한 숙제들을 나름대로 최선의 노력을 다하여 작성하고 제출하였다. 강의한 여러 교수님들은 아마도 내가 외국유학생이라고 하여 학기점수들을 생각보다 대개 높이 준 것 같은데, 그중 윤 선생님께서 나에게 준 점수가 제일 낮은 것 같았다. 나는 윤 선생님께서 진정 나의 학습수준에 만족되지 않았을 수도 있고 다른 하나는 나에 대한 학습요구를 보다 높게 할 수도 있었으리라고 생각되었다. 여하튼 학위공부과정이 끝날 때까지 선생님은 나의 공부나 학위논문의 연구방향 같은 것은 한 번도 문의하지 않으셨다.

당시 인하대학교의 교직원들은 물론 인천 새얼문화재단의 지용택 이사장님, 최용규 변호사님 등 사회의 많은 분들은 나의 신분을 묻고 윤 선생님의 제자라는 것을 알게 되면 모두가 이구동성으로 "한국독립운동사 연구에서 으뜸가는 학자를 선생님으로 잘 모셨다"거나 "유명한 학자를 선생으로 모셨으니 열심히 배우라"고 말씀하면서 남다른 관심과 배려, 여러 가지로 많은 편리와 도움을 주었다. 이러한 과정에서 나는 윤 선생님이 학계와 사회에서의 권위적인 지위와 높은 명성을 절실히 느끼곤 하였으며 자기 공부에 더욱 노력하게 되었다.

　유학 공부하는 기간 내가 윤 선생님께 큰 노여움을 사고 호된 꾸지람을 받은 일이 한 번 있었다. 그 사연은 대개 이러하다. 당시 한국을 오가는 중국 조선족은 대부분 천진항과 인천항을 오가는 여객선을 이용했는데, 나는 인천에서 연변대학 선생들은 몇 번 배웅한 적이 있었다. 한번은 인천항에서 연변대학의 선생 두 분을 배웅한 후 금방 돌아서는데 대형버스 한 대가 급히 들어섰다. 앞 유리창에 "긴급호송"이라는 글을 쓴 큰 종잇장을 붙인 그 버스가 금방 멈춰서자 한국을 욕하는 여러 가지 욕설들이 매우 요란스럽게 터져 나왔다. 옆 사람들에게 물어보니 불법체류한 조선족들을 강제로 추방한다는 것이었다. 버스에서 내린 약 20명가량의 사람들은 저마다 손에 수갑이 채워져 있었고 휴대품은 하나도 없었다. 한 청년의 얼굴과 귀에는 핏자국이 보기 험하게 얼룩져 있었다. 내가 그 청년에게 다가가 웬일인가고 물으니 그는 구류소에 갇혀서 경찰에게 맞았다고 말하였다. 그는 "이 핏자국을 씻지 않고 중국에 돌아가 여러 사람들에게 보여주겠다. 앞으로 중국 땅에서 한국 사람들을 만나기만 하면 무조건 복수하겠다"고 높이 외쳐대는 것이었다. 이때 70세 안팎의 한 할머니가 나에게 다가왔다. 할머니는 먼저 나의 신분을 물으셨다. 내가 연변대학 조선문제연구소에서 왔다고 말하니, 할머니는 울음을 터트리면서 "이 억울한 일을 세상에 알려 주시오. 이게 뭡니까. 손녀와 같이 한 수갑을 차고…"라고 말씀하시면서 오른 손을 쳐드는 것이었다. 살펴보니 할머니의 한쪽 손목에 수갑이 채워져 있었고 다른 한쪽은 중학생으로 보이는 어린 여자애의 가느다란 손목이 채워져 있었다. 물어보니 손녀라고 하였다. "고향 떠나 50여 년 만에 여동생의 초청으로 한국에 왔는데 친척들의 만류로 방문기간이 단 3일 초과되어 이렇게 개처럼 끌려서 쫓겨납니다. 세상에 이런 일도 있을 수 있습니까? 선생이 제발 이 일을 세상에 알려 시비를 가려주십시오!" 할머니의 하소연을 들으면서 나는 가슴에 피가 끓어올랐다. 이때 주위에 있던 그들 몇 사람은 "선생이 이 일을 세상에 폭로해 달라"고 부탁하는 것이었다. 나의 생애에서 당시처럼 크게 흥분해보기는 처음인 것 같았다.

　나는 급히 학교로 돌아와 학생과 사무실에서 곧바로 청와대에 계시는 정세현 비서관님에게 전화를 걸었다. 정세현 비서관님은 전에 통일연구원에서 근무하실 때 일찍 연변대학을 방문하시고 저희 연구소와도 교류한 적이 있었다. 내가 한국에 유학 온 후에 그분의 초청으로 서울에 가서 함께 식사한 적도 있었다. 항구에서 크게 충격 받은 내가 제일 먼저 생각한 분은 바로 정세현 비서관님이었다. 이 분이 지금 청와대에서 근무하기 때문에 이런 일을 빨리 처리할 수 있는 것 같았고, 다른 하나는 이 분이 중국 동북태생이기에 우리 조선족을 보다 충분히 이해할 수 있으리라는 믿음 때문이었다. 전화가 걸리자 나는 격앙된 목소리로 "한국에서 이게 무슨 짓입니까? 인간 세상에 이런 한심한 일이 있을 수 있습니까?"고 하면서 인천항에서 본 놀라운 일들을 이야기하였다. 그리고 "한국에서 몇 백 명밖에 안 되는 조선족 친척방문객들도 이렇게 졸렬하게 비인간적으로 대한다면 장차 어떻게 남북의 평화통일을 이룩할 수 있겠습니까? 만약 한국에서 우리 조선족들을 계속 이렇게 대한다면 중한관계 발전과 고국의 남북관계에도 백해무익할 것입니다……"고 소리쳤다. 내가 하도 두서없이 크게 떠들어대니 정 비서관님은 잠자코 듣기만 하였다. 내가 입이 마르고 맥이 진하여 잠시 말을 끝내니 그 분은 "허—참, 세상에 태어나 이런 욕은 처음 들어보네…… 유관부서에 알아보겠으니 3일 후에 다시 인천항에 나가보시오" 하는 것이었다. 그날 나는 점심을 굶었지만 양심이 가리키는 일과 마땅히 해야 할 말들을 했다는 나름대로의 생각에 마음만은 후련하였다.

3일 후에 내가 인천항에 다시 나가보니 강제 추방되는 조선족 불법체류자들의 손목에 수갑이 보이지 않았고 모두가 휴대품들을 지니고 있었다. 3일 전처럼 그렇게 소란스럽고 살벌하던 분위기가 아니었다. 정세현 비서관님에게 전화한 일이 어느 정도 해결되었다는 기쁜 느낌과 함께 그날 정 비서관님에게 막말한 것이 죄송스럽게 느껴지면서 그분에 대한 고마운 마음 또한 깊어지기도 하였다.

그 후 반 달가량 지난 어느 날이었다. 중국 조선족역사 연구의 개척자이시며 연변대학 민족연구소의 저명한 교수이신 박창욱 선생님께서 서울에 오셔서 만나자는 통지가 왔다. 급히 서울로 찾아가니 박 선생님이 윤 선생님, 조동걸 교수님과 함께 계셨다. 아마도 윤 선생님과 조 교수님이 박 선생님을 청하여 대접하는 자리인 것 같았다. 박 교수님은 내가 10여 년 전부터 줄곧 따르면서 공부한 선생님이셨고 조 교수님은 일찍 두 번 만나 뵌 적이 있는 선생님이셨다. 식당에서 우리 상에 한창 음식을 차리는데 윤 선생님께서 갑자기 나를 흘겨보시면서 성난 목소리로 "유학을 왔으면 조용히 공부나 할 것이지 괜히 청와대에까지 전화를 걸면서 무슨 야단을 치는가? 공부를 그렇게 하려면 차라리 그만두라"고 말씀하시었다. 몹시 노여워하시는 기색이었다. 처음으로 당하는 일이어서 나는 많이 놀랐다. 당시 내가 청와대에 전화할 때 점심시간이어서 사무실에 다른 사람은 단 한 명밖에 없었는데 그 말이 어느새 선생님에게까지 전해진 모양이었다. 아마도 당시 나의 목소리가 매우 높아 다른 방 사람들과 밖에 있던 사람들도 엿들은 것 같았다.

윤 선생님의 노여운 말씀에 박 선생님도 크게 놀라시면서 "성호, 대체 어떻게 된 일이오? 어째서 윤 교수님이 이렇게 노여워하오?" 하고 물으셨다. 조 교수님은 윤 선생님과 나를 번갈아 보시면서 조용히 계시었다. 나는 갑자기 입안이 말라들어 물 한 잔을 들이켠 후 그날 인천항에서 보고 느낀 일과 처리 과정 등을 이야기하고 나서 "저는 이런 일을 보고 가만히 있을 수 없었습니다. 제가 지금 유학생 신분이지만 그 상황에서는 정말 참을 수 없었습니다. 제가 만약 우리 민족에 대한 관심과 사랑이 없었다면 조선족 역사나 고국 역사에 대한 공부를 아예 시작하지도 않았을 것입니다. 제가 평양에 가고 인천까지 와서 민족역사를 공부하는 것은 적어도 저 자신을 알고 자기 민족만은 알고 살자는 것입니다……." 내가 이렇게 말하니 조동걸 선생님이 크게 웃으면서 "듣고 보니 김 선생이 아주 좋은 일을 하였구만, 큰일을 잘 처리했으니 인젠 그만하고 우리 술이나 들자구" 하시면서 술잔을 나의 앞으로 내미시는 것이었다. 이때 박 선생님도 술잔을 드시면서 "성호, 그 일은 참 잘했소. 정말 잘했소. 그런 일들은 외면할 수 없지" 하고 말씀하시었다. 하지만 윤 선생님은 별다른 말씀이 없이 술잔을 천천히 드시는 것이었다. 드디어 술잔이 오가고 많은 역사이야기들이 나오면서 분위기는 점차 유쾌하게 되어갔다. 나도 술 몇 잔을 들고 몇 마디 참여하였지만 마음은 무겁기만 하였다.

그 후 며칠이 지나 사학과 복도에서 우연히 윤 선생님과 정면으로 만나게 되었는데, 선생님은 약간 주춤하시면서 "김 선생, 잠깐만……." 하시면서 나를 불러 세웠다. 순간 나는 좀 긴장되었다. 선생님께서 학위공부를 그만두라는 말씀을 하실 것 같아 두려움이 앞섰다. 생각 밖에도 선생님께서는 조용히 말씀하시기를 "그날 연변 박 선생과 식사할 때 김 선생의 말을 듣고 보니 이해할만한 일이다. 청와대 그분을 원래 알고 있었다니깐. 하지만 앞으로 꼭 주의할 것은 이곳이 민주국가이지만 법치가 있으니 김 선생의 유학생 신분에서 공부에만 집중하고 나라의 정치같은 다른 일에는 절대로 관여하지 말아야 한다. 괜히 시끄러운 일이라도 생기면 공부에 지장된다"고 당부하시는 것이었다. 나의 마음이 많이 가벼워지는 순간이었다. 나는 이내 "꼭 명심하겠습니다. 선생님 진정 감사합니다"고 말하였다. 지난 며칠간 공부를 그만두라는 선생님의 말씀에 많이 고민하고 불안했던 나는 금방 하늘이라도 날 것 같은 기분에 들뜨게 되었다.

학위공부가 전부 끝난 어느 날, 선생님께서 나를 부르셨다. 세 번째 단독 만남이었다. 선생님께서는 나에게 학위논문 제목을 정했는지 물으셨다. 내가 30년대 연변에서 발생한 민생단사건을 쓰고 싶다고 말하니, 선생님께서는 "난 중국공산당 연구를 전혀 다루지 않아 잘 알 수 없지만 그 민생단문제는 매우 복잡한 사건 같은데, 김 선생이 중공당원으로서 중공당의 내부투쟁인 그 민감한 역사문제를 자본주의국가인 이곳에서 연구해서 되겠는가? 장차 김 선생의 사회발전에 혹시 영향이 없겠는가? 다시 잘 생각해보라"고 말씀하시었다. 나의 현실과 장래 발전까지 염려하시는 선생님의 이 말씀에 나는 진정 감동받았고 마음속으로 매우 고맙게 생각되었다. 내가 이 민생단사건은 중국 조선족의 제일 큰 역사상처로서 실로 복잡하고 민감하지만 그 누군가는 반드시 해결해야 할 역사현안이기 때문에 내가 지금의 보다 좋은 연구조건에서 한번 도전해보고 싶다고 말하니 선생님께서는 "민생단사건이 연변은 물론 남북한과 일본의 역사학계에서도 많이 중시하는 민감한 역사문제이니 우선 역사사실들을 제대로 밝히는 데 노력하라. 난 중공당의 반일투쟁사를 별로 연구하지 않았기 때문에 구체적인 지도는 할 수 없다. 연변 출신이고 중공당원인 김 선생이 이 역사 현안을 연구하면 보다 유리한 점도 있을 것 같은데 스스로 잘 알아서 쓰기 바란다. 단 한 가지 반드시 부탁하고 싶은 것은 역사는 어디까지나 사실 그대로 써야 한다"고 반복적으로 강조하시었다. 이때 나는 선생님께서 매우 겸손하고 자상하시며 제자를 사랑하는 마음이 뜨겁고 깊은 분이라는 강한 느낌을 받았다.

이때부터 나는 본격적으로 학위논문 집필에 몰두하게 되었다. 그러던 어느 날 동문으로부터 선생님 댁에 모이라는 통지를 받고 찾아가니 여러 동문이 모여 있었다. 알고 보니 선생님의 생일기념 모임이라는 것이었다. 술상이 차려지니 선생님께서 여러 제자께 인사 말씀과 더불어 첫 잔을 권한 후, "연변에서 온 김 선생이 그간 열심히 공부하고 신규식 선생의 어려운 한문시를 포함하여 많은 한문문장들을 번역하였다. 수고가 많았다. 난 술을 못하니 지금부터 김 선생이 이 자리를 책임지고 즐겁게 마시며 이야기하라"고 말씀하시더니 인차 일어나 2층 서재로 올라가시는 것이었다. 나는 내 귀를 의심할 정도로 놀랐다. 일부 동문들도 이상하게 여기는 눈치 같았다. 선생님께서 제자들에게 보다 자유로운 자리와 기분을 마련해주려고 일찍 피하시는 것은 알 수 있었지만, 아직 한국 술 문화도 잘 알지 못하는 나더러 술자리를 책임지라고 하니 실로 생각 밖이었다. 나는 엉겁결에 술병을 들고 일어나 동문들의 술잔에 술을 부으면서 기분을 돋워 술을 권하였다. 연회가 끝난 후 한 동문이 웬일인가고 물었다. 나는 나도 모르겠다고 대답하였지만, 속으로는 선생님께서 이제 나를 어느 정도 신임하고 계신다는 것을 기쁘게 느끼고 있었다.

여름방학의 어느 하루 독립기념관 연구소에서 전화가 왔는데 내용은 중국 중경대표단이 와서 중경에 있던 대한민국임시정부 청사의 복원 문제를 협상하게 되는데 나더러 통역을 맡아달라는 것이었다. 나는 지금 방학기간이지만 먼저 윤 선생님께 문의해보는 것이 좋겠다고 말하였다. 잠시 후 윤 선생님께서 직접 나에게 전화가 걸려 왔다. 전에는 모두 동문들을 통해 나에게 통지하였는데, 처음으로 나에게 전화를 거신 것이었다. 선생님은 "방학인데 너무 무리하게 공부만 하지 말고 휴식도 해야지. 지금 날씨도 무더운데 바깥 구경도 하면서 독립기념관의 통역일을 하라. 김 선생은 한어와 한국어를 모두 알고 있으니 통역일이 힘들지 않을 것이다. 사례비도 준다고 하니 좋은 것 같다. 공부한다고 하여 건강을 해치면 절대 안 된다"고 하시었다. 전화로 전해오는 선생님의 진정어린 말씀을 들으면서 제자를 사랑하는 다정하신 관심과 배려를 깊이 느끼게 되었다. 그리하여 나는 그 통역일을 며칠간 즐겁게 하게 되었으며 하루에 10만 원이라는 사례비도 가지게 되었다.

어느 해 여름방학기간 나의 처가 나를 찾아 처음으로 한국을 방문하였을 때 마침 학과에서는 갑오농민혁명 유적지 등을 답사하는 활동을 조직하게 되었다. 당시 나는 돈도 없고 처도 와 있으니 답사에 참가하지 않겠다고 학과에 말하였다. 그런데 선생님께서 직접 저에게 전화를 걸어 말씀하시기를 "역사공부는 많은 책을 읽어야 할 뿐만 아니라 두 발로 뛰어 역사현장에서도 배워야 한다. 마침 부인도 왔다고 하니 참 잘 됐다. 김 선생은 답사비용을 고려하지 말고 모두 함께 가자"고 말씀하시었다. 이리하여 나의 처도 난생 처음으로 역사유적지 답사라는 것을 경험하였는데, 지금도 가끔 그때를 회상하며 선생님을 그리곤 한다.

학위논문 집필 과정에서 나는 민생단문제에 대한 연구가 매우 민감하고 진정 어렵다는 것을 더욱 깊이 느끼게 되었다. 1997년 말 논문 초고를 어느 정도 마무리한 후 내가 선생님께 조선 평양에 가서 민생단에 관한 사료를 더 수집하고 그곳 학자들의 견해도 반드시 들어볼 필요가 있다고 말씀드리었다. 선생님께서는 "김 선생은 그런 조건이 있는 것 같은데 아주 좋은 일이다. 역사는 어디까지나 가능한 정도까지 자료들을 폭넓게 수집하고 여러 방면으로 깊이 분석해야만 사실 해명이 가능하다"고 하시면서 적극 지지해 주시었다. 그리하여 나는 1998년 겨울방학 기간에 연길 집에 돌아갔다가 2월 초에 조선당중앙 당역사연구소의 초청으로 평양에 가게 되었다. 2월 3일부터 18일까지 보름 동안 나는 조선 당역사연구소와 사회과학원 혁명역사연구소의 학자분들과 여러 차례의 좌담회와 단독면담을 하게 되었다. 당역사연구소의 최진혁 부소장님과 혁명역사연구소의 박인근 소장님은 내가 민생단사건이라는 어렵고도 민감한 역사문제를 연구하니 가능한 정도까지 협력해주겠다고 하시면서 역사문고의 내부 보관 자료들까지 내놓았다. 예를 들면 1932년 2월 민생단 건립 당시의 발기인 1,218명의 명단과 "민생단창립총회회록" 같은 귀중한 사료들을 많이 수집할 수 있었다. 그리고 그분들은 민생단사건에 대한 자신들의 연구관점들을 구김 없이 설명해주곤 하였다. 당시 당역사연구소는 나의 평양 체류기간의 모든 주식비를 무료로 하여 주었으며 최상의 대우를 하여 주었다. 그들은 일찍 1985년 8월부터 1986년 8월까지 평양 김일성종합대학 역사학부에서 조선 근현대사를 먼저 연수하였었고 지금은 한국 유학까지 하는 내가 민생단사건을 연구하고 있는 것은 아주 좋은 일이라고 하면서 보다 전면적으로 깊이 있게 이 역사 현안문제를 해명할 것을 진심으로 기대하는 것이었다.

그해 2월 말 내가 인하대에 돌아와 선생님께 평양행의 모든 상황들을 이야기하니 선생님은 처음으로 아주 크게 기뻐하시면서 "지금 보니 민생단사건을 김 선생이 연구하는 것이 참으로 잘 된 일 같다. 이곳의 우리가 전혀 할 수 없는 일을 김 선생은 조건상 능히 할 수 있으니깐. 난 구체적인 학문지도를 할 수 없는데, 여하튼 민감한 역사문제이니 어디까지나 역사사실에 기초하여 사실 그대로 참답게 쓰라"고 말씀하시었다. 사실 선생님은 나의 학위논문 집필에서 구체적인 지도는 별로 하지 않으셨다. 하지만 만날 때마다 선생님은 민생단사건은 특히 민감한 역사문제이니 모든 것을 충분한 사료기초에서 반드시 사실대로 서술해야 한다고 반복적으로 말씀하시었다. 선생님은 "목이 떨어지는 한이 있더라도 역사는 사실 그대로 써야 한다"고 거듭 강조하시었다. 역사공부를 이미 20여 년간 한 나로서도 역사학문에서 사실 그대로 밝히고 분석해야 한다는 것을 선생님의 반복적인 교육으로부터 더욱 깊이 명심하게 되었다. 이것은 선생님이 나에게 준 가장 귀중한 가르침이었다고 할 수 있다. 그리하여 내가 평양과 연길에서 적지 않은 돈을 들여 복사한 역사자료들만 하여도 20여 킬로그램은 될 것 같다.

내가 인하대에서 학위논문을 집필하는 과정에서 제일 속상했고 고생한 것은 컴퓨터가 자주 고장 나는 일이었다. 그 기간 한국의 고마운 분들에게서 넘겨받은 여러 가지 모양의 컴퓨터는 모두 3대였다. 나의 컴퓨터 조작 수준이 너무 낮아 어느 것을 잘못 건드렸는지, 아니면 기계가 너무 낡아 고장 났는지 모르겠지만, 여하튼 학위논문초고 30여 만 자와 50여 만 자를 두 번이나 몽땅 날려버린 적이 있었다. 아마도 1년 정도의 시간을 허비한 셈이었다. 더욱 한심한 것은 1998년 3월 초에 세 번째로 67여 만 자, 각주 1,700여 개에 달하는 논문초고를 완성하고 수정에 들어갔는데 2일 만에 갑자기 모든 글자들이 번개 맞은 것처럼 중간이 몽땅 쪼개져 있었다. 전에 두 번은 초고를 몽땅 날려버렸는데, 이번은 마침표나 감탄부호까지도 모두 두 개로 갈라져서 전혀 알아볼 수 없게 된 것이다. 순간 눈앞이 캄캄해지면서 순간 코피가 터져 나왔다. 후에 몇 사람들을 청하여 보았지만 모두 처음 보는 이상한 일이라고 하면서 고개를 가로젓는 것이었다. 나중엔 컴퓨터를 안고 두 개의 연구소에 찾아가 수리를 간청하였지만 그분들의 말이 "처음 보는 일이다. 컴퓨터가 너무 노화된 것 같다"거나 "너무 오랫동안 작동하여 어느 부속품이 타버린 것 같다"고 하면서 전혀 수리할 수 없다는 결론이었다. 유학 온 지 이미 5년이 다 되는데 더 미룰 수도 없는 일이었다. 규정된 논문제출 기간은 한 달 반 정도밖에 남지 않았다. 세 번째 컴퓨터로 다시 새롭게 논문을 집필하는 수밖에 없었다. 나는 몇 상자의 라면을 사다 놓고 두문불출하면서 집필에 집중하였다. 잇몸이 험하게 부어오르고 너무 아파서 만병통치약이라는 정통편을 두 알씩 연속 입안에 물고 있어도 아픔은 계속되었다. 두 차례 치과병원을 찾아 아픈 이를 뽑아달라고 하니 의사는 너무 피곤하여 생긴 염증이니 3일이나 5일간 충분히 휴식하면 금방 낫는다고 하였다. 하도 급하여 세 번째 치과병원을 찾아 간청하니 그 의사분의 말씀이 정 그렇다면 요구대로 생니를 뽑아주겠지만 앞으로 후회는 하지 말라고 하였다. 그리하여 양쪽 어금니 4개를 뽑고 말았다. "앓는 이를 뽑은 것처럼 시원하다"는 속담을 진정으로 체험하게 된 것이다. 그야말로 악전고투하여 규정된 시간 내에 논문을 제출할 수 있게 되었다. 나의 인생에서 이 한 달 반이 제일 고달픈 시기였다고 할 수 있다. 하긴 몇 해 전에 나는 전부 틀니를 했지만 그때가 결코 후회되지는 않는다.

1998년 5월 나는 두 차례 학위논문 심사를 받았다. 모두 서울 세종문화회관의 한 작은 회의실에서 하였는데, 심사에 참석한 분은 은사님과 조동걸 선생님, 김호일 교수님, 정광호 교수님과 이영호 교수님 모두 다섯 분이었다. 두 번 심사에서 제기된 질문들은 모두 비교적 간단한 문제들이었는데, 두 분의 교수님은 문제 제기를 하면서 "우린 중국공산당 역사를 제대로 잘 알지 못한다. 아마도 중공당원인 김 선생이 더 잘 알겠는데 참고로 제기한다"고 말씀하기도 하였다. 내가 선생님들이 제출한 문제들을 가지고 논문을 수정하면서 제3차 심사를 받을 준비를 한창 다그치고 있는데, 윤 선생님이 나를 부르시는 것이었다. 연구실에 찾아가니 윤 선생님은 웃으시면서 "그간 고생이 많았다. 논문은 이미 원만히 통과되었으니 인젠 잘 휴식하라"는 것이었다. 내가 이상하게 여기고 선생님께 "반드시 제3차 심사까지 해야 한다고 하던데, 혹시 다른 문제라도 있는 것이 아닙니까?"고 물으니 선생님은 "여러 선생들이 모두 만족하게 인정하면서 제3차 심사는 하지 않기로 결정했다"고 알려주었다. 그러면서 이제는 마음 놓고 편안히 잘 휴식하라고 부탁하시었다.

학위논문 심사를 앞두고 나는 동문들에게 논문 준비 외에 다른 필요한 준비가 무엇인지 문의한 적이 있는데, 심사위원들의 식사를 준비해야한다는 것이었다. 나는 나름대로 중국 모태주와 식사비를 마련하였다. 5월 9일 제1차 심사 때 나는 먼저 담당복무원에게 오늘은 나의 논문심사이니 식사비는 반드시 내가 지불해야 한다고 말해두었다. 심사가 끝나고 식사할 때 모태주를 마셨는데 차려진 안주가 너무 간단해 보였다. 내가 안주를 더 청하려고 몸을 일으키니 교수님들이 "이곳은 회관이기에 원래 이렇게 간단하다" 하면서 만류하는 것이었다. 식사가 끝나고 교수님들이 자리를 뜬 후 내가 계산하려고 하니 생각 밖으로 이미 계산되었다고 하였다. 내가 사전에 이미 약속하지 않았는가? 어느 분이 계산했는가고 물으니 키가 크고 연세 많은 분이 와서 반드시 자신이 계산해야 한다고 주장하셔서 그렇게 하는 수밖에 없었다는 것이었다. 복무원의 말을 들어보니 선생님이 먼저 계산하신 것 같았다. 후에 내가 선생님께 매우 미안했고 고마웠던 그 일을 이야기하니 선생님은 한마디로 "그거 뭐……" 하시면서 딴 이야기를 꺼내시는 것이었다. 이런 장면에서 선생님의 언어 표현은 문장 표현보다 많이 약하신 것 같았다. 그리고 선생님의 제자사랑은 깊이 숨어있는 뜨거운 사랑임이 틀림없는 것 같다. 그리고 5월 23일 제2차 심사 때도 이영호 교수님이 남몰래 먼저 계산하신 것을 오랜 후에야 나는 알게 되었다.

내가 마지막으로 정리된 학위논문을 가지고 선생님을 찾아가서 "선생님 덕분에 끝내 학위논문을 마쳤습니다. 진정으로 고맙고 감사합니다"고 인사를 올리니 선생님은 기쁘게 웃으시며 "내야 별로 도움을 주지 못했지, 김 선생이 혼자 노력해서 이룬 것이지" 하고 말씀하시었다. 나는 "만약 선생님이 저를 거절하거나 버렸다면 저는 인하대학교에서 학위공부를 끝까지 할 수 없었을 것입니다. 그리고 제가 선생님 제자라는 좋은 신분이 있었기 때문에 인하대학교와 사회의 수많은 사람들의 보다 많은 도움과 배려를 받을 수 있었습니다. 이 모든 것은 진정 선생님의 덕분입니다"고 말하니 선생님은 "그거야 뭐…… 이제는 성공하였으니 연변대학에 돌아가서 한국학 연구에 보다 많이 노력하라"고 당부하시었다.

1998년 7월 내가 인하대에서 5년 남짓한 박사학위 공부를 전부 마치고 연변대학으로 돌아갈 무렵 선생님께서 전화로 천안 독립기념관에서 만나자고 하시었다. 기념관 근처의 어느 한 농가의 조용하고 아담한 음식집에서 송별연을 마련하셨는데, 선생님의 여러 제자분들이 모여 있었다. 내가 처음으로 보고 인상 깊었던 것은 작은 자갈돌위에 구운 오리고기였다. 선생님께서는 "연변대학에서 온 김 선생이 학업을 마치고 곧 귀국하게 된다. 그 기간에 어려운 민생단문제를 연구하느라고 평양까지 갔다 오면서 많은 수고를 했고 학위논문은 순조롭게 통과되었다. 연변 학자분들이 대개 이곳에 오면 사회활동들이 꽤 많은데 이 몇 해 동안 김 선생은 숙소에 전화할 때마다 그 자리에서 곧 받곤 하였다. 빈 전화가 한 번도 없었다. 꾸준하게 앉아서 열심히 공부하는 분이니, 앞으로 김 선생의 학문연구에서 자료 같은 것이 필요하여 연락이 오면 여러 동문들이 힘껏 도와주기 바란다"고 말씀하시었다. 그리고 나에게 여기 앉은 여럿은 모두 동문이니 도움이 필요하면 이들에게 부탁하라고 당부하시었다. 순간 나의 가슴은 감격으로 벅차올라 눈시울이 붉어졌다. 선생님의 말씀은 짧은 몇 마디에 지나지 않았지만 나에 대한 충분한 긍정, 깊은 사랑과 배려, 그리고 앞으로의 학문 편달 등이 폭넓게 깃들어 있었다. 선생님께서 기울이시는 제자에 대한 관심과 배려는 매우 넓고 깊으며 은근하게 뜨거운 것이라고 하겠다. 지금도 나의 눈앞에는 당시 선생님의 말씀하시던 그 모습이 역력히 떠오른다.

2001년 6월부터 나는 한국국제교류재단의 후원으로 서울시립대학 역사학과에서 반년간 연구 활동을 하게 되었다. 1998년 7월 귀국하여

근 3년 만에 다시 한국에 온 것이다. 내가 약간의 선물을 들고 선생님 댁을 찾아가니 선생님은 아주 기뻐하시면서 첫마디로 "김선생이 귀국한 후 은근히 근심하였는데, 이곳에서 민생단문제를 가지고 학위논문을 쓴 후 그곳에 돌아가서 혹시 불이익이나 당하지 않았는가"고 물으시었다. 내가 웃으면서 "제가 만약 학위논문으로 문제시 되었다면 어떻게 다시 이곳에 연구활동하려 올 수 있겠습니까? 학위논문으로 문제가 전혀 생기지 않았습니다."고 말하였다. 그리고 내가 귀국한 후 반년 만에 정 교수로 승진, 2000년에 박사생 지도교수와 중국조선사연구회 부회장으로, 2001년 초에 길림성 철학사회과학 역사학계획전문가소조 성원으로 선발된 것과 두 번 조선 평양에 가서 학술 교류한 것 등 지난 3년간의 학술활동을 대략 말씀드리니 선생님께서 매우 기쁘게 웃으시면서 "난 그래도 혹시나 하고 정말 근심했었네. 아주 잘 됐구만…… 김 선생은 원래 강한 사람이니깐" 하고 말씀하시었다. 내가 "저는 강한 사람이 못 됩니다. 눈물이 좀 헤픕니다. 영화를 보거나 소설을 읽을 때도 혼자 눈물을 흘릴 때가 많습니다"고 말하니 선생님은 "하, 그건 딴 문제이지. 그건 김 선생이 감정이 풍부해서 그렇지" 하고 말씀하시었다.

사실대로 말하면, 내가 한국에서 민생단문제를 가지고 박사학위를 취득한 후 우리 연변의 한 원로학자가 나의 논문도 읽어보지 못한 상황에서 상급 유관부문에 이것을 고발한 일이 있었다. 이유는 "민생단사건이라는 민감한 역사문제를 가지고 한국에서 박사학위를 취득하였다"는 것이었다. 하지만 나는 이미 충분한 역사사료들을 가지고 있었고 논증된 사실들에 근거하여 논문을 심도 있게 쓰려고 노력하였다는 확신과 자부심을 가지고 있었다. 민생단사건 자체가 매우 복잡하고 극히 민감한 역사현안이라는 중압감도 있었지만, 반드시 각 방면으로 충분하게 논증된 원시사료들에 근거하여 논문을 전개해야 한다는 윤 교수님의 유일하게 반복적으로 강조하시던 가르침을 가슴깊이 새긴 나로서는 처음부터 사료수집과 논증에 특히 신경을 쓰고 각 방면으로 노력하였던 것이다. 때문에 충분한 자신감을 가지고 담담하게 그 결과를 기다리고 있었다.

결과적으로 말하여 나의 학위논문은 한국의 박영석 교수님, 한홍구 교수님 등 여러 학자분들과 조선의 당역사연구소의 최진혁 부소장님 등 여러 학자분들, 그리고 연변역사학계의 원로학자들이신 박창욱 교수님, 권립 교수님 등 선생님들로부터 과분한 정도까지의 긍정적인 평가를 받았으며 나중에는 중공 흑룡강성위 당역사연구소의 소장이신 김우종 선생님의 추천으로 공개 출판되기도 하였다. 나는 특히 나를 고발하였던 그 분을 직접 찾아가 책을 드리면서 비평 지적을 바란다고 하였다. 나중에 그는 나를 보고 "그처럼 복잡하고 민감한 민생단사건을 전면적으로 심도 있게 아주 잘 썼다"고 평가하면서 자기가 책임진 민족역사연구소의 소장직을 맡아달라는 제안까지 하였다.

그 후에도 나는 한국학중앙연구원, 서울시립대학교, 동북아역사재단, 인하대학교 등에 와서 각기 몇 달씩 학술연구활동을 하였고 외국어대학교, 서울대학교, 국사편찬위원회, 한국역사연구회 등 학술단체들이 주최한 학술회의에 참석하면서 선생님을 여러 차례 찾아뵈었다. 그중 한번은 동문인 이현주 박사와 함께 찾아갔었다. 사실 선생님과의 조용한 면담은 내가 졸업한 후에 더 많이 이루어진 것이다. 매번 만날 때마다 선생님은 매우 반가워하시면서 내가 연변대학 조선역사연구소 소장, 세계사 학과 주임, 세계사 박사생지도소조 조장, 중국조선사연구회 회장 등 학술직무들을 두루 맡아가지고 적극 활약하고 있다는 소식들을 종종 기쁘게 듣고 있다고 하시면서 매번 새로 나온 책들을 골라 무겁게 안겨주시는 것이었다. 어떤 때는 2층 서재에 두세 번 오르내리시기도 하셨다.

어느 때인가 자택으로 찾아뵈었을 때 선생님은 기분이 특히 좋으셨는데 처음으로 나에게 자신의 사회경력을 자세히 이야기하시는 것이었다. 선생님이 군대에서 근무한 경력이 있다는 것을 나는 그때 처음으로 알게 되었다. 선생님은 이야기하시다가 문득 웃으시면서 "이런 말을 해서 되는지 모르겠지만, 김 선생은 어떻게 중공당에 입당했는가? 난 처음엔 김 선생을 중공당에서 평양과 한국 두 곳까지 유학 보낸 공산당 골수분자로 알고 있었는데……" 하시면서 나를 바라보시었다. 내가 웃으면서 잠깐 있으니 선생님은 "이곳 한 기업가가 중국에 투자하고 현지 사람들을 모집할 때 당원들은 모두 나쁜 사람들이라고 일률적으로 채용하지 않고 비당원들만 채용하였는데, 그 중 한 사람이 회사의 많은 돈을 챙겨가지고 잠적해 버렸다는 소리를 들었다"면서 크게 웃으시었다. 나는 내가 농촌에 있을 때 근 10년간 중국의 제일 큰 명절인 음력설에도 휴식하지 않고 소나 돼지를 기르는 곳에 가서 원래 일군들을 휴식시키고 대신 일한 것과 공청단지부 위원, 민병 소대장, 중대 지도원, 공청단 총지부서기, 정치대대장 등 맡은 직무 모두가 군중들의 직접 선거로 담임한 과정, 몇 년간의 반복적인 군중평의와 조직심사를 거쳐 1973년 8월에야 입당한 과정, 군중추천과 조직심사를 거쳐 대학에 간 것 등을 옛말삼아 이야기하였다. 그러자 선생님께서는 "그럼 입당할 때 당조직 외에 일반군중들도 참여하는가"고 물으셨다. 내가 비당원 군중들의 평의도 반드시 거쳐야 하는데, 생산노동, 조직생활과 사업작풍, 사생활 등 모든 면에서 반드시 군중들이 인정하는 선진과 모범이 되어야만 입당할 수 있다, 그러니 군중관계가 나쁘고 군중평의가 좋지 못한 사람은 입당할 수 없다, 그리고 머리가 별로 좋지 못한 내가 평양과 인천에 두 번 유학할 수 있었던 것은 학교와 여러 교수님들이 나의 꾸준한 노력과 참다운 책임감을 높이 평가하여 특히 추천하였기 때문이라고 말하였다. 나는 "그 기업가가 아마도 중국과 중공당을 전혀 모르고 그곳에 투자한 것 같습니다. 입당 후에 일부 사람들이 타락하여 변질되는 경우도 없지 않지만 중국에서 기층 민중들이 믿고 받드는 훌륭한 사람들은 거의 다 당원들입니다"고 말하였다. 선생님께서는 "아마 그렇겠지. 그 많은 민족과 인구를 가진 큰 나라가 안정되고 크게 발전하는 것을 봐도…… 선입견과 사회편견은 정말로 뿌리 깊고 무서운 것 같아……" 하고 말씀하시었다. 나의 느낌으로는 선생님께서 아마도 초기에 나를 어느 정도 못마땅하게 여겨온 과정을 회고하시는 것 같기도 하였다.

여하튼 선생님께서는 매번 만날 때마다 매우 반가워하시고 즐겁게 이야기하시었다. 그리고 내가 떠날 때마다 선생님은 "이렇게 번마다 찾아와 만나고 이야기를 나누는 것만으로도 정말 반갑고 기쁜 일인데, 먼 길에서 선물 같은 것은 더는 들고 오지 말라"고 거듭 말씀하시기도 하였다. 선생님은 어디까지나 매우 겸손하시고 소박하신 분이셨다. 박사학위과정의 동창생인 채영국 박사의 말에 따르면, 선생님께서 제자들 중 나를 특히 좋아한다는 것이었다. 나의 생각으로도 선생님께서 점차적으로 나를 믿고 더욱 좋아하신다는 것은 사실인 것 같다.

2015년 4월 하순에 내가 서울대학교 인문학연구원에서 열린 학술회의에 참가하고 선생님을 찾아갔었다. 그날 점심식사는 어느 한 식당에서 하게 되었는데 선생님께서 추가로 생회 2인분을 요청하시는 것이었다. 하지만 선생님은 생회를 한 점도 드시지 않고 다른 음식들만 간단히 드시었다. 내가 "선생님께서 생선을 요청하셨는데 왜 한 점도 드시지 않습니까?"고 말하니 선생님은 "난 이젠 이가 나빠서 생회를 먹을 수 없다. 언젠가 보니 김 선생이 생회를 즐겨 자시는 것 같아서 청했으니 많이 들라"고 말씀하시었다. 그때 생회를 먹는 나를 조용히 지켜보시던 선생님의 자애로운 눈길을 정녕 잊을 수 없다.

그해 11월 중순에 내가 다시 한국에 가서 "광복 70주년 회고, 광복

100년 전망"이라는 학술회의에 참가한 후 선생님을 찾았을 때였다. 내가 지금까지 연변대학에서 한국근현대사 영역의 석사생과 박사생 50여명을 직접 지도하고 배양한 과정, 국가 일급학회인 중국조선사연구회의 발전상황 등을 선생님께 이야기하니 매우 기뻐하시면서 "김 선생이 중국의 한국학 연구에 크게 활약한다는 좋은 소식들을 자주 전해 듣고 있다. 정말로 기쁜 일이다"고 진심으로 고무 격려해주시는 것이었다. 그날도 선생님은 두 번이나 2층 서재에 올라가서 많은 책들을 가지고 내려와 나에게 무겁게 안겨주시었다. 당시 선생님의 행동이 매우 힘들어 보여 내가 같이 2층 서재로 올라가 책들을 받으려고 하니 선생님은 서재가 어지러우니 그냥 앉아서 기다리라고 하였다. 전에는 매번 책에 반드시 "김성호교수청람(金成鎬教授淸覽)"이나 "김성호교수혜감(金成鎬教授惠鑑)"같은 글들을 적어 주셨는데 이번엔 그대로 주시는 것이었다.

　점심시간이 되어 내가 웃으면서 "선생님이 이렇게 많은 책까지 주었으니 오늘은 제가 식당으로 모시겠습니다"고 말하니 선생님께서는 "참 미안하게 되었네. 난 지금 몸이 좋지 못하여 바깥 식사를 할 수 없게 되었어. 지금 집에 다른 사람도 없으니…… 김 선생이 시간이 바쁘겠는데 빨리 가서 식사를 하라"고 말씀하시었다. 내가 안타깝고도 서운한 마음으로 인사를 하고 떠나려 하는데 선생님께서 따라나서시는 것이었다. 내가 앉아 계시라고 만류하여도 문밖까지 나오시었다. 내가 다시 인사하고 문 앞 계단을 내려서는데 선생님께서 혼잣말처럼 "이제 가면 언제 다시 만나겠는지……" 하면서 말끝을 흐리시었다. 이 말씀을 듣는 순간 나는 마음이 울컥하였다. 몇 개 안되는 계단을 내려 돌아서서 올려다보니 선생님은 정말로 많이 노쇠하셨고 너무 허약해 보이셨다. 선생님께서는 한 손을 들어 빨리 떠나라고 하시었다. 나는 "이제 한국에 오면 꼭 다시 찾아뵙겠습니다"고 말하니 선생님은 "글쎄……" 하면서 말끝을 맺지 못하셨다. 나는 순간 입안이 마르고 목이 메어 말을 더 하지 못하고 바깥 대문을 나섰다. 마음에 그 어떤 불길한 예감과 허전함이 느껴지면서 발걸음이 무거워졌다. 내가 50여 보를 걷고 되돌아보니 선생님께서는 어느새 바깥 대문을 나와서 한 손으로 문틀을 잡고 서서 나를 그냥 지켜보고 계시었다. 선생님이 바깥대문밖에 까지 나오셔서 배웅한 적은 이번이 처음이었다. 순간 나는 눈앞이 흐려졌다. 나는 되돌아서서 큰길에서 허리 굽혀 작별인사를 다시 올리었다. 선생님은 한 손을 맥없이 저으시면서 빨리 떠나라고 재촉하시었다. 당시 나는 이번이 혹시 은사님과의 마감 작별이 아닌가 하는 서글픈 생각이 갈마들었다.

2020년 봄에 인정 많은 박민영 박사로부터 은사님이 별세하셨다는 불행한 소식을 듣게 되었다. 그때 은사님 자택 근처의 큰 길에서 내가 올린 먼 거리 인사가 끝내 은사님과의 마지막 작별이 되고 말았다. 지금도 그때 선생님께서 맥없이 손을 저으시던 그 모습이 눈앞에 아련히 떠오르며 마음이 무거워진다.

은사님께서 나에게 주신 많은 책들을 읽을 때마다, 그리고 다른 학자분들의 논저들에서 은사님의 존함을 볼 때마다 지난날 선생님과의 일들이 한 토막씩 머릿속에 아련히 떠오르며 잠깐씩 깊은 회상에 잠기곤 한다. 그리고 선생님의 엄숙하고도 인자하신 모습이 선명히 떠오르곤 한다.

선생님은 진정한 학자이시며 제자들을 깊이 사랑하시는 은사님이시었다.

은사님, 학은을 절대 잊지 않겠습니다. 진정 고맙고 그립습니다.

2023년 2월 9일
연변대학 조선한국연구중심 역사연구실에서

| 9 | 선생님에 대한 추억 |

한시준
독립기념관 관장

I. 선생님과의 만남

공부하는 연구자로서 훌륭한 선생님을 만난다는 것은 커다란 행운이 아닐 수 없다. 정년을 하고 나의 삶을 되새겨보니, 나는 참으로 행운아였다. 내가 독립운동사, 특히 한국광복군과 대한민국 임시정부를 연구할 수 있었던 것은 훌륭하신 선생님을 만났기 때문에 가능했다. 윤병석 선생님을 만난 것이다.

선생님과의 만남은 박사과정에서였다. 박사과정을 인하대로 진학하였고, 선생님은 지도교수가 되어 주셨다. 선생님의 지도를 받아 공부할 수 있게 된 것이 나에게는 커다란 행운이 아닐 수 없었다. 독립운동사를 연구하는 연구자의 길로 들어설 수 있었던 것, 박사학위논문을 〈한국광복군 연구〉로 제출할 수 있었던 것, 그리고 대한민국 임시정부를 연구하게 된 것 등은 모두 선생님의 가르침과 지도 때문에 가능했다.

선생님과 만날 수 있도록 이끌어주신 분이 있다. 송병기 교수님이었다. 송병기 교수님은 학부 때부터 나의 선생님이셨고, 선생님의 지도를 받으며 〈조소앙 연구〉라는 주제로 논문을 써서 석사학위를 받았다. 선생님께서 말씀하셨다. '학부와 석사과정을 단국대에서 했으니, 다른 대학에 가서 학문의 폭을 넓히는 게 좋다', 또 '자네가 독립운동사를 공부하려고 하면 그 분야의 최고 권위자인 선생님을 찾아가 배우는 것이 좋다'는 것이었다. 그러면서 말씀하신 것이 윤병석 교수님이었다.

직접 말씀을 나눈 적은 거의 없었지만, 그동안 윤병석 교수님은 뵌 적이 있었다. 독립운동 관련 학술회의장에서였다. 학술회의장에 다니면서 선생님이 발표하시는 모습을 여러 번 뵈었다. 선생님의 발표하시는 모습을 보면서 참으로 인상 깊은 게 있었다. 흔히 다른 선생님들은 준비한 발표요지를 읽는 방법으로 발표를 하였지만, 선생님께서는 그렇지 않았다. 거의 발표요지를 보지 않으시고, 관련된 내용을 말씀하셨다. 그런 모습이 참으로 인상 깊었고, 학문에 자신감이 대단하신 분으로 느껴졌다.

송병기 교수님의 말씀에 따랐다. 박사과정은 인하대로 가기로 했다. 윤병석 교수님 밑에 가서 공부하기로 한 것이다. 그렇게 결정하기까지 고민이 없지 않았다. 동양학연구소의 선배 연구원들과 친구들이 장래를 위해서는 학교를 선택하는 문제도 깊게 생각해야 한다며, 다시 생각해보라는 말들을 했다. 여러 차례 충고어린 말들이 있었지만, 나는 마음 먹었다. 학문을 하려면 중요한 것은 선생님이라고 생각했고, 인하대로 진학하기로 했다.

지금 생각해도 참 묘한 인연이라고 생각된다. 인하대 대학원에 지원하기 위해 인천으로 가는 길에 선생님을 만난 것이다. 그 순간을 지금도 잊을 수 없다. 1984년 12월 어느 날이었다. 지원서류를 접수하기 위해 인천행 버스에 올랐다. 당시 인천으로 가는 버스정류장은 서울역 건너편에 있었다. 버스에 올랐는데, 거기에 선생님이 계셨다. 선생님의 제자가 되고자 지원서류를 가지고 가는 길에 같은 버스에서 선생님을 만나다니, 참으로 묘한 인연이 아닐 수 없다는 생각이 들었다.

당시만 해도 선생님은 무척이나 어려운 존재였다. 가슴이 두근거렸다. 계면쩍게 인사를 드렸다. '저는 단국대 동양학연구소에 근무하는 한시준이라고 합니다. 선생님한테 공부하고 싶어서 인하대 대학원 박사과정에 지원하기 위해 서류를 접수하러 가는 길입니다'라며 인사를 올렸다. 선생님은 옆에 놓아둔 책보자기를 들으셨다. 선생님은 가방이 없이, 늘 책을 보자기에 싸가지고 다니셨다. 책보자기를 드시더니, 옆에 앉으라고 하셨다.

감히 선생님 옆에 앉았으니 좌불안석이었다. 가슴이 쿵쾅거렸다. 그러면서도 마음 한편으로 상서로운 생각이 없지 않았다. 박사과정 시험에 합격할 수 있을 거라는 생각, 그리고 선생님이 나를 받아주실 거라는 생각이 들었다. 1시간 여 동안 선생님 옆에 앉아서 인천으로 갔다. 어려운 자리였지만, 선생님은 편안하게 대해 주셨다. 동양학연구소에 대해서 잘 아셨고, 말씀도 편하게 해주셨다.

버스에서 내려 황당하고 송구스런 일을 당했다. 인천터미널에 내려 택시를 잡으셨다. 그리고 선생님이 먼저 뒷좌석에 안쪽으로 들어가셨다. 나는 앞좌석으로 가려고 했더니, 이리 와서 같이 앉으라고 하시는 것이었다. 선생님이 안으로 들어가셨으니, 내가 상석에 앉는 꼴이 되었다. 민망하고 송구스럽기 그지없는 일이 아닐 수 없었다. 그러나 선생님은 전혀 괘의치 않으셨다. 참으로 격의가 없으신 분이시고, 소탈하신 분이셨다.

학교에 들어가서도 먼저 당신 연구실로 가자고 하셨다. 나중에 생각하니 지원서류를 접수하기 전에 연구실로 가자고 하신 데는 이유가 있으셨다. 이놈이 제대로 공부할 놈인가를 살펴보기 위한 것이었다. 연구실에서 왜 인하대에 오려고 하는지, 무엇을 공부하려고 하는지 등 몇 가지를 물으셨다. 송병기 교수님께서 선생님을 찾아가 공부하라고 권유하셨다는 것, 그리고 조소앙문서를 보았다는 것 등을 말씀드렸다. 일종의 면접이었다. 선생님이 한마디로 말씀하셨다. '시험에 붙어야지'.

시험 보는 날이었다. 시험문제를 받아보니 〈대한민국임시정부 수립의 역사적 의의를 논하라〉는 문제였다. 문제를 받아보는 순간, 나는 알았다. 선생님이 나를 받아주시는 거로구나 하는 생각이 들었다. 뿐만 아니었다. 나중에서야 느꼈지만, 나에게 대한민국임시정부를 공부하라는 무언의 게시이기도 했다. 이것이 계기가 되어 나는 대한민국임시정부에 관심을 갖게 되었고, 지금껏 대한민국임시정부를 연구하고 있다.

II. 학문에 대한 열정과 자료의 중요성을 일깨워주시다

다행히 인하대 박사과정에 합격하여 선생님의 지도를 받게 되었다. 선생님의 지도를 받으면서 느끼는 점도 많았고, 놀라운 점도 참 많았다. 선생님은 말씀이 많으신 편이 아니었다. 자신을 드러내지도 하지 않으셨다. 그렇지만 선생님에게는 남다른 면이 있었다. 무엇보다도 선생님의 말씀을 들으면, 그것이 고스란히 전해졌다. 다른 누구에게서도 느낄 수 없는 선생님만이 갖고 있는 장점이었다. 그 중에서도 학문에 대한 열정이 남다르셨다.

어떤 다른 분들에게서는 느낄 수 없는, 오직 선생님에게서만 전해지는 느낌이 있다. 학문에 대한 열정이다. 박사과정에 입학한 이래 선생님의 수업을 듣게 되었다. 선생님의 수업은 많지 않았다. 아마도 다른 교수님들의 수업시간을 배려하느라, 당신의 수업을 적게 배정한 것 같았다. 선생님의 수업을 들으면서 가장 크게 느낀 것은 학문에 대한 열정이 남다르시다는 점이었다. 선생님은 모르시는 것이 없으셨다. 참으로 아는 것이 많으셨다. 질문을 하면 막힘이 없으셨고, 자료의 출처와 수집경위 등을 생동감 있게 말씀해주셨다. 뿐만 아니었다. 대충 넘어가는 법이 없으셨다. 시간 내에 끝내지 못하시면 다음 시간에 계속하셨고, 제대로 알아듣지 못하면 자료를 가지고 오셔서 설명해주셨다.

독립운동 이외에 다른 일에는 별로 관심이 없으신 것도, 선생님에게서 학문에 대한 열정을 느끼게 만든 주요한 요소였다. 수업시간은 물론이고, 제자들과 사적인 모임에서도 선생님은 거의 다른 이야기는 하지 않으셨다. 독립운동에 대한 이야기 뿐이셨다. 독립운동 이외에 다른 세상사에는 거의 관심이 없으신 분 같았다. 행여 수업시간에 다른 이야기로 번질 법도 하지만, 선생님은 그런 경우가 거의 없으셨다.

제자들과 만나는 자리에서도 마찬가지였다. 제자는 인하대 출신만 아니었다. 선생님께서는 한국정신문화연구원에도 파견근무하신 적이 있었고, 그쪽의 제자들도 있었다. 출신은 달랐지만, 제자들은 함께 잘 어울렸다. 선생님과 자리를 함께 할 때도 적지 않았고, 댁으로 찾아가 는 경우도 많았다. 댁에서 모임을 갖는 경우에는 사모님도 자리를 함께 하셨다. 사모님도 역사학자이시고, 외국어대 사학과 교수셨다. 사모님께서 제자들의 개인적인 사생활에 대해 말씀하시는 경우가 있었다. 그렇지만 사적인 이야기는 오래 이어지지 못했다. 때로는 민망하게 여겨질 정도로 이야기를 중간에서 끊으셨고, 독립운동에 관한 이야기로 돌아갔다. 이야기 주제의 대부분은 독립운동에 대한 것이었다. 오로지 독립운동이 삶은 전부이신 것처럼 느껴졌다

직접 챙기시고 관여하시는 것을 통해서도 선생님의 열정이 전해졌다. 선생님께서 한국민족운동사학회 회장을 맡아 보실 때의 일이다. 1989년 3·1운동 및 대한민국임시정부수립70주년기념학술회의를 조선일보사와

공동주최하면서, 신문에 독립운동사 연표를 싣기로 했다. 선생님의 지시로 연표를 작성했는데, 신문에 싣기에는 분량이 너무 많았다. 당시는 조판을 할 때였다. 김태익 기자와 함께 조판을 해오면 지우는 일을 여러 번 거듭하면서 분량을 조절해 나갔다. 그 작업이 4시간 이상 걸렸다. 선생님께서는 처음부터 끝날 때까지 자리를 뜨지 않으셨다. 늦은 시간까지 함께 계시면서, 당신이 직접 관여하시고 고치셨다. 일을 대충하시는 것이 아니었다. 당신이 하시는 일은 직접 관여하시고 빈틈없이 아주 꼼꼼히 살피셨다.

학문에 대한 열정과 더불어 자료의 중요성을 일깨워주신 점도 잊지 못한다. 선생님은 관심과 연구의 범위가 매우 넓으셨다. 국내의 독립운동뿐만 아니라 서간도와 북간도를 비롯한 만주지역, 러시아의 연해주지역, 중국대륙, 하와이와 미주지역에 이르기까지 관심과 연구의 손길이 닿지 않은 곳이 없을 정도였다. 손길이 미치지 않은 것이 없을 뿐만 아니라 선생님께서 처음으로 개척하신 분야도 참으로 많았다. 그렇게 하실 수 있었던 것은 자료였다.

선생님은 자료에 대해서는 남다른 열정과 집착을 갖고 계신 분이셨다. 연구자로서 자료를 중시하는 것은 당연한 일이라 할 수 있지만, 자료에 대해서만큼은 선생님을 따라갈 사람이 없을 것이다. 선생님은 국사편찬위원회에 근무하실 때, 독립운동 관련 자료들을 정리하여 자료집으로 편찬하는 업무를 하신 분이시다. 이후에도 선생님은 국내는 물론이고, 국외 각지를 다니시면서 독립운동 관련 자료들을 직접 새롭게 찾아내고 발굴하셨다.

선생님께서 새롭게 발굴한 자료들은 일일이 거론할 수 없을 정도로 수없이 많다. 한말 의병과 관련된 자료들을 비롯하여, 대한민국 임시정부와 한국광복군, 만주의 독립군, 연해주와 미주지역의 독립운동 등 범위도 매우 넓고 다양했다. 특히 국외 독립운동이 전개되었던 중국, 미국, 러시아의 연해주, 카자흐스탄과 우즈베키스탄 등지로 답사를 많이 다니셨다. 답사를 다니신 것은 『한국독립의 해외사적 탐방기』로 정리하여 출판되었다. 답사를 다니시며 곳곳에서 새로운 자료들을 발굴해내셨다. 또 러시아의 미하일박과 박보리스, 미국의 방선주 선생과는 매우 긴밀한 관계이셨고, 이들을 통해서도 많은 자료를 수집하셨다.

새롭게 찾은 자료들은 면밀하게 검토하고 분석하여 학계에 공개하셨다. 자료를 수집한 경위를 비롯하여 자료의 내용과 가치 등을 상세하게 해제하셨고, 이를 논문이나 자료집을 통해 학계에 공개한 것이다. 3·1운동 당시 지하신문으로 발행된 독립신문을 수집하여 해제한 「조선독립신문의 拾遺」(『중앙사론』 1, 1972)를 비롯하여, 자료를 소개한 논문들을 모아 엮은 『한국근대사료론』(일조각, 1979), 독립운동가의 자료를 모아 자료집을 발간하면서 해제한 글을 모은 『한국독립운동가의 문집과 자료집』(선인, 2012) 등이 그러한 산물이다. 이는 후학들에게 중요한 지침이 되었다. 독립운동사 연구자들 중에 선생님이 발굴한 자료에 도움을 받지 않은 경우가 거의 없을 정도이다.

독립운동 관련 자료집을 발간하는 일에도 참여하지 않은 데가 없으셨다. 1990년대 이래 독립운동가들의 자료를 모은 자료집을 발간하는 일이 활발하게 이루어졌는데, 그 중심적 역할을 한 것이 선생님이셨다. 누구보다도 자료에 대해 밝으셨기 때문이었다고 생각된다. 『안중근문집』『안중근전기전집』『대한민국임시의정원문서』『백범김구전집』『도산안창호전집』『대한인국민회자료집』『단재신채호전집』『백암박은식전집』『매헌윤봉길전집』『양기탁자료집』『北愚桂奉瑀資料集』등의 자료집을 발간하는 데 직접 주관하시고 관여하셨다.

자료집을 발간할 때도 온갖 정성을 기울이셨고, 빈틈이 없으셨다. 선생님의 자료집 발간업무에 참여할 기회가 몇 번 있었다. 선생님의 작업을 도우면서 놀라고 배운 점이 참으로 많았다. 선생님은 어느 누구보다도 자료의 소재처를 많이 알고 계시다는 데 놀랐다. 자료집에 들어갈 자료를 어디에서 찾아야 할지 난감해 할 때, 어디에 가면 그 자료가 있으니 찾아서 넣으라고 하신 것이 한두 번이 아니었다. 쉽게 또 대충하는 것도 용납하지 않으셨다. 자료상태가 흐리거나 잘못된 곳이 있으면, 반드시 원본 자료를 찾아서 확인하도록 했다. 조그마한 빈틈도 보이지 않으셨다. 가장 좋은 상태의 자료를 찾아내거나 만들어야 했고, 그러한 것으로 자료집을 발간하도록 하신 것이다.

자료의 중요성에 대한 깨달음을 받은 것은 박사과정에 입학하여 첫 수업을 받을 때부터였다. 첫 수업은 『한국근대사료론』을 읽고 발표하는 것이었다. 이는 선생님께서 그동안 자료를 수집하여 해제하신 것을 모아 책으로 편찬한 것인데, 〈소의신편〉〈아령실기〉〈대한민국임시정부자료습유〉〈대한민국임시정부의정원문서〉〈석주유고〉 등의 자료에 관한 내용이었다. 이 수업을 통해 연구자에게 가장 중요한 것이 자료라는 것을 깨닫게 되었다. 자료의 생성과정과 내용 등을 면밀하게 검토할 필요가 있고, 자료의 성격이나 이용하는 방법을 어렴풋이나마 알게 된 것이다.

첫 수업을 통한 깨달음은 이후 더욱 커져갔다. 선생님의 말씀과 자료집을 편찬하시는 과정 을 보면서 마음으로 새기고 느꼈다. 특히 학술회의장에서 본 선생님의 일갈은 큰 가르침이 되었다. 토론을 하시면서 발표자에게 이런 자료를 보았느냐고 묻는 경우를 여러 번 보았다. 말씀은 부드러웠지만, 관련된 자료도 제대로 보지 않고 논문을 쓰냐고 하는 준엄한 질타였다. 발표자가 변명이나 거짓을 말하면, 가만있지 않으셨다. 자료의 출처와 내용 등을 언급하시면서, 발표자가 수긍하도록 만들었다. 선생님의 이러한 모습을 보면서, 무엇보다도 연구자는 많은 자료를 섭렵

해야 하고, 연구자의 논리와 성과는 철저하게 자료를 근거로 해야 한다는 가르침을 받았다.

III. 박사학위 논문의 주제를 지정해주시고 자료를 제공해 주시다

연구자로 살아 온 삶을 뒤돌아보면서, 지금 생각해도 참 잘했다고 생각하는 것이 있다. 박사학위 논문을 한국광복군을 주제로 작성한 것이 그것이다. 한국광복군으로 박사학위 논문을 쓰게 된 것은 선생님의 압력 때문이었다. 당시 나는 조소앙을 주제로 학위논문을 준비하고 있었다. 그런데 선생님께서 한국광복군으로 학위논문을 쓰는 것이 좋겠다고 하셨고, 선생님의 권유로 결국 주제를 바꾸었다. 주제를 바꾸게 한 후, 선생님께서는 당신이 가지고 있던 많은 한국광복군 관련 자료들을 제공해주셨다.

선생님의 지도를 받으면서, 박사학위 논문에 대해 의논을 드렸다. 학부 때부터 조소앙의 아들인 조인제의 집에 가서 조소앙과 관련된 자료들을 보았다는 것, 〈조소앙연구〉로 석사학위 논문을 썼다는 것, 그리고 조소앙 관련 자료를 대부분 복사해서 갖고 있다는 것 등을 말씀드리면서, 조소앙을 주제로 박사학위 논문을 쓰고 싶다고 했다. 선생님께서는 좋다고 하셨다. 특히 조소앙은 대한민국 임시정부에서 중요한 역할을 하신 분이라며, 독립운동가 개인에 대한 연구만 아니라 대한민국 임시정부에 대한 연구라고 하셨다.

선생님의 허락을 받은 후, 논문을 준비해갔다. 나름대로 조소앙을 주제로 6편 정도의 논문을 쓰고, 이를 묶어서 박사학위 논문으로 완성한다는 계획이었다. 첫 논문으로 〈한말 일본유학생에 관한 일고찰〉이란 논문을 썼다. 조소앙이 일본에 유학하였기 때문에 먼저 그의 성장과정을 살펴보려고 한 것이다. 논문을 작성하여 선생님께 드렸다. 한참이 지난 후 별다른 부연설명도 하시 않으시고, 그 논문을 천관우 선생님께 갖다드리라고 하셨다. 천관우 선생님에게 대학원 수업을 듣고 있던 때였다.

선생님의 의도를 나중에서야 알았다. 천관우 선생님에게 심사를 받아보라는 것이었다. 대단한 심사를 받았고, 큰 깨우침을 얻는 기회였다. 천관우 선생님이 부르셨다. '자네 논문을 읽었다'고 하시면서, 6쪽에 이르는 종이를 내미셨다. 제목에서부터 장과 절의 목차, 내용의 구성과 순서 등, 수정한 것들이 빼곡히 적혀 있었다. 뿐만 아니라 3시간여 걸쳐 논문을 써야 하는 문제의식, 목차를 설정하는 방법과 용어, 논리를 전개하는 요령, 글 쓰는 방법 등에 대해서도 친절하게 설명해주셨다. 엄청난 감동과 충격을 받았다. 논문을 꼼꼼히 읽어주시고 수정해주신 데 대한 감동도 컸지만, 논문을 어떻게 써야 되는지에 대해 커다란 깨우침을 얻은 것이다. 연구를 시작하는 초학자로 이런 기회를 가질 수 있었던 것은 엄청난 행운이 아닐 수 없었다.

선생님에게서도 적지 않은 가르침을 받았다. 조소앙을 주제로 한 학위논문을 어떻게 구성해야 하는지에 대해서도 방향을 일러주셨다. 조소앙은 이론가·사상가로서 큰 역할을 했던 분이니, 우선 조소앙이 우리 역사에 대해 어떤 생각을 갖고 있었는지, 민족에 대해서는 어떻게 보았는지에 대한 논문을 쓰는 게 좋다고 하셨다. 선생님의 가르침대로 〈조소앙의 역사의식〉〈조소앙의 민족문제에 대한 인식〉 등의 논문을 써서 발표했다.

조소앙을 주제로 학위논문을 준비하고 있었지만, 주제가 완전히 바뀌게 되었다. 선생님의 압력 때문이었다. 어느 날 선생님께서 부르셨다. 연구자에게 학위논문은 중요한 것이라며, "조소앙도 중요한 주제이지만, 학계에 커다란 과제가 있다. 한국광복군이 중요한 문제인데, 이에 대해 제대로 연구가 이루어지지 않았다. 기왕 학위논문을 쓰려면 학계에 공헌하는 걸 쓰는 게 좋다"는 말씀이었다. 말씀은 부드러웠지만, 박사학위 논문을 한국광복군으로 쓰라는 권고이자 압력이었다.

선생님께서 말씀하신 데는 이유가 있었다. 내가 광복군 유적지를 조사 답사하였다는 점이 그 하나였다. 1991년 조동걸 교수님이 중국에 있는 광복군 유적지를 조사 답사하는 과제를 맡으셨고, 김희곤·최기영과 나를 같이 가자고 하셨다. 조동걸 교수님을 단장으로 해서 20여 일 동안 광복군 유적지를 조사했다. 조사단에는 광복군에서 활동했던 이재현·최덕휴 지사도 포함되어 있었다. 아마도 광복군에서 활동했던 분들을 모시고, 또 중국의 광복군 유적지를 조사한 것은 이것이 처음이 아니었나 한다.

광복군 조사를 마치고 돌아올 때, 비행기 안에서 조동걸 교수님이 '광복군을 가지고 학위논문을 쓰라'고 종용하신 적이 있었다. '저는 안 합니다'라고 말씀드렸다. 다녀와서 보고서를 내야 하는 데 그 부담을 내가 져야 한다는 점도 있었지만, 광복군이 간단한 문제가 아니었다는 점을 알았기 때문이었다. 답사를 준비하면서 자료도 찾아보고, 생존 광복군 대원들을 만나 증언을 듣기도 했다. 이를 통해 광복군은 그 명성에 비해 자료가 제대로 없다는 점, 또 가짜 광복군을 비롯하여 적지 않은 문제점들이 있다는 것을 알게 되었다. 광복군은 쉽게 또 섣불리 대들 수 있는 문제가 아니었다. 이런 생각 때문에 '저는 못합니다'라고 말씀드렸다.

이후 선생님과 조동걸 교수님 사이에 말씀이 있으셨던 것 같다. 당시 학계에 비슷한 연배의 교수님들이 있었지만, 두 분은 각별한 사이였다. 특히 학문에 대한 열정이나 순수성, 그리고 후학들에 대한 애정에 대해서 두 분은 일치하는 점이 많았다. 이러한 점들로 인해 두 분은 제자들은 물론이고, 후학들에게 커다란 존경의 대상이 되어 있었다. 두 분 선생님께서 나의 학위논문에 대한 말씀을 나누셨고, 광복군을 주제로 하는 것이 좋겠다는 데 의견을 같이 하셨다.

학위논문을 광복군으로 하는 게 좋겠다는 선생님의 말씀을 거역할 수 없었다. "학계에 공헌할 수 있는 논문을 써야 한다"는 말씀도 이유가 되었지만, 지도교수님이 나를 믿고 인정해주신다는 점이 더 크게 작용했다. 중국의 광복군 유적지를 직접 가서 조사한 일도 있고, 이를 위해 사전에 준비를 하며 자료를 부분적으로 섭렵한 일도 있어서 의욕도 있었다. 선생님의 말씀을 듣고 "말씀대로 하겠습니다"라고 대답했다.

선생님을 뵙고 난 후 곧바로 착수했다. 다른 것은 다 팽개쳤다. 잘 해야 한다는 생각뿐이었다. 중국에 조사를 다녀온 지 한 달도 안 된 때 벌어진 일이었다. 조사를 다녀온 직후라 함께 했던 김희곤·최기영과 함께 조동걸 선생님을 자주 만났다. 만나면서 광복군에 대한 연구를 어떻게 할 것인지에 대해 많은 의견을 나누었다. 여러 번의 만남과 의견을 들으면서, 연구에 대한 방향과 골격을 잡을 수 있었다.

논문을 쓰면서, 선생님으로부터 많은 도움을 받았다. 중간 중간에 선생님을 뵙고, 막히는 문제나 해결하기 어려운 문제들을 말씀드렸다. 뵐 때마다 참으로 놀랐다. 선생님은 다 알고 계셨다. 그리고 당신이 갖고 있는 관련 자료들을 내주셨다. 선생님은 광복군에 대해 많은 자료를 갖고 계셨고, 누구에게도 보여주지 않았던 자료들을 선뜻선뜻 내주신 것이다. 최기영 교수가 가끔 여럿이 모인 자리에서 농담 삼아 하는 이야기가 있다. 자기가 자료 이야기를 하면 한 번도 보여주신 일이 없는데, "한시준이 이야기하면 다 내주신다"라며 너스레를 떠는 것이다. 참으로 선생님은 〈한국광복군제2지대현재서안관좌대원간력표〉 등을 비롯하여 많은 자료를 제공해주셨다. 학위논문을 제대로 쓸 수 있었던 것은 선생님의 은덕이었다.

지금 생각해도 박사학위논문을 『한국광복군 연구』로 쓴 것은 참 잘한 일이라고 생각한다. 선생님의 지도와 은덕 때문에 가능한 일이었다. 뿐만 아니다. 학위논문을 일조각에서 책으로 출판하도록 주선해주셨다. 학위논문을 곧바로 책으로 낸 것이다. 책을 낸지 얼마 안 있어 『한국광복군 연구』 라는 책으로 월봉저작상을 받게 되었다. 당시 월봉저작상은 학문적으로 매우 영예로운 상이었다. 선생님은 아무 말씀이 없으셨지만, 내가 월봉저작상을 받을 수 있게 된 것은 전적으로 선생님이 관계하신 것이었다.

Ⅳ. 대한민국 임시정부 최초 청사, 가짜의 복원을 막으시다

선생님께서 하신 크고 중요한 일들이 많지만, 꼭 언급해야 할 것이 하나 있다. 중국 상하이에서 대한민국 임시정부의 최초 청사를 들여왔다며 이를 국내에 복원하려고 하였을 때, 그것이 가짜였음을 밝혀내시고 이를 막으신 일이다. 당시 선생님께서 이에 대한 이의를 제기하시지 않으셨다면, 가짜 청사가 국내에 그대로 복원될 뻔 했다. 뿐만 아니라 이를 추진하려고 했던 대한민국 정부가 큰 망신을 당할 수 있었던 일이기도 했다.

1994년 봄의 일이었다. 국내의 각 언론들이 일제히 큰 보도기사를 냈다. 중국 상하이에 있는 대한민국 임시정부의 최초 청사를 국내에 들여왔다는 내용이었다. 당시는 남북이 곧 통일될 것이라고 해서 남과 북이 각각 민족의 정통성을 내세울 때였다. 북쪽에서는 발굴한 단군릉을 복원한다고 하고, 남쪽에서는 상하이의 만국공묘에 있던 임시정부 요인들의 유해를 봉환해 온 것이다. 이러한 분위기에서 청주에 있는 골동품 하시는 분이 임시정부 최초 청사라며 그 건물을 국내로 들여온 것이다.

이는 대통령(김영삼)에게도 보고가 되었고, 정부에서는 이를 복원하고자
했다.

어느 날 선생님이 전화를 하셨다. "임시정부 최초 청사의 주소가 있
는 자료를 본 일이 있느냐"고 물으셨다. 당시 상하이에는 마당로(馬當路)
보경리(普慶里)에 임시정부 청사가 복원되어 있었다. 이는 1926년부터
사용한 곳이고, 임시정부가 수립된 곳과 최초 청사의 정확한 주소는 모
르고 있던 때였다. 임시정부가 수립된 곳이 '金神父路'라고 도로명만 알
려져 있지, 정확한 번지수는 기록된 것이 없었기 때문이다. 여기에 대해
서는 선생님이 더 잘 알고 계신 것인데, 나한테 전화한 것은 다시 한번
확인해보기 위한 것이었다.

정부에서는 골동품 업자가 들여온 '최초 청사'를 복원하기로 하고, 그
업무를 국가보훈처에 맡겼다. 보훈처에서는 이를 어디에다 복원해야 할
지를 결정하기 위해 관계된 분들의 의견을 듣고자 회의를 열었는데, 선
생님도 그 회의에 참석하게 된 것이다. 회의에 참석하기 전에 선생님은
최초 청사의 정확한 주소를 거듭거듭 확인하셨고, 나한테도 다시 한번
확인한 것이다.

나중에 들은 이야기다. 회의에서 논의된 문제는 최초 청사를 어디에
다 복원하느냐는 것이었고, 서대문 독립공원이 후보지로 선정되었다고
한다. 복원 장소가 선정되고 회의를 마칠 무렵, 선생님께서 "내가 알기로
는 임시정부 최초 청사의 정확한 주소가 있는 자료가 없는데, 지금 들여
온 청사는 어디에 있는 것을 어떻게 알고 가지고 왔느냐"라고 한 말씀을
하셨다는 것이다. 회의에 참석하신 분 중에 임시정부를 연구하시는 분이
있었다. 이 분이 "청사를 복원하는 사업은 민족의 정통성을 확보하는 일
인데, 국가적 사업에 방해를 놓으시냐"며, 선생님의 말씀에 대해 거칠게
항의했다고 한다. 이에 대해 선생님은 "주소가 명기된 자료가 없지 않느

냐, 그런데 어떤 건물을 가지고 온 것인지를 복원하기 전에 정확히 확인해야 할 것 아니냐"고 하셨다. 이를 둘러싸고 고성이 오갈 정도로 논란이 일어났다. 회의를 주재하던 보훈처장은 주소가 정확한지를 먼저 조사할 필요를 느꼈고, 결론을 내리지 않고 회의를 끝냈다고 한다.

이를 전후하여 국내 신문의 보도가 있었다. 상하이에서 들여온 최초 임시정부 청사는 가짜라는 내용이었다. 국내 언론들이 최초 청사 반입을 대대적으로 보도하였을 때 상하이에 있던 특파원들도 이에 대한 후속취재를 하였고, 그 과정에서 최위자라는 분이 가짜라고 한 것이다. 최위자는 독립운동가 최채 선생의 따님으로 중국인과 결혼하여 상하이에 살고 있던 분이었다. 상하이에 살면서 최위자는 나름대로 상하이에 있는 독립운동유적지를 조사하는 작업을 하고 있었다고 한다. 그런데 임시정부 청사와는 관계가 없는 엉뚱한 것을 가지고 가서 최초 임시정부 청사라고 한다는 것이었다.

보훈처에서는 정확히 조사할 필요가 있다고 여겼고, 상하이에 가서 조사할 조사단을 꾸렸다. 당시 국사편찬위원회의 박영석 위원장을 단장으로 하고, 상하이에서 활동했던 이규창 지사, 문화재위원인 고건축 전문가, 연구자로는 선생님과 나, 그리고 보훈처 담당자들로 구성되었다. 나는 선생님께서 추천하신 것이다. 조사단의 임무는 최초 청사의 정확한 주소를 확인하는 일, 그리고 들여온 것이 정말 임시정부의 최초 청사인가를 확인하는 것이었다.

조사단은 상하이로 출발하기 전에 먼저 들여온 건물자재를 확인했다. 들여온 건물자재는 인천항에 있었다. 가서 보니 모두 27개의 컨테이너에 달하는 엄청난 규모였다. 조사단은 그 중 하나를 열어 보았다. 문을 열던 인부들의 입에서 '이런 쓰레기도 수입하나'라는 말이 나왔다. 그 정도로 낡은 자재들이었다. 내가 보아도 서까래 보이는 나무들이 아주 심하게 부식되어 있었고, 만지면 부스러질 것 같았다.

컨테이너를 열어 본 후, 이를 들여온 골동품 업자 오 모 씨가 조사단에게 특별히 보여줄 게 있다고 했다. 그 분에게 이끌려 가보니 창고에 대나무로 만든 탁자와 의자들이 수북이 쌓여 있었다. 그분 설명인즉 '청사에 있던 탁자와 의자들인데 너무 낡았더라'며, 반출을 도와주던 상하이시 공무원에게 '임시정부 요인들이 사용하던 것인데 이렇게 낡아서야 면모가 서느냐, 새것으로 사 달라'고 했다고 한다. 그랬더니 그 공무원이 '역사적인 의미가 있는 것인데 낡았어도 그대로 가지고 가라'고 해서, 낡은 것을 그대로 가지고 왔다는 것이다.

조사단은 상하이로 갔다. 공항에 도착하니 총영사관 직원들이 마중을 나왔고, 곧바로 상하이총영사관으로 안내했다. 회의실에 들어서니 오 모 씨와 이 모·조 모 두 교수님이 와 있었다. 자리에 앉기도 전인데 조 모 교수가 선생님에게 '뭘 조사한다고 왔냐, 임시정부 최고 전문가가 그렇다고 한 것인데 왜 떠들어대서 사단을 만드냐'며, 거칠게 소리를 질러댔다. 금방이라도 달려들 분위기였다. 선생님은 아무 말씀도 하지 않으셨다. 참으셨다. 박영석 위원장이 '소리 지르지 마라, 앉아서 이야기하자'라며 수습했다.

양측이 마주보고 앉았다. 총영사가 뭐라고 인사말을 했다. 말을 하고 있는 중인데, 이 모 교수가 종이 하나를 집어 흔들면서 선생님을 향해 '선생님은 자료도 알지 못하면서, 여기 자료가 있는데 함부로 떠들어대십니까'며, 거친 말을 쏟아냈다. 자료가 있다는 말에 선생님은 움찔하셨다. 옆에 앉은 나에게 '무슨 결정적 자료가 있는 건가'하고 물으셨다. 나는 벌떡 일어나 이 모 교수에게 달려갔다. 자료라고 흔들어댄 것을 확인했다. 기가 찼다. 그것은 현순 목사가 상하이에 와서 묵었던 주소를 일제측이 조사하여 보고한 정보자료로, '김신부로 22호 佛人부인댁'이라고

된 자료였다. '불인부인댁'이란 프랑스 부인의 집을 말하는 것이다.

현순은 기독교 목사로 3·1독립선언서를 가지고 상하이로 갔고, 상하이에서 대한민국 임시정부를 수립하는 데 큰 역할을 한 인물이다. 그가 묵었던 '김신부로 22호'를 최초 청사라고 한 것이다. 나는 조사에 앞서 관련 자료들을 추적했었다. 1919년 당시 '김신부로'는 이후 몇 차례 거리 이름이 바뀐 것을 확인했다. 1943년 프랑스조계가 중국 측에 반환된 후 중국국민당 정부에서 이름을 바꾸었고, 또 중화인민공화국이 건립되고 나서 1953년에는 '서금2로'로 바뀌어 현재까지 사용되고 있었다. 들여온 건물은 '서금2로 22호'라고 했다. '김신부로 22호'가 최초 청사이고, 현재의 '서금2로 22호'가 그것이라며 들여온 것이다. 거리 이름이 바뀐 것은 확인되지만, 번지수가 바뀌었는지는 알 수가 없었다. 상하이에 가서 반드시 조사하고 확인해야 할 사항으로 여기고 있었다.

이 모 교수가 마치 결정적 자료인 양 흔들어댄 자료를 보고, 내가 말했다. '선생님, 이건 현순이 묵고 있던 집 주소가 아닙니까'. 이 모 교수는 고개를 홱 저치며 '학문을 쥐뿔도 모르면서, 결정적 자료가 없으면 유추해서 해석하는 거 아니야'라고 했다. 말이 채 끝나기도 전에 옆에 앉았던 조 모 교수가 벌떡 일어나 삿대질하면서 '임시정부 최고 전문가인데, 초출내기가 뭘 안다고 끼어들어. 윤병석이 졸개야, 그렇게 배워처먹었어'라며, 무섭게 몰아붙였다. 참기가 어려웠다. '현순의 주소를 임시정부 청사라고 하시는데, 그게 될 일입니까'라고 대꾸하며, 자리로 돌아왔다. 선생님께서 내 무릎 위에 손을 얹으셨다. 걱정하지 말라는, 안도한다는 표시라고 여겼다.

다음 날부터 조사단은 계획한 대로 조사에 들어갔다. 미리 조사해두었던 자료를 근거로 임시정부가 있던 곳을 찾아 확인하는 한편, 임시정부 요인들이 거주하였던 지역들을 돌아보며 조사를 했다. 엉뚱한 건물을 가져갔다고 이야기한 최위자도 만났다. 최위자는 중국인 남편과 같이 나왔다. 남편은 의사였는데, 정년퇴직했다고 한다. 최위자는 자신은 독립운동가의 딸이고, 상하이에 거주하면서, 또 정년퇴직하고 나서 시간 여유가 있어 선대들이 활동한 자료와 지역을 돌아보곤 한다는 것이다. 그동안 찾은 자료와 조사한 내용들에 대해 소상하게 설명하면서, 그런데 어떤 사람이 와서 엉뚱한 건물을 국내로 가지고 가서 최초 청사라고 한다며 어처구니없어 했다.

건물 자재를 반출하도록 도와준 상하이시 노만구의 공무원도 만났다. 저녁 식사에 초대해서 만났는데, 비교적 괄괄한 성격이고 호탕해보였다. 한마디 물으면, 열 마디를 대답할 정도로 말하는 것을 좋아했다. 많은 양의 건물 자재를 반출시키기 위해 여러 곳에 힘쓴 일을 비롯하여, 오 모 씨 때문에 고생한 이야기를 했다. 오 모 씨가 '오래된 탁자와 의자를 구해달라고 해서, 더운 여름날 땀을 뻘뻘 흘려가며 긁어모아 주었다'는 것이다. 인천항에서 조사단을 창고로 데려가 설명하던 오모 씨의 이야기와는 완전히 다른 이야기였다.

그의 입에서 기가 막힌 이야기도 나왔다. 건물 자재에 대한 이야기였다. 현재 상하이 마당로 임시정부 청사가 복원되어 있는 곳에서 멀지 않은 곳에 임시정부 요인들이 많이 거주하던 보강리라는 곳이 있었다. 홍콩의 무슨 재벌이 보강리 전체를 매입해서 백화점을 짓느라고 보강리 전체를 철거했다고 한다. 한데 무슨 문제가 있어 1년이 지나도록 공사가 진행되지 않아 철거한 자재들이 그냥 쌓여 있었다고 한다. 그런데 오모 씨가 이것을 가지고 가겠다고 해서, 컨테이너를 마련해서 반출하도록 해주었다는 것이다. 그렇다면 임시정부 청사와는 아무런 관련이 없는 것이다. 임시정부 요인들이 거주하던 동네를 철거한 자재들을 가지고 와 임시정부의 최초 청사라고 한 것이다.

조사과정에서 결정적인 자료도 찾아냈다. 조사단이 핵심으로 여겼던 것은 1919년 당시의 '김신부로 22호'와 1993년의 '서금2로 22호'가 같은 곳인가, 아닌가를 확인하는 일이었다. 방법은 1919년과 1993년 당시의 지적도를 찾아 비교해보면 알 수 있었다. 상하이시당안관에서 지적도를 찾았다. 비교해보니 거리 이름만 바뀐 것이 아니라, 번지수도 바뀌었다. 옛날 '김신부로 22호'는 현재 '서금2로 50호'의 위치였다. 곧바로 현장을 찾아갔다. 함께 갔던 고건축 전공하시는 분이 보자마자 이 건물을 1930년대 이후에 지어진 것이라고 했다. 벽돌과 건물자재들만 보아도 언제 지어진 것인지 알 수 있다는 것이다.

조사단의 조사 결과 국내에 들여온 임시정부 최초 청사는 가짜임이 밝혀졌다. 임시정부 청사와는 아무런 관련이 없는 것이고, 더욱이 백화점을 짓는다고 철거해서 1년 이상 쓰레기처럼 쌓여있던 건물 자재들이었다. 만일 이것이 정부에서 결정한 대로 서대문 독립공원에 임시정부 최초 청사라고 복원되었다면 어떻게 되었을까? 대한민국 정부가 당했을 수모, 국민에 대한 죄책감 등, 생각만 해도 끔찍한 일이 아닐 수 없다. 이를 바로 잡은 것이 바로 선생님이셨다. 가짜 임시정부 청사의 복원을 막아낸 일. 이는 독립운동사에 관한 연구와 더불어 선생님이 남기신 커다란 공헌이었다고 생각한다.

10

몽골 카라코룸 겔에서 주신
따뜻한 격려 말씀

김희곤
국립대한민국임시정부기념관 관장

이들 두 장의 사진은 2001년 여름, 원나라 수도였던 카라코룸의 겔 앞에서 찍은 것이다. 한여름이지만 서늘해지는 저녁 무렵, 밤을 보낼 겔

앞에서 독립운동사 연구계를 대표하는 이만열, 조동걸, 윤병석(왼쪽부터) 세 분 선생님께서 한 자리에 나란히 앉았다. 이렇게 세 분을 한 장에 담을 수 있는 것은 참으로 귀한 행운이었다. 지금은 두 분 선생님께서 세상을 떠나시고 이만열 선생님만 뵐 수 있으니, 더욱 그러한 느낌을 갖는다.

2001년 8월 20~21일, 그러니까 9·11테러가 있기 얼마 전, 몽골 수도 울란바토르에서 국제학술회의가 열렸다. 한국근현대사학회와 국가보훈처가 울란바토르국립대학과 공동으로 몽골지역의 한국 독립운동을 주제로 연구발표회를 가진 것이다. 그리고서 답사를 떠난 일행은 서쪽으로 400km 떨어진 카라코룸을 향해 종일토록 버스로 내달렸다. 이튿날에는 에르데네 조 사원을 비롯한 오르혼 계곡의 유적을 돌아보면서 몽골제국의 웅대한 역사에 견주어 자취가 너무나 희미하다는 느낌을 지울 수 없었다.

여름이지만 밤이 되면 바깥이 춥다. 자연스럽게 모닥불을 피워놓은 겔 안으로 모여들었고, 중장년의 연구자들은 밤늦도록 세 분 선생님의 토론을 귀담아들었다. 몽골지역에서 펼쳐진 한국 독립운동사를 중심으로 폭넓은 이야기가 펼쳐졌다. 그런 가운데서도 나는 윤병석 선생님의 눈치를 거듭거듭 살폈다. 사실 지은 죄가 있었기 때문이다. 한 해 앞서 도산안창호전집 편찬위원으로 동참해달라고 주문하셨는데, 이를 고사했던 탓이다. 윤 선생님은 참으로 의아한 마음이 들었을 것이다. 바로 앞서 윤 선생님을 위원장으로 모시고 백범김구전집을 편찬하여 1999년 완성했고, 안창호를 주제로 논문도 발표하고 강연도 했는데, 도산안창호전집 편찬에는 참가하지 못한다고 답했으니, 윤 선생님으로서는 이해하기 힘든 일이었다. 그런데 사연이 있었다.

1990년대까지 서울과 안동을 오가는 일은 참 힘든 일이었다. 기차가 4시간 30분이나 걸렸고, 그나마도 몇 편이 없었다. 학회를 마치고 탈수 있는 차는 밤 9시 아니면 11시 30분발 기차뿐이었고, 9시 차를 타더라도 새벽 두 시나 되어서야 집에 도착할 수 있었다. 토요일마다 열리던 몇몇 학회를 개근하다시피 다니다 보니 건강에 무리가 왔다. 그런 가운데서도 백범김구전집 편찬위원을 맡았다. 위원장인 윤 선생님을 비롯하여 조동걸·이만열·신용하·윤경로·한시준·최기영·도진순·김삼웅 등 위원들과 더불어 필자까지 모두 10명의 위원이 전집편찬을 완성했다. 그 과정에서 한시준·최기영 교수와 더불어 타이완에 가서 중국국민당 문서를 비롯하여 많은 자료를 수집해 오기도 했다. 마침내 1999년 6월 백범 서거 50주기에 맞춰 서울 프레스센터에서 출판기념회를 가졌다. 백범의 생애와 가치를 담은 김대중 대통령의 정확하고도 도도한 축사에 감탄하기도 했다. 바로 그런 직후에 윤 선생님께서 도산안창호전집편찬 위원을 권하셨으니, 사업은 자연스러운 일이었다. 그런데 나는 이를 받아들이지 않았다. 이유는 다름 아니라 건강에 문제가 생긴 때문이었다.

바로 이 무렵 격렬한 통증이 발가락을 엄습했다. 걷는 것은 고사하고, 기어가기도 힘들었다. 병원으로 실려 가니, 평소 가까이 지내는 주치의는 통풍이라고 진단했다. 바람만 스쳐도 아프다는 통풍이다. 주치의는 술을 끊어야 한다고 주문했다. 그는 바로 나랑 술자리에 자주 어울려 온 후배였으니, 내 주량을 잘 알고 있던 터였다. 하지만 그날로 술을 끊었다. 뒷날 그 주치의는 내가 술을 끊지는 못해도 좀 줄일 수는 있으리라고 예상했단다. 그날부터 학회나 연구발표회가 아닌 모임에는 나가지 않고 연구실에 틀어박혔다. 그 많던 술친구들이 나오라고 아우성을 질러댔다. 그래도 일절 외출을 삼갔다. 윤 선생님께서 도산안창호전집 편찬위원을 맡아달라고 주문하신 때가 바로 이 무렵이다.

윤 선생님께는 건강에 문제가 생겨서 동참하기 어렵다고 말씀드렸다. 거절당한 윤 선생님의 마음이 편치 않았을 것임은 말할 나위가 없다. 2000년 11월 도산안창호전집이 발간되었다. 그리고 이듬해 여름 몽골 카라코룸 어느 겔 앞에 앉아 석양과 별을 보며 말씀 나누게 되었으니, 죄송한 마음을 지울 수 없었다. 그런데 이날 윤 선생님은 나를 불러 조용히 격려해 주셨다. 교통이 불편한 지방에서 열심히 서울을 오가며 많은 글을 발표하니 놀랍다고 말씀하셨다. 마음이 불편한 나를 헤아려 일부러 불러 격려하시는 것임을 잘 알 수 있었다. 죄송스럽고 부끄러워 쥐구멍이라도 찾아야 할 판이었다.

10년 뒤 윤 선생님은 필자를 나락에서 구원해 주셨다. 매헌윤봉길전집 편찬에 함께하겠느냐며 뜻을 물어 오신 것이다. 말씀도 채 끝나기 전에 "네 하겠습니다. 고맙습니다" 답을 드렸다. 죄를 씻는 마음이 담겨서 그랬는지, 크고도 떨리는 목소리였다고 기억한다. 이렇게 속죄할 수 있는 기회를 주심에 거듭 감사한 마음을 가졌다. 만약 윤 선생님께서 권하시지 않고 편찬사업을 추진하였다면, 나로서는 얼마나 마음고생이 심해졌을지 생각할 필요조차 없다. 2011년에 펴낸 매헌윤봉길전집 편찬사업은 그래서 생각할수록 고맙고 또 고마운 일이었다.

누구나 알고 느꼈듯이 윤 선생님은 외유내강의 대표적 인물이다. 마치 따뜻한 온기와 차가운 얼음이 함께 존재하는 듯하다. 남을 대할 때 선생님의 면모 어디에서도 강하거나 날카로움을 느낄 수 없다. 그저 온화한 기품만 전해질 뿐이다. 하지만 학문과 교육에서는 그 누구보다 엄격하고 철저하셨다. 그 가운데서도 자신의 학문에 대한 자세는 특히 그러했다.

윤 선생님의 존재는 웅대한 자태를 가진 큰 산이다. 그 자락, 그 그늘에서 많은 제자들이 성장하여 한국 독립운동사 연구에 땀을 쏟고, 또 그 성과도 놀라울 정도다. 겨레의 양심을 지킨 역사, 그 역사를 바로 세우

는 데 힘을 쏟고들 있다. 정년퇴임한 지 3년이 후딱 지나는 필자로서는
그저 존경스럽고 부러운 장면이 아닐 수 없다.

11   우리 시대의 선비 윤병석 선생님

문정희
전통문화원 원장

Ⅰ. 첫 만남

공과대학이 중심이던 인하대학교에 1972년 경영대학과 이과대학이 곧이어 1973년에는 사범대학이 설립되었다. 1973년 1학년 때는 인문 사회학부라 하여 함께 수업을 들었고, 2학년 때 국어교육과, 영어교육과, 사회교육과로 분과 되었다. 사회교육과에서는 일반사회와 역사 두 개의 전공이 있었다. 사회교육과의 역사 전공은 여학생 다섯 명(강선숙, 김희자, 문정희, 이명순, 이훈옥) 남학생 네 명(박규, 배형식, 이용택, 안윤성)으로 모두 아홉 명이었다. 그 당시에는 아홉 명이 수업 받는 마치 지금의 대학원 수업과 같았다. 2학년 때부터 우리의 선생님이며 선배 역할을 하셨던 임명방 선생님, 정명오 선생님, 배경숙 선생님, 이충희 선생님, 유홍열 선생님과 사범대학 학장이셨던 남광우 선생님 등의 여러 선생님의 관심과 사랑 속에서 철모르고 공부만 하는 대학 생활을 하게 되었다. 3학년이 되던 1975년 당시 국사편찬위원회 조사실장으로 계셨던 윤병석 선생님께서 인하대학교로 오셔서 강의를 듣게 되었다.

II. 생활 속의 가르침

전라도 지역 답사에서 남원에 머물 때는 장기자랑 식으로 연극 춘향전을 가장 말 없고 점잖았던 박규가 춘향 혹은 춘향 모로 분해 함께한 시간에 모두가 배를 잡고 웃었던 기억이 있다. 이후 뒤풀이로 간단한 맥주를 곁들인 상차림을 준비하였는데, 상에 올라온 술이 맥주인 것을 보신 선생님께서 "대학생이 무슨 맥주냐"고 하셔서 그다음부터는 매우 조심했던 기억이 있다. 대학 등록금이 1년에 20만 원 미만이었으며 우리가 당연하게 사용하는 천 원짜리 지폐가 처음 발행된 때이다. 당시 소비자들에게 막걸리의 이미지가 '값싸고 맛 좋은 술 막걸리'로 서민의 술의 자리를 차지하고 있었던 점을 생각해 볼 때 막걸리가 아닌 비싼 술을 마시는 것을 경계하도록 당부하셨다.[1] 그 밖에도 학과 행사로 술을 마실 때는 선생님들께서 기꺼이 선배처럼 이끌어 주셨고 그 덕분에 친구들과 후배들도 정신을 놓는 일 없이 실수 없는 술자리를 가질 수 있게 되었다. 과 대표였던 저는 술을 전혀 하지 못해 학점을 안 주시겠다고 다른 선생님들이 구박하실 때도 윤 선생님께서는 별다른 말씀 없이 슬며시 웃기만 하셨다. 4학년 때 도봉산으로 등산 갔을 때 여학생들이 힘들다고 안 올라가고 쉬고 있을 때 남학생들이 윤 선생님은 벌써 올라가셨는데 더 가자고 권했다. 대부분 여학생은 "거짓말"이라며 학생인 20대 초반 우리가 올라가는데도 이렇게 힘들어하는데 선생님께서 우리보다 먼저 올라가셨을 리가 없다고 말도 안 된다는 반응 일색이었던 순간 "여기 있어요" 하

---

1 당시 맥주는 비싼 술이었다. 4홉들이 맥주병에 담긴 막걸리가 100원인 데 비해 막 대중화되기 시작한 생맥주가 한잔에 500원이었으니 대학생들이 맥주를 마시기란 언감생심이었다. 더욱이 맥주는 골프와 같이 사치로 간주해 병뚜껑에도 세금을 매긴 터라 생맥주보다 병맥주가 훨씬 더 비쌌다.(『농민신문』, 「[맥주] 귀한 대접 받던 술, 이젠 친구가 됐다」, 검색일: 2012-06-04, https://www.nongmin.com/230292)

시며 얼굴을 보여주셔서 혼비백산하여 올라갔던 추억을 가끔 동기들과 이야기한다. 당시 남학생들은 학기 도중 군대에 가야 했음에도 여학우들에 대한 '의리'로 입대를 미루고 4학년까지 함께 공부할 수 있었던 것에 대한 고마움이 있다.

한 번은 선생님을 모시고 택시를 탈 일이 있었는데, 당시 승차 예절을 모르던 저는 어른께는 무엇이든 먼저 권하는 게 좋을 것으로 생각해서 선생님을 안쪽에 모시고자 했다. 그때 선생님께서 먼저 타라고 하시고, 나중에 당신이 문을 닫고 가시면서 자동차에 탑승할 때도 상석이 있다고 일러주셨다.

선생님께서는 우리를 부르실 때 '군'이라고 불러주셨다. 저를 부를 때도 '문 군'이라고 불러주셨고, 이후 우리가 학교 교사가 되었을 때는 깍듯하게 '문 선생'이라 불러주시는 것처럼 '선생'이라 불러주시며 제자에 대한 대접을 해주셨다. 저는 대학 졸업 후 일선 학교에 취직해 교사로 재직하면서 대학원 진학을 미루고 있던 차에 소명여자고등학교 교장 수녀님의 배려로 인하대학교 일반대학원에 진학할 수 있었다. 인하대 대학원에 개설되어 있지 않은 강좌의 경우에는 학점교류를 통해서 서울대학교 일반대학원에서 해당 강좌를 들을 수 있도록 배려해주셨다. 그리고 방학 때는 인하대학교 부설 한국학연구소에서 공부할 수 있도록 편의를 봐주셨다. 가끔 선생님께서 복사할 일이 있으면 부탁하시는데 그때마다 매번 복사비를 내셔서 매우 어려웠다. 아마도 선생님께서는 개인적인 용무라 생각하셔서 그렇게 하시는데 제자인 내가 보기에는 학생들을 위한 복사인데 한국학연구소가 막 출범한 때여서 더더욱 공과 사에 대한 구분을 엄격하게 하셨던 선생님의 처신이었다고 생각한다. 그리고 새로운 일을 하실 때 여러 가지를 꼼꼼하게 알아보시고 실행하지 않는 경우가 때때로 있었고 이에 대학원생들은 가끔 돌다리 두들겨보고 건너지 않으신다고 이야기했었는데, 지금에서 돌이켜 생각해보니 꼼꼼하게 알아보신 만큼 불필요하다고 판단되는 일은 진행하지 않으신 것이라 미루어 짐작해본다.

대학원 다닐 때 선생님을 모시고 중화요리 점에 갔을 때 맥주를 시키셔서 내가 깜짝 놀랐더니 선생님께서는 "맥주는 국민 음료"라 말씀하셔서 몇 년 사이에 달라진 선생님의 세련미(?)에 대해 동기들과 선생님의 변화라고 이야기를 나누고 웃었던 기억이 있다. 한 번은 한글회관에서 세미나가 있어서 참석했는데 건국대학교 박영석선생님이 세미나장에서 주어진 시간보다 많이 초과하셨기에 다음 발표자인 윤 선생님이 시작하실 때 세미나가 길어질 테니 점심 식사는 포기해야겠다고 생각하며 자세를 고쳐 앉았는데, 대부분의 강의나 발제가 앞사람과 비슷하게 시간을 소요할 것이라는 예상과 달리 선생님께서 연단에 오르셔서 요점만 간단히 말씀하시고 내려오셨다. 평상시 강의나 발제의 소요 시간과는 다른 산뜻하고 스마트한 시간 운용에 참여한 학생들은 신선한 충격을 받았다. 그리고 모두 기쁘게 점심을 먹으러 가는 길에 선생님을 살짝 놀려드렸던 즐거웠던 추억이 남아 있다. 학교를 퇴직하고 한국전통문화원을 설립하여 학생들과 내외국인을 위한 전통문화 교육을 시작했을 때 선생님께서 오셔서 둘러보시고 "힘든 일인데…."라며 걱정하셨다. 용감하기만 했던 제자였던 저는 "우리가 공부한 독립운동사에서 독립운동이 성공하리란 보장 없이 먼저 깨달은 사람이 해야 한다고 해서 나섰고, 자신과 가족을 희생했다." 말하면서 "그래도 저는 제집에서 하니 걱정하지 마십시오."라고 말씀드렸다. 이후 인천시에 2014년 아시안게임을 위해 아시아드 선수촌 아파트 용지로 수용되어 기관을 서울시로 이전했을 때도 오셔서 둘러보시곤 별말씀은 하지 않으셨지만, 여전히 걱정하시는 것을 느낄 수 있었다. 선생님의 가르침에 제가 감사한 마음을 담아 남기고 싶은 이야기는 '저는 이제 일흔이지만 여전히 꿈꾸며, 용감하게 삶을 이어가고 있습니다. 앞으로도 계속 시행착오와 실수를 하며 살아가겠지만 선생님께서 보여주신 것처럼 배운 사람이 어떻게 처신하고 살아야 제대로 사는 것인지에 대해 늘 고민하고 생각을 멈추지 않고 있습니다.

우리 집안의 '큰 바위 얼굴'

이덕주

감리교신학대학교 은퇴교수

I. 글을 쓰게 된 동기

내 어린 시절 운회(雲淮)[1] 윤병석(尹炳奭) 선생은 우리 집안의 영웅이
자 전설이었다. 운회 선생은 나의 5촌 외당숙이다. 외할아버지 대에 삼
형제 분이 계셨는데 그 중 제일 큰 할아버지의 막내 아드님이 운회 선생
이시고 나는 막내 할아버지의 맏딸 윤태남(尹泰男)의 막내아들이다. 그
래서 우리 형제들 사이에서는 운회 선생이 '병석이 아저씨'로 불렸다. 나
는 어려서부터 어머니나 외삼촌으로부터 "윤병석 교수는 우리 집안의 자

---

1 운회(雲淮)라는 윤병석 교수의 호는 이번에 이 글을 쓰기 위해 윤 교수의 부인 이
은순 교수를 면담하는 중에 알게 되었다. 윤병석 교수는 공식적인 자리에서 "위
대하신 어르신이나 아호를 쓰는 것이지 나 같은 사람이 무슨 호를 쓰겠나." 하시
며 호를 사용하거나 밝히지 않으셨다. 그런데 이은순 교수는 "호가 없으셨냐?"는
나의 질문에 머뭇거리시더니 "이건 우리 부부만 알고 우리끼리 사용하던 것인데
밖의 사람은 전혀 몰라." 하시면서 "우리가 결혼한 얼마 후 '우리끼리만 알고 쓰
자.' 하시면서 구름 운(雲) 자, 강 이름 회(淮) 자를 합친 '운회'(雲淮)를 써 보이시
더군. 당신의 고향 백운(白雲)과 나의 고향 회양(淮陽)에서 한 자씩 따온 것이야.
그러시면서 '물 위의 구름처럼 살자'며 흡족해 하셨지. 부부 공용 아호는 아마 처
음일거야." 하셨다(2023년 2월 13일).

랑이라."는 말을 수없이 듣고 자랐다(운회 선생은 나의 어머니보다 열한 살 아래다). 특히 운회 선생이 방송에 출연하거나 신문에 소개되면 외삼촌은 그 기사를 우리에게 보여주며 "제천이 배출한 천재적인 역사학자 두 분이 계시는데 한 분은 동아일보사의 천관우 선생님이고[2] 또 한 분이 바로 우리 집안의 윤병석 교수님이다."며 무척이나 자랑스러워하셨다.

나는 어려서 운회 선생을 뵌 기억이 없다. 충주에 살았던 나는 어린 시절은 물론 성년이 되어서도 평소 운회 선생을 자주 찾아뵙거나 가르침을 받지 못했다. 나에겐 그저 가까이 하기엔 두려운 '집안의 큰 어른', 나다니엘 호손의 소설 제목처럼 멀리서 바라보는 '큰 바위의 얼굴' 같은 존재였다. 내가 방학을 맞아 제천 백운의 큰외갓집을 방문해도 서울에 유학 중인 분이라 만날 수 없었다. 내가 고등학교 입학하면서 우리 집도 서울로 이사하였다. 그 후에도 어머니만 가끔 운회 선생 댁을 방문하였지 나는 찾아뵙지 못했다. 내가 신학교를 졸업하고 목사가 된 후 한국교회사, 그 중에도 '한국기독교민족운동사' 분야를 공부하면서 자연스럽게 운회 선생의 독립운동사 관련 논문이나 저서를 접하게 되었다. 하지만 연구 관심과 방법이 서로 다른 '일반사'와 '교회사'였기에 운회 선생의 저술

---

2 윤병석 교수보다 다섯 살 위인 후석(後石) 천관우 선생(1925-1991)은 제천군 청풍 출신으로 어려서부터 천재 소리를 들으며 자랐고 청주중학교를 거쳐 1944년 경성제국대학 예과에 입학, 광복 후 문리대 사학과에 진학하였다. 1949년 〈반계유형원 연구〉란 졸업논문을 썼는데 지도교수인 이병도로부터 '군계일학'이란 평가를 받았지만 대학 졸업 후 언론계에 투신하여 대한통신사, 조선일보, 동아일보 등지에서 기자와 주필, 논설위원으로 활동했다. 윤병석 교수가 서울대 사학과를 지원하거나 국사학자가 되는데 천관우 선생으로부터 직접적인 영향을 받은 것 같지는 않다. 다만 두 분 사이의 관계를 묻는 나의 질문에 이은순 교수는 "천관우 선생이 윤 교수를 무척 사랑해 주셨지. 고향도 같고 서울대 사학과 동문이라 남달리 아끼셨어. 1970-1980년대 윤 교수가 언론계에 자주 소개될 수 있었던 것도 천관우 선생님 도움이 있었어. 우리 부부는 매년 정초면 빠짐없이 천관우 선생 댁을 찾아가 세배를 드렸지. 그러면 두 분은 제천 고향 이야기로 시간 가는 줄 모르고 지냈어." 라고 증언하였다.

을 참고하는 수준에서 그쳤다.

그러다가 내 연구 관심 분야가 기독교인들이 다수 관련된 독립협회나 황성기독교청년회, 상동파, 신민회, 의병운동, 한말 민족계몽운동, 삼일운동 등으로 확산되면서 더욱 밀접하게 운회 선생의 연구 결과를 읽고 거기서 도움을 받았다. 특히 기독교의 대표적 민족운동가라 할 수 있는 전덕기 목사와 신석구 목사, 손정도 목사에 대한 전기를 쓰면서 안창호와 안중근, 이동휘, 이상설 등 기독교와 관련 깊은 독립운동가들에 대한 운회 선생의 연구는 큰 도움이 되었다. 그 저술들을 읽으면서 운회 선생의 폭 넓은 자료 섭렵과 간결하면서도 정곡을 찌르는 필치에 감탄이 절로 나왔다. "과연 우리 집안의 큰 어른이시다."는 생각이 들었다. 그러면서도 직접 찾아뵙고 인사하거나 가르침과 조언을 구하지 못했다. 낯선 사람을 꺼려하는 내성적인 성격 탓도 있지만 가까이 하기엔 두려웠던 '집안의 큰 어른'이셨기 때문이다. 아마도 운회 선생은 이런 나를 퍽이나 섭섭해 하셨을 것이다.

그러던 중 1990년대 들어서 내가 가르침을 많이 받았던 한국기독교역사연구소의 이만열 선생님과 윤경로 선생님으로부터 가끔, "어느 학술 모임에서 윤병석 선생님을 만났는데 이덕주 목사를 거론하며, '우리 집안에 나처럼 역사를 공부하는 학자가 나왔다.'며 자랑스러워하시더라."는 말을 들었다. 나는 그분을 멀리 했음에도 그분은 나를 잊지 않고 계셨던 것이다! 그런 말을 전해들을 때마다 얼마나 부끄러웠는지 모른다. 그래도 숫기가 없어 선뜻 다가서지 못하는 나를 운회 선생이 불러내셨다. 처음엔 당신이 주최한 간도지방 독립운동 관련 학술대회에 나를 논찬자 중 한 사람으로 세우시더니 종종 그런 학술 모임에 나를 초청해서 주변 학자 분들에게 나를 소개해주셨다.

그리고 2011년 운회 선생은 팔순기념으로 심혈을 기울여 쓰신 『대한과 조선의 위상』 출판기념회를 아주 가까운 친지와 제자 20여 분만 초청해서 조촐한 식사모임으로 여셨는데 내게도 "집안 대표로 참석하라."는 연락이 왔다. 나는 가족석과 제자석 중간 부분에 마련해 놓으신 자리에 앉아 기라성과 같은 한국사와 독립운동사 연구자들을 가까이서 뵙는 영광을 누렸다. 그 자리에서 운회 선생은 직접 말로 표현하지는 않으셨지만 표정에서 "우리 집안에 나와 같은 사학자가 나왔다."하며 나를 소개하고 싶은 마음을 읽을 수 있었다. 나는 속으로 "아저씨, 죄송합니다. 좀 더 자주 찾아뵙고 인사드리고 가르침을 받아야 했는데 제가 조카 노릇을 제대로 하지 못했습니다." 하며 고개를 숙였다.

그 모임 후에도 바쁘다는 핑계로 운회 선생을 자주 찾아뵙지 못했다. 나도 2018년 학교를 정년 은퇴하였다. 그리고 "이제는 자주 찾아뵈어야지." 했는데 코로나 팬데믹이 시작되면서 기회를 놓쳤다. 그리고 운회 선생은 3년 전 홀쩍 떠나셨다. 운회 선생 빈소에서 내 마음은 못내 죄송하고 부끄러웠다. 정초나 명절 때 운회 선생 댁을 찾아 인사드리는 가족과 친척, 후학들이 많았을 텐데 집안 조카인 내가 한 번도 찾아뵙지 못했으니 인간된 도리, 집안 어른에 대한 예를 다하지 못한 죄책감과 후회가 밀려왔다. 운회 선생 장례식 후 내 마음이 편하지 못한 것은 당연했다.

그러던 중 이번에 '고 윤병석 교수 3주기 추모문집 간행위원회'로부터 "가족 입장에서 글을 한 편 써 달라."는 부탁을 받았다. 나에겐 운회 선생에 대한 미안하고 죄송한 '마음의 빛'을 갚을 수 있는 기회였다. 그리고 어렴풋이 '집안 큰 어른'으로 알고 살아왔던 분이 어떤 분이셨는지 좀 더 자세히 알 수 있는 기회이기도 했다. 나는 사학계 후배나 제자들에게는 잘 알려지지 않은 그분의 집안과 가족 배경, 자라난 생활환경과 성장과정에서 형성되었을 내면세계의 한 부분을 소개하기로 결심했다. 그런 목적에서 외갓집 친척들에게 수소문해서 족보와 관련 자료를 구해 읽었다.

그리고 운회 선생의 서울 유학시절 자취생활을 도와주었던 외숙모의 증언과 운회 선생을 도와 문중 일을 맡아 했던 외사촌의 증언, 그리고 평생 반려자 이은순 교수의 증언을 통해 운회 선생의 가정환경과 청년기 학창시절의 모습을 어느 정도 그려낼 수 있었다.

II. 가문과 집안 배경

1986년 간행된 〈파평윤씨 문정공파〉(坡平尹氏 文定公派) 족보에 의하면 운회 선생은 후삼국시대 왕건을 도와 고려를 건국함으로 개국 벽상공신에 봉해진 파평윤씨 시조 윤신달(尹莘達)의 37대손이고 고려 예종 때 여진족의 침략을 물리치고 동북 9성을 구축했던 태사공 윤관(尹瓘)의 33대손이다. 나는 어려서부터 어머니 뿐 아니라 외갓집 친척들로부터 "우리는 윤관 장군의 후손이다."는 말을 수없이 듣고 자랐다. 태사공 이후 파평윤씨 가문이 크게 번성하였고 고려 명종 때 중서시랑평장사를 지낸 30대조 문정공 윤인첨(尹鱗瞻) 때부터 파가 갈라져 '문정공파'가 생겨났다. 운회 선생은 중시조인 문정공의 30대손이다.

조선왕조가 들어선 후 파평윤씨 문정공파 집안에서 큰 이름을 남긴 인물은 보이지 않는다. 다만 세조와 성종, 중종(2명)에 이르기까지 모두 4명의 정비(正妃)를 배출한 가문이라는 파평윤씨 후손들의 자부심은 계속 이어졌다. 경기도 파주 일대에 자리 잡고 살았던 파평윤씨 후손 중 일부가 충청도에 자리 잡게 된 것은 운회 선생의 16대조 사직공(司直公) 윤처산(尹處山) 때 부터였다. 충북 중원군 엄정면 괴동에 있는 사직공 추모사당 추원사(追遠祠)에 설치된 〈사직공전기〉에 따르면 사직공은 단종 때 오위부(五衛府) 사직이란 무관 벼슬을 살던 중 세조(수양대군)가 조카 단종을 폐위하고 왕위에 오르자 "우리 임금이 무비견축(無非見逐)하고 수양이 위도습위(違道襲位)하였는데 내 어찌 조정에 머물러 있으랴." 며 사직한 후 식솔을 이끌고 남한강 상류 중원군(현 충주시) 엄정면 골짜기로 이주하였다. 낙향 후에는 외부와의 인연을 끊고 "낮에는 밭 갈고 밤에는 글 읽는 것으로 자족하면서 자손에게 존조경종(尊祖敬宗)과 위국애민(爲國愛民)의 도, 즉 효제충의(孝悌忠義) 사상을 가르치고 전하는 것을 자임하며" 살았다.

그렇다고 사직공 이후 파평윤씨 집안에서 과거에 급제하여 관직에 나간 사람이 전혀 없었던 것은 아니다. 사직공의 손자 윤승문(尹承文)은 참봉, 증손자 윤누(尹耨)는 교위, 4대손 윤원우(尹元佑)는 사정, 5대손 윤간(尹侃)은 승지 벼슬을 지냈으며 6대손 괴헌공(槐軒公) 윤숙(尹淑)은 숙종 때 경상좌도 병마절도사, 충청병사를 거쳐 오위도총부 부총관까지 지냈다. 괴헌공은 경상좌도 병마절도사로 있을 당시 외침을 막기 위해 군위 화산산성(華山山城)을 수축하면서 자기 녹봉을 모두 내놓아 석공과 인부를 모집, 일반 백성에게 폐해를 주지 않으려 애썼다. 애민구휼에 앞장섰던 괴헌공을 기려 지방민들이 세운 괴헌정(槐軒亭)과 승려 채학(彩學)이 건립한 괴헌공유적비가 지금도 군위에 남아 있다. 그래서 파평윤씨 문정공파 후손들은 고려 때 태사공 윤관에 이어 조선 후반기 파평윤씨 집안을 다시 한 번 크게 세운 인물로 괴헌공을 꼽고 있다.

그러나 괴헌공의 아들 윤취필(尹就弼)이 통덕랑을 지낸 것으로 파평윤씨 사직공파 자손의 벼슬살이는 끝났다. 그사이 엄정에 자리 잡고 살던 사직공파 자손은 계속 번성하여 엄정을 거점으로 인근 충주와 소태, 산척, 동량, 제천, 원주 방면으로 퍼져나갔다. 그렇게 퍼져나간 사직공파 자손 가운데 일부가 천등산(天登山) 다릿재를 넘어 제천 땅에 들어와 백운과 원월, 봉양 등지에 자리 잡았다. 대략 조선후기 헌종과 철종 시기로 추정된다. 사직공 14대손이자 운회 선생의 직계 조부인 윤양언(尹養彦, 1864-1906)이 자리 잡은 곳은 백운면 애련리(愛蓮里)였다. 애련리는 천등산에서 흘러내린 원서천이 마을을 휘돌아 마치 '물 위에 떠 있는 연꽃'과 같다 해서 붙여진 이름이다. 경치는 좋았지만 사방으로 높은 산에 둘러싸여 있고 개울 따라 난 좁은 길로 외부와 통하는 외진 곳이었다. 음풍영월(吟風詠月)을 즐기는 은둔거사가 살기엔 적합한 곳이었다. 자를 중희(仲羲), 호를 병암(屛菴)으로 썼던 양언공은 그런 애련리를 거처로 삼아 사직공 후예답게 글 읽기로 소일했다. 경제적으로 빈한할 수밖에 없었다. 그런 중에 원주이씨(1859-1928)와 결혼하여 성(鋮, 1886-1971)과 수(銖, 1890-1945), 진(鎭, 1891-1950), 세 아들을 두었다. 양언공은 한창 일할 42세 나이로 별세했다.

가난을 물려받은 양언공의 삼형제는 역할을 분담했던 것 같다. 자를 종여(宗汝), 호를 연거(然居)라 했던 맏형 성은 선비로서 품위를 지키며 집안 살림을 관리하였고 두 동생 수와 진은 열심히 일해서 돈을 벌었다. 내가 생전의 어머니로부터 들은 말씀이다.

> 세 할아버지는 정말 우애가 깊으셔서 콩 한 쪽도 나눠 드실 정도였지. 세 형제분은 결혼해서도 분가하지 않고 한 집에 살면서 생각과 힘을 모으셨어. 특히 아래 두 형제분은 집안 농사일은 물론이고 겨울철 농한기 때만 되면 솜틀기계를 짊어지고 백운면 일대를 돌아다니며 솜을 틀어 돈을 버셨단다. 밤에도 쉬지 않고 새끼줄을 꼬아 내다 파셨어. 두 분은 양반 체면을 포기하고 머슴처럼 일해 돈을 버셨지. 그렇게 번 돈을 모두 큰 할아버지께 갖다드리면 그분은 그 돈을 한 푼도 허튼 데 쓰지 않고 땅을 사서 재산 불리는 일에 전념하셨지. 큰 할아버지는 그 분야에 특출한 재능을 지니셨던 것 같아. 그렇게 해서 삼형제 분이 열심히 노력해서 십수 년 만에 우리 집안은 백운면 일대에서 '천석지기 부자'로 소문나게 되었다.

근면과 성실로 '큰 부자'가 된 외할아버지 삼형제는 1930년대 후반 애련리를 떠나 백운면 평동(平洞)과 한성개(漢三浦), 도장골(道谷), 세 곳으로 분가, 독립하였다. 재산의 가장 큰 몫을 차지한 큰 외할아버지는 백운면 읍사무소가 있는 평동에 자리 잡고 양조장을 경영하였고 해방 후에는 우체국까지 운영하였다. 거기서 십리 떨어진 한성개와 도장골에 자리 잡은 둘째 외할아버지나 친 외할아버지는 뵌 적이 없다. 둘째 할아버지는 해방되는 해 별세하셨고 친 외할아버지는 한국전쟁 중 퇴각하던 공산군에게 체포되어 무참하게 살해되셨다. 그때 큰외삼촌은 육군소위로 참전 중이었고 중학생이었던 둘째 외삼촌은 인민군 의용병으로 끌려가 행방불명이 되었다. 큰 외할아버지는 막내 동생 시신을 평동 집에 안치한 후 대성통곡을 하셨다 한다.

　　나는 어려서 평동 큰 외갓집을 방문할 때마다 '먼발치'에서 큰 외할아버지를 뵙곤 했다. 이미 칠십이 넘은 연세였지만 언제나 단아한 한복을 차려 입으시고 드넓은 집 뒤 사랑채에 홀로 거하셨다. 그곳은 장난꾸러기 우리 어린아이들에겐 범접할 수 없는 '금단구역'이었다. 큰 외갓집을 방문하면 제일 먼저 사랑채에 올라가 큰 외할아버지께 큰절로 인사를 드렸는데 그저 인사만 받으시고 아무 말씀도 없으셨다. 그리고 툇마루에 조용히 앉아 책을 읽으시거나 사후 당신의 시신이 담길 오동나무 관을 정성스럽게 닦고 계시던 모습이 생각난다. 그때를 생각하면 지금도 "무섭다."는 기억만 남아 있다.

　　그런데 이번에 이 글을 쓰면서 자료와 증언을 종합해보니 그렇게 무서운 분만은 아니셨음을 알게 되었다. 큰 외할아버지는 해방 후 사비를 털어 평동에 백운학원(白雲學院)을 설립하고 육영사업을 하셨다. 그때 백운학원에서 공부한 후학들이 뜻을 모아 1995년 박달재 휴양림 연못가에 〈선각자 연거 파평윤성선생 사은비(先覺者然居坡平尹鋮先生師恩碑)〉

를 세웠다. 그 비석에 새긴 내용을 요약해서 소개하면 다음과 같다.

> 1886년 10월 25일 제천군 백운에서 참봉 양언공과 원주이씨 사이의 3형제 중
> 장남으로 출생하였다. 어려서부터 효성이 지극하였고 주경야독으로 학문에
> 전념하였으며 20대에 가문을 이끄는 가장이 되었다. 1927년 제천 향교 장의
> (掌議)가 되었고 1933년 충청북도 보통학교 학무위원과 백운면협의회 의원,
> 1937년 백운면 교육회장, 1940년 제천군 학교평의원, 파평윤씨 대종회 고문
> 등을 역임하였다. 1938년 엄정주조주식회사(嚴政酒造株式會社) 전무취체역
> (專務取締役)에 취임, 백운과 엄정에 양조장을 경영하였다.

여기까지 보면 큰 외할아버지는 근면성실로 이룬 재산을 기반으로
1930년대 중반 이후 백운면을 대표하는 지역인사가 되어 일정 부분 조
선총독부 시책에 협력하는 직책을 수행하였음을 알 수 있다. 충청북도
보통학교 학무위원, 백운면 협의회, 백운면 교육회장, 제천군 학교평의
원 등과 같은 직책들이다. 그리고 이를 배경으로 (일제 강점기 친일파 인
사들에게만 허락했던) 양조회사 경영권까지 취득한 것으로 보인다. 후
손으로서는 약간 '부끄러운' 이력임에 틀림없다. 그런데 그 다음 비문에
"또한 공은 역경(逆境)의 독립운동 애국지사들을 은밀히 지성으로 협력
하였다."는 내용이 나온다.[3] 구체적인 내용은 알 수 없지만 큰 외할아버
지는 그 시절 대부분 재산가들이 그러했던 것처럼 외면으로는 일제에 협

---

3 비문에 나오는 큰 외할아버지가 "독립운동 애국지사들을 은밀히 지성으로 협력
했다."는 구체적인 내용을 알 수 없다. 다만 집안에 전해 내려오는 이야기로는 큰
외할아버지의 큰 아들 태훈이 서울 중앙고보 출신으로 여운형 선생의 동생(여운
홍?)과 가깝게 지냈다고 한다. 그런 배경에서 큰 외할아버지가 아들을 통해 은밀
히 독립운동 자금을 지원하였고 일제말기 지하운동을 하던 독립운동가들을 위해
평동 양조장 사무실을 회합 장소로 내주었다고 한다. 독립운동가들이 회합하는
중 밤중에 순찰을 돌던 순경이 찾아오면 큰 외할아버지가 "우리 집안사람들 모임
이다."며 돌려세웠다고 한다.

력하는 모습을 보이면서도 내면으로는 독립운동을 지원하는 양면 자세를 취한 것으로 보인다.

반면 해방 후 큰 외할아버지의 행적은 분명하였다. 비문에 적힌 내용이다.

> 1945년 광복과 함께 백운면 치안유지위원회를 조직하여 위원장으로 활약하였다. 해방직후 혼란기에 나라를 바로 이끌 인재양성을 위해 지역유지 이석영(李錫永) 이호봉(李鎬奉) 등과 협의하고 1950년 4월 28일 사재를 털어 '백운학원'(白雲學院)을 설립, 백운면을 비롯하여 인근 9개 면 청소년 250명을 무상으로 가르쳤다.

평동에 일제 강점기(1920년대) 설립된 백운공립보통학교가 있었지만 등록금을 낼 수 없는 가난한 학생들을 위해 학비를 받지 않는 백운학원을 따로 설립했던 것이다. 그렇게 설립된 백운학원은 개교 두 달 만에 터진 한국전쟁으로 중단되었다가 휴전 후 다시 문을 열고 10여년 더 운영되었다. 그렇게 큰 외할아버지는 자수성가한 재산가로서 모은 재물을 사적으로만 쓴 것이 아니라 육영사업을 통해 사회에 환원하는 '노블레스 오블리주'(noblesse oblige)의 본을 보여주었다.[4] 큰 외할아버지는 나의 외갓집 식구 뿐 아니라 백운면 사람들에게 말 그대로 '큰 어른'이셨다.

Ⅲ. 부자 집안의 가난한 유학생

큰 외할아버지는 두 번 결혼해서 3남 2녀 자녀를 두었다. 열여섯 나

---

[4] 집안에 전해 내려오는 바에 의하면 큰 외할아버지는 평소 도움을 요청하는 사람들에게 인정을 후하게 베풀었다고 한다. 가난한 환자의 약값을 대신 내주었고 걸인은 그냥 돌려보내지 않았다고 한다. 가난한 학생들에겐 '성적표를 가져오는 조건'으로 수업료를 대주었다고 한다.

이에 네 살 아래 영일정씨와 결혼해서 1903년 맏아들 태훈(泰勳, 일명 炳勳)을 얻었는데 부인은 아들이 성장하기 전에 일찍 죽었다. 그리고 애련리에서 어느 정도 재산을 일군 후 스무 살 아래 밀양박씨와 재혼하여 딸 둘을 먼저 얻은 후 1920년 둘째아들 태화(泰和), 그리고 1930년 막내아들 병석을 얻었다. 운회 선생은 아버지가 마흔 네 살에 얻은 '늦둥이' 막내아들이었다. 운회 선생은 바로 위 형(태화)과는 열 살, 큰 형(태훈)과는 서른 살 차이가 있다. 큰형의 맏아들, 즉 운회 선생의 조카인 상규(祥奎)는 세 살 아래였다. 그런데 운회 선생은 일곱 살 때 생모를 여읜 슬픔을 겪었다.[5] 어린 시절 운회 선생은 생모 없이 아버지를 할아버지, 맏형을 아버지, 맏형수를 어머니, 조카를 동생처럼 여기며 자랐다.

어려서 어머니를 잃은 운회 선생의 청소년기는 그리 밝지 않았던 것으로 보인다. 그러나 대대로 '글공부'를 중히 여기던 선비가문의 전통을 이어받아 어려서부터 책 읽기를 좋아하였다. 운회 선생은 애련리에서 보통학교에 입학했다가 1930년대 중반 집안이 평동으로 옮기면서 평동공립보통학교로 전학하여 그곳에서 졸업했다. 보통학교 졸업 후 제천농업학교에 진학하였는데 그가 농업학교에 들어간 것은 "농사가 제일이다. 농사짓는 법을 배워서 집안 농사일을 맡으라."는 아버지의 뜻도 있었지만 그 곳이 제천 유일의 중등교육기관이었던 때문이기도 했다. 이 학교는 1943년 5년제 공립학교로 설립되었다가 해방 후 6년제 제천농업고등학교로 바뀌었다. 운회 선생은 농업학교에 다니던 중 8·15해방을 맞았다. 해방 후에도 계속 농업고등학교를 다녔지만 농사 수업이나 실습에는 흥미를 느끼지 못했고 역사와 문학 같은 문과 수업에 매력을 느꼈다.

운회 선생은 제천에서 고등학교에 다니는 동안 집안의 아버지나 큰형

---

5 큰 외할아버지는 맏아들의 강권에 못 이겨 셋째 부인을 집안에 들이기는 했지만 함께 생활하지 않고 윗채 사랑방에서 홀로 지내셨다.

으로부터 "농업학교 졸업 후 돌아와 집안 농사일이나 양조장 일을 맡아 하라."는 지시(?)를 받았지만 홀로 은밀하게 대학 진학을 목표로 수험준비에 몰두했다. 그리고 고등학교를 졸업한 후 홀로 상경하여 서울대학 사학과에 응시, 합격하였다. '제천농고 출신으로 서울대에 합격한' 것이 첫 번째 일 뿐 아니라 유일하여 '집안 경사'가 될 만도 하였지만 "농사일이나 양조장 일을 맡아 하라."는 집안 어른의 명(?)을 거역한 때문에 환영은커녕 학비 지원도 제대로 받지 못했다. 그렇게 서울에 홀로 올라와 고학으로 유학 생활을 하던 중 전쟁이 터졌다. 학업을 중단하고 고향에 내려갔다가 춘천에 있는 미군부대 '하우스보이'로 군복무를 시작했다. 그리고 얼마 후 가평의 육군공병대(5067부대) 소위로 근무하고 있던 사촌형(즉 나의 큰외삼촌)의 주선으로 그 부대로 옮겨 중사로 2년 복무 후 제대하였다.

군 제대 후 서울대에 복학하려 했으나 평동의 집안에서는 여전히 "결혼해서 양조장 일을 맡으라."고 강요하였다. 아버지는 구체적으로 "명성황후 집안 규수다, 충주 신립 장군 집안 규수다."며 강제(?) 맞선을 주선하였다. 그럴 때면 운회 선생은 상대편 여성에게 "나는 서울 가서 공부할 사람이요. 아직 결혼할 마음이 없소."라며 퇴짜를 놓았다. 평동에 주저앉히려는 아버지와 큰형, 서울로 올라가 학업을 계속하려는 운회 선생 사이의 '보이지 않는 전쟁'은 한동안 지속되었다. 아버지와 형님을 설득하기 어렵다는 것을 안 운회 선생은 결국 '무단가출' 형태로 평동을 떠났다.[6]

그렇게 해서 운회 선생은 서울로 올라와 서울대 사학과 수업을 재개하였다. 다행히 지도교수였던 이병도 박사의 주선으로 조교 자리를 얻어

---

6 이 대목에서 이은순 교수는 "아저씨는 아버지와 큰형님이 '집안사람 어느 누구도 학비는 물론 여비도 주지 말라.'고 엄명을 해 놓은 상태에서 제천에 사는 둘째 누나에게 찾아가 도움을 요청했으나 '아버지나 오빠가 알면 혼난다.'면서 거절당했고 원주까지 걸어가 큰 누나에게 하소연했더니 '집안에는 절대 알리지 말라.' 면서 손에 끼고 있던 금가락지를 빼 주어 그걸로 서울에 올라와 친구 집에 더부살이를 하면서 자취생활을 시작했다고 하더라."고 증언하였다.

학비는 해결되었지만, 생활비는 여전히 모자라 도시락을 싸가지 못한 날도 많았다고 한다. 그렇게 시간이 흐른 다음 학업에 대한 아들의 꺾이지 않는 의지를 파악한 아버지는 서울로 올라와 지도교수였던 이병도 선생을 찾아가 만났다. 아버지는 이병도 교수에게 거창한 식사를 대접한 후 "제 아들 녀석이 가능성은 있습니까?" 하고 물었더니 "물론입니다. 훌륭한 학자가 될 자질이 있습니다."는 대답을 들었다. 당대 최고의 역사학자로부터 "가능성이 있다."는 말을 듣고 내려간 아버지는 그때부터 학비를 보내주기 시작했다.

이렇듯 운회 선생은 아버지의 학업 승인과 학비 지원으로 형편을 조금 나아지기는 했지만, 학비 외의 생활비와 도서구입비 등은 조교 월급으로 충당해야 했기에 생활은 언제나 빠듯했다. 그 무렵 큰형님의 맏아들 상규도 충주고등학교를 졸업하고 서울대 지질학과에 입학했다.[7] 이에 평동에서 윤씨 집안과 쌍벽을 이루던 큰 부자 민춘식 씨가 자신이 소유하고 있던 서울 누하동 이층집을 내주어 운회 선생은 세 살 아래 장조카와 한집에서 자취생활을 하게 되었다. 당시 서울과 평동을 오가며 집안 심부름을 했던 작은 외숙모의 증언이다.

> 그때 병석 아저씨가 서울에서 유학 생활하던 모습이 선한데, 부잣집 아들의 여유 있는 모습은 아니었어. 함께 생활하는 상규는 할아버지가 보내주는 학비 외에 아버지가 따로 보내주는 생활비로 극장 구경도 자주 가고 여유 있게 생활하였지만, 병석 아저씨는 늘 돈에 쪼들렸지. 평동 집에서 보내주는 돈은 수업료밖에 안 되었고 도시락 반찬도 된장만 싸가는 경우가 많았어. 그런데도 불평 없이 늘 공부에만 열중했어. 밥을 먹으면서도 책을 손에서 떼지 않았고 책상도 없어 밥상을 책상 삼아 공부했지. 어떤 때 보면 방바닥에 배를 대고 엎드려 한

---

7 상규 형은 서울대 지질학과 학부에 이어 대학원까지 나온 후 상공부 산하 지질연구소에 들어가 평생 공무원으로 일했다.

문책을 읽는데 서당에서 글공부하듯 허리를 들었다 내렸다 하며 소리 내서 글 읽는 모습이 우습기도 했지. 그렇게 공부에 집중하더니 결국 대학자가 되셨어.

'극빈 상태'였던 운회 선생의 서울 유학생활은 1961년 당시 이화여대 사학과 조교였던 이은순(李銀順)과 결혼하면서 차츰 펴지기 시작했다. 이은순 선생은 강원도 회양의 재산가 전주이씨 집안에서 태어나 해방직후 가족을 따라 월남하여 서울 무학여고를 졸업하고 1959년 이화여대 사학과에 입학하였다. 머리가 영민하고 성격이 활달했던 이은순 선생은 학생 신분으로 사학과 조교를 했다. 그런 관계로 운회 선생은 사학과 모임에서 이은순 선생을 만났고 결혼상대로 점찍고 사귀기 시작하였다. 이은순 교수의 증언이다.

당시 나도 이화여대 사학과 조교였어요. 그때 윤병석 교수의 몰골은 제천 부잣집 아들이라고는 도저히 생각할 수 없을 정도로 몸도 여위었고 옷차림도 남루했어요. 그런데 사학과 모임에서 만나 사귀어 보니 그렇게 순수하고 착한 사람이 없어요. 측은지심이랄까. 집안의 반대에도 불구하고 어렵게 공부하고 있는 사람을 도와주어야 되겠다는 생각이 들더군. 하루는 윤병석 교수와 함께 평동으로 내려가 시아버지가 될 분을 만나 뵈었는데 읽고 계시던 〈동문선〉을 내 보이시며 '여기 한 번 읽어보겠는가?' 하시더군요. 그 책은 우리 사학과 학생들이면 교과서처럼 읽던 것이잖아요? 그래서 몇 줄 읽어드렸더니 '되었다.' 하시더군요. 결혼을 승낙을 받은 셈입니다. 그런데 이번에는 친정어머니가 '집안에서 도와주지 않는 가난한 학생에게 고명딸을 줄 수 없다.'면서 반대하시는 겁니다. 친정어머니를 설득하는 데 또 시간이 걸려 결국 우리는 처음 만난 지 3년 만에 결혼했어요. 결혼 후 돈암동에 작은 신혼집을 마련하고 그때부터 두 사람이 조교 월급으로 생활하며 악착같이 살았지요. 결혼 후 나는 윤병석 교수가 학자로서 확고한 지위를 얻을 수 있도록 최선을 다해 뒷바라지 했어요. 물론 윤병석 교수도 내가 아이 셋을 키우면서 이대 대학원을 졸업한 후 한국외대 교수가 되기까지 큰 힘이 되어 주었지요. 그렇게 우리 부부는 상부상조하면서 부부교수의 길을 걷게 되었습니다.

운회 선생은 서울대 사학과를 졸업한 후 곧바로 대학원 진학을 원했지만 평동 집으로부터 "대학원 학비까지 대줄 수 없다." 하여 대학원 진학을 포기했다. 그리고 이병도 교수 소개로 국사편찬위원회에 들어가 연구원으로 공직생활을 시작하였다. 운회 선생에게 국사편찬위원회는 직장이자 연구실이었고 도서관이자 강의실이었다. 그곳에 산적한 한국사 관련 각종 귀중 서책과 자료를 읽으며 '원 없이' 공부할 수 있었다. 그렇게 해서 연구한 결과를 논문으로 발표하기 시작했고 1970년대 들어 한국독립운동사 연구가로서 학계에 두각을 나타내기 시작했다.

이후 운회 선생의 인하대학교 교수로서 행적은 세상에 널리 알려진 것이기에 굳이 내가 쓰지 않아도 될 것 같다. 그래서 '집안 대표'로서 운회 선생의 가족 배경과 젊은 시절 삶을 추적하는 탐사 이야기는 이것으로 마칠까 한다. 남은 이야기는 이은순 교수의 회고록을 통해 들을 수 있기를 기대해 본다. 청탁을 받아 글을 쓰기는 썼지만 머지않은 장래에 나도 세상을 떠나 저세상(하늘나라)에서 운회 선생을 뵐 텐데[8] 그때 "내가 언제 그랬느냐?"며 미소 띤 꾸지람을 듣지 않을까 걱정이 앞선다.

---

8 윤병석 교수의 종교는 공식적으로는 무종교(無宗敎)다. 집안 배경으로는 유교와 가까웠지만 그렇다고 본인을 유교인이라 생각지 않으셨던 것 같다. 다만 이화여대를 졸업한 이은순 교수는 서울 정릉교회에서 세례를 받고 압구정동 소망교회에 출석하였던 기독교인이다. 그런데 이은순 교수로부터 윤병석 교수의 종교관에 대한 흥미로운 증언을 들었다. "별세하시기 얼마 전 서초동 요양병원에 입원하고 계실 때 하루는 어느 교회 전도대원들이 병실을 방문해서 교수님에게 '예수님을 믿느냐? 구원의 확신이 있느냐?'고 물었더니 선뜻 '그렇다. 나도 기독교를 믿는다.'고 대답하십디다. 전도대원들이 돌아간 후 '당신, 세례도 받지 않고 교회도 나가지 않았는데 어째서 기독교인이라고 했느냐?'고 물었더니 '통계학 상으로 보니 다른 종교보다 기독교를 믿는 사람들이 착하게 살 뿐 아니라 민족과 사회를 위해 좋은 일을 많이 하는 것을 보았소. 그래서 나도 속으로 기독교를 믿어 왔소.'라고 하십디다." 기독교 신학에서는 이처럼 정식 교인으로 등록하지 않았더라도 도덕과 양심으로 기독교의 가르침을 실천하며 사는 사람을 '익명의 그리스도인'(Anonymous Christian)이라 부른다. 윤병석 교수가 그런 경우다.

13 박사학위논문『최시형 연구』가 나오기까지

박맹수
원광대 명예교수

1995년 6월 29일 오전 10시.

경기도 성남시 운중동에 자리하고 있는 한국정신문화연구원(현재의 한국학중앙연구원) 부설 한국학대학원 제2강의실에 윤병석 선생님께서 오셨다. 나의 박사논문『최시형 연구』최종 발표회에 참석하시기 위해서였다. 이 자리에는 윤 선생님을 비롯하여, 석사 및 박사논문 지도교수이신 한양대의 정창렬 교수님, 한국학대학원의 박성수 교수님, 이성무 교수님, 강인구 교수님, 정구복 교수님, 허흥식 교수님 등 우리나라 역사학계의 '별'이요, 기라성(綺羅星)과도 같은 교수님들이 동석하셨다. 그뿐만 아니라, 천도교(天道敎) 교단의 큰 어른이신 표영삼 상주선도사님과 임운길 선생님(후일 교령을 역임)도 함께 자리해 주셨으니, 지금 돌이켜보면 참으로 큰 학은(學恩)을 입었다는 사실에 절로 고개가 숙여진다.

최종 발표회 자리에서 나는 초(超)긴장 상태로 그간 준비해온 박사논문에 대해 요약 발표를 했다. 크게 긴장하지 않을 수 없었던 까닭은 이렇다. 최종 발표를 하게된 1995년은 1986년에 박사과정에 입학한 지 10년

째가 되는 해로써 이번 최종 발표에서 만약 '불합격' 하게 되면 그야말로 '10년 공부 나무아미타불'이 되고 마는 최악의 사태가 일어날 수도 있었기에 긴장하지 않을 수 없었던 거다. 발표가 끝나자 선생님께서는 논문 작성에 있어 핵심을 찌르는 논평을 해 주셔서 지금도 그 메모를 간직하고 있다. 선생님께 입은 큰 학은을 생각하며 당시 선생님께서 나에게 해 주신 논평 내용을 여기에 적어 본다.

박 군이 지난 10여 년 동안 해월 최시형 선생 관련 1차 사료를 열심히 조사하고 수집한 것, 그리고 그 1차 사료에 근거하여 역사적 사실에 대한 고증을 치밀하게 하고 있다는 점은 평가할 만하다. 그러나 발표를 들어 보니 '동학사'(東學史) 중심으로 목차가 너무 좁게 구성되어 있고, 설명 방식도 종교적 색채가 지나치게 강하다. 그러니 해월이란 인물을 '동학사' 속의 인물로만 보지 말고 한국근대사 속의 해월 최시형이라는 점을 염두에 두고, 그가 '동학사'에 끼친 역할도 포함하는 동시에, 더 크게는 한국근대사에 끼친 역할을 균형감 있게 드러내야 할 것이다. 그렇지 않으면 박 군이 오랜 시간을 들여 쓴 학위논문이 단순히 '동학사'에만 머물고 마는 아쉬운 결과가 되어 버린다.

그야말로 정곡을 찌르는 논평이셨다. 나는 그때 역사학자로서 '빛나는' 선생님의 면모를 온몸으로 실감했었다. 지금도 그때를 생각하면 등에서 땀이 난다. 그런데, 논평을 마치시면서 주신 말씀이 구원의 메시지였다. 선생님께서는 논평을 마무리하면서 지금 지적한 점만 수정하면 박사논문으로 제출해도 손색이 없다고 크게 격려해 주셨다. 이리하여 어쩌면 '아웃'될 수도 있는 절체절명의 순간에 그 고비를 넘기고 박사논문을 제출한 나는 이듬해(1996) 2월에 무사히(?) 박사학위를 취득할 수 있었다. 나는 후일 늘 이렇게 회상하곤 했다. "나 박맹수는 야구로 치면 9회 말 투아웃에 볼 카운트 투 스트라이크 쓰리 볼 상태에서 가까스로 안타를 친 셈이라고"

　사실은 윤 선생님은 내가 동학 공부를 계속하는 과정에서 중요한 고비마다 든든한 울타리 역할을 해 주셨다. 그 사연을 공개하는 것으로 선생님에 대한 추모를 대신하고자 한다.

　첫째 동학과 '동학농민혁명'을 연구하는 신진 연구자로서 내가 처음으로 가장 정성들여 썼던 논문이 「동학의 칼노래와 칼춤에 나타난 반침략적 성격」이다. 이 논문은 동학 교조 수운 최제우(水雲 崔濟愚, 1824-1864)가 조선왕조로부터 1863년 12월에 체포되어 이듬해 3월 10일에 '좌도난정(左道亂正)'의 죄목으로 처형당하게 되는 결정적 구실이 되었던 칼노래와 칼춤이 지닌 '외세극복 의지'를 1차 사료를 통해 분석·규명한 논문이다. 원래 이 논문은 1989년 5월 26일부터 27일까지 서강대학교에서 '역사에서의 혁명'을 주제로 개최된 제32회 역사학대회 2일차(27일) '한국사부'에서 발표한 것인데, 이후 수정 작업을 거쳐 1990년 12월에 간행된 윤 선생님 화갑기념 『한국근대사논총』에 게재하였다. 주지하듯이, 이 책은 한국근대사를 연구하는 당대의 중진·소장 역사학자 38명이 참여하여 나온 기념비적인 논총이다. 바로 그런 영광스러운 논총에 학문적 온축(蘊蓄)이 지극히 짧은 내가 필진의 한 사람으로 참여할 기회를 열어주신 윤 선생님께 거듭 감사하면서도 송구스럽기 그지없다.

　둘째, 앞에서 박사논문 최종 발표회에서 선생님께서 해 주셨던 논평을 소개했지만 박사논문 중간 발표회에도 선생님께서 직접 왕림해 주셨다. 중간 발표회는 1994년 12월 1일에 역시 한국학대학원 제2 강의실에서 개최되었는데, 이때 나의 박사논문 제목은 '해월 최시형의 동학사상 연구'였었다. 이 자리에 임석하신 윤 선생님께서는 다음과 같이 평을 해 주셨다.

　제목을 '최시형 연구'로 바꾸고 논문 체제를 조정하라. 사상(思想)을 밝히기 위해서는 최시형의 법설(法說)에만 주목할 것이 아니라. 최시형이 제정한 의례(儀禮)라든지 관련 사건 또는 여러 활동에도 주목해야 할 것이다. 정치사적 접근만이 아니라 최시형 개인이 가졌던 정신적 갈등과 그 극복과 같은 문제에도 주목할 필요가 있다. 그리고 해월에 관한 기존 연구사를 충실히 분석해서 논문에 반영하라.

이 논평은 한 마디로 말해 역사적 인물 연구에 있어 전범(典範), 다시 말해 '금석지전(金石之典)'을 밝혀 주신 것이다. 나는 이렇게 선생님의 아주 광활한 학문적 울타리 안에서 역사 연구자로서 조금씩 조금씩 성장해 갈 수 있었다. 중간 발표회에서 선생님께서 지적해 주신 대로 나는 논문 제목을 '최시형 연구'로 변경하였음은 물론이고, 해월에 의해 제정되는 동학의 여러 의례에 주목했을 뿐 아니라, 해월이 관련된 여러 '사건'들, 예를 들면 1871년 3월 10일의 영해 이필제란, 1892년과 1893년에 걸쳐 진행되는 동학의 교조신원운동 등에도 주목하여 해월의 역할을 규명하는데 진력하게 되었다.

셋째, 1993년경에 선생님께서 특별히 러시아 현지에서 입수하신 계봉우(桂奉瑀)의『동학당폭동(東學黨暴動)』사본을 동문 박민영 선생을 통해 전해주신 은혜를 잊을래야 잊을 수 없다. 인하대 한국학연구소에서 간행하고 있는『한국학연구』5집 별집(1993년 7월)에 실린 선생님의 해제에 따르면, 선생님께서는 1992년 10월에 모스크바대학의 박미하일 교수의 안내로 러시아 사회과학원 동방학연구소의 문헌보관소에 보관되어 있던『동학당폭동』고본 1질을 처음 보았으며, 그 후에 다시 카자흐스탄 과학원 동방학센터 한국학부 고송무 교수로부터 또 다른 원고본의 사본을 제공받아 비교 검토한 바 있다고 하셨는데, 러시아를 다녀오신 직후에 그 귀중한 사료의 사본을 나에게도 전해주신 것이다. 윤 선생님 덕분에 일제강점기 사회주의계열 독립운동가이자 국학자인 계봉우 선생의

『동학당폭동』이 국내에 알려진 것은 '동학농민혁명' 연구에 있어 획기적인 '사건'이 아닐 수 없었다. 김상기(金庠基) 선생님의 『동학과 동학란』과 함께 일제강점기에 이루어진 연구로 쌍벽을 이루는 『동학당폭동』은 동학연구자로서 그 비교 연구 작업은 필수적이다. 그러나 나는 아직도 그 과제를 수행하지 못한 채로 있다. 선생님께서 주신 숙제를 온전히 해내는 일은 후일로 미룬다.

넷째, 박사논문 『최시형 연구』를 심사해주신 은혜이다. 위에서 소개한 바와 같이, 나의 박사논문은 1994년 12월 1일의 중간 발표와 1995년 6월 29일의 최종 발표를 거쳐 그해 8월 31일에 심사용 논문을 대학원에 제출했다. 이후 9월부터 12월까지 다섯 분 교수님을 심사위원으로 모시고 5회에 걸친 '빡센' 심사를 계속했다. 다섯 분 심사위원은 심사위원장 박성수 교수님을 필두로 윤 선생님, 신용하 교수님, 이성무 교수님, 그리고 지도교수이신 정창렬 선생님이었다. 심사 과정에서 가장 논쟁거리가 되었던 것은 "해월 최시형이 제1차 동학농민혁명 단계부터 전봉준과 함께 봉기했다"는 주장이었다. 나는 『백범일지』의 다음과 같은 내용을 그 핵심적 근거로 제시했다.

> 선생(최시형-주)은 진노하는 안색으로 순 경상도 어조로 호랑이가 물러 들어오면 앉아서 죽을까. 참나무 몽둥이라도 들고 나가 싸우자. 선생의 이 말이 즉 동원령이다. (『직해 백범일지』, 집문당, 1995년 4월, 33쪽)

나는 위 내용을 1995년 5월, 그러니까 나의 학위논문 최종 발표가 있기 직전에 윤 선생님께서 펴내신 『직해 백범일지』에서 인용하면서, 그 외 동학 교단 측 사료와 관변 측 사료, 일본 측 사료 등 다양한 사료도 함께 제시했다. 그러자 지도교수이신 정창렬 선생님이 적지 않은 우려를 표명했다. 그간 역사학계의 통설은 "제1차 동학농민혁명 때 해월 최시형은 전봉준의 봉기에 반대했다"는 것인데, 통설을 뒤집으려면 더 면밀한 검토와 더 다양한 1차 사료들이 제시되어야 할 것이라고 강조했다. 그러면서 학위논문 중에 제1차 동학농민혁명 관련 부분을 크게 수정할 것을 요구하였다. 일대 위기의 순간이었다. 바로 이때 두 분이 '구원의 천사'로 강림하였다. 윤 선생님과 신용하 교수님이시다. 두 분은 나의 주장에 대해 공감을 표시하면서 본문 내용은 그대로 살리되, 후일 더 많은 사료들을 찾아내 연구논문으로 발표하는 것으로 기대하겠다는 말씀이셨다. 후일, 나는 윤 선생님과 신용하 교수님 두 분의 말씀대로 일본으로 건너가, 해월 최시형이 제1차 동학농민혁명 당시 전봉준과 '손잡고' 함께 봉기한 사료들을 대거 발굴할 수 있었으니, 나의 동학 연구는 선생님의 자상한 지도, 엄정한 학문적 논평, 그리고 크신 격려와 지지 속에서 이루어졌다 해도 과언이 아니다. 선생님 학은에 거듭 감사드리며, 앞으로도 동학 연구자로서, 선생님의 제자로서 부끄럽지 않은 역사 연구자의 길을 가고자 한다. (2023년 3월 24일)

14 충청도 양반 윤병석 교수님에 대한 추억

김용달

전 독립기념관 한국독립운동사연구소 소장

I. 새드 엔딩(sad ending)으로 끝난 첫 데이트

"이 길이 맞는가?"

오랜 침묵 끝에 선생님이 입을 열었다. 윤병석 선생님을 모시고 충남 당진으로 가는 길이었다. 이날 오전 11시부터 당진문화예술회관에서 학술회의가 예정되어 있었다. 2006년 11월 17일 충남대 충청문화연구소가 주최하는 당진지역 독립운동사 학술회의였다. 이 학술회의 기조 강연은 윤병석 선생님이 하시기로 되어 있었다. 토론자로 나서기로 하였던 나는 서울에서 당진 학술회의장까지 선생님을 모시기로 하였다. 학술회의를 주관하던 충남대 김상기 교수의 부탁이었다. 당시 내가 송파에 살고, 선생님이 교대역 부근에 살고 있었기에 교통편을 제공하기로 한 것이다. 집으로 모시러 간다고 하니, 굳이 교대역으로 나오신다고 하였다. 아마도 골목길로 들어와야 하는 불편함을 생각한 배려이었을 것이다. 교대역에서 선생님을 태우고 경부고속도로에 들어섰다. 선생님과의 여러 인연이 있었지만, 개인적으로 사사로운 대화를 나눌 기회는 많지 않았다. 1980년대 초 독립기념관건립추진위원회 시절 선생님을 처음 뵈었다. 이후 국가보훈처에서 독립유공자 공적 심사에서 다시 뵈었고, 독립기념관에 와서 한국독립운동사연구소 운영위원으로 선생님을 모시게 되었다. 어름 잡아 20여 년을 넘는 인연이었다. 하지만 대개 공식적인 만남이었고, 사적인 만남이나 대화는 많지 않았다. 더욱이 단둘이 있었던 기회도 없었다. 그래서 교대역에서 상투적인 아침 인사를 나눈 뒤, 오랜 침묵이 흘렀다. 난생처음 선생님을 차로 모시고 가기로 해서 내심 긴장한 탓인지, 경부고속도로에서 서해안고속도로로 연결되는 안성분기점을 지나치고 말았다. 오랜 침묵 끝에 선생님이 입을 여신 이유가 여기에 있었던 듯하다. 아마도 어렵게 꺼낸 말이었을 것이다. 충청도 양반이시라 가끔 싫은 내색은 하셨어도 안 좋은 말씀은 거의 없었다. 웬만큼 화가 나지 않으시면 역정을 내시지도 않았다. 선생님이 역정을 내신 모습은 한국근현대사학회 월례발표 때가 유일했다. 이날 선생님은 사회를 보던 한철호 교수가 발언 기회를 주지 않는다고 매우 크게 역정을 내셨다. 토론 사회를 맡았던 한철호 교수가 자기는 말을 많이 하면서도, 선생님께는 정해진 시간이 다 되었다고 말씀 기회를 추가로 드리지 않았기 때문이다. 그러신 분이 어렵게 꺼낸 말이라 내심 "길을 잘못 든 거 아니야. 이 사람아"라는 뜻이 있었을 것이다. 처음으로 선생님을 모시는 기회를 가졌던 나는 약한 모습을 보이고 싶지 않았다.

"아닙니다. 이 길로 가서 천안으로 해서 가면 됩니다."

이 말에 충청도 양반이신 선생님은 더 이상 말씀이 없었다. 이게 낭패를 가져왔다. 바로 인정하고 안성나들목으로 나가 다시 상행선을 타고 안성분기점에서 서해안고속도로로 가면 되었는데, 알량한 자존심으로 일을 크게 그르치고 말았던 것이다. 천안나들목으로 나가 국도를 타고 당진으로 가는 길은 험난했다. 천안 시내를 돌아나가야 했기 때문이다.

"길을 돌고 있는 것 같아!" 침묵 끝에 선생님이 다시 한 말씀하셨다. "아닙니다. 시내만 빠져나가면 곧바로 갑니다." 이때부터 전화벨이 계속 울리기 시작했다. 김상기 교수였다. "어디쯤 오냐"는 것이었다. "왜? 거기로 오냐"는 질책이 빗발쳐 내려왔다. 윤병석 선생님의 눈치 보랴, 김상기 교수의 전화 등쌀에 식은땀이 쏟아졌다. 이날 학술회의가 끝난 뒤, 내가 선생님께 공손히 말씀을 드렸다.

"선생님, 제가 다시 모시고 올라가겠습니다."

"아니네, 아침에 고생했네. 그냥 따로 가겠네."

이렇게 난생 처음 윤병석 선생님과의 둘만의 데이트는 '새드 앤딩'으로 끝나고 말았다.

Ⅱ. 충청도 양반의 다리 꼬기

내가 윤병석 선생님을 처음 뵌 것은 1983년 1월 조동걸 선생님의 추천으로 독립기념관건립추진위원회 전시국 연구원으로 들어가면서였다. 당시 윤병석 선생님은 독립기념관 전시기획위원 가운데 한 분으로 활동하고 있었다. 이때 처음 윤병석 선생님을 뵌 것이다. 윤병석 선생님의 명성은 연구 논저나 근대사 수업시간에 조동걸 선생님의 소개를 통해 알고 있었지만, 직접 상면하기는 전시기획위원회에 오신 이때가 처음이었다. 첫인상은 코미디언 김희갑 선생과 싱크로율 90% 이상이라고 하면 지나친 비약일까. 이게 윤병석 선생님께 받은 임팩트 강한 첫인상이었다. 당시 인기 TV 드라마 '팔도강산'에 깊이 빠져 있어, 그 주인공인 김희갑 선생에 익숙했기 때문이었을 것이다.

당시 전시기획위원은 한국근대사학계의 대가들로 독립운동사 전 분야를 나누어 맡고 있었다. 전시기획위원장은 이현종 국사편찬위원장, 민족전통은 손보기 연세대 교수, 애국계몽운동은 신용하 서울대 교수, 의병운동은 박성수 국사편찬위원회 편사실장, 일제침략은 정하명 육사 교수, 3·1운동은 박현서 한양대 교수, 대한민국 임시정부는 이현희 성신여대 교수와 이연복 서울교대 교수, 독립군전쟁은 박영석 건국대 교수, 의열투쟁은 윤병석 인하대 교수, 대중운동은 조동걸 국민대 교수, 여성운동은 박영옥 성신여대 교수, 학생운동은 김호일 중앙대 교수 등이었다. 그야말로 기라성 같은 당대의 독립운동사 권위자가 총 망라되어 있었다. 그래서 전시 주제와 자료를 선정하는 기획회의는 언제나 불꽃 튀는 논쟁들이 벌어졌다. 마치 학술토론회 같은 분위기였다. 이때 기획회의를 주도하신 분은 윤병석 선생님을 비롯하여 조동걸, 신용하 선생님세 분이었다. 짧은 생각에도 조동걸 선생님은 독립운동사의 전반적인 맥락에 강했고, 신용하 선생님은 근대사 인식에 강했으며, 윤병석 선생님은 사실 고증과 자료에 강했다. 조동걸 선생님이 독립운동사의 전체적인 맥락 위에서 전시 주제와 요목을 제시하면, 신용하 선생님이 거기에 의미를 부여하여 살아 숨 쉬는 역사를 만들고, 윤병석 선생님이 사실 고증과 자료 출처를 제공하여 역사의 진정성을 높여 주었다.

이 과정에서 서로 의견이 맞지 않으면 조동걸 선생님과 신용하 선생님은 매우 적극적으로 의사를 개진하여 접점을 찾았지만, 윤병석 선생님은 다리를 꼬시며 돌아앉아 별말씀을 하지 않으셨다. 이른바 '충청도 양반 다리 꼬기'를 시전(示展)하는 것이었다. 종종 윤병석 선생님의 '충청도 양반 다리 꼬기'가 시작될라치면, 회의장 분위기가 삽시간에 가라앉았다. 연구원들도 좌불안석이었다. 왜냐하면 전시 주제와 의의도 중요하지만, 실무자인 연구원들의 입장에서는 실제로 전시할 유물과 자료의 소재가 무엇보다도 필요했기 때문이다. 이럴 때면 조동걸 선생님이 나섰다. 한편으로는 윤병석 선생님을 달래고, 다른 한편으로는 반대쪽을 '회유'하여 회의가 원만하게 진행될 수 있도록 힘을 쓰셨다. '소통의 달인'의 면모를 유감없이 발휘하신 것이다. 대개 이런 날이면 회의가 끝나고 두 분이 같이 택시를 타고 가셨다. 조동걸 선생님은 양재역 부근에 사시고, 윤병석 선생님은 교대역 부근에 사셔서 방향이 같기도 했지만, 아마도 약주를 곁들인 두 분만의 뒤풀이를 위한 것으로 보였다.

윤병석 선생님이 알려주신 자료 소재의 하나가 바로 '서울에서 평북 철산에 전달된 3·1독립선언서 등사본'이었다. 당시 평북 철산의 명흥학교 교사로 재직 중이던 유봉영 선생은 서울에서 전달된 3·1독립선언서를 받고, 철산읍 만세시위운동을 주도하였던 것이다. 이즈음 유봉영 선생은 조선일보 편집국장과 주필, 그리고 부사장을 역임하고 작고하신 뒤였다. 그래서 수소문 끝에 미망인을 찾아뵙고 그간의 경위를 설명하여 3·1독립선언서 등사본과 편지봉투를 흔쾌히 기증 받을 수 있었다. 지금도 이 선언서는 3·1운동의 지방 전파 상황을 실증하는 귀중한 자료로 독립기념관에 소장되어 있다. 이 밖에도 독립기념관의 보물 같은 전시 유물은 물론 적지 않은 주요 소장 자료가 윤병석 선생님의 해박한 독립운동사 지식과 정보 제공으로 수집되었다. 오늘날 독립기념관이 한국독립운동사의 전당으로 자리 잡고 '국민적 시민권'을 얻게 된 것이나, 한국독립운동사연구소가 대한민국의 유일한 독립운동사 전담 연구기관으로 중추적 역할을 수행해 나가는 데도 윤병석 선생님께 힘입은 바 크다.

이제 한국독립운동사학계의 두 거인으로 양대 산맥을 이룩한 윤병석 선생님과 조동걸 선생님도 앞서거니 뒤서거니 떠나셨다. 하지만 아직도 당신들의 자리를 채우지 못하는 후학들은 당신들과 일을 추억하며 그리워하고 있습니다. 부디 두 분이 저세상에서도 반갑게 만나 약주를 벗 삼아 행복한 나날을 보내시길 빕니다.

15   여전히 선생님께 가르침을 받는다

최기영

서강대학교 명예교수

윤병석 선생님께 직접 수업을 들을 기회는 없었지만, 선생님을 모신 자리에서 많은 가르침을 받아왔다. 벌써 돌아가신 지 3년이 되고, 그새 나도 정년을 맞았다. 막상 선생님과의 추억거리를 새기려고 하니, 공부와 떨어진 특별한 기억은 많지 않다. 선생님을 비교적 가까운 거리에서 뵈었지만, 직접 수학한 경우와는 간격이 달랐음을 실감한다고나 할까.

윤병석 선생님께 처음 인사를 여쭌 것이 1978년 정초 불광동 천관우 선생님 댁이었음은 기억하고 있다. 대학 학보사 기자로 천관우 선생님께 「나의 학문의 길」이라는 원고를 청탁한 일이 계기가 되어 사학과 동기 몇과 찾아뵙기도 하고, 두어 해 혼자 세배를 다녔다. 천 선생님께서는 제법 술을 마시는 학부 사학과 학생이 귀여웠는지, 낮에 세배를 드리고 나서도 밤까지 붙잡아 두셨다. 세배 오는 손님이 많지 않은 날을 맞춘 탓이기도 하였다. 그날 윤병석 선생님은 저녁 시간을 넘어 고향 선배인 천 선생님께 세배를 오셨고, 말씀이 많지 않으셨다. 밤늦게 합류한 손세일 선생님이 재담으로 천 선생님의 역정을 돋구었던 기억이 있어, 윤 선생님과

손 선생님에 대한 대조적인 인상이 오래 남았었다.

　박사과정 중일 때, 이화여대 이배용 선생님의 주선으로 윤 선생님 댁과 사사로운 일이 있기도 하였다. 1986년 초 독립기념관 건립위원회의 연구원으로 임용되어 출근하였다가, 연구와 무관한 현실에 바로 그만둔 일이 있었다. 학위논문 주제를 한말 신문으로 잡았기 때문에 쉽게 그만두지 않았나 한다. 그곳에 근무했다면 자문 등을 하신 선생님을 자주 뵙고 가르침을 받을 수 있었을 것이다.

　한말 계몽운동에 계속 주목하면서도 내가 독립운동사 분야에 조금이나마 관심을 두게 된 것은 한국민족운동사연구회에 토론으로 참여하며, 연구자들과의 교류가 이루어지면서였다. 학보를 확인해 보니 1989년 7월 대우학술재단에서 열린 제18회 학술연구발표회에, 김도훈 선생이 발표한 '공립협회의 민족운동 연구'의 토론을 맡았었다. 발표회가 끝난 뒤에 선생님이 나를 토론에 추천하였다고 들었다. 『공립신보』를 주제로 쓴 논문을 선생님이 기억하신 것으로 이해하였다. 이날 나는 조동걸 선생님 등 여러 선생님에게 인사를 드렸고, 이전부터 알던 김상기 선생 이외에도 한시준·김희곤 등 연구자들과 친교를 가질 수 있었다. 조금씩 독립운동사 연구에 발을 담근 셈이었다. 그렇게 보면 나의 독립운동사 연구는 그 계기를 윤병석 선생님이 만들어주었고, 1991년 초겨울 조동걸 선생님이 주관한 한국광복군 유적지 조사에 참여하면서 직접적인 기회를 얻었다고 하겠다.

　1993년 초 소장 연구자들이 근대·현대사 연구에 새로운 바람을 일으키고자 한국근현대사연구회를 창립하며, 윤병석·조동걸 선생님을 고문으로 모셨다. 서강대학교 강의실에서 개최되던 초기의 발표회에도 두 분은 빠지지 않고 참석한 것으로 기억하고 있다. 학회 모임을 마치면 두 선생님을 모시고 식사하며, 공부에 관한 많은 말씀을 들을 수 있었다. 직간

접으로 지도를 받으며, 독립운동사뿐 아니라 우리 역사 전반에 대한 인식의 지평을 넓힐 기회였다. 특히 자료와 인물에 대한 다양한 지식을 배웠다. 자연스럽게 윤 선생님께 수학한 제자들에 끼어 세배도 다녔다. 그러다 보니 선생님께 취직에 필요한 추천서까지 부탁드린 적이 있다. 박사 학위를 마치고 오래 자리를 잡지 못하던 상황에서 선생님이 도움이 될 것 같아 추천서를 부탁드리자, 흔쾌하게 써주셨다.

선생님은 정년 이후에도 연구에 손을 놓지 않았고, 오히려 저서의 상당 부분이 이때 간행되었다. 자료집도 정년 이후에 작업한 경우가 많았다. 이동휘 자료와 안중근 전기류 정리한 선생님은, 이후 자료가 많은 독립운동가를 중심으로 자료집 간행을 주도하게 된다. 특히 1998년 유영익 선생님의 주도로 선생님도 참여한 『우남이승만문서 : 동문편』 자료집 18권이 출간되었다. 서한과 같이 그간 알려지지 않은 자료들을 포함한 이러한 자료집 간행에 새삼스럽게 연구자들이 그 중요성을 공감하였다. 마침 김구 선생 서거 50주년을 맞으며 자료집 간행이 추진되었다. 윤 선생님을 위원장으로 한 편찬위원회가 구성되어, 조동걸·신용하·이만열 선생님 등 원로급과 한시준·김희곤·도진순 등 소장급이 참여하였다. 나도 말석을 차지하여 해방 이후 자료를 정리하며, 한시준·김희곤 선생과 함께 대만 출장으로 중국국민당 당사연구소를 비롯한 여러 기관에 소장된 자료들을 찾기도 하였다. 아울러 백범기념관 건립으로 전시기획위원회가 조직되자, 역시 선생님을 위원장으로 모시고 전시기획을 진행한 바 있다.

이 『김구백범전집』(1999)이 12권으로 간행된 이후에도 자료집의 간행이 계속되었다. 선생님은 학계에서 독립운동사 연구의 대표적 연구자이면서 자료에 가장 밝은 분이었기 때문에, 대개 자료집 편찬의 책임을 맡았다. 15권의 『도산안창호전집』(2000)을 편찬할 때 선생님은 도산사상연구회 회장직도 맡고 계시며, 역사학계의 원로와 소장으로 편찬위원회를 구성하였다. 흥사단 쪽에서는 그 부분에 불만이 없지 않았던 것으로 안다. 일찍 돌아가신 도산안창호기념사업회의 최종호 사무국장이 재정문제를 비롯하여 전집 출간을 위하여 애쓴 노력이 새삼 떠오른다. 이 자료집을 만들며 개인적으로 안창호에 관한 공부도 많이 할 수 있었고, 도산사상연구회에 이어 도산학회까지 전집 편찬에 참여한 선생님과 이만열, 윤경로 선생님을 도와 오래 관여하였다. 이만열 선생님이 도산학회 회장일 때, 미주 국민회 자료를 정리한 20권이 넘는 자료집도 편찬하였다.

김구·안창호의 자료집에 이어, 나는 윤 선생님이 주관한 박은식·양기탁·신채호 등의 자료집 간행에도 참여하였다. 이러한 작업에 참여하면서, 선생님의 자료에 대한 해박하고 다양한 지식에 놀랐을 뿐 아니라 나 자신도 자료에 대한 이해가 크게 늘었음을 느낄 수 있었다. 선생님이 주관한 자료집 간행에 누구보다도 내가 자주 참여한 것은, 일에 관해서 선생님의 신뢰가 있어 가능한 일이었다고 믿는다. 사실은 내가 서울에 있고 나이가 부리기 마땅한 정도여서, 선생님이 다른 분들보다 편찬 일에 투입하기 쉽기 때문이지 않았을까. 선생님이 뒤에 안중근기념관 건립위원회 전시기획에 나를 참여시킨 것은 천주교 문제를 맡으라는 뜻이었다. 자료집 간행에서도 내가 적절한 역할이 없지는 않았던 것 같다.

『백암박은식전집』(2002)을 편찬한 뒤 선생님의 주도로 백암학회가 발족하였다. 전집 편찬에 참여한 윤경로 선생님과 내가 선생님을 보좌하였는데, 선생님의 관심이 컸고 『백암학보』를 몇 호 간행한 바 있다. 윤경로 선생님은 선생님에 이어 도산학회와 백암학회 회장을, 나는 부회장을 맡았다. 2007년 독립기념관 한국독립운동사연구소에서 『단재신채호전집』을 새로 편찬할 때, 다시 선생님이 편찬위원장을 맡아 9권의 작업을 마무리하였다. 2012년 윤봉길 자료집 9권이 만들어졌다. 나는 편찬에 관여하지 않았지만, 80세을 넘긴 선생님이 열정에 놀라지 않을 수 없었다. 선생님은 국사편찬위원회 재직한 이래 많은 자료를 모으고 학계에 알리며 논문화하였다. 50년 이상을 논문과 함께 자료의 수집과 간행에 진력한 선생님의 공로를 다시금 생각한다. 자료의 수집과 간행에 힘이 많이 들지만, 학문적 성과를 제대로 평가받기는 쉽지 않다. 선생님은 바로 그 일을 묵묵히 반세기를 해 오신 것이었다.

　내가 한국근현대사학회 회장이던 2001년 8월에 몽골에서 학회 주관의 학술회의가 있었다. 한국사학계에서 몽골과의 학술회의가 많지 않던 때여서, 몇 분 원로 선생님들도 모시고 참석하였다. 선생님께선 울란바토르에서 카라코룸을 버스로 몇 시간 이동하자 많이 피곤해하신 기억이 난다. 선생님을 모시고 중국과 몽골의 학술회의를 다녀왔지만, 모두 단체로 참가한 경우였다. 다른 선생님들과는 외국 여행 중에 개별적인 접촉도 있었는데, 선생님과는 그러한 경험이 없다. 그런데 2006년 2월 잡지사의 주선으로 선생님과 대담한 적이 있다. 서영훈 선생님이 주도하던 신사회공동선운동연합에서 간행한 『우리길벗』에서 선생님과의 대담을 요청해 와, 나는 다른 분을 추천하며 사양하였다. 잡지사에서 선생님이 나를 지목하였다고 하여, 선생님의 생애와 학문, 학술 활동을 여쭌 적이 있었다. 의외의 일이었지만, 선생님의 생각과 학문을 제대로 알 수 있던 기회이기도 하였다. 선생님께 학술적 자서전이나 연구 과정을 밝히는 글을 남기기를 말씀드렸는데, 이루어지지는 않았다.

　아마도 팔순이 지난 뒤부터 선생님은 모임의 뒷풀이에는 오래 계시지 않았다. 식사 중에 사모님 이은순 선생님의 전화를 받으면 바로 귀가하곤 하셨다. 요양병원에 계시는 조동걸 선생님께 세배를 거르게 되면서, 선생님 댁도 거르게 되지 않았나 한다. 선생님의 건강이 좋지 않다는 말을 들으면서도 찾아뵙지 못하였다. 2018년 여름 서울교육대학에서 일을 마치고 선생님 댁에 들리고자, 댁 앞에서 벨을 누르고 또 전화를 드렸다. 그러나 아무런 기척이 없어 발길을 돌릴 수밖에 없었다. 먼저 연락드리고 뵈러 갔어야 했다. 그러고 보면 30년 넘게 선생님 주변에서 많은 은혜를 입었지만, 선생님께 드린 것이 없어 죄송스럽기만 하다.

선생님은 정년 이후에 학문 활동이 더 왕성하셨는데, 정년 한 지 이제 한 해를 보낸 나는 공부에 손을 놓은 것이나 다름이 없다. 환갑 직전 갑자기 병원 신세를 진 이후, 공부를 제대로 하지 못하고 있다. 선생님을 추억하며, 천천히라도 선생님의 학문하던 자세를 따를 수 있어야겠다고 다짐한다. 살아 계실 때에도 많은 가르침을 주신 선생님께서, 돌아가신 이후에도 여전히 가르침을 주고 계신다.

16

독립운동사 자료의 소중함을
일깨워준 스승

이동언
선인역사문화연구소 연구소장

　3년 전 운명하신 윤병석 선생님과의 인연은 독립기념관 한국독립운동사연구소 재직 시 직장동료이자 동학으로 친구로 지낸 채영국 선생과의 친분으로 맺어졌습니다. 채영국 선생과는 1985년 독립기념관건립추진위원회 연구원으로 입사하면서 만나게 되었습니다. 나이도 비슷하고 같이 일하면서 자연스럽게 친구가 되었습니다. 당시는 독립기념관 건립을 앞두고 전시부 연구원으로 매일 야근에 바쁘게 지냈습니다. 나의 지도교수이신 박영석 선생님과 윤병석 선생님, 조동걸 선생님, 신용하 선생님 등 학계 원로선생님들을 자문위원으로 모시고 일을 추진하였습니다.

　독립기념관은 1987년 8월 15일 개관하였고 한국독립운동사연구소는 독립기념관 개관 6개월 전인 1987년 2월 10일 개소하였습니다. 독립기념관 개관 이후 채영국 선생과 함께 연구소에서 근무하였습니다. 독립기념관에서 근무한지 10년쯤 되었을 무렵 채영국 선생은 독립기념관을 그만두고 일본으로 유학을 떠났습니다. 직장동료로 같은 분야를 공부하는 동학으로 친구로 가깝게 지내던 채영국 선생과의 이별은 너무나 갑작스러운 충격이었습니다.

이후 연구소에서 제가 맡은 업무가 자료집 발간이었습니다. 업무와 관련하여 자연스럽게 윤병석 선생님을 자주 뵙게 되었습니다. 윤병석 선생님께서는 항상 제자처럼 자상하고 꼼꼼하게 독립운동 관련 자료에 관해 많은 지도를 해 주셨습니다. 자료 분석과 자료 분류 방법, 자료의 중요성과 의미 등 자료와 관련하여 많은 것을 선생님으로부터 배울 수 있었습니다. 자료집 발간 등 윤병석 선생님 자문을 받아 하는 일이 마무리되면 꼭 부르셔서 식사를 사주셨습니다. 선생님 말씀이 "이 선생 고기를 사줘야 하는데 내가 치아가 안 좋아서" 하시면서 대구탕이나 자장면을 사주셨습니다. 제가 평생 잊지 못할 일은 1995년 6월 29일 삼풍백화점 붕괴사고가 발생한날 선생님 댁으로 찾아뵙고 자문을 받았습니다. 그날 선생님께서 삼풍백화점 식당가에 대구탕 잘하는 집이 있는데 가자고 하시다가 시간이 좀 늦어져 선생님 댁 근처 일식집에서 대구탕을 사주신적이 있습니다. 그날 삼풍백화점에 갔더라면 선생님과 저는…지금도 생각하면 아찔한 생각이 듭니다.

한국독립운동사연구소가 윤병석 선생님께 진정으로 감사드려야 할 일이 많이 있습니다. 한때 국가기관에 있는 연구소와 기능이 중복된다는 논리로 독립기념관 한국독립운동사연구소 폐지 문제가 거론된 적이 있었습니다. 이때 제일 먼저 나서신 분이 바로 윤병석 선생님이십니다. 제 기억으로는 당시 연구소 운영위원이셨던 윤병석 선생님, 조동걸 선생님, 신용하 선생님 등 학계 원로선생님들께서 서초동 윤병석 선생님 댁 근처 식당에서 회합을 갖고 청와대에 독립기념관 한국독립운동사연구소 폐지 반대 청원서를 내셨습니다. 또한 윤병석 선생님께서는 당시 박유철 독립기념관장을 만나 국내에서 유일한 한국독립운동사 연구기관인 연구소가 폐지되어서는 안 된다고 강력하게 말씀하시고 연구소 존치를 위해 선생님께서 10년간 수집해 오신 이동휘 관련 자료를 내놓으셨습니다. 제가 그 자리에 배석하였고, 국학자료원 정찬용 사장님 협찬을 받아 윤병석 선생님을 모시고 1999년 1월『성재 이동휘전서』상·하 2권을 발간하였습니다.『성재 이동휘전서』발간 후 천안으로 직접 내려오셔서 연구소 연구원들을 중국음식점으로 불러 식사를 사 주시면서 격려하시기도 하셨습니다.

윤병석 선생님께서 자료를 내놓으셔서 한국독립운동사연구소에서 발간한 의미 있는 자료집이 또 하나 있습니다. 2011년 안중근의사 순국 101주년을 기념하여 안중근의사가 직접 쓴 안중근의사의 구국정신과 사상, 철학 등을 담은『안중근문집』(윤병석 편역)입니다.『안중근문집』은 도서출판 선인 윤관백사장님의 협찬으로 발간하였습니다.『안중근문집』에 수록된 안응칠 역사는 이제까지 원문 7쪽이 누락되어 있었으나 2010년 일본 국회도서관에서 누락된 원문을 찾아 수록하였습니다. 또한 안중근의사 관련 사진자료 한 장 한 장에 대한 정확한 설명과 자료수집에 대한 선생님의 열정에 많은 가르침을 받았습니다. 선생님께서는 연구소가 어려울 때마다 소장하고 계신 자료를 선뜻 내주셨습니다.

윤병석 선생님께서는 한국독립운동사연구소가 어려움에 처할 때 마다 헌신적으로 연구소를 지켜 주셨고, 누구보다도 연구소를 위해 많은 일은 해주신 분입니다. 개인적으로 윤병석 선생님은 저의 부친과 같은 분이십니다. 선생님은 1930년생이시고 얼마 전에 돌아가신 부친은 1929년생이십니다. 지금 생각하면 윤병석 선생님께서는 독립운동사 공부를 자료에 근거해서 정확한 팩트 체크를 통해 제대로 하라는 소중한 가르침을 주신 잊지 못할 영원한 스승이시자 아버님과 같은 분이셨습니다.

17

만주지역 독립운동과 독립전쟁론, 그리고 윤병석 선생님

이성우
충남대학교 충청문화연구소 연구원

I. 한 장의 엽서와 윤병석 선생님

 윤병석 선생님과의 인연은 한 장의 엽서에서 시작되었다. 대학원 석사과정 1학기 때였다. 충남대학교 국사학과를 졸업하고 1997년 대학원에 진학했다. 대학원에 진학하면서 한국근대사를 전공으로 정하고 김상기 교수님의 지도를 받기 시작했다. 지도교수님은 대학원 첫 수업에서 한국근대사 중 연구하고 싶은 주제를 물으셨다. 필자는 근대 외교사를 하겠다고 말씀드렸다. 학부에서 대외관계사 강의를 수강하면서 한일관계사에 많은 관심을 갖게 된 것이 계기였다. 학부 졸업논문을 한일관계사로 작성한 것도 같은 이유였다.

 지도교수님은 외교사보다는 독립운동사를 연구주제로 권하셨다. 연구자가 된 이상 학계에서 필요한 학자가 되어야 하는데, 한국근대사에서 가장 필요한 분야가 독립운동사라는 것이었다. 현재 독립운동사 연구자는 많지만 학문 후속세대가 없다고 하셨다. 필자가 박사학위를 받을 시점에는 독립운동사 연구자가 많지 않아 학계에 이바지할 것이라고 말씀하셨다. 독립운동사 연구가 많이 이루어진 것처럼 인식되지만, 아직도 연구해야 할 분야가 많을 뿐만 아니라 기초적인 연구조차 이루어지지 않은 주제가 많다는 말씀도 해주셨다. 지금 생각해 보면, 당시 지도교수님의 말씀을 정확하게 이해는 못 했던 것 같다. 석사과정 첫 학기인 관계로 학계 동향에 대해서 문외한이었을 뿐만 아니라 학문 후속세대라는 용어 자체도 낯선 용어였다.

지도교수님의 권유에 따라 독립운동사를 연구주제로 정했다. 세부 주제는 1910년대 국내독립운동으로 결정했다. 독립운동사의 모든 연구 성과를 검토하고 정한 주제는 아니었다. 1910년대 국내는 일제의 무단통치를 직접 받는 지역이고, 일제의 감시와 탄압으로 독립운동을 전개하는데 가장 어려운 시기와 지역일 것이라는 생각 때문이었다. 기왕에 연구를 할 거면, 독립운동의 객관적인 조건이 가장 어려운 시기와 지역을 해보겠다는 생각에서 정한 주제였다. 그리고 1910년대 국내독립운동과 관련된 연구사를 정리했고, 1910년대 국내독립운동 단체를 연구하기로 했다. 1910년대 국내독립운동 연구는 일부 비밀단체와 관련된 연구에 머물러 있었기 때문이다. 지도교수님께도 1910년대 국내독립운동 단체를 연구하겠다고 말씀드렸다.

그리고 1997년 5월 중순으로 생각된다. 하루는 지도교수님이 찾는다는 연락을 받고 찾아뵈었다. 지도교수님은 한 장의 엽서를 건네주셨다. 경북 풍기에 있는 동양대학교에서 5월 31일 개최되는 '대한광복단 학술회의: 1910년대 한국독립운동의 재조명' 학술대회 안내 엽서였다. 지도교수님은 "1910년대 국내독립운동 연구하고 싶다며? 1910년대 연구하려면 어렵더라도 학술대회 참석해봐"라고 하셨다. 그리고 학술대회 가면 "윤병석 교수님이 참석하실 거야? 충남대 대학원에서 한국근대사 전공한다고 말씀드려, 그러면 나의 안부를 물으실 거야, 그러시면 잘 말씀드려, 지도교수님이셔"라고 당부도 하셨다. 지도교수님의 지도교수님이 윤병석 선생님이라는 것을 그때 알았던 것으로 기억한다.

학술대회에 참석했다. 교통편이 좋지 않아 대전역에서 충북선과 중앙선 철도를 갈아타며 5시간 정도 걸려서 도착했다. 발표자는 김창수·박영석·오세창·조동걸 선생님이셨고, 윤병석 선생님은 토론 좌장이었다. 당시 학술대회는 지금도 기억이 생생하다. 대학원에 진학해서 처음으로 참여한 학술대회이기도 했지만, 논문으로만 접했던 독립운동 연구 1세대 선생님들을 직접 대면할 수 있었다는 점에서 더욱 그러했다. 발표자의 이력으로 보았을 때 많은 연구자가 참석했을 것으로 생각되지만 석사과정 1학기의 필자가 아는 분은 없었다. 토론으로 참석하신 권대웅·최기영 선생님도 종합토론 시작하면서 명패를 보고 알 수 있었다.

종합토론 시작 전 쉬는 시간에 윤병석 교수님께 갔다. 그리고 "충남대 이성우입니다"라고 인사를 드렸다. 그러자 곧바로 "김상기교수 지도받는가?"라며 먼저 말씀하셨다. 그리고 대학원 석사과정인지? 박사과정인지? 몇 학기 째인지? 등을 물어보셨다. 그리고 지도교수님의 안부를 물으셨고, 먼 곳에서 왔다며 열심히 공부하라고 말씀해 주셨다. 지금도 당시 모습이 생생한 것은 필자가 그날 학술대회 참석해서 유일하게 만나서 대화를 한 분이 윤병석 선생님이기 때문이다.

다른 선생님들께도 인사를 드리고 싶었으나 용기가 없었던 것 같다. 용기까지도 필요 없는 일이었으나 당시에는 모든 것이 처음이라 그러지 못했던 것 같다. 윤병석 선생님께 인사드릴 때도 사실 많이 긴장했었다. 지도교수님의 지도교수님이라는 점도 있었지만, 독립운동사의 大家라는 점 때문이었던 것 같다. 그리고 독립운동사에 대해서 질문을 하시거나 무엇을 연구하고 싶은가? 등 질문을 하시면 잘 대답하려고 준비까지 한 상황이었기 때문이다. 그런데 그러한 질문은 없으셨고, 정말 사소한 것들만 물어보셨다. 그냥 지도교수님 같은 느낌이었다. 지금 생각해 보면, 어려운 질문을 할 장소도 시간도 아니었는데 혼자 긴장했던 것 같다.

학술대회 종합토론을 처음 접했다. 발표논문과 토론 내용을 이해하지 못해서 무조건 받아 적기만 했었다. 그런데 조선국권회복단과 관련된 토론에서는 설립시기를 두고 토론이 과열되었다. 그런데 좌장인 윤병석 선생님이 "일제가 작성한 자료는 왜곡되었을 수도 있어서 반드시 자료를 엄밀히 검토해야 한다. 조선국권회복단의 쟁점이 되는 부분도 조선국권회복단원들의 신문조서가 문제가 되는데, 좀 더 면밀한 검토가 필요하다"라고 하시면서 정리를 하셨던 것이 기억난다.

이 글을 쓰면서도 당시 기록했던 내용을 참고하고 있는 것을 보면, 자료와 기록의 중요성을 새삼 느끼게 된다. 당시 학술대회는 많은 것을 깨닫는 계기였다. 광복회 연구를 해야겠다는 생각도 당시 박영석·조동걸 선생님의 박상진의사와 대한광복회 발표를 들으면서 갖게 된 것이었다. 돌이켜 보면, 필자의 석사·박사학위 논문은 당시 학술대회가 출발이었다. 지도교수님이 전달해 준 엽서 한 장은 필자의 연구에 많은 것을 결정했고, 그곳에서 윤병석 선생님을 처음 만났다.

II. 만주독립운동과 독립전쟁론을 배우다

학술대회가 끝나고 윤병석 선생님께 인사를 드렸다. 저녁을 먹고 가라고 하셨으나 돌아가는 기차 시간 때문에 그럴 수 없었다. 윤병석 선생님은 이번엔 지도교수님께 안부를 전하라고 하셨다. 학술대회가 끝나고 숙소까지 마련된 행사였으나 학기 말 과제가 밀려있어 그러지 못했다. 뒤풀이와 1박을 하면서 더 많은 것을 배울 수 있는 절호의 기회였으나 그 기회를 스스로 포기했다. 돌아오는 기차에서도 후회하고 아쉬워했던 기억이 난다.

윤병석 선생님과의 만남은 3년 뒤 다시 찾아왔다. 2000년 지도교수님이 일본 와세다대학(早稻田大學)의 방문학자로 가시면서 대학원 수업에 윤병석·조동걸 선생님의 강의를 설강해 주셨기 때문이다. 2000년 1학기는 윤병석 선생님, 2학기는 조동걸 선생님의 강의가 설강된 것이다. 필자는 2000년 대학원 박사과정에 진학했다. 공교롭게도 석사과정 첫 학기에 윤병석 선생님을 처음 뵈었고, 박사과정 첫 학기에 윤병석 선생님의 강의를 수강하게 되었다. 필자에게는 큰 행운이 아닐 수 없었다. 두 선생님 모두 정년을 하셨기 때문에 15주 강의를 듣는다는 것은 불가능했기 때문이다. 지도교수님도 "두 분은 독립운동사를 개척하신 분들이고 최고의 전문가이신데 더 이상 강의를 듣기 어려워 일부러 설강을 했다"라고 설강취지를 말씀하시고, 많은 것을 배울 기회인만큼 열심히 하라고 하셨다.

윤병석 선생님의 첫 수업에서 인사를 드렸다. 물론 필자를 기억 못하셨다. 그런데 몇 년 전 풍기에서 개최된 학술대회에서 인사드렸었다고 말씀드렸더니 알아보셨다. 선생님의 수업은 조금 독특했다. 대학원 수업은 대체로 발표수업이 중심이었는데, 발표수업보다는 선생님 강의가 더 많았다. 수강 학생이 3명이라서 배려를 하신 것이 아닌가 생각한다. 또한 강의시간에 수업과 관련 없는 내용은 거의 말씀하지 않으셨다. 대학원 수업은 3시간 연강임에도 수업과 관련된 말씀만 하셨다. 강의하다 보면 수업과 관련 없는 다른 이야기를 할 때가 많은데, 윤병석 선생님은 이러한 경우가 거의 없었다. 강의에 필요한 내용, 꼭 알아야만 하는 내용만 정확하게 전달하는 그런 수업이었다.

강의는 만주독립운동이 중심이었다. 그런데 강의 중 어떠한 사건이나 인물이 등장하면, 그와 관련된 자료를 알려주시는 것이었다. 매시간 마다 자료를 상세하게 알려주시는데, 신기한 것은 별도의 메모를 해오시지 않으셨음에도 자료명을 정확하게 일러주셨다. 당시 연세가 70세가 넘어가시는 시점임에도 수록된 자료집 이름까지 알려주시기도 했다. 지금이야 검색하면 자료를 쉽게 찾을 수 있고 원문까지 볼 수 있지만, 당시에는 관련 자료를 찾는 일이 쉽지 않은 시절이었다. 그런데도 정말 많은 자료를 소개하시면서 강의를 진행하셨다. 정말 경이롭다고 생각했었다.

강의시간에 "역사연구에서 자료는 가장 중요하다. 그런데 자료를 잘못 선택하거나 이용하면 역사왜곡이 된다. 그러면 역사에 죄를 짓는 것이다"라는 말씀도 자주 하셨다. 역사학자로서 자료의 중요성은 학부시절부터 수없이 들어온 것이다. 그런데 선생님은 강의시간에 유독 자료의 중요성과 사료 비판에 관한 이야기를 자주 하셨다. 잘못하면 역사의 죄인이 될 수 있다는 말씀은 지금도 생생하다. 사실 당시에는 자료의 중요성을 너무 자주 강조하셔서, 선생님의 자료에 대한 말씀이 과하다고 생각했었다. 그런데 나중에 선생님이 발표한 글(「역사학계 주변에서 지내온 나의 학행」, 『한국사학사학보』 17, 2008)을 보고, 선생님께서 독립운동사 자료의 수집과 정리에 얼마나 많은 열정을 갖고 계셨는지 이해할 수 있었다. 당시 강의를 하시면서 정말 많은 자료를 소개하시고, 귀한 자료는 직접 보여주시기도 했는데, 이유가 있었던 것이었다.

윤병석 선생님을 통해 만주독립운동을 체계적으로 공부했다. 특히 '독립전쟁론'을 명확하게 이해하는 시간이었다. 선생님의 강의는 모두 '독립전쟁론'으로 귀결되었기 때문이다. 물론 독립전쟁론에 대해서는 알고 있었으나 선생님을 통해서 구체적으로 정확하게 이해할 수 있었다. 그래서 필자는 지금도 독립전쟁론을 인용할 때는 선생님이 1977년에 발표하신 논문(「1910年代 韓國獨立運動 試論」, 『사학연구』 27, 1977)을 인용한다. 박사논문을 준비하면서 조동걸 선생님 논문(「大韓光復會 研究」, 『한국사연구』 42, 1983)과 함께 가장 많이 읽었던 논문이기도 하다. 사실 필자는 '대한광복회 충청도지부'로 석사학위를 받았고, 박사과정에 진학하면서 광복회로 박사학위를 받겠다는 생각이었다. 따라서 국내독립운동 연구와 자료를 중심으로 공부하고 있었다. 그런데 선생님 강의를 수강하면서 만주독립운동에 관심을 두기 시작했고, 박사학위를 받은 후에는 만주지역 독립운동으로 연구주제를 확대해야겠다고 생각하게 되었다.

선생님은 필자의 박사학위 논문에도 큰 도움을 주셨다. 학기 말 본인의 연구주제로 발표했는데, 필자는 광복회로 발표했다. 박사 첫 학기인 관계로 광복회와 관련된 연구사 정리 수준으로 발표했다. 선생님은 광복회에 관해서는 자세히 알지 못한다고 하시면서 몇 가지 조언을 해주셨다.

첫째는 1910년대 국내 독립운동의 중요성이다. 한국독립운동사에서 국외 독립운동, 특히 만주나 연해주지역 독립운동은 국내독립운동과 별개처럼 인식하는 경향이 있는데, 밀접한 관계 속에서 이해해야 한다는 것이었다. 특히 국외독립운동기지가 건설되는 1910년대는 더욱 그렇다고 하셨다. 국외독립운동의 기반은 국내라는 점에서 좋은 주제를 선정했는데, 문제가 있다고 하셨다. 발표를 들어보니, 국내라는 지역에 매몰되서 광복회라는 단체를 지엽적으로 보고 있다고 하셨다. 광복회라는 단체를 국외독립운동과 연계해서 큰 틀에서 보라고 하셨다.

둘째는 독립전쟁론이다. 광복회는 국내독립운동단체이고 혁명단체지만, 크게 보면 독립전쟁론을 구현하기 위한 단체라는 관점에서 접근하라고 하셨다. 광복회는 국내에서 자금을 모집해 만주로 보내고, 만주에서

군대를 양성해 일제와 전쟁을 벌인다는 단체인데, 이것이 독립전쟁론이라는 것이다. 조직주체나 활동상을 밝히는 일도 중요하지만, 독립전쟁론을 구현하기 위한 단체라는 관점에서 학위논문을 준비하라고 하셨다. 필자는 2007년 '광복회연구'로 박사학위를 받았는데, 광복회는 국내에서 독립전쟁을 구현하기 위해 조직된 단체라는 내용이 핵심이다.

이후 월례발표회나 학술대회에서 인사드리면 기억해 주셨다. 그런데 2020년 4월 선생님이 돌아가셨다는 부고를 접했다. 발인 하루 전인 4월 24일 서울성모병원으로 선생님을 마지막으로 뵈러 갔다. 조문을 가면서 유족 분들에게 선생님과 어떤 관계라고 말씀드려야 하나? 고민했다. 지도교수님과 함께 댁에서 사모님을 뵌 적은 있지만 기억하시지 못하실 것이기 때문이었다. 그런데 조문하고 계시던 박민영 선생님께서 사모님께 "충남대 이성우 선생입니다. 선생님의 마지막 제자, 그러니까 손자제자"라고 말씀해 주셨다.

박민영 선생님이 제자라고 말씀해 주셨지만, 제자라고 하기에는 필자의 역량이 매우 부족하다. 추모집 원고 모집 메일을 받았으나 추모글을 작성하는 데 주저했던 이유이기도 하다. 윤병석 선생님은 필자에게 많은 깨달음을 주셨다. 감사할 따름이다. 선생님께서 강의시간에 만주지역 독립운동 중 복벽주의(復辟主義) 단체와 인물에 관한 연구가 부족한데 박사 학위를 받은 이후에 꼭 한번 해보라는 당부의 말씀을 하셨다. 필자는 1910년대 국내독립운동뿐만 아니라 만주지역 독립운동과 인물에 관한 연구도 하고 있다. 선생님의 학은에 보답하는 길이라고 생각하기 때문이다.

18   아버지를 그리워하며

윤성규
선문대학교 교수

세월은 항상 그러하듯이 소리 없이 흘러 아버지가 돌아가신 지도 벌써 만 3년이 되어갑니다. 이제 저희 곁에 계시지 않으니 '아버지'란 단어만 들어도 가슴 한쪽이 저리고 그리움에 사무칩니다. 특히 구순을 바라보시는 어머니께서 거실 진열장 위에 올려놓은 아버지 사진을 보시면서 "네 아버지는 최고의 남편이었다. 내 학문에 끝없는 조언과 관심을 아끼지 않던 학문적 동반자였다."라고 하시며 눈물을 흘리시는 모습은 저희를 더욱더 슬프게 하고 인생의 무상함을 느끼게 합니다.

아버지는 전공 분야 학문 외에는 말수가 없으시고 처세에 능한 분은 아니셨지만, 가족들에 대한 사랑만큼은 강하셨습니다. 늘 가족들의 안위를 챙기시고 기쁨의 눈물, 감동의 눈물, 슬픔의 눈물을 지으시던 인간적인 분이셨습니다. 아버지를 생각하면 제일 먼저 떠오르는 것이 2층 서재에서 연구하시던 모습입니다. 지금 강단에서 학생들을 가르치며 아버지처럼 평생 학자의 길을 가는 것이 정말 어려운 일인 것을 느끼고 있기에 더욱 아버지가 존경스럽습니다. 병원에 입원하시기 전에 발을 내딛기 힘

하와이에서 부모님과 함께(1991.6.17)

드신데도 2층 서재에 올라가고 싶어 하시던 모습이 눈에 선합니다. 응급실에서 깨어나신 후에도 연구에 관해 얘기를 하시며 집에서 책을 가져오라시던 모습이 생각납니다. 가족들이나 제자들, 지인들을 보시면 말씀을 못 하시지만 눈으로 얘기하시며 환하게 웃으시고 손을 잡고 반가워하시던 모습이 생각나 가슴 뭉클해집니다.

　어렸을 때부터 큰 소리 한 번 치시지 않고 자식들을 믿어주시고 격려해주셨던 따뜻한 아버지, 세계화 시대에 영어를 할 줄 알아야 한다며 영어학 전공을 강하게 조언해주셨던 아버지, 미국 유학 시절 공부하느라 부담 너무 갖지 말고 건강 잘 챙기라고 편지도 보내주시고 직접 오셔서 이것저것 세심하게 챙겨주시던 아버지, 저희가 어렸을 때부터 장성할 때까지 기념될만한 소소한 추억이 담긴 졸업장, 상장, 사진 등을 정리해서 주시던 속정 깊은 아버지, 손자 손녀들을 애지중지하셨던 아버지, 아버지는 제가 대학교에 임용이 되었을 때 기뻐하시며 가방 전용 매장에 저를 데리고 가서 초록색 책가방을 사주셨습니다. 27년째 그 가방을 들고 다니는데 아버지가 돌아가신 후에는 아버지를 추억하는 소중한 물품이 되었습니다. 외손자가 군대에 갈 때 내가 너 제대할 때까지 살아있을지 모르겠다고 하시며 가족들을 먹먹하게 하셨던 아버지가 그립습니다. 저희는 늘 윤병석 교수의 자식인 것에 긍지를 갖고 있습니다.

아버지는 본인의 삶 속에 성실하고 훌륭한 제자분들을 곁에 둔 것에 늘 자랑스러워하셨고 연세가 들어갈수록 의지하시는 마음이 커지셨던 것 같습니다. 특별한 취미도 없으시고 감정표현을 많이 하시지는 않으셨지만, 제자분들이 오시거나 전화를 받으신 날은 기분이 좋아지셔서 평소보다 말씀을 많이 하시던 기억이 납니다. 그리도 소중히 여기시던 제자분들이 바쁘신 가운데서도 아버지를 위한 추모집을 준비하시고 발간해 주시니 무어라고 감사의 말씀을 드려야 할지 모르겠습니다. 장례식장에서나 호국원에 모실 때도 가족처럼 애쓰시던 모습들이 눈에 선하며 하늘에 계신 아버지께서 제자분들의 아버지에 대한 깊은 사랑에 매우 고마워하시리라 생각합니다. 특히 추모집에 귀중한 옥고를 써주시며 아버지를 기억해주신 모든 분과 출판을 맡아주신 선인 출판사에도 진심으로 감사의 인사를 올립니다.

아버지 기일 즈음에 따뜻한 봄기운과 함께 피기 시작한 꽃들이 있는 아버지의 고향 충북 제천과 가까운 괴산 호국원에 어머니를 모시고 가서 아버지께 절을 올리며 그리움을 달래보려고 합니다.

| 3부 |

윤병석 교수의 학행과 역사관

〈정년퇴임 기념 강연〉
역사의 현장과 자료

윤병석

평소 제가 존경하던 귀중한 몇 분 교수님도 오셨습니다. 감사합니다. 그리고 저하고 학연으로 맺어져서 여러 대학에서 교편을 잡고 계시는 몇 분의 교수님이 여기가 멀다 않고 와 주셨습니다. 특히 감사합니다. 또 앞길이 양양한 학생들도 참석해 주었습니다.

처음부터 이런 자리가 굳이 필요한 건 아닌데, 언젠가 한영국(韓榮國) 교수가 "후배들한테 훈계의 얘기를 한번 해 주시겠소, 아니면 기념 강연을 해 주시겠소?" 이런 청을 하였습니다. 제 처지에 후배들한테 훈계의 얘기는 할 수가 없으니까, 굳이 한다면, 평소에 하던 이야기를 한번 되풀이하는 한이 있더라도 강연 쪽이 낫다고 하였습니다. 그리고 나서는 오랫동안 잊고 있었습니다. 그동안 학과장도 외국에 출장해서 없었고, 이후 별로 이 문제에 대해서 큰 언급이 없었던 데다가 제 자신도 7, 8월에는 여러 가지 다른 일이 바빠서 학교에 대해 별로 신경을 안 쓰고 지내왔습니다. 그런 터에 졸업생 몇 사람이 와서 오늘 강연 문제에 대해서 얘기를 했습니다. 그때 되어서는 뭐라고 수정도 할 수 없고 해서, 하여간 어떻게 되었든지 이제는 학생들 하자는 대로, 학과에서 하자는 대로 쫓을 수밖에 없다고 하여 이 자리에 나왔습니다.

제가 눌변이어서 어디서 세미나를 하든지 주제발표를 하면 원고를 써가지고 가 그것을 낭독하면서 보충하는 것이 관례이지만, 가벼운 인사말을 한다든지 강의를 할 적에는 버릇이 잘못 들어 강연원고를 작성하지 않고 인사말을 적어가지 않는 게 그만 상례가 되어 버렸습니다. 습관이라고 하는 것은 참으로 고치기 어렵습니다. 조금 전에 거행된 정년퇴임식에서도 보니, 총장께서는 정확히 기념사를 적어가지고 왔는데, 나머지 네 분은 모르겠지만, 저 자신은 아무 준비도 하지 않고선 그 자리에서 나갔었습니다. 오늘도 그냥 무슨 얘기를 하지 하고서 나온 것이지, 원고를 제대로 작성하지는 않았습니다. 그러나 제목만은 '역사의 현장과 자료' 이렇게 달아 보았습니다. 눌변인 제가 너무 무거운 학문 얘기를 하면 효력도 크게 나지 않고 재미도 없을 테고, 또 그렇다고 해서 전공하고 아주 떨어지는 얘기를 할 수도 없고 해서 이런 제목을 붙여본 것입니다.

올해가 해방 50주년이라 여러 가지 기념사업이나 학술세미나도 많이 하고 있습니다. 그 덕택으로 저도 몇 번 학술세미나에 참가했었습니다. 우리 근대사는, 특히 이 100년 내외의 근현대사는 커다란 격동의 시기였고, 우리 민족으로 봐서는 모진 시련의 시기였습니다. 아무튼, 격동이든지 시련이든지 역사는 전개되어서 오늘 현재의 시점에 이르렀는데, 제가 연구라고나 할까 공부하는 주제가 이 분야에 정해졌고, 저도 그것을 위해서 근 3, 40년이라는 세월을 보냈습니다. 20세기 들어서면서 잘 아시다시피, 일본 제국주의가 앞장을 서고 영, 미가 후원을 해서 우리나라에 무력을 앞세운 제국주의 침략이 있었고, 그런 속에서 우리 민족의 처절한 저항이 전개되었지만, 결국 그것을 감당해내지 못해서 일본의 식민지 지배라고 하는 엄청난 민족 시련을 겪었습니다. 그 뒤 1945년에 민족해방 조국광복이라고 해서 환희를 맞았습니다. 그러나 그 광복이라는 것이 결국 남북분단이라는 민족 시련으로 다시 들어가서, 어떤 면에서는 그 이전의 반세기에 못지않은 민족 시련과 고난을 겪게 되었습니다. 여기에는 이념이라든지 그밖에 체제나 국제정치 관계에 여러 가지 원인이 있을 것입니다. 그러나 여기서 생각되는 한 가지 중요한 사실은 역사를 어떻게 해석하든지 간에 우리 민족이 결국은 이러한 역사의 상황으로 끌려간 면이 있다는 점입니다. 저는 이 시기를 대상으로 해서 그중에서도 특히 제국주의에 저항한다고나 할까, 그 시련을 견디면서 역사를 이끌어 간 항일운동·민족운동·해방투쟁·독립운동 등 어떻게 명칭을 붙이든지 간에 이 방면에 관심을 가졌습니다. 이 분야는 제 생각에는 우리 근대사의 골간을 이루는 중요한 대목인데도 불구하고, 우리 역사의 시련과 마찬가지로 이것을 실증하는 많은 자료가 체계적으로 정리되어 있지 않고 어떤 학자들이 이것을 체계적으로 연구해서 연구업적이 많이 쌓인 것도 아니어서 어떻게 본다면, 표현에 따라서 약간 뉘앙스가 다르지만, 불모지(不毛地)와 같이 남아 있었기 때문에 우리 근현대사를 다시 정립해야 한다고나 그럴까, 새로 써야 하는 그러한 조건이 주어진 것입니다. 스스로의 재주나 주어진 환경을 생각하지 못하고 이런 어려운 조건하에서 저는 근대사를, 또 그중에서도 민족운동사를 공부하게 되었습니다.

여기서 부딪치는 문제는 여러 가지가 있습니다. 철학 선생님도 여기 몇 분 나오셨는데, 제일 먼저 부딪치는 문제는, 우리 역사 전체도 그렇지만, 아직 제대로 얘기하지 못한 근현대의 역사를 생기 있는 역사로 기술 설명하기 위해서는 거기에 합당하는 사관이 제시되어야만 하는 것이었습니다. 사관이라고 하면 너무 거창하게 생각될지 모르겠으나, 역사를 해석하는 일정한 기준이 제시되고, 또 그것을 뒷받침하는 이념, 이것이 안 된다고 할 것 같으면 어떤 입장만이라도 명확히 세워야만, 여기에 입각해서 우리 근현대사를 설명할 수 있고 그 의미도 부여할 수 있으며, 나아가 우리의 현재를 설명할 수 있기 때문입니다. 스스로의 입장이나 사관을 제시하지 않고는 어떤 역사적 상황에 대해 명확한 해석이나 설명을 할 수 없는 일입니다. 그러나 오랫동안 선배나 스승, 혹은 동료·후배들이 짜놓은 여러 가지 것을 제가 구이지학(口耳之學)으로 듣고 보아 왔지만, 일정하게 꼭 이렇다고 하는 이론체계를 가진 경우가 드문 것 같습니다. 그리고 곰곰이 생각해 보았습니다. 사관이라는 것은 크게 봐서 있기는 있어야 하고 절실한 것이지만, 역사를 연구하는 순간부터 죽어 마치는 날까지 역사가의 소임 소명은 결국은 나름의 올바른 사관 정립에 있다고 생각되는 것입니다. 곧, 역사적 사실을 많이 나열하는 것이 문제가 아니라 어떤 사관에 입각해서 역사를 해석하고 어떤 의미를 부여하는가 하는 것이 가장 중요하다고 생각합니다. 누가 얘기하였듯이, 역사를 공부하는 사람은 총만 들지 않았다 뿐이지, 일본 군국주의자들같이 총칼을 들지 않았다 뿐이지 평생 역사의 생명을 느끼게 하는 올바른 사관을 정립하기 위한 싸움을 해야만 하는 것입니다. 저도 잘 감당하지는 못해왔지만 하여간 이 싸움에 뛰어들었던 것입니다……. 아마 학생들한테는 아직 이 이야기가 조금 어려울 것 같으므로 예를 들어 보겠습니다. 어떤 여자가 있어 그 여자를 절대가인 혹은 보통미인, 아니면 추녀라고 할 때, 일정한 기준 없이 얘기한다면 절대가인이라고 하면 절대가인이 되는 것이고, 보통미인이라고 하면 보통미인이 되는 것이며, 아주 추녀라고 하면 또 그런 추녀가 되는 것입니다. 즉, 일정한 기준을 세우지 않으면, 그 여자의 미모에 대해 정당한 평가를 할 수가 없는 것과 마찬가지입니다. 비유가 잘못되었는지 모르지만 하여간 역사를 연구하는 데는 일정한 이념 혹은 기준을 제시해야만 하는 어려운 문제가 있음을 공부하면 할수록 절실히 느꼈습니다.

그러면 다음으로 어려운 문제는 무엇인가? 그 누구든지 역사를 언급하는 순간에 비록 불완전할지라도 이미 일정한 기준이 제시될 것입니다. 아니면 일정한 기준 하에 역사를 얘기할 겁니다. 그 역사는 이미 지난 역사인 까닭에 그것을 완벽히 복원한다는 것은 아마 천지를 창조한 조물주(造物主) 하느님 외에는 불가능합니다. 그러면 지금 우리에게 필요한 것은 현시점에서 의미가 있는 그러한 역사를 얘기하는 일인데, 그러한 역사를 자기 편의대로만 얘기하고 해석한다면 이는 일종의 문학작품, 픽션은 될지언정 역사라고는 할 수 없지 않겠습니까. 결국 역사라고 하는 것은 전후좌우의 분명한 인과관계와 일정한 논리가 제시되어야 하며, 그 내용이 일반 사람이 들을 적에는 지난날의 아무 소용이 없는 것 같지만 역사가가 얘기할 적에는 그것이 어떤 가치를 지닐 수 있어야만 합니다. 그럴 경우, 그 확실한 가치를 설명해야 합니다. 이를 위해서는 그 내용을 실증하는 자료가 있어야만 하는 것입니다. 역사가는 자료를 가지고 역사를 연구 해석해야지, 자료와 상관없이 과거를 이야기하게 되는 경우, 이는 창작에 불과한 의미 없는 '옛날이야기'가 되어버리고 마는 것입니다. 어떤 경우라도, 또 어떤 사실을 얘기한다고 하더라도, 심지어 그것이 아무리 뻔하다 할지라도 그것을 실증하는 자료를 제시하지 못할 적에는 역사일 수가 없습니다. 이것은 제가 그동안 역사를 공부해 오면서 갖게 된 생각입니다. 저도 학교에 다녔기 때문에 스승도 있습니다만, 우리 근현대사를 전공하는 과정에서는 공부하고, 글을 써서 발표하고 하는 일을 스승 없이 혼자서만 했다고 하는 그런 큰 약점을 가지고 있습니다. 다른 학자들에 의해서 제가 공부한 내용이 올바로 평가되고 검증을 거쳐서 인정받아야 하는데 그런 과정 없이 혼자 얘기한 내용이 올바를 수 있겠는가 하는 문제가 제기될 수 있었던 것입니다. 결국 그것도 따지고 본다면 제가 얼마나 올바른 사관에 의해서 움직일 수 없는 명확한 자료들을 제시해 가며 근현대사를 설명할 수 있었는가 하는 문제로 귀착된다고 볼 수 있습니다.

불행히도 긴 설명이 필요 없이 우리 근현대사를 설명하는 자료는 국내외 각처에 흩어져 있습니다. 그 책임이 제국주의에게, 격동하던 시대에, 국제정치에, 아니면 우리 자신의 무능력 그 어디에 있든지 간에, 누구도 근현대사를 연구하는 사람은 국내에 앉아서 편안하게 연구만 할 수 없습니다. 또 아무리 권위 있는 사람이라도 이것을 전부 모아서 연구할 수는 없습니다. 국내외에 산재한 자료들에 대해 종합적, 체계적으로 설명한 사람조차 별로 없는 실정입니다. 이와 같이 국내외에 산만하게 흩어진 자료를 수집하고, 이를 토대로 사실들을 입증해야만 역사가 되는 것입니다. 그런데 다행히 아까 퇴임식장에서도 얘기했지만, 본교에서 저는 특별한 혜택을 받았다고나 할까 외국에 갈 기회를 많이 주었습니다. 또한 국사편찬위원회, 한국정신문화연구원에 있는 동안에도 외국에 갈 기회가 있어서 하여간 국외에 흩어진 관련 자료를 수집할 기회를 가질 수 있었던 것입니다.

하지만, 그다음에도 문제가 또 있습니다. 자료를 수집하는 과정에도 눈에 보이지 않는 사관이 개재하게 되는 것입니다. 예를 들어 어떤 사람이 선을 보는 경우 처음부터 상대방의 나이를 25살 내외로 할 것인가 아니면 30살 내외로 할 것인가 하는 일정한 기준을 가지고 선을 보는 것과 마찬가지입니다. 곧 역사가는 자료를 수집하는 그 순간부터 사관이라 하는 문제와 결부되어 있습니다. 국내외에 흩어져 있는 자료들 가운데는 우리가 볼 수 없는 어려운 상황에 놓여있는 것도 다수 있고, 그 가운데는 없어진 것도 많이 있습니다.

압록강 두만강 너머의 남북만주 및 러시아는 최근 몇 년간을 제외하고는 해방 50년이라고 하지만 철의 장막, 죽의 장막으로 가려져 있었기 때문에 왕래가 어려워 자료의 교환 혹은 현지 답사 등이 불가능했던 지역이었습니다. 그러므로 그냥 소설처럼 쓰거나 간접 자료로 쓰는 도리밖에 없는 그러한 아주 열악한 조건에서 공부를 해 왔습니다. 요사이 어떤 학자가 저를 평하여 다음과 같이 말하고 있기까지 합니다. "그 사람은 상당히 중요한 얘기를 하였지만, 그 역사의 현장에는 가지도 않고 쓴 글이기 때문에 가치가 별로 없다!" 제 자신이 수긍하지는 않지만, 상당히 그럴듯하게 생각되는 일면이 없지 않아 있습니다. 그러나 어떻든지 간에 최근 5, 6년 사이에 냉전체제가 풀려서, 아직 북한 땅은 가지 못하지만, 남북만주와 중국 대륙을 비롯하여 시베리아, 중앙아시아 등지를 갈 수 있어서 그런 곳을 다녀봤습니다. 그렇게 해서 자료수집이 조건상으로는 가능하게 된 것입니다.

자료를 보는 데는 다른 어려운 문제가 또 있습니다. 문학을 전공하는 사람은 춘원 이광수나 셰익스피어 등 유명인의 작품을 대하게 되면, "아, 이것은 참 훌륭한, 매우 우수한 작품이다!"라고 얘기할 수 있지만, 역사가가 자료를 검토하는 입장에서 본다면 천하의 명저도 틀린 데가 있고, 천하의 졸저도 그 속에는 진리가 있을 수 있는 법입니다. 이것은 뭘 얘기하는가 하면, 자료를 볼 때 사료 비판을 제대로 거쳐야 하고, 그 올바른 사료 비판에 의해서 과거 역사적인 사실을 실증해야 된다고 하는 것입니다. 그러니까 자료 문제는 수집 작업도 어렵지만 그것을 평가하는 일도 참으로 힘듭니다.

세 번째 문제는 역사의 현장, 유적을 답사하는 문제입니다. 사학과 학생들은 각 대학마다 거의 예외 없이 1년에 한두 번씩은 사적 답사를 다니고 있습니다. 엄밀히 논리적으로만 따진다면 그 답사는 가지 않아도 됩니다. 문헌 혹은 증언 등만 가지고도 얼마든지 역사를 연구하고 쓸 수는 있기 때문입니다. 실례를 들어 본다면, 달레가 쓴 『한국천주교회사』는 학계에서 훌륭한 명저로 꼽히는데, 저자 달레는 정작 한국에는 한 발짝도 들여놓지 않은 사람이었습니다. 그러니까 엄밀히 말한다면, 현지 답사를 하지 않더라도 역사를 쓸 수가 있긴 합니다. 그러나 현지 답사는 앞에 얘기한 사관 혹은 자료 문제 못지않게 역사가에게는 절대적으로 중요한 의미를 가지고 있기 때문에 반드시 필요하다고 생각합니다. 왜냐하면 자료에만 의거해 어떤 역사적인 상황을 해석 설명하는 데는 한계가 있을 수밖에 없기 때문입니다. 또, 아무래도 역사가에게 절대로 필요한 자료가 온전히 남아있기는 힘듭니다. 만약 원하는 자료가 완벽하게 남아 있다면, 역사가는 존재할 필요가 없게 될 것입니다. 마치 죽었으면 하는 사람은 살아있고 살았으면 하는 사람이 죽는 것과 마찬가지로, 역사가에게 주어지는 자료는 아무리 노력한다 하더라도 이상적, 효율적으로 나열되어 있을 수 없으며, 산만하고 단편적일 수밖에 없습니다. 그러니까 결국은 자료를 가지고 입증해야 되긴 하지만, 자료로서는 도저히 해결하지 못하는 대목은 그 역사의 현장에 가서 문면(文面) 밖에 보이는 역사적 상황과의 대화를 해야 되는 겁니다. 그럴 경우에 그것만으로는 관련 사실을 입증할 수는 없습니다. 그러나 역사 해석에서 그와 같은 현장 답사가 일종의 신념을 줄 수 있고 또 어려운 문제에 부딪힐 적에 그것을 풀어가는 하나의 실마리가 된다고 생각합니다. 그렇기 때문에 답사라고 하는 것은 절실히 필요한 것입니다. 저는 어떻든지 간에 근 40년 가까이 역사를 공부하는 입장에서 아마 여러분보다도 더 휴전선 일대도 샅샅이 돌아다녀 봤을 겁니다. 여러 가지 다른 조건도 있었지만, 동해상의 우리나라 동단이라는 독도를 비롯하여 제주도 남쪽에까지 가 보았습니다. 북한 땅에는 갈 수가 없었지만 북한의 학자들은 많이 만나 보았습니다. 압록강 너머의 서간도에서, 두만강 너머의 연변과 러시아 연해주에서 일의대수(一衣帶水) 너머의 북한 땅을 몇 차례 조망할 수 있었습니다. 그래서 북한은 못 가봤지만 그밖에 필요하다고 생각하는 곳은 거의 둘러보았습니다. 여기 우리집 식구가 와 있는데, 말리는 것도 뿌리치고 많이 돌아다녔습니다. 두 발로 가서 두 눈으로 현장을 보지 않고서는 문제가 해결되지 않는다는 것을 느꼈기 때문입니다.

한 예를 들어 현지 답사의 중요성과 의의를 실증해 보겠습니다. 지난 8월 여기도 와 있는 충남대학교의 김상기(金祥起) 교수, 박민영(朴敏泳) 군과 함께, 도저히 조건은 안 되지만 강행해서 그동안 못 가봤던 서간도 지방을 답사하였습니다. 거기 가서 보고 느끼는 건, 지금 아마 세 사람이 각기 다른 것을 느끼면서도 또 공통적인 면이 있을 겁니다. 이 방면을 공부하신 분은 얼른 이해하시겠지만, 여기서 다소 전문 분야로 들어가 말씀드리면, 서간도에는 유하현(柳河縣) 삼원포(三源浦)라고 하는 곳이 있습니다. 이곳은 나라가 망하는 1910년 전후에 신민회 계통의 애국계몽운동 노선의 민족지사들이 집단으로 망명해서 독립운동을 전개하기 위한 기지를 건설하였던 곳입니다. 해방 후 초대 부통령을 지낸 이시영(李始榮) 형제들을 비롯해 대한민국 임시정부를 창설한 원로 이동녕(李東寧), 그리고 만주지역의 독립운동 근거지 건설에 큰 기여를 한 이상룡(李相龍) 등이 1910~1911년간에 삼원포에 모였던 인물들 가운데 특히 두드러지는 인사들입니다. 국내의 일제 무단통치하에서는 도저히 안 되니까 이들이 압록강을 건너 그곳에다 한민족 부흥 기지를 만들었고, 끝내는 그 사람들이 내용이야 어떻든지 간에 1945년 해방 때 임시정부 요인으로, 혹은 다른 명목으로 광복된 조국에 환국했습니다. 그동안 삼원포 현장은 보지 못하였지만, 수기 등의 자료를 통해서 그와 같은 경위 혹은 내용은 알고 있었습니다. 그러나 그 현장이 어떠한지 구체적으로 봐야만 설명이 되겠다 싶어 조금 어렵지만 강행해서 서간도로 갔던 것입니다.

한편, 서간도 등 국외에다 한민족의 부흥 기지를 만들려는 구상은 그

관전현 방취구의 의암기비 앞(1996.8)

보다도 한 15년 전에 이미 의병들에 의해 계획되었습니다. 우리나라에 의병이 일어난 시기를 1895년으로 잡는다고 할 것 같으면 청일전쟁 무렵부터인데, 여러 의병이 이 시기에 일어났지만 의병을 상징할 만큼 제일 유명한 의병은 제천에서 일어난 유인석(柳麟錫) 휘하의 호좌창의군(湖左倡義軍)이었습니다. 다른 의병들은 여러 가지 조건과 정부 회유에 의해서 모두 해산했지만 유인석 의병만큼은 일본제국주의가 우리나라에서 완전히 물러가지 않는 한 의병항쟁을 계속할 것을 주장하였습니다. 그리하여 유인석은 중부지방에서 상황이 불리해지니까 북상하여 강원도 협곡을 거쳐 함경도·평안도·황해도 각지를 전전하다가 도저히 일본군하고 싸울 수가 없게 되자, 이 노학자는 휘하 의병과 막료들을 거느리고 초산(楚山)에서 압록강을 건너 서간도라고 하는 지금의 남만주 지방으로 들어갔던 것입니다. 하지만, 그곳 남만주 파저강변(波瀦江邊)에서 유인석은 회인현(懷仁縣)의 도지사 격인 현재(縣宰)한테 강제로 무장해제를 당해서 할 수 없이 부하들을 해산시켰다고 기록에 나옵니다. 그러나 유인석은 여기서 그치지 않고 더 올라가서 당시 통화현(通化縣) 오도구(五道構)라고 하는 곳으로 들어갔습니다. 그곳에서 그는 국내의 뜻 있는 동지 유학자들에게 자주 편지를 보내서 모두 그곳으로 이거(移居)해 한민족 부흥기지로 만들자고 주장하였습니다. 곧 이곳에 와서 보니, 이미 뜻 있는 동포들과 의지가 굳은 사람들이 많이 이주해 있을 뿐만 아니라 경제적으로도 한 사람이 농사 지으면 열 사람이 먹을 수 있고, 1년 농사 지으면 3년을 살 수 있는 그러한 옥토지대이므로 모두 이곳으로 모여 새로 농토를 개척해서 장원지계(長遠之計)로 나라를 부흥시키자는 것이었습니다. 그 뒤에도 유인석은 2차, 3차에 걸쳐 서간도로 망명하였으나, 이도 여의치가 못하자 1907년에 가서는 연해주 지방으로 옮아가 그곳에서 1910년 국망 직전에는 십삼도의군(十三道義軍)을 편성, 대규모 항일전을 계획하였지만 끝내 나라가 망하게 되자 마지막에는 다시 원래의 수의처(守義處)였던 파저강변 사첨자(沙尖子) 마을 부근의 방취구(芳翠溝)라는 곳으로 와 여기서 돌아가셨다고 합니다.

방취구가 어떤 곳인지 참으로 궁금했는데, 이번 여름 퍽 힘들게 그곳에 가 보았습니다. 여러분 가운데도 그곳 부근을 여행 답사하신 분이 계시겠지만, 압록강 중류 동가강 유역이 곧 파저강인데, 그 부근 회인현이 옛날 고구려가 처음 일어난, 여기 고대사를 전공하는 서영대 선생이 있어 공자 앞에서 문자 쓰는 게 아닌지 모르겠습니다만, 원 고구려의 중심지였습니다. 그곳을 중심으로 해서 집안현(集安縣)이라는 데를 가보니까 바로 압록강 강가에 우리가 말로만 듣던 광개토대왕비를 비롯해서 장군총, 무용총 등과 같은 유명한 고분 외에도 100여 개로 이루어진 고분군이 흩어져 있었습니다. 우리가 사신도(四神圖)라고 하는 굉장히 귀중한 벽화도 여기저기에 널려져 있는 그런 곳이었습니다. 또 의병들이 많이 망명해 있었다는 관전현(寬甸縣)도 가 보았습니다. 이곳은 첩첩산중 산간오지라 마치 중경(重慶) 같은 느낌을 줬습니다. 이러한 산간벽지로 유인석이 군대를 끌고 가서 무장해제를 당해 218명의 의병을 해산시켰다고 합니다. 그러면 이때 해산당한 의병들은 도대체 어디로 갔을까? 많은 생각을 갖게 합니다. 하지만, 그곳에 가 봐야 알 거라고 했었습니다. 유인석이 말년을 보내다가 죽은 장소는 바로 그 심산유곡의 앞에 동가강·혼강, 혹은 파저강이라고도 부르는 압록강 중류로 흐르는 그 강 유역의 심산계곡 안에 있었습니다. 그 강을 중심으로 그 유역 일대가 서간도라고 부르는 지역이 됩니다. 쉽게 얘기한다면 회인현, 관전현, 통화현, 집안현 등지가 옛날 고구려의 활동무대였는데, 그 가운데서도 회인현, 관전현, 집안현 일대는 험산지대입니다. 유인석이 작고한 곳을 찾아가 보니까 파저강이 저만치 내려다보이는, 한 10리쯤 기어 올라가야 하는 깊숙한 계곡이었습니다. 그 험한 계곡 위에다 80세를 바라보는 노인이 집을 짓고 살았다고 합니다. 그곳이 정확히 맞는지는 모르지만 현지에서 역사를 하는 사람들이 그 지점을 분명히 지적하고 있고, 또 그 후손 혹은 독립유공자들이 그곳에다 유인석이 말년을 지내다가 죽은 장소라고 유적비까지 세워놓은 점으로 보아 거의 틀림없는 것 같습니다.

이 파저강 유역이 졸본부여(卒本扶餘)니 하는 초기 단계의 고구려가 일어난 곳인데, 이곳에 와서 무슨 민족운동 근거지 혹은 기지를 만들겠는가, 좀 이상하다는 생각도 들었습니다. 그리고 다음으로 집안현을 거쳐서 위로 올라가 통화현을 지나 유하현을 찾아갔습니다. 앞서 잠시 언급한 삼원포가 바로 이 유하현에 있습니다. 이시영 6형제를 비롯해 이상룡, 이동녕, 주진수(朱鎭洙), 김구 등 우리 독립운동사상 혁혁한 인물들이 이주하였던 삼원포를 찾았더니, 이곳은 관전현과는 완전히 분위기가 달랐습니다. 우리나라로 비한다면 흡사 호남의 들판같이 넓은 평야가 펼쳐져 있었습니다. 물론 간간이 구릉지대나 야산도 점재해 있었지만, 과거 당시에는 이곳이 완전히 미개척지였는데, 지금은 전부 쌀농사를 하는 농경지대로 변해 있었습니다. 그런데, 그 부근에 오도구라고 하는 곳이 있어 찾아가 보았습니다. 원래 유인석이 간 오도구는 통화현 관내인데 여기 오도구는 유하현에 있었어요. 통화현을 밤중에 지났기 때문에 그 지세를 자세히 알 수는 없지만 역시 넓은 평야지대로 기억되며 현지인들도 그렇다고 합니다. 통화현에 간다고 할 것 같으면 일도구부터 이도구·삼도구·사도구까지, 그리고 육도구·칠도구는 있지만 오도구만 없습니다. 당시 통화현의 오도구는 제일 북쪽에 있었기 때문에 그 뒤 유하현으로 편입되었다는 것입니다. 이것은 거의 틀림없는 사실 같습니다. 그러니까 구체적인 지점은 확인할 수 없지만, 유인석이 현재의 유하현 오도구 어느 곳에 정착해 그곳의 지세를 보니까 이 일대를 경략한다면 충분히 장원지계로 군대를 양성해서 다시 의병을 일으킬 수 있다는 판단을 한 것 같습니다. 이와 같은 상황 인식은 현지를 가보지 않고서는 거의 불가능합니다. 이어 삼원포를 찾았습니다. 삼원포는 오도구에서부터, 정확히 거리는 못 재봤지만, 제 지금 짐작으로는 아마 직선거리로 3~4십 리 안에 있다고 생각됩니다. 그러니까 1910년 국망 전후에 간 지사들도 유인석 등이 먼저 갔던 그 들판으로 가서, 이곳이 우리 고구려와 발해의 옛 땅이며, 또 중국 사람들이 아직 본격적으로 개척하지 않은 땅이니까 여기를 개척하여 한민족의 부흥기지로 삼으려 하였으니 상당히 의미 있는 구상이었구나 하는 생각이 스쳤던 것입니다. 개화사상을 가진 후발 지사들의 의식이나 위정척사사상을 가진 선발 유생의병의 생각이나 결국은 국가와 민족을 위하여 큰 경륜을 하는 데는 다르지 않다는 그런 생각을 갖게 되었습니다. 그 뒤 유하현 삼원포를 중심으로 여기저기에 우리나라 사람들이 가서 마을을 세우고 현지 농토를 개간하여, 따지고 본다면 아마 대한민국 지금 판도 이상으로 더 넓은 남북만주를 개척해 놓은 것입니다. 현지 답사를 하지 않고서는 이상과 같은 생각이 쉽게 연결이 안 됩니다.

다음으로 앞서 언급하였듯이 유인석이 최후를 마친 곳이 방취구입니다. 거기 사람들은 유명한 고려 사람들이 와서 살았다고 해서 이곳을 고려구(高麗溝)라고 부릅니다. 유인석의 기록에는 방취구(芳翠溝)라고 나오는데 이는 당시 불리던 지명입니다. 유인석이 왜 하필이면 이곳 심산유곡을 최후의 수의처로 선택하였는지 궁금하지 않을 수 없습니다. 한국 사람들이 많이 거주하던 더 넓은 시베리아 벌판도 유명한 의병장은 다 받들어 주던 형편이었고, 북간도 역시 한국 사람이 많아 얼마든지 활동할 수 있었으며, 또 서간도에서도 통화현, 유하현 등 활동 적지(適地)가 얼마든지 많았는데, 왜 굳이 방취구 심산유곡에 가서 최후를 마쳤을까? 함께 여행한 사람들하고는 아직 그런 얘기를 해 보지는 않았습니다. 혼자 여러 가지 생각을 곰곰이 해 보니 아마 이런 게 아닐까 싶습니다. 유인석은 1895년 제천에서 의병을 처음 시작한 이래 근 20년 가까이 항일투쟁을 했습니다. 그가 의병을 시작해서 죽는 날까지가 우리 의병항쟁 역사의 처음과 끝인 것입니다. 이런 그가 마지막 죽을 때에는 현실적으로 의병항쟁이 다 틀렸다는 생각을 하게 되었을 것입니다. 장래는 알 수 없고 현실은 참담하니, 마지막으로 죽을 곳은 의병을 처음 일으킨 뒤 강제로 무장해제를 당하고 마지막 218명의 의병을 부득이 해산시켰던 그곳을 선택하게 되었던 것으로 생각되는 것입니다. 중국말도 몰랐을 그 218명의 장병들, 국내에서부터 산간벽지를 타고 죽음을 무릅쓰고 이곳까지 따라왔던 이들 의병은 의진 해산 후 어디 가서 품팔이꾼이 되었는지, 중국인의 노예가 되었는지, 그 후손은 있는지 없는지 전혀 기록이 남아 있지 않습니다. 결국 유인석은 죽음이 임박해지자 수구본능(首邱本能)으로 과거 의진을 해산하고 종일 목 놓아 통곡했던 그곳으로 돌아오게 되었던 것이다. 이런 생각을 해보게 합니다. 이와 같은 정황 해석은 현지 답사를 통해서만 가능한 것입니다. 여기 문학 하시는 분들도 와 계시는데, 사실 저는 도저히 문학적 소질도 없고 또 그렇게 하려고 생각지도 않았는데, 도저히 말로 표현할 수 없어 현지에서 시조 한 수를 읊어 보았습니다.

파저강변(波瀦江邊) 호곡(呼哭) 소리 동명왕은 들었었나
대한의 의장(義將)이며 유림의 종장(宗長) 어른
강변심곡(江邊深谷) 방취구(芳翠溝)에 자정처(自靖處)를 삼으셨다

옛날 사람들은 아이고 아이고 하는 것을 호곡(呼哭)이라 하였습니다. 부모가 죽는다든지 큰일이 일어났을 때 목을 놓아 호곡하는데, 파저강변에서 218명의 의병이 목을 놓고서 울었다고 하는 그런 뜻입니다. 또 이곳은 동명성왕이 처음 건도(建都)한 지역입니다. 그리고 유인석은 의병 가운데서도 가장 저명한 의병대장인 동시에 화서학파의 정통 도맥을 이어받은 유림의 제일 큰 어른이었습니다. 이런 그가 파저강변의 제일 깊은 골짜기 방취구를 죽을 자리로 선택하였다는 의미인 것입니다. 그렇게 설명하는 것이 맞는지 틀리는지 모르지만, 하여간 답사라고 하는 것은 이와 같은 해석을 가능하게 해 줍니다.

이상에서 말씀드린 사관, 자료, 그리고 현장 답사라는 3자는 역사 연구 혹은 해석 과정에서 반드시 필요한 요소가 되는 것이며, 싫든 좋든 여

기에 도전해서 그 속에 끼어야지만 우리 근현대사도 얘기할 수가 있는 것입니다. 그래서 저도 좋든 싫든 타의든 자의든 열심히 찾고 부지런히 다닌 겁니다. 일본에 남아 있는 항일유적지도 나름대로는 열심히 찾아봤고, 또 미국이나 유럽에도 가서 역사의 현장을 봤습니다. 또 어려웠지만 남북만주와 연해주, 그리고 중앙아시아까지도 둘러보았습니다. 이 과정에서 예기할 수 있는 것은 여러 가지 있지만, 시간이 가는 것 같아서 몇 가지 사례로 말씀드리겠습니다.

역사가는 현장에 가야만 우연이든 필연이든 역사 해석의 중요한 단서를 찾을 수가 있습니다. 예를 들면, 계봉우(桂奉禹)라는 사람이 있는데, 그 인물에 대해서는 제가 『인하사학』 제1집에다 「계봉우의 생애와 저술목록」이라는 글로 소개를 올린 적이 있습니다. 그 인물의 행적과 학문을 여기서 다 얘기할 수는 없지만, 하여간 결론적으로 말씀드려서 그는 연해주 러시아 지역에 간 30~40만에 달하는 한국 사람을 대표하는 국문학자인 동시에 역사학자, 즉 국학자였습니다. 여기 하와이대학교에서 연해주지방을 전공하시는 반병률 선생도 와 계셔서 더 정확히 얘기했었지만, 그가 많은 자료를 남겼는데, 사실 남아 있는지 없는지 알 수가 없었습니다. 미하일 박이라고 하는 모스크바대학교 교수를 국제회의에서 몇 차례 만난 적이 있는데, 그가 하는 말이 제가 러시아에 온다고 할 것 같으면 자기 선생이 쓴 『동학당폭동(東學黨暴動)』이라는 자료를 보여줄 수 있다고 했습니다. 그 뒤 러시아에 갈 기회가 있어 하여간 미하일박 교수를 찾아갔습니다. 미하일 박 교수는 젊었을 적에 중앙아시아 크즐-오르다라고 하는 데서 계봉우를 만났다고 합니다. 1937년 스탈린의 한인 강제 이주 시 한인들을 강제로 정착시킨 중심지가 크즐-오르다인데, 홍범도 장군을 비롯해 계봉우 등 저명한 사람들도 대개 이곳으로 끌려갔던 것입니다. 대학 졸업 후 미하일 박 교수는 국민학교 선생님으로 부임한 그곳에서 한 노인으로부터 우리나라 역사와 국어, 한문 등을 아무 교재도 없이 구술로 배웠는데, 그 노인이 바로 계봉우였다는 것입니다. 그는 한국의 문학과 역사에 관한 많은 글을 써 놓았으나 소련 스탈린 치하에서는 이를 간행할 수 있는 여건이 되지 못했던 것입니다. 스탈린이라는 사람은 사람들을 강제로 집단 이주시켜 회교도 옆에는 기독교도를, 기독교도 옆에는 불교도를, 동양인 옆에 서양인을, 이태리인 옆에는 독일인을, 독일인 옆에는 유태인(猶太人)을 막 섞어놓는 것이 장기(長技)입니다. 그래서 결국은 자기 민족이나 민족문화를 일체 언급하지 못하도록 하고 고유 언어도 쓰지 못하게 하는 대신 오로지 러시아말만 쓰고 공산주의만 숭배하게 하다가 끝내 실패하고 만 것이 스탈린의 정치인 것입니다. 그러한 치하에 들어갔기 때문에 우리 민족에 대한 아무리 훌륭한 책을 써도 그것은 원고로만 남아있을 도리밖에 없었던 것입니다. 미하일 박은 거기서 깨달아가지고 다시 모스크바대학교에서 공부를 한 뒤 우리나라의 『삼국사기』나 『삼국유사』와 같은 역사를 연구하는 모스크바대학교 교수로 출세를 했으며, 80을 바라보는 지금까지도 현직에 있는 분입니다. 미하일 박 교수는 그 이후에는 무슨 일을 했느냐 하면, 루마니아, 폴란드, 체코 등 동구 각국의 학자들이 모스크바로 유학 온다고 할 것 같으면 그 사람들 중에 우수한 사람을 골라서 꼭 한국학을 가르쳐 자기의 제자로 하나씩 만들었습니다. 한국학 관련 국제회의에 가보면 세계 각처에서 학자들이 모이는데 그 사람이 중심입니다. 그 박 보리스 교수가 저를 러시아의 저명한 연구기관인 사회과학원으로 데려갔습니다. 사회과학원 안에는 다시 동방학연구소가 있고, 동방학연구소 가운데는 분야를 세분해서 일본·중국·몽고·베트남 등의 연구반이 있는데, 그중에 한국 연구반도 있습니다. 한국 연구반에는 전공 학자가 11명이 있었는데, 그중 7명이 미하일 박 제자라고 했습니다. 그곳에 소장된 계봉우의 현물

자료들은 일단 그대로 볼 수가 있었습니다. 그러나 제록스도 어렵고 여러 사람들이 동행중이어서 차분히 자료를 검토할 수가 없어 목록 정도만 확인해올 수밖에 없었습니다. 그 뒤에 반병률 선생 같은 분, 또 여러분들이 가서 더 많은 것을 보고 여러 가지를 알아 와 그를 이제 어느 수준까지 평가할 수 있게 되었습니다. 『한국문학사』 같은 책은 국문학 분야에서도 상당한 의미를 가질 수 있지 않겠는가 하는 생각이 들지만 제 전공 밖이라 잘 모르겠습니다. 그렇게 해서 그에 관한 글을 써 놓았더니, 저번 8·15 광복절에 독립유공자에 대한 대대적인 포상식을 거행할 적에 계봉우도 여기에 포함되어 훈장을 추서 받게 되었던 것입니다. 계봉우는 물론 작고했습니다만, 대신 그 아들이 오면서 자기가 가지고 있던 계봉우 관련 자료들을 들고 왔었습니다. 물론 전부는 아니고 계봉우의 알려진 저술 가운데 3~4분의 1에 지나지 않지만, 그 자료들이 독립기념관에 형식적으로는 기증되어 국내에서 소장하게 된 것입니다. 결국, 한인들이 러시아로 갔다고 하지만, 더욱이 공산치하에 있었다고 하지만, 그들이 다 러시아인이 된 것도 아니고, 공산주의를 절대 끝까지 찬양한 것도 아니며, 러시아말만 배운 것도 아닌 것입니다. 계봉우는 마지막 순간까지 한국어와 한국 역사를 지키고 발전시키며 밝히기 위해 관련 저술들을 집필하는 불굴의 의지를 불태웠던 것입니다. 물론 자료수집 자체에 한계가 있고 주변 여건이 극히 불리하던 상황에서 나온 저술인 까닭에, 국내의 연구 수준에 비한다면 상당히 얕다고 할지도 모릅니다. 그러나 그런 것은 자료수집 및 현장 답사와 아울러서 생각할 수 있는 앞으로의 검토대상이 되는 문제입니다.

다음으로 이동휘(李東輝)라는 분에 대해서도 역시 주목해볼 만합니다. 이동휘에 대해서는 저보다 학문적으로 더 많이 공부한 사람이 있습니다만, 어쨌든 그는 아주 굵직한 행적을 보여준 큰 인물입니다. 한말에는 애국계몽운동에서 빼놓을 수 없이 중요한 인물이고, 또 나라가 망한 뒤로는 북간도나 연해주에 가서 애국계몽운동이나 독립운동기지를 만드는 데 앞장섰던 대표적인 인물이고, 또 1917년 공산주의가 성공하고 나서부터는 한인 가운데 공산주의를 제일 먼저 받아들여서 한인사회당을 만든 사람이며, 그 이후에는 러시아 안에 형성된 한인사회의 공산주의운동에 중심적인 역할을 수행하였던 실로 역사상의 인물인 것입니다. 특히 만주를 비롯해 중국 대륙, 한반도, 일본 등지의 국내외를 통틀어 한인의 공산주의운동을 얘기할 경우 절대로 빼놓을 수 없는 그러한 인물입니다. 애국계몽운동부터 시작하여 민족주의운동, 공산주의운동에 열심히 종사하는 한편, 대한민국 임시정부의 국무총리에까지 선임되었던 그러한 화려한 경력에 비해서는, 다른 사람이 써놓은 간접적인 자료는 있지만, 그 일생을 제대로 정리해놓은 직접적인 자료가 별로 없던 실정이었습니다. 그런데 이번에 이동휘의 아들이 그 부친의 일대기를 기록해 놓은 중요한 자료가 새로 발견되었습니다. 그 아들은 노동학원을 나온 뒤 블라디보스토크 동양학원에서 일본어까지 배워 일본어 통역을 오래 한 사람이었습니다. 이런 그가 말년에 시베리아철도를 타고 밤낮으로 한 달 가까이 걸렸다는, 2만 리도 더 되는 중앙아시아의 크즐-오르다라는 오지에 가서 자기 아버지의 행적을 기록하였던 것입니다. 결국 그는 자기 아버지가 한 일이 우리 민족의 독립을 위해서 항일운동을 한 것이지 결코 다른 민족과 국가를 위해서 투쟁한 것이 아니었음을, 나아가 그 운동의 방향이 옳았음을 주장하고자 하였던 것입니다. 더욱이 그 전기는 공산주의가 무너진 최근 몇 년 이내에 집필된 것이 아니라 공산주의가 한창 기세를 떨치던 시절에 쓰여졌기 때문에 이 사실 또한 시사하는 바 크다고 하겠습니다. 그 전기를 어떤 경로로 보게 되어서 본교의 한국학연구소에서 발간하는 정기간행물에 그 전문을 소개한 일도 있습니다. 비록 그것 아니더라도 이동휘를 소개할 수 있는 자료는 있지만 앞에서 자료를 얘기했던 것과 마찬가지로, 확실하게 이동휘의 생애나 그 활동을 설명할 수 있는 자료가 나왔다는 것은 대단한 가치를 지니게 되는 것입니다. 그렇기 때문에 이동휘는 지난 8월에 독립유공자로 포상되어 그 순수한 애국정신, 독립운동이 정당한 평가를 받을 수가 있게 된 것입니다. 독립유공자 심사회의 석상에서 나같이 약한 사람이, 일부에서 그를 틀림없는 공산주의자로 보는 시각에 대해서 적극적으로 지적할 수 있었습니다. 이동희가 공산주의를 받아들인 것이 분명하고 아무리 공산주의의 심볼이라고 하더라도 그는 마지막까지 우리 민족을 버린 일이 없고 항일운동·독립운동·민족운동에서 빼놓을 수 없는 큰 인물이다, 만약 그 사람을 빼버린다면 노령의 한인은 전부 우리 민족사의 역적이 되고 말 것이며, 우리가 숭앙하는 홍범도 장군도 설 땅이 없게 된다는 내용의 주장을 하였던 것입니다. 이러한 제 의견에 다들 찬성해서 이동휘는 우리나라에서 제일 높은 훈장도 받게 되고, 그 후손이 이번 8·15 광복절에 올 수가 있었던 것입니다. 저도 그 후손을 만났습니다. 이동휘에게는 세 딸과 한 아들이 있었습니다. 이동휘의 전기에 의하면, 그 아들은, 공산주의를 한다는 아버지에 의해, 미션스쿨인 경신학교에 유학을 온 적이 있다고 합니다. 또 그것이 여의치 못하자 다음으로는 북간도로 가 민족주의계 학교에 입학하였다가, 나중에 계봉우가 가르치고 있던 노동학원으로 옮아와 공부한 뒤 동양학원에 들어갔습니다. 물론 장성해서는 공산주의를 찬양하고 공산주의운동을 했지만, 그 말년 8년 동안을 두고 여러 가지 자료를 찾아 자기 아버지의 생애나 활동 내용을 밝혀 놓았습니다. 물론 그 전기가 공산주의 사관에 의해서 쓰여진 것이지만, 제가 판단하기에는 그 흐름은 우리 민족을 저버리거나 우리 독립을 완전히 포기한 상태는 아니기 때문에 이동휘를 민족운동자 혹은 독립운동자의 범주로 넣을 수 있다고 보는 것입니다. 이와 같은 내용을 자료로 입증할 수 있게 된 것도 역시 현지 답사의 결과가 아닌가 이런 생각을 해봤습니다.

그리고 또 다른 예를 하나 더 들어 보겠습니다. 여기 연변대학에서 온 김성호(金成鎬) 선생도 있습니다만, 만주에는 한민족이 세운 유일한 대학으로 연변대학이 있습니다. 저는 몇 년 전에 우리 학교에서 보내줘서 그곳엘 갔습니다. 그 연변대학 도서관에는 김정규(金鼎奎)라는 우국지사가 남긴 방대한 일기가 소장되어 있었습니다. 김정규는 1907년에 함북 경성(鏡城)에서 의병을 일으켜서 우리나라의 최북단인 육진 일대에서 활동하다가 일본군의 탄압을 견뎌내지 못하고 1909년 북간도로 건너갔습니다. 그 뒤 그는 망명지 북간도에서 3·1 운동을 맞았고 더군다나 해방 이후에까지 살아 있었습니다. 김정규는 그 과정에서 적어도 자기가 의병을 시작하던 1907년부터 항일민족운동을 지속하던 1921년까지 단 하루도 빠짐없이 매일매일 일기를 기록해 놓았습니다. 위정척사사상을 가진 사람이기 때문에 그 사관에 입각해 기록을 남겼습니다. 그 일기는 적어도 북간도 및 그와 연접한 연해주에서의 항일독립운동을 연구하는 데 빼놓을 수 없는 중요한 자료적 가치를 지니고 있습니다. 그와 같은 자료가 확인된 이상 어떻든지 간에 그것이 국내에 소개되어서 여러 학자가 연구에 활용할 수 있는 길을 열어야 될 것으로 생각했었습니다. 그 뒤 복잡한 경로를 거쳐서 김정규의 외손녀 되는 후손이 십수 책에 달하는 전질을 우리나라에 가져와서 독립기념관에서 소장하게 되었고 그 영인본까지 간행되기에 이르렀습니다. 그리하여 지금은 그 자료를 활용하여 신진학자들이 학위논문까지 작성할 수 있게 된 것이 아닌가 이런 생각을 하게 됩니다.

다음으로는 일본에서의 예를 한번 들어보겠습니다. 대한제국 말기에 나라가 망한 것은, 역사를 전공하는 사람은 절대 그렇게 생각하지 않는

데, 매국노들이 을사오조약과 정미7조약을 체결한 다음 급기야 소위 한 일합방조약까지 체결하였기 때문이라는 것입니다. 을사5적이 주동이 되어 늑결(勒結)한 매국조약인 을사오조약은 어떻게 된 조약인가? 광무황제는 을사오조약을 체결한 일이 없고 인준한 일도 없다고 죽는 날까지 얘기했습니다. 그 조약에 서명하기를 끝내 거부하였기 때문에 결국은 황제의 위(位)에서 강제로 쫓겨나 유폐당하였으며, 나라 망한 뒤 3·1운동 전후에 일제가 협박을 해서 사후에라도 그 조약에 서명하라고 하니까 안 하고 있다가 독살을 당하는 식으로 죽고 말았던 것입니다. 그러면 을사 오조약이 어떻게 생겼는가? 일반적으로 조약을 체결하는 데는 대개 3가지 구성요소가 있어야 합니다. 하나는 조약을 체결하는 담당자에게 황제 혹은 대통령 등 최고통치자가 조약 체결의 권한을 부여하는 신임장을 교환해야만 합니다. 다음으로, 신임장 상호 교환 후 조약 내용을 논의 혹은 협상한 결과를 담은 조약문이 있어야 됩니다. 세 번째는 조약문이 일단 완성되면 양국어로, 예를 들어 한일 간의 조약이면 한국어와 일어로 각기 2통씩 작성하고, 또 그 조약을 보증하기 위해 제3국어로 2통을, 결국 모두 6통을 작성하여 반반씩 교환하고, 그것을 각기 그 나라의 최고 통치자에게 제시해서 인준을 받아야만 효력이 발생하는 것입니다. 요사이로 비유한다면, 법률이 제정될 적에 국회에서 아무리 통과되더라도, 대통령이 서명을 해야만 그 효력이 발생하는 것과 같은 이치입니다. 그러나 을사오조약에 대해서는 광무황제가 끝내 인준을 거부했다는 것입니다. 우리나라에서 그 문서를 소장하고 있는 곳은 서울대학교의 규장각입니다. 규장각에 가서 그 문서를 보여 달라고 요청했더니 자료정리가 안 됐다는 구실로 거절당하였습니다. 관료주의 폐단이라는 것이… 내가 서울대 졸업생이고 20년 동안 서울대 학생을 가리킨 사람인데도 말입니다. 저보고 무엇을 보려고 그러느냐고 묻길래, 을사오조약의 인준문서가 있는지 여부를 확인하기 위해서라고 했더니만, "아, 인준문서야 물론 있지요."라고 했습니다. 당신이 봤느냐고 되물었더니만 확실히 봤다고 그러더군요. 그러면 한번 보자고 했더니, 정리가 안 됐다고, 그 사람 그만둘 때까지 끝까지 안 보여줘요. 지금까지도 안 보여줍니다. 학자의 신분으로 한 번 있다고 그랬는데, 그 원본을 보여주게 되면 자기 말이 거짓말이 될 테니까 안 보여주는 것입니다. 조약 원본의 인준 여부를 확인해야만 을사오조약을 설명할 수 있는데 난감했습니다. 그래서 일본에도 있을 터이니, 일본에 있는 조약 문서를 확인하기로 했습니다. 일본 외무성 산하에 외교사료관이라고 하는 곳이 있습니다. 그곳을 혼자 찾아가서는 보기가 어려울 듯싶어 아주 외교에 능한 최서면(崔書勉) 씨를 대동하고 가서 여러 가지 경로를 통해 그것을 볼 수 있었습니다. 예상했던 대로 거기에는 우리나라의 외부대신 '박제순(朴齊純)' 성명, '외부대신지인(外部大臣之印)' 도장, 그리고 한국전권공사 '하야시(林權助)'및 전권공사 도장 그것만 날인되어 있지 신임장도 없고, 또 인준서도 없었습니다. 아무리 찾아도 없었습니다. 다른 조약은 어떤가 싶어 확인해보니 다 갖춰져 있더군요. 강화도조약 이래 다른 조약에는 위에서 얘기한 조건이 다 갖춰져 있었어요. 그러나 을사오조약에는 분명히 없는 것입니다. 귀국 후 다시 규장각을 찾아가서 물었습니다. 관장 이하 다 잘 아는 사람들이라 하도 여러 차례 얘기하니까 " 아이고! 윤선생님, 그건 없다고 그랬는데 지금 와서 그걸 보여드릴 수가 있습니까!" 하면서 비공식적으로 보여준다고 했습니다. 그래서 비공식적으로 봤습니다. 역시 없었습니다! 역사에서 실증이라고 하는 것은 이처럼 마지막까지 확인해야만 합니다. 결국 을사오조약은 광무황제나 국민이 모두 반대하는 데도 불구하고선 우리나라의 박제순이라는 외부대신하고 일본의 하야시(林權助)라는 사람이 형식적으로 자기네들이 도장을 찍은 '괴문서'에 지나지 않는 것입니다. 그리고선 일제를 후원하는 영국·미국·프랑스·독일 등의 동의를 얻어 '보호조약'이 체결되었다고 일방적으로 선언을 한 것 뿐입니다. 그러니까 결국은 주한일본군이라고 하는 침략군대를 파견해서 한국을 강점한 뒤 강제로 국권을 탈취해서 일본말에 의한 강제 통치를 자행하면서 명분상으로는 조약을 체결했다고 한 것입니다. 그 명분상의 조약조차 결국은 일제의 위협에 못 이겨 또 일신상의 안락과 금전에 매수되어서 억지로 늑결된 조약이 을사오조약과 같은 조약들인 것입니다. 이런 경위와 구체적인 내용은 자료의 실증을 얻지 않고서는 확인할 수가 없는 것입니다.

약속한 시간이 조금 남은 것 같아, 다시 하나 예를 들어 보겠습니다. 일제는 1910년 소위 한일합방조약을 체결해서 우리나라의 황제도 없애고, 국호도 없애고, 그리고 이름만 남은 대한제국 정부도 없애 우리나라를 명실공히 자기들의 식민지로 만들었습니다. 그러고는 일본의 육군대신 아니면 해군대신, 혹은 국방부 대신이, 또 그것도 실지로 별을 달고 있는 일본의 현역 육군 대장이나 원수가 한국의 총독으로 칼을 차고 군복을 입은 채 부임해서 일본말에 의한 식민지 통치를 1910년부터 강행했습니다. 소위 한일합병을 단행할 적에는 그들의 논리를 보면, 대한제국 정부는 러일전쟁 이후 그동안 일제가 편 정치에 아주 감동해서 우리 황제 스스로가 자진하고 국민들이 원해서 일본 제국주의에게 영구히 통치권을 양해했다는 것입니다. 이제 한국 사람들은 조선 왕조시대 같은 착취와 압박 등의 비리가 없고, 신분제 같은 악제(惡制)가 없어져 인권을 마음껏 누리며 인본주의를 구가하면서 살게 됐다는 실로 어처구니없는 억지 논리를 폈던 것입니다. 일제는 그렇기 때문에 소위 한일합방조약 체결에 즈음해서도 국내외를 불문하고 한국 사람 한 사람도 마음은 있었는지는 모르지만 공식적으로 반대하거나 저항한 일이 없었다고 주장하였던 것입니다.

하지만, 이는 전혀 사실이 아닙니다. 그 명확한 증거 가운데 하나가 연해주 한인사회에서 국망과 동시에 펼쳐진 성명회(聲明會)의 한일합병 조약 원천무효 선언입니다. 성명회는 유인석, 이상설(李相卨) 이하 연해주 한인사회의 핵심 인물들이 주축이 되어 소위 한일합병조약이 늑결된 다음 날인 8월 23일에 블라디보스토크의 한인촌에서 한인대회를 개최하여 한일합병 무효화투쟁을 전개하기 위하여 조직한 결사입니다. 성명회는 이날 대규모로 항의 집회를 개최하여 합병무효를 선언하였을 뿐만 아니라 한인들의 이러한 의지를 집결한 「성명회 선언서」를 미국, 러시아, 영국 등 각국 정부와 신문사 앞으로 발송하였던 것입니다. 또 그와 같은 성명회 선언서에는 또 8천 6백여 명에 달하는 엄청난 인원의 서명록이 첨부되었던 것입니다. 이 서명록은 연해주와 북간도 일대에 거주하는 민족운동자 거의 모두가 망라된 규모였습니다. 그들은, 일본의 소위 합방조약이라는 것이 한국인의 일반적인 의지 여론과는 상관없이 일본 사람들이 일방적으로 강제한 것이고, 우리 국민은 언젠가는 일본 제국주의와 싸워서 다시 국권을 회복할 각오이니, 국제 열강은 일본의 잔학한 폭력을 규탄하여 한국 민족을 도와달라고 하는 요지의 '한일합방' 반대 「성명회 선언서」를 선포하였던 것입니다. 선언서에 첨부된 서명록도, 요사이 무슨 대회가 있으면 그냥 쪽지 돌려가지고 이 사람 저 사람, 인하대학교 교수 몇 명 어느 대학 교수 몇 명 등으로 작성된 것이 아니라, 각 계보에 따라서 의병이면 의병부대 안에서의 서열이 분명하게 정확한 위치에 질서정연하게 작성되어 있습니다. 그러니까 단 한 사람도 허위로 서명한 사람이 없었음을 알 수 있는 것입니다. 그리고 선언서는 다시 프랑스어와 러시아어로 번역을 해서 당시 우리나라와 외교관계가 있던 열강에게 보냈습니다. 이때 우리와 외교관계를 맺었던 나라는 미국, 영국, 러시아, 벨기에, 오스트리아-헝가리, 이탈리아, 독일, 프랑스 등 7~8개국이 전부였습니다. 그런 나라에는 하나도 빠트리지 않고 정성 들여서 그 선언서를 보냈습니다. 그런데 한 20여 년 전에 제가 미국에 처음 갔을 적에 국립문서보관소를 찾았었는데, 참 무서운 곳이더군요. 거기서 자꾸 뭔가를 뒤지니까 무엇을 찾느냐고 묻더군요. 그래서 혹시 '합방'에 관한 이러이러한 문서가 있는지 찾아달라고 했더니, 그곳 관계자들의 도움으로 그 선언서 원본을 찾을 수가 있었으며, 그때 한 부를 복사해 왔었습니다. 그 선언서 사본은 제가 나중에 독립기념관에 기증하였는데, 지금 보관되어 있는지 모르겠습니다. 원본은 물론 미 국립문서보관소에 있고요. 그 뒤로 동구권이 트이고 유럽에 나가는 사람이 많아져 영국, 오스트리아—헝가리, 러시아 등으로 보낸 선언서도 현재 고스란히 보관되어 있음을 확인하였습니다. 결국 이러한 사실은 '합방' 당시 한국인들의 일반 여론과 감정은 일본인들의 주장이나 친일 매국노들의 얘기와는 완전히 상반되게 철저히 합방을 반대하고 투쟁하였음을, 아무리 적게 잡아도 최소한 8천여 명은 반대 의지를 분명히 표출하였음을 실증하는 것이라고 볼 수가 있습니다.

또 한 가지 더 실례를 들어 보겠습니다. 러시아라고 하는 나라는 참으로 크긴 큽니다. 21개의 성(省)을 가진 중국도 그 성 하나하나가 우리나라와 거의 비슷한 크기라고 하니 큰 나라임에 틀림이 없고 미국 또한 넓기가 한량없지만, 아, 이 러시아는 정말 크구나 싶을 정도였습니다. 태평양 연안의 동부 시베리아에서부터 대서양 발틱해 연안에 있는 상트페테르부르크까지 가 보니까 이렇게 큰 나라가 있구나 싶었어요. 한번에 도저히 못 가서 두 번 나누어서 다녔습니다. 여기서는 역사 유적 등에 대한 이야기는 일절 다 생략하고 꼭 찾고 싶은 것이 러시아 이주 한인들이 국망 전후에 발간한 신문이었습니다. 러시아 연해주에는 국망 전후에 앞서 든 이동휘(李東輝)와 홍범도(洪範圖) 등 중요한 인물들이 많이 와서 항일운동을 열심히 했는데, 그 내용을 확인할 수 있는 중요한 기록이 바로 현지에서 한인들이 발간한 신문이기 때문입니다. 연해주에서 한인신문 여러 종이 발간되었다는 사실은 일본인들이 조사해 놓은 일본 정보문서에 의해서 이미 확인되었습니다. 을사오조약 때 「시일야방성대곡(是日也放聲大哭)」이라는 통렬한 논설을 쓴 장지연(張志淵)이 붙들려가고 난 다음에 이제 국내에서는 항일운동이 어렵다고 판단하고 바로 연해주에 가서 현지 교포들과 함께 만든, 연해주 최초의 한인신문이 해조신문입니다. 해조신문이 탄압을 받게 되자 다음으로 대동공보를 만들었습니다. 대동공보는 또 이토 히로부미(伊藤博文)을 처단한 안중근(安重根) 의사에 관한 기사를 실었다고 탄압을 받아 폐간되고 그다음에 권업신문을 간행하였습니다. 그러던 중 1917년 러시아혁명이 일어나서 시대가 달라지니까 또 『한인신보』, 『청구신문』 같은 신문을 발행하였던 것입니다. 그러므로 이들 신문만 찾는다고 할 것 같으면 러시아지역에서 벌어진 항일운동을 확실히 밝힐 수 있을 것이라는 확신을 가지게 되었던 것입니다. 실례가 될는지 모르겠습니다만, 그때 두 분이 저와 함께 동행하였습니다. 한 분은 지금 국민대학교의 대학원장으로 계시는 조동걸(趙東杰) 박사고, 다른 한 분은 한국정신문화연구원의 한국학대학원장 이성무(李成茂) 교수였습니다. 두만강변의 핫산이라는 곳에서부터 시작해서 서쪽 끝에 있는 상트페테르부르크까지 찾았습니다. 이곳 상트페테르부르크에서 찾을 수 없으면 이제 없는 게 됩니다. 그런데 상트페테르부르크를 안내해 준 사람이 지난 4월 본교의 국제학술회의 때 참석한 이르쿠츠크의 박 보리스 교수의 따님입니다. 박 벨라라고 하는 그녀는 지금 미혼이지만 이미 시베리아의 개발이라는 역사학 논문을 써서 학위를 받았으며, 지금 연세대학교에서 한국어 공부를 하고 있습니다. 참 훌륭한 분이라고 생각됩니다. 그 사람이 상트페테르부르크의 안내를 맡았는데 여러 가지로 일정이 짜여서 단 하루 기회가 있었습니다. 그 남은 12시간을 두고 의견이 분분하였습니다. 유럽 구경이 처음인 조동걸 교수는 전형적인 유럽 고풍의 도시인 상트페테르부르크 시내 구경을 원하였습니다. 상트페테르부르크는 참으로 미도(美都)입니다. '붉은 도시'라고 해서 붉은 혈색만을 생각했는데 그게 아니고 전부 황금으로 장식한 도시더군요. 교회건 도서관이건 미술관이건 모조리 황금으로 장식되어 있었어요. 이처럼 아름다운 고도(古都)는 여행자를 매료시키기에 충분하였던 것입니다. 그리고 이성무 교수는 근현대사와는 전공이 다른 관계로 우리가 러시아와 관련된 역사의 중요한 유적지나 아니면 세계적인 유적지를 봐야 한다고 했습니다. 또, 저는 하여튼 여기에 온 김에는 한인 신문이 있는지 없는지 확인만이라도 하고 싶었습니다. 그리하여 세 사람은 각기 자기가 소원하는 것을 안내인에게 얘기했습니다. 그러자 그 안내인이 첫말에 12시간 동안 상트페테르부르크의— 소련 시절에는 레닌그라드로 고쳤다가 우리가 갔을 때 마침 상트페테르부르크라고 다시 고쳤다— 중요한 교회, 궁궐, 박물관, 도서관 등을 살펴보고 마지막에 자기한테 30분만 여유를 준다면 지금 윤 교수가 얘기하는 그 자료가 있는지 없는지 확인을 시켜주겠다고 확실히 제안을 하였습니다. 다른 것들을 모두 구경시키고 난 뒤 마지막에 자료를 확인하러 간다고 그러니까, 조동걸, 이성무 교수 다 찬성하였습니다. 그리하여 그 안내인이 30분도 안 걸려서, 거짓말 안 하고 5분, 10분 만에 해조신문부터 대동공보, 권업신문, 청구신문, 한인신보 등 한인신문을 하나도 빠짐없이 다 들고나왔어요. 어떻게 된 거냐고 물었더니, 러시아에서는 도서를 분류하는 방법이 우선 도서 문헌을 언어별로 분류한 다음, 신문이든 잡지든 그 크기나 모양을 기준으로 해서 분류를 하고, 그 다음에 자료의 성격에 따라 분류해 놓기 때문에 도서관학을 안 배운 사람이라도 쉽게 찾을 수 있다고 하더군요. 더욱이 그 안내인은 아주 분명히 문서보관소 직원이고, 도서관 직원이니까 자기는 쉽게 찾을 수가 있다더군요. 하지만, 그 귀중한 자료를 눈앞에 두고서도 복사도 할 수도 없고 마이크로필름도 만들 수가 없어 그 안내인에게 마이크로필름을 만들어 줄 것을 부탁했습니다. 돈이 얼마가 들어도 좋으니까, 우리가 선금을 내고 갈 테니까 청을 들어달라고 했어요. 안내인의 인상이 횡령할 사람 같지도 않았으며 러시아 사람들은 아주 순박해서 그럴 것 같지 않아요. 얼마면 되겠냐고 물었더니 한참 계산하더니 25불 정도면 된다고 그래요. 그러길래 아주 넉넉히 100불을 내놓고선 마이크로필름을 좀 만들어 달라고 그랬더니, 그 안내인이 난 이렇게 하면 못한다고 그래요. 아무리 많이 들어봐야 한 50불 정도인데, 이렇게 많은 돈을 받는다면 자기가 불감당(不堪當)이라고 하더군요. 그래서 억지로 50불을 선금으로 주고 왔습니다. 국내로 돌아온 뒤 안내인 쪽에서는 마이크로필름을 만들어 보냈다고 그러는데도, 6개월이 지나도 들어오지 않았습니다. 이성무 교수가 알선해서 모스크바의 문교부 교육관에게 보내면 외교 파우치로 오기 때문에 검열 없이 확실히 도착할 수 있다고 해서 마이크로필름을 그 편으로 보내달라고 부탁했고, 또 그렇게 보냈다고 안내인이 분명히 대답했는데도, 도착이 안 되는 것입니다. 가끔가다 이성무 교수만 만나면 조동걸 교수도 그거 어떻게 된 거냐, 또 나도 만나면 아직 도착 안 했느냐 묻곤 했습니다. 이성무 교수는 윤병석 교수나 조동걸 교수한테 보내도록 내버려 뒀으면 될 것을 괜히 자기 전공도 아닌데 한국정신문화연구원으로 보내도록 해 고역을 자초한 셈이 되고 말았습니다. 아는 인편으로 신속 확실히 도착할 수 있도록 하려던 것이 그만 화근이 되었으니, 이성무 교수는 총무과장을 시켜 문교부에 가서 그런 물건이 왔는지 확인도 해 보았다고 합니다. 나중에 알고 봤더니, 문교부를 통해서 한국정신문화연구원에 가는 우편물을 이성무 교수 앞이라고 수취인을 쓰지 않고 한국정신문화연구원 귀중으로 보냈고, 또 연구원에 도착해서는 도서관으로 갖다 놓게 되었던 것입니다. 그러니, 연구원에서 러시아 한인사회를 연구하는 교수가 그날로 그것을 차람해서 우선 자기 연구가 끝날 때까지 안 내놓으니까 도통 오리무중이 될 수밖에 없었던 것입니다. 결국 5, 6개월을 못 봤지만, 한국정신문화연구원에는 분명히 도착했기 때문에 이제는 누구나 등사해서 다 볼 수 있게 되었습니다. 엊그저께 어떤 학술회의에 가니까 우리나라의 언론사를 정립하는 데 아주 큰 공헌을 한 정진석 교수가 그 신문자료를 어떻게 하면 볼 수가 있느냐 묻길래, 한국정신문화연구원에 가면 지금 마이크로필름이 소장되어 있다고 확실히 대답할 수 있었습니다. 저 같은 사람은 그렇게 정밀히 검토도 할 수 없지만, 이 분야 연구자들이 그 자료를 면밀히 분석하게 된다면 러시아 지역에서 활동한 한인들의 역사를 밝히는 데 큰 도움이 되지 않겠는가 이런 생각을 해보게 됩니다.

제가 이 자리에서 너무 딱딱하고 지루한 전문 연구 분야를 말씀드리는 것보다는 전혀 체계화는 되어 있지 않지만 그동안 공부를 해오면서 느끼고 경험한 단상(斷想)과 사례들을 중심으로 해서 대충 이야기를 꺼냈습니다. 제가 준비한 사례는 한 30~40가지가 되는데, 시간이 많이 지난 것 같아 여기서 마치겠습니다.

여러분, 감사합니다!

1996년 8월

2   역사학계 주변에서 지내온 나의 학행

윤병석

Ⅰ. 수학시절

강연 제목이 '나의 역사연구'입니다만, 저는 역사학계 주변에서 근 반세기를 맴돌기는 하였으나 크게 내세우거나 자랑할 만한 것은 별로 없습니다. 그렇지만 이 자리에서 내가 어떤 한국사 연구를 견문했는지, 또한 내가 무엇을 하였는지에 대해서 주어진 시간 동안 말씀드리고자 합니다.

저는 일제 말 태평양전쟁시기에 충북 제천군 백운면의 애련(愛蓮)이란 벽촌에서 태어나 한 10여 리 거리의 면소재지에서 백운국민학교라고 부르던 초등학교를 다녔고, 이어 이제는 제천시가 된 제천 읍내의 제천농업학교에서 초년을 다니다 해방을 맞았습니다. 해방 후에도 그 학교에서 학업을 계속하여 중고등학교 6년 과정을 졸업했습니다. 대학은 6·25전쟁이 발발하던 1950년 서울에 올라와 서울대학교 사학과에 입학하였습니다. 그러나 처음으로 역사학 공부를 해야 할 시절에 전쟁으로 인해 군대에서 시간을 보냈습니다. 총들고 최전방에는 가보지 않았지만 휴전선 언저리에서 3년 반을 보내야 했습니다. 휴전 후 복학하여 당시 180

학점을 겨우 채우고 3년 늦게 졸업하고 이병도 선생의 추천으로 사학과 조교로 학교에 그대로 남았습니다. 그때부터 한국사 관련 문헌이 가득한 동숭동 캠퍼스 국사연구실에서 조교로 근무하면서 한국사에 보다 관심을 갖게 되었습니다. 3년 임기를 마쳤지만, 당시 사회 여건상 사학도가 취직을 하거나 갈 곳은 극히 제한적이었습니다. 조교 시절 겸직하던 경신고등학교 교사에 재직 중이던 무렵에 4·19를 겪었고 그 후 얼마 안 되어 5·16 군사정변이 일어나고 이어 마침 국사편찬위원회 기구가 확장되면서 처음으로 편사관을 뽑게 되었습니다. 그때가 1962년 초로, 나를 포함하여 최영희·김용덕·차문섭·이재룡 교수 등과 함께 5명이 공채로 들어가게 되었습니다. 그 중 최영희·김용덕·차문섭 세 분은 이미 고인이 되셨고 이재룡 교수와 나만이 남아 있군요.

II. 국사편찬위원회에서

국사편찬위원회에서의 임무는 처음 얼마 동안 조선시대사를 담당하였으나 곧 편사실장과 그를 이어 조사실장의 보임을 맡게 되었습니다. 실무를 총괄하는 자리가 되어서 전공에 전념하기는 좀 어려웠습니다. 그때 가장 중점을 두었던 사업이 첫째, 일제 침략에 의하여 일그러지고 훼손된 근대사를 새로 편찬하는 것이고 둘째, 나라를 잃었을 때 국내외에 흩어져 있던 한국사, 특히 근현대사 자료를 수집 편찬하는 것이었습니다. 전자를 위한 사업의 하나는 『한국사』의 편찬과 간행계획을 세워 추진한 것입니다. 근 반세기에 걸친 민족수난으로 말미암아 전반적으로 한국사 연구가 부실할 뿐 아니라 특히 근현대사 관계 연구는 보다 더 심한 형편이었습니다. 이 작업은 요약하면 그때까지의 한국사 전반에 관한 학계의 연구성과를 집대성하여 통사식으로 새로 편찬 간행하는 것입니다. 그래도 고대에서 중세 조선시대까지는 그 동안 여러 관련 학자들의 연구성과가 대개의 경우 거의 엇비슷하여 문제가 적었는데, 근현대사에 와서는 연구성과가 희소할 뿐 아니라 큰 체계도 제대로 잡혀 있지 않아서 적지 않은 논란과 심의가 있었습니다. 그때 위원회 내에 한우근 교수를 비롯하여 이기백·이광린·최영희·이현종 교수 등과 함께 따로『한국사』편찬 위원회를 구성하고 제가 간사를 맡아 몇년이 걸려서『한국사』12권을 편찬 간행하였습니다. 또한 현재도 계속 간행되고 있는『한국사연구휘보』도 이 무렵부터 기획 간행되어 관련 학자들에게 보내고 있는 것입니다. 그 후 제가 국사편찬위원회를 떠난 뒤에도『한국사』는 다시 예산을 크게 늘려 12권을 40여 권으로 재출간까지 하였습니다. 이 무렵 제가 주관하던 또 다른 특수한 사업의 하나는 중·고등학교용 국사 단일교과서를 편찬하는 일이었습니다. 흔히 국정교과서라고 지목하는 것입니다. 해방 후의 혼란기부터 자유당 시기까지 일반화된 교과서는 따로 없고, 이병도 선생을 비롯하여 김상기·이홍직·신석호 교수 등 명성있던 학자들이 낸 문교부의 검인정 교과서가 통용되었습니다. 그러나 이들 교과서는 체제나 내용상 다른 점이 있고, 특히 근현대에 내려올수록 체제는 물론 역사적 사실에 대한 해석도 다른 점이 많아 한국사 단일교과서의 편찬이 필요하였습니다. 이 배경에서 문교부에서 중·고등학교용 국사의 단일 교과서 편찬을 국사편찬위원회에 지시한 것입니다. 그러나 역사학계에서는 국정교과서를 편찬한다고 크게 반발하였습니다. 하지만 공무기관인 국사편찬위원회로서는 문교부 지시대로 단일교과서의 편찬 간행을 착수하게 되었습니다. 중학교 교과서는 강진철(고대·고려시대), 차문섭(조선시대), 이현종(근현대)이, 고등학교 교과서는 김철준(고대·고려), 한영우(조선시대), 윤병석(근·현대)이 집필하였고, 그 간사를 중학교용은 이현종 교수가, 고등학교용은 제가 각각 담당하여 수행하였습니다. 그런데 원고가 완성되어 문교부에 넘겼는데 처음 약속과는 달리 그곳에서 더러 수정도 하고, 특히 해방 후의 현대사 부분은 문교부 편수국에서 작성한 것으로 교체되기도 했습니다. 그러나 전체적으로 보면 중·고등학교 교과서가 모두 내용과 체제 등에서 거의 단일 교과서로서의 면목만은 갖췄고, 특히 근대에 들어 개화·근대화와 민족운동 내지 독립운동 부분에서 당시까지의 학계의 연구성과가 크게 반영되었다고 생각됩니다. 그밖에도 내용상 단군조선 부분의 서술에서 신화적인 면보다는 사실적인 면이 강조되었고, 그밖에도 전 시대에 걸쳐 학계의 연구성과를 반영한 것으로 기술되었습니다. 예컨대 동학 부문에서 동학란이라 하지 않고 동학농민운동 또는 동학혁명으로 해석 기술한 것 등입니다. 그 반면에 출판 후에 보니까 필자들과 논의 없이 수정된 부분도 없지 않았습니다. 예컨대 이광수와 최남선 등의 기술에서 친일변절 부분 등에서는 임의대로 삭제되고 말았습니다. 따라서 저도 그 후 단일 교과서를 유지하는 것은 여러 가지로 문제점이 있으므로 검인정 교과서로 다시 바꿔야 한다고 주장하였습니다. 그보다도 단일 교과서를 편찬하면 여러 필자가 공동으로 집필하기 때문에 때로는 하나의 기준과 하나의 체계로 통일하기는 어려움이 따르므로 검인정 교과서 쪽을 강조한 것입니다. 아직도 교과서 문제는 내용상 특히 근현대사 부분과 관련하여 해결과제가 적지 않게 남아 있기에 학계에서 관련 연구의 활성화와 신중한 집필·심의가 필요하다고 생각됩니다.

III. 독립운동사 연구

국사편찬위원회의 보다 기본적인 사업은 한국사 관련 자료를 수집 정리하고 그를 편찬 간행하는 일이었습니다. 처음 그곳에 갔을 때 생각보다 절실하게 확인한 것이 나라 안에서는 민족수난기와 6·25전란 중에 한국사에 관한 중요자료가 소실되었거나 국내외로 뿔뿔이 흩어져 근현대사를 연구 편찬하기가 극히 어렵게 되었다는 것이었습니다. 따라서 무엇보다 이들 자료를 가능한 한 빨리 조사 수집하고 근현대사 연구를 심화시키는 일이라고 여겼습니다. 그중에도 항일 민족운동 내지 독립운동 관련 자료의 수집과 정리 편찬 등이 핵심과제의 하나로 부상되었습니다. 따라서 조사실 안에 독립운동사 관련 부서를 설치하고 『한국독립운동사』와 『한국독립운동사자료집』 편찬사업을 우선 5개년 계획으로 세워 추진하였습니다. 이 사업도 제가 주관하여 추진하게 되었습니다. 당시에는 젊었기 때문에 자료의 수집을 위해 백방으로 노력하였습니다.

독립운동사 관련 자료는 주로 세 가지로 나누어 볼 수 있습니다. 첫째는 독립운동사의 주체인 한국 측의 자료들입니다. 두 번째는 식민지배자였던 일본 측의 자료이고, 세 번째로는 제3의 열강, 즉 미국이나 중국, 러시아 등의 자료들입니다. 두 번째 일본 측 자료가 해방 당시 국내에 남은 곳은 법원이나 검찰청, 종합청사와 지방청사 등의 관청으로, 일본 사료가 있다고 하면 때로는 빈축을 받으면서도 쫓아 다녔죠. 그런 자료 중에는 종전 후 일본사람이 불태우려고 하다가 미처 못 태운 것이 있어서 초기에 국사편찬위원회가 펴낸 3·1운동 자료나 의병 자료 중의 한 몫을 채우기도 하였습니다. 이런 일본 측 자료는 독립운동 중에서 의병 관련 부분이 절대적으로 비중이 컸습니다. 형사재판 기록을 보면 의병이 처음 일어난 을미의병으로부터 시작해서 1910년 전후의 국내외 의병관련 자료가 매우 많고, 그 다음으로 3·1운동 관련 기록들이 많지요. 일부 논자들은 3·1운동을 몇몇 사람들이나 어떤 계층 혹은 종교계 등에서 주도적으로 한 것으로 논급하기도 하지만, 그것보다는 전 국민이 신분과 지역,

종교와 사상, 남녀노소를 구분할 것 없이 신구학문과 빈부의 차이를 떠나서 모두 함께 한 것이죠. 한편 1920년대 이후에 일본이 제일 꺼렸던 것이 사회주의, 공산주의 운동으로 이 분야에 관한 비교적 많은 양의 자료도 확인했습니다. 세 번째는 국외자료입니다. 주로 미국 측 자료가 많은데 1970년대에 많이 찾았지요. 로스앤젤레스와 샌프란시스코, 뉴욕, 워싱턴 DC, 하와이 등지를 다니면서 보았습니다. 그리고 국외자료 중 일본 측의 자료도 아직 발굴할 게 많이 남아 있습니다. 맥아더 문서가 처음에 들어왔다고 했을 때 마이크로필름으로 약 2백 릴 분량이니 말하자면, 책으로 2백 권이나 된 셈입니다. 그걸 나 혼자 읽으려면 5~6년은 더 걸릴 것 같아서 근대사를 전공하는 동료 대여섯 명이 나누어서 검토를 했습니다. 그때 그 자료를 통해 일제 측 자료의 전체적인 윤곽을 짐작할 수 있었죠. 그러나 일본에 있는 자료는 그것이 한 무더기에 지나지 않고 다른 여러 곳에 소장된 자료가 한참 더 있습니다.

일본 측 자료 가운데서도 남북 만주와 러시아 연해주 등지에서의 활동에 관련된 부분이 많이 나옵니다. 근현대사, 특히 독립운동사의 큰 줄기 중 한 부분은 러시아 연해주와 서북간도를 비롯한 남북만주에 있는데, 자료를 수집할 그 당시에는 지금처럼 역사 인식의 안목이 다원화되어 있던 시기가 아니었죠. 이제는 공산주의가 대부분 무너진 상황에서 보면 그러한 것으로부터 자유롭겠지만 당시에는 그러한 부분에 대한 정리가 쉽지 않았습니다. 그러나 그 분야를 역사에서 빼놓으면 안 될 것 같아 기록을 남겨야 되겠다는 생각에서 글도 몇 편 썼지요. 그냥 그대로 두면 사장되고 묻혀서 ─우리 역사에서 압록강 북쪽의 영토가 없어졌듯이─ 현재 조선족 또는 고려인이니 하는 중국과 러시아의 해외동포들이 거기서 민족운동, 독립운동을 했다는 것마저 내 딴에는 소외되고 훼손될까 염려되었던 것입니다. 따라서 그 지역에 한번도 가보지 못한 채 자료를 수집하고 집필을 하기 시작하였습니다. 그러나 올림픽 전후로부터는 달라지기 시작했지요.

우리 역사에서 독립운동사는 만주와 연해주, 중국 대륙에서의 역사를 빼 놓을 수는 없는 것이지요. 말하자면 해외동포가 전개한 부분을 잃으면 역사가 균형을 잃게 됩니다. 한편 요즘은 격세지감을 느낄 정도로 큰 기대를 가집니다. 정부에서도 상당한 예산을 편성해 주고, 국사편찬위원회와 독립기념관 등의 기구도 크게 확장되어 앞으로 시간이 좀 걸리더라도 잘 이루어지지 않을까 생각합니다. 당시에는 인력도 매우 부족했고 예산 규모도 열악했지요. 여하튼 국사편찬위원회의 독립운동사 자료수집과 편찬사업은 현재에도 주요사업의 하나로 추진되고 있는 것으로 알고 있습니다.

독립운동사를 연구해 보면 우리 민족이 광복을 맞은 것은 제국주의 전성시대에 그 어려운 국내외적 여건하에서 기적과도 같이 큰 대업을 이룬 것이라 할 수 있습니다. 그러나 그것은 우리가 흔히 논의하는 일부 독립운동자들의 투쟁만으로 이룩한 것이 아니고 —얼마의 친일파를 제외한— 전 민족의 거족적 투쟁의 결과이기도 하다는 생각입니다. 우리의 독립운동이 광복의 절대적인 원인은 아니었지만 특히 정신적으로는 조국의 광복투쟁에 절대적 큰 역할을 했습니다. 어떻던 이와 같은 광복투쟁을 누가 했느냐 하면 한국 사람으로 태어난 모든 국민이 정도의 차이는 있을지 언정 다함께 했지, 특정 몇몇의 전유물이 아니었다는 말입니다. 특이하게 친일로 기울어진 얼마의 부류를 제외하고는 우리 민족 모두가 다 일어나서 독립운동을 한 것이죠. 그러나 그중에 특별한 독립운동가들이 중심이 되어서 남보다 큰일을 주도하고 희생한 것이 주목을 받기도 했지만, 본질적으로는 한국인 모두가 한 것입니다. 대표적으로 3·1운동만 해도 독립운동가라는 특정한 계층의 운동이라고만은 생각할 수 없습니다.

그런데 역사라는 것은 또한 그 나름대로의 상징과 역사적 정화도 있어야 하는 것 같습니다. 예를 들면 한국 근대사를 그 나름대로 체계화시킨 것이 백암 박은식의『한국통사(韓國痛史)』인데, 1864년부터 1911년까지의 한국 근대사를 개화와 일제의 침략 및 항일투쟁과 탄압에 역점을 두어 서술했죠. 또한 백암은 1919년 블라디보스토크에서 3·1운동을 맞이하자 상하이로 가서 상하이 임시정부와 연해주의 대한국민의회 임시정부, 그리고 국내의 한성정부(漢城政府) 등을 통합하여 대한민국임시정부의 수립을 지원하는 한편, 일제에 맞선 한국민족의 투쟁과정을 서술한『한국독립운동지혈사』의 집필을 시작하여 1920년에 펴내기도 했습니다. 그런 책에서도 볼 수 있듯이 안중근 의사라든지, 이상설 같은 이가 신명을 다 바쳐서 독립운동을 위해서 노력한 것은 역사의 모범이 되어야 하고 또 그 나름대로의 합당한 역사적 평가를 받아야 한다는 것입니다.

한편 이 무렵 신채호는 민족수난을 극복하는 지도원리라고도 할 수 있던 민족주의사학을 정립하며 그에 관련되는 의열단 선언을 비롯한 독립운동 관련 문자를 많이 남겼습니다. 사실 우리 근대사의 모습을 피상적으로만 잘못 보면 나약하고 비열하고 사대적인, 그런 측면이 크게 부각된단 말이죠. 그런 근대사를 박은식과 신채호는 역사의 원류를 찾아서 긍정적으로 서술했단 말이죠. 경우에 따라서는 독립운동을 주도한 사람들을 부각시키면서 우리 민족의 개화와 제국주의와의 저항과 자주 의지, 그리고 독립정신의 고취를 성취해 낸 거죠. 온 국민이 다 독립운동을 했다고 하면서도 중심적인 인물을 부각시키고 그들의 말과 행위를 통해 애국심을 불어넣어서 우리의 근대사를 살려놓은 것입니다. 그러한 관점도 참조하면서 좀 예외가 되는 말입니다만, 지금의 독립운동가에 대한 포상을 더 신중하게 진행하고 친일파에 대한 정화가 더 필요할 것도 같습니다. 독립운동가의 공적과 친일행위에 대한 비판 중 특히 독립운동가의 공적은 작은 것이든 큰 것이든 간에 발굴, 정리해서 그 위상을 바로 밝히고 체계화시키는 일이 우리의 중요한 과제이며 의무라고 할 수도 있을 것입니다. 그리고 독립운동에 대한 서훈은 뚜렷하면서도 헌신적인 사람, 나라와 민족을 위해서 자기 신명을 다 바친 사람, 그러면서도 전후 행실이 깨끗한 사람, 그런 사람에게 우선 서훈되어야지 그렇지 않으면 작든 크든 온 국민이 모두 독립운동에 참여했는데 논공행상을 잘못하여 근대사와 현대사를 훼손하는 일이 될 수도 있을 것입니다. 근대사를 살리려면 개화 근대화를 강조하는 것과 동시에 민족의 독립운동사를 올바로 밝혀주는 면이 중요한 것인데, 이러한 논공행상을 잘못하면 민족의 적을 애국자로 만들고, 애국자를 적으로 돌릴 수도 있습니다. 그러면 우리는 역사의 죄인이 되겠죠. 저는 비교적 오랫동안 상훈심사위원으로 있으면서 바로 그러한 부분에 대한 고민도 했습니다. 크게 보아서 국민이 모두 독립운동을 했는데, 유공자에 대한 선별은 신중해야만 하니까요. 그런데 그중에서도 어려운 부분이 처음에는 독립운동을 했다가 나중에 친일로 돌아선 경우와, 반대로 처음에는 부일협력을 했다가 나중에 독립운동을 한 경우 등입니다. 예컨대 의병이나 독립군을 탄압하는 데 앞장서다가 나중에는 독립운동을 하게 된 사람도 있지요.

한편 친일이란 이런 사람을 우선 지목해야 한다고 생각합니다. 첫째로, 유사 이래 몇천 년을 두고 지켜온 나라를 없애는 데 큰 역할을 한 사람은 명백히 친일행위를 했다고 봐야 합니다. 두 번째는 어떻든지 간에 동북아에는 한민족과 왜인이라 하던 일본, 그리고 여진, 몽고 등 여러 민족이 있고 그중에서도 우리 민족이 이렇게 국토와 문화와 전통을 전승 발전시켜 왔는데, 우리 한민족을 일본에 적극적으로 동화시키려고 앞장선 사람입니다. 세 번째로는 우리 어문을 국어학자나 세계 언어학자들이 우수한 어문이라고 하는데, 일본 어용학자들의 주장에 동조해서 우리 언어와 문자가 열등 언어가 되어 근대과학을 수용하지 못하니 우리말과 글을 없애고 일본말을 전용해야 한다는 데 앞장선 사람들입니다. 네 번째로는 유사 이래 독립을 지켜온 자기 나라의 광복을 위해 신명을 다 바쳐 독립운동을 해 왔는데, 이러한 독립운동을 앞장서 막은 사람들입니다.

한편 일제 침략, 강점시대가 40~50년이나 되는 긴 기간인데, 당시에 외형적으로만 보면 일본 사람 행세 안 한 사람이 얼마나 되었겠습니까. 모두가 일본의 식민지배하에서는 식민지 백성으로 살았죠. 그러나 외주내왕(外朱內王)이라고 전통시대 유학자들이 속으로는 양명학을 받아들였지만, 조선왕조의 학풍과 이념이 양명학을 비판한 뒤로는 양명학을 하면 사문난적 취급을 당해서 속으로는 양명학을 견지하면서도 겉으로는 주자학자로 행세하고 왕조 말까지 내려왔죠. 그러한 사실도 있듯이 일제 강점기에는 어찌 보면 친일파로 보일 수도 있지만 사실은 독립운동을 한 사람이 많았습니다. 물론 진짜 친일한 사람을 포함하는 것은 아닙니다. 즉 나라를 없애고 민족을 없애고 어문과 풍속을 없애는 데 앞장선 사람들은 법률적 또는 물리적 단죄는 아니더라도 역사적 단죄만큼은 반드시 해야 한다고 생각합니다.

Ⅳ. 한국정신문화연구원에서

국사편찬위원회에서 편사관으로 10여 년 근무하다 70년대 중반 인하대학교 교수로 자리를 옮겼습니다. 학교로 가는 것을 말리는 지기도 몇 분 계셨지만 그래도 학교가 조용히 연구하고 저술하는 데는 나을 것 같아서 그렇게 한 것입니다. 인하대학교에 가서 한 일은 조금 있다가 언급하겠습니다만, 대학에 간 지 몇 년 되지 않아 뜻하지 않게 지금은 한국학

중앙연구원이라 개명한 한국정신문화연구원 창설 초에 참여하여 그곳에 3년 동안 파견 교수로 활동하였습니다. 당시 박정희 대통령이 경제성장을 주도하여 산업화를 추진하고 있지만 그에 상응하는 정신문화의 개발도 필요하다고 한국정신문화연구원을 성남시 운중동에 세우고 전국 각 대학에서 필요한 연구교수를 파견 근무하게 한 것입니다. 원장은 박 대통령과 가까운 역사학자 이선근 박사이고 인문부장은 고대사를 전공한 서울대학의 김철준 교수였으며, 제가 사학연구실장을 맡았습니다. 조용한 환경에 시설 전반과 도서 등도 잘 갖추어 있었습니다. 저의 전공연구도 전념할 수 있었지만 그보다 초창기 연구원의 터전을 다지느라 분주한 나날을 보내기도 하였습니다. 외부의 유위한 학자들에게 많은 연구 프로젝트를 만들어 위탁연구도 시키고 연구비도 당시 보통 연구비보다 후하게 책정했습니다. 그런 연구 결과물은 정기간행의 『한국사학』에 수록도 하였습니다.

또한 얼마 후 원내에 병설대학원도 설치하여 최초의 한국학대학원이 생겼습니다. 선발된 입학생에 대해서는 등록금은 물론 숙식비까지 일체 연구원에서 부담하고 경우에 따라서는 병역 특혜조치를 취했던 것으로 알고 있습니다. 교과과정도 한국학 전 분야에 확대하여 일반 한국사뿐만 아니라 어문·철학·예술·사회 등에 이르기까지 여러 각도에서 연구하고 학습하는 새로운 풍토 진작에 힘썼습니다. 또한 한국학 연구에 절실한 기초과목인 한문과 영어 등 외국어 이수에도 치중했습니다. 늦게 생긴 대학원이지만 관련 도서를 비롯한 참고문헌도 최대한 갖춘 도서관과 각종 연구실을 운영하도록 배려되어 있었습니다. 이 대학원의 초창기 수학생들이 이제는 유위(有爲)한 학자로 커서 경향의 학교나 관련 학술기관에서 각기 중진학자로 중요한 활동을 하고 있습니다.

한편 정신문화연구원에 있을 때 몇 가지 색다른 과제와 사업도 계획되어 추진했던 것으로 기억됩니다. 예컨대 한 가지는 앞으로 우리나라 문화의 발전 방향과 내용 등에 대한 모색이 심도 있게 다루어졌습니다. 원내외 관련학자들이 함께 참여하여 연찬과 토론도 벌였습니다. 제 기억에 한국문화가 나아가야 할 방향은 다음 두 가지로 논급되었던 것으로 생각됩니다. 그 하나는 종래의 한국의 비효율적 전통문화는 과감하게 도태시키고 서구에서 성장된 기독교를 바탕으로 하는 근대문화를 철저히 수용하여 선진사회를 만들어 가야 한다는 것이고, 다른 하나는 우리의 전통문화를 바탕으로 하여 서구문화와 과학을 비롯한 여러 문화를 다원적 입장에서 수용해야 된다는 것이었습니다. 전자의 의견이 후자의 의견보다 더 우세한 경향이었던 것으로 기억됩니다.

또한 정신문화연구원에서는 한국의 역사와 문화를 집대성한 대백과사전의 편찬 간행을 기획 추진하였고, 그 결실로 전 27권의 『한국민족문화대백과사전』이 간행되었습니다. 여기에는 예상보다 많은 예산이 투자되었고 10년 이상의 시일도 소요되었습니다. 항목과 내용에 따라서는 부실하여 보완해야 될 점도 적지 않지만 일단 우리 역사와 민족문화 이해의 중요 입문서가 되고 있습니다.

V. 인하대학교에서

국사편찬위원회에서 인하대학교로 옮길 때까지는 잘 몰랐는데, 전임으로 부임하여 알게 된 것이 있었습니다. 그때까지 그 대학은 사학과가 없이 역사는 사회교육과 내에 교양과목으로 문화사와 국사를 개설하고 있었습니다. 그래서 사학과를 만들려고 하니 다행히 학교 당국에서 솔선하여 어렵지 않게 설치되고 다른 대학처럼 국사, 동양사, 서양사 교수들을 모셔 오고, 사회교육과와 별도로 사학과 학생을 모집 교육하여 이제는 30여 년의 전통이 쌓인 사학과가 되었습니다. 이 사학과 출신의 학사, 석사, 박사들이 현재 경인 지역을 중심으로 각처에서 유위한 제 나름의 활동을 할 수 있는 것이 큰 보람으로도 여겨집니다.

한편 대학 내에 각별한 지원으로 한국학연구소도 설치하여 1995년 정년 때까지 한국 근대사와 독립운동사를 연구하며 지냈습니다. 더욱이 연구소의 소장으로 초창기 10여 년 근무하면서『한국학연구』도 창간·발행하고, 그동안 현지 답사에 소홀했던 남북만주와 연해주, 그리고 중앙아시아의 한국민족운동 유적지를 두루 답사할 수 있었던 일은 지금도 기억이 역력합니다. 이 연구소는 현재도 한국학술재단의 특별연구비지원도 있어 원만히 운영되고 있으며 많은 연구성과를 기대하고 있습니다. 그밖에 인하대학교에서의 일과 저술 등은 딴 기회의 것이 있으므로 여기서는 생략합니다.

VI. 학회활동과 민족운동 지도자의 전서편찬

제가 1958년 처음 대학 강단에 선 이래 인하대학교와 한국정신문화연구원의 한국학대학원 외에도 여러 학교에 출강하였습니다. 모교인 서울대학을 비롯하여 육군사관학교, 중앙대학교, 한양대학교, 고려대학교, 단국대학교 등 여러 학교에서 한국사, 한국근대사, 독립운동사 등의 강의를 시의에 따라 맡아 분주히 다니기도 하였습니다. 그중에도 서울대학교 사학과에서는 2003년도까지 거의 매년 연속하여 한 학기는 한국근대사를, 다른 한 학기는 한국독립운동사를 번갈아 강의하여 전후 40여 년이 되는 셈입니다. 지금 생각하면 부실한 강의내용도 없지 않지만 최선을 다하려 한 것이고, 그때는 그러한 강의가 흔치 않았고 젊었기 때문에 한 것입니다.

또한 여러 대학 출강을 전후한 시기에는 역사 관련 학회의 활동에도 될수록 참여했습니다. 1960~1970년대에는 역사학회와 진단학회, 그리고 한국사연구회에서는 선생이나 선배, 동료들을 따라 다니며 '한국사와 역사의식'이니 '단재신채호의 역사' 등의 주제를 발표하기도 하였습니다. 좀 특수한 것으로는 1960년대 초에 이병도 선생이 주도한 한국사회과학연구회의 간사를 맡아 한국사와 한국경제, 한국정치, 한국사회, 한국법제 등 관련 사회과학 분야가 협동으로 연구하는 '사회과학'의 성장을 기대한 것입니다. 그 학회에서 외국재단의 원조를 받아 연구도 진작시키고 『사회과학』이란 학술지도 제3호까지 간행하였습니다. 그러나 5·16군사정변이 일어나 모든 학회활동이 일시 중단되고 이병도, 신태환, 변시민, 이항녕 등 중요 임원이 학계 현직에서 물러나는 풍조 속에 휩쓸려 더 지속되지는 못했습니다.

다음은 한국민족운동사연구회의 창립과 『한국민족운동사연구』의 간행 등에 참여한 활동입니다. 1980년대 초를 전후하여 일본의 역사교과서 왜곡문제가 계기가 되어 천안 흑성산 아래에 독립기념관이 건립되게 되었습니다. 이때 독립기념관 전시자료의 수집 정리와 독립운동사 연구의 심화를 위하여 손보기, 조동걸, 신용하, 박영석, 추헌수, 박성수, 이연복 등 15~16명의 관련 학자가 근 1년에 걸쳐 정기적으로 회합하여 열심히 심의 토의도 하고 자료수집과 전시물의 각종 안을 제시하였습니다. 이때 특별히 신용하, 조동걸 교수가 마지막 마무리를 맡아서 수고를 하기도 하였습니다. 그런데 독립기념관을 개관하고 보니 정부를 대신하여 독립기념관 건립을 행정적으로 집행하는 분들이 자기네 의견과 맞는 것은 학자들의 의견을 수용하고 그렇지 않은 것은 소외시킨 대목이 적지 않게 나타났습니다. 여하튼 거기에 관여했던 학자들을 중심으로 한국 독립운동사 연구를 위한 학회를 발기해서 좌장격인 손보기 교수를 회장으로 하고 제가 간사를 맡는 한국독립운동사연구회를 창립했습니다. 한국독립운동사연구회는 정례 연구발표회도 개최하고『한국민족운동사연구』라는 기관지도 발간하여 큰 호응을 얻기도 하였습니다. 이 학회 명칭은 곧 연구영역을 넓히기 위하여 한국민족운동사연구회로 변경했습니다. 몇 년 동안을 두고 회장도 맡아 계속하다 보니 일부 참여자들이 자기들이 주관하여 학회를 발전시킨다고 여러 공작도 벌이고 해서 그 후로는 참여하지 않았습니다. 그러나 그 학회는 우여곡절을 겪으면서도 현재까지 지속되어 정기적으로『한국민족운동사연구』와 관련 연구저서가 나오고 있습니다.

저는 또한 1990년대에 들어와 지금은 도산학회라고 개칭한 도산사상연구회와 2000년대 들어와 백암학회의 회장을 맡아 각기 도산 안창호와 백암 박은식의 애국적 생애와 사상, 민족운동 연구에 주력하였습니다. '도산학'과 '백암학' 정립을 목표로 양인에 대한 연구의 심화가 더 필요할 것이라고 생각했던 것입니다. 이와 관련하여 한국근대사에서는 도산과 백암을 포함하여 국내외에서 항일운동 내지 독립운동을 솔선하고 주도한 인물이 많이 있습니다. 그중에서도 우남 이승만과 도산 안창호, 백범 김구, 백암 박은식, 성재 이동휘, 우강 양기탁, 단재 신채호 같은 분들은 항일운동과 독립운동의 중심에 선 인물들이라고 할 수 있습니다. 그러므로 독립운동사 연구를 심화시키려면 먼저 이분들의 학문사상과 항일운동 내지 민족운동의 행적이 올바로 밝혀져야 바른 평가와 해석을 할 수 있는 대목이 있습니다. 그래서 이런 분들의 유문과 활동자료를 망라한 전서(全書) 편찬이 학계에서는 절실한 실정이었습니다. 따라서 대학에서 활동하던 관련학자들과 함께 이분들의 전서 편찬을 추진해 각 인물별로 편찬위원회가 구성되어 『백범 김구전집』전 12권과 『우남 이승만 문서』전 18권을 비롯해 『도산 안창호전집』전 14권, 『백암 박은식전집』전 6권, 『우강 양기탁전집』전 4권, 『성재 이동휘전서』전 2권, 『단재 신채호전집』전 9권 등을 간행한 것은 큰 보람으로 생각합니다. 그중 『우남 이승만문서』만은 원래 이승만 박사가 소장하던 이화장 문서로 유영익 교수가 편찬위원장을 맡아 관련학자가 참여하고 저는 제4권에 수록된 3·1운동 관련 문서를 정리하고 해제하였습니다. 그 밖에 백범과 도산, 그리고 우강, 단재 전집편찬에서는 편찬위원장을 맡아 간행하였습니다. 최선을 다하려 했지만 그래도 수집자료가 미비하거나 오류가 있는 부분은 앞으로 보유편으로 보완되어 갈 것이라고 생각됩니다. 특히 최근에 독립기념관에서 맡아 『단재 신채호전집』의 간행을 마친 것은 의의가 크다고 생각됩니다. 그분은 민족수난기를 스스로 국내외에서 철저하고도 강인하게 독립운동에 헌신한 순국선열일 뿐만 아니라 민족주의 사학자로 독립운동의 지도 원리가 되는 중요 관련문자를 가장 많이 남긴 인물이기도 하기 때문입니다. 그 밖에도 제 단독으로, 공산주의운동에도 관련된 성재 이동휘나 의열투쟁을 결행한 안중근, 윤봉길 의사의 유문과 관련 자료들은 독립운동사 이해에 필수적 내용이 담겨 있는 것이라고도 생각되어 관심을 갖고 전서편찬을 추진 중입니다. 그중 『성재 이동휘전서』는 러시아 측의 공산주의 관련 자료와 그밖에 기독교 관련 자료의 수집이 미흡하지만 앞으로의 보완편을 기약하고 상·하 2권으로 편찬·간행한 것입니다. 또한 안중근의 것은 그분의 진귀한 자서전인 『안응칠역사』와 『동양평화론』 및 보물들인 여러 유묵류 등을 비롯하여 당시 국내외 여러 문인학자들의 전기류를 집대성하여 『안중근전기전집』을 편찬·간행하였습니다. 그리고 윤봉길의 것은 그분의 망명 전후 시문과 상하이의거 관련 자료를 수집·정리하고 있습니다. 그 밖에도 독립운동사에서 의열투쟁을 선도한 장인환·전명운의 샌프란시스코(상항)의거의 한·미·일 간의 관련 자료를 집대성하려 편찬하고 있습니다.

VII. 첨가하는 말

저는 학문적 입장에서 해방 이후의 역사는 연구하지 않았습니다. 그래서 학문적으로 논평하기는 어려운 일이지만 역사학도로 그 시대를 살아온 사람이니까 어느 정도 의견은 말할 수 있지 않을까 생각됩니다. 해방 이후의 시대라는 것이 상당히 혼란했죠. 당시에는 극과 극으로 치달아 무슨 집회나 운동을 하더라도 서울운동장이나 남산에서 좌우가 따로 하고, 대낮에도 테러가 일어나곤 했습니다. 요즘에는 인터넷이나 매스컴이 발달해서 상대방 사정을 대부분 잘 알고 있죠. 그러나 그때는 그런 정보가 없었습니다. 그때 보통사람은 이쪽 편에 가서 들어보면 이쪽이 옳은 것 같고, 저쪽에 가서 들어보면 저쪽이 타당한 것 같아 상대방 사정을 잘 몰랐습니다. 말 그대로 혼돈이었죠. 일제강점기에 우리는 일본제국주의가 앞장서고 구미제국주의 열강이 방조하는 그런 국제환경에서 가혹한 식민 통치를 받았는데, 해방 정국은 대한민국 정부 수립과 6·25전쟁 전후에 이르도록 동서냉전의 양 극점에 우리의 운명이 내몰려 있었습니다. 치열한 전쟁터에서는 유탄에 맞아도 죽을 확률이 높은 법인데, 그 당시 우리는 맨살로 냉전의 양 극점에서 대립과 전쟁에 휘말렸던 것이지요. 공산주의와 자유주의의 최전선에서 헤매고 있을 때니까, 우리 운명이 어떻게 될지 짐작도 못하고 몰려다닌 경우도 없지 않았습니다. 게다가 우리 역사에서 일제 이전의 전통시대는 중국이나 일본, 가까이는 러시아 정도와 접촉이 있는 정도였는데, 그걸 뛰어넘어서 서양과 접촉이 깊어지고 공산주의를 수용하자는 것이 어떤 것인가 성찰해야 하는 면이 있었습니다.

해방과 그를 이어 정부가 수립된 지 60여 년이 지났습니다. 그동안의 우리 역사의 본질을 성찰하고 평가하는 노력이 절실한 것 같아요. 오랜 식민지 시기는 차치하더라도 일제 말기 만주사변과 중일전쟁 이래 제2차대전에 이르는 15년 침략전쟁과 해방 후 미소 양군정의 분할통치, 그리고 6·25전란 등으로 한국은 경제와 문화, 사회까지 파괴되고 훼손되어 그대로 있으면 세계에서 최빈국 최하등 국가로 전락할지 모를 모습이었습니다. 그러나 그 속에서 우리 민족이 식민지시대에 독립운동을 했듯이 재기하여 대한민국을 성장시키고 자유민주주의를 정착시켰습니다. 아울러 그를 뒷받침하는 산업화와 민주화도 어느 정도 이룩하였습니다. 논자에 따라서는 세계 상위권 국가로 부상하고 있다고도 합니다. 물론 외형적으로 부정부패나 패륜과 폭력, 그리고 온갖 반도덕적, 반인륜적 측면이 현저하게 노정된 것도 사실입니다. 그러나 이런 것은 겉으로는 산업화와 민주화를 추진시키는 과정에서 사이비 정상배들이 끼어들어 졸속탐공(拙速貪功)이랄까 조급하게 성과만을 바라는 잘못된 개혁과 혁명 등에 편승된 적폐(積弊)에서 원인의 일단을 찾을 수도 있습니다. 앞으로는 애국이니 선진화를 빙자하면서 조급한 성과 위주의 개혁과 명분과 공리만을 앞세운 각종 운동은 지양되어야 하겠지요.

이런 점에서도 해방 후의 우리 민족과 국가의 성장은 제대로 성찰되고 평론되어야 할 큰 과제인 것 같습니다. 그 같은 점은 민족주의나 제국주의, 또는 자본주의, 공산주의, 사회주의, 경우에 따라서는 국가주의나 세계주의의 관점을 초월해서 첫째, '인간존중' 풍조의 괄목할 만한 성장의 한 면입니다. 둘째, '지성'과 '과학'을 바탕으로 한 신문화 건설과 민족의 도덕성 회복의 한 면입니다. 셋째, '전쟁'과 '폭력'을 근본적으로 배격하고 평화와 자유, 생명과 재산을 보장받는 국가 사회 건설의 한 면입니다.

이와 같은 견지에서의 성찰은 해방 후 60여 년의 역사를 우리 국민이 첫째, 인권과 민권, 인간성 존중의 개념과 상통될 수도 있는 민본(民本) 혹은 인륜(人倫), 예의(禮義) 존중의 사조 등에서 보듯이 드높은 민족적 도덕과 윤리를 숭상하고, 둘째 성실하고 근면한 국민성이 대한민국의 민주주의와 산업화를 성장시켰다고 생각됩니다. 셋째, 우리 국민은 평화애호와 그 정착을 위하여 참으로 많은 것을 희생했다고 생각합니다. 반면 이런 기풍과는 달리 사회일각에서는 화합과 통일을 외면하고 식민지시대의 유물이기도 한 분파주의와 남을 배척하는 풍조가 기승을 부리는 속에서 퇴폐윤리의 만연과 개인주의, 집단이기주의가 판을 치는 현상도 두드러지고 있습니다. 여기에 아울러 민족문제까지 생각해 본다면, 근현대에 우리 민족은 나라를 찾기 위해 맹렬히 투쟁도 했고 광복된 나라를 건설하기 위해 열심히 일도 했습니다. 하지만, 지금도 주어진 문제는 남북분단과 국론분열입니다. 제가 십여 년 전에 어떤 계기로 몽골을 간 일이 있었는데, 저는 몽골에서 다음과 같은 생각도 연상하였습니다. 세계 역사상 가장 거대한 제국, 그리고 강성한 국력을 자랑하던 국가들 중에 몽골제국이 제일이라고도 꼽을 수 있는데, 그 나라의 현재 영토는 몽골공화국으로 전성기에 비해 영토는 몇십분의 일밖에 남지 않는 조그마한 국가로 전락하고 인구도 몇백만에 지나지 않고 구소련의 위성국이기도 했습니다. 현재 중국의 내몽고지역에는 몽골 민족이 있지만 중국에 거의 동화되어서 본국에 돌아오라고 해도 돌아가지 않는다고 합니다. 그보다 더 주목되는 것은 흑룡강 북쪽의 시베리아 전 지방은 몽골이 차지했던 곳이고 몽골 민족의 활동지인데 거기 있는 사람들은 다 러시아에 섞여서 이제 몽골 사람으로 행세하는 사람은 없습니다.

우리 민족도 생각하기에 따라 남북한의 통일문제가 쉽게 해결되지는 않는다고 할 수도 있을지 모르겠습니다. 그렇다고 해서 민족문제를 역사적인 시각에서 정확한 해명 없이 방치한다는 것은 역사의 의무감을 저버리는 일이 되며, 보다 더 중요한 것은 어떤 개인이나 어떤 특정한 집단, 어떤 특정한 이념을 가진 사람이 독단적으로 남북 통일문제를 좌지우지한다면 또 다른 불행한 사태가 일어날 수 있다는 의구심도 떨칠 수 없습니다. 제2차대전 중 우리 민족이 해방이 된다면 당시 국제적 환경에서 신탁통치를 받도록 요동치고 있는 기류는 국제 정치, 제국주의 역사를 조금이라도 공부한 사람은 누구든지 다 알던 사실이었습니다. 김구 주석은 국내에 돌아와서 신탁통치가 대두되자 우리 민족이 원하는 것은 자주독립이고 게다가 그동안에 반세기를 두고 활동한 것 하고는 완전히 내용이 다르니까 근본적으로 부정을 했습니다. 그러나 국제정세에 밝고 진보세력이라고 주장하는 사람들은 신탁통치를 일정하게 받아야 한다고 해서 국론은 완전히 분열되었고, 여기에 공산주의와 자유주의의 대립이 개입하면서 더욱더 복잡한 문제가 되었습니다. 우리의 통일도 전 민족이 원하는 방향이 틀림없이 있을 것입니다. 그것을 역사의 은감(殷鑑)에서도 모색해야 되는 것이지 억지로 뜯어 맞추려 한다면 6·25사변과 같은 비극이 다시 생기지 않으리라는 보장이 없을 것 같습니다. 최근에 제가 헤이그특사에 대해서 다시 생각해보게 되었습니다. 그때 제2차 평화회의에서 제국주의 열강들이 자의대로 세계평화 문제를 전단(專斷)해 놓으니까 그 다음에 제3차 평화회의 개최가 예정된 1914년에는 평화회의의 개최는 고사하고 세계평화를 뿌리째 흔들던 제1차대전이 일어나고 말았습니다. 지금 우리는 각자의 이해집단이나 권세를 탐내는 정객들이 너무 자기 고집만을 부리고 있는 상황이 아닌가도 생각됩니다. 앞으로의 일은 앞으로의 역사입니다. 그러나 현재 근현대사가 바로 정립되어 있어야 합니다. 몇 사람만 목소리를 높이고 모든 일을 좌지우지하는 것이 아니라,

온 민족이 다 함께 원하는 결집된 방향으로 나아가기 위해 먼저 역사의 올바른 이해와 해석이 필요하지 않을까도 생각을 해 봅니다. (『한국사학 사학보』17, 2008)

〈제17회 외솔상 수상소감〉

한국민족운동사 연구의 디딤돌 될 각오

윤병석

    과분한 외솔상을 수상하게 되었다. 일신상 큰 영광이나 학계에서 명예와 권위를 상징하는 외솔상에 부응할 학행이 못 미쳐 송구하게도 생각된다. 김석득 이사장을 비롯한 외솔회 여러 임원과 전상운 위원장을 위시한 심사위원 분들께 깊이 감사의 말씀을 드릴 따름이다.

    외솔 최현배 선생을 그분 생전에 한 번 뵈운 일이 있다. 용건은 기억되지 않지만 책으로 가득 메운 서재에서였고, 그곳은 현재의 신문로 한글회관 어떤 넓은 방이었다. 그 서재 한 서가 옆자리에 책상이 있고, 의자에 단정히 앉자 책을 보고 계시던 학자의 위풍이 지금도 기억된다. 단아한 체구에 두상이 유난히 크신 외솔 선생의 인품을 지근에서 접하고 말씀을 들을 수 있었던 것이다.

    1970년 외솔 선생 별세 후 그분의 학덕을 기리며 애국 충정의 정신을 현양하는 외솔회가 발족한 지 올해로 25돌이 지났다. 그 사이 외솔회는 유위한 사업을 벌였고 큰 업적을 쌓았다고 생각된다. 무엇보다 기관지『나라사랑』의 간행을 비롯하여 각종 학술 행사와 외솔상의 시상 등을 통하여 우리나라 국학 발전에 한몫을 담임하였고, 나아가 민족의식을 바탕으로 한 국민 사상 계도에도 기여하였던 것이다.

그중에도 『나라사랑』 간행에서는 작고하실 때까지 외솔회 회장을 맡았던 홍이섭 선생이 『나라사랑』의 편집을 비롯해 주제와 필자의 선정, 자료의 수집 등에 이르기까지 직접 담임하였고, 박대회 님이 실무를 도와 한국 근대 '애국지사'들의 특집호가 계속 나와 국학계에 선풍을 일으켰다.

예컨대 만해 한용운, 단재 신채호, 위암 장지연, 백암 박은식, 도산 안창호 등의 애국적 행적과 사상을 학술적으로 부각시킨 특집호를 펴낸 것이다. 지금은 학계에서 일반적으로 수용되는 것이자 그 당시로서는 선도적 업적이며 민족주의 정신의 중요 면을 규명하는 것이었다.

또한 면암 최익현과 안중근, 윤봉길 등의 특집호를 내어 항일독립을 위한 의열 정신과 그 투쟁을 부각시켰다. 뿐만 아니라 한서 남궁억, 한힌샘 주시경, 환산 이윤재, 육사 이원록 등의 특집호를 통하여 민족의식의 근원인 국어 국문학 발전의 행적과 내용도 밝혔다.

이 밖에도 동학농민혁명운동을 주도한 전봉준, 1910년 전후의 국내외 독립운동을 주도한 보재 이상설, 대한민국임시정부의 주석 백범 김구 등의 특집호를 내어 항일운동 내지 민족운동의 구체적 실상을 제시하였다.

필자도 이때 몇 분 특집호의 자료 수집과 한구석 원고 집필에 끼일 수 있었던 것을 지금까지 보람으로 여기고 있다.

필자는 대학에서 수학 이래 우리 역사 중에서도 격동과 시련으로 전개된 근대사에 관심이 깊어 그 시대를 전공으로 삼았다. 특히 일제의 강포한 침략과 그를 이은 식민지 통치라는 엄청난 '민족 시련'의 극복을 위한 민족 운동 내지 독립 운동 탐구에 근 40년의 세월을 보냈다. 그러므로 외솔회 여러 사업 중에서도 『나라사랑』의 연속된 특집호는 필자의 민족 운동사 연구에 한 지침이 되기도 하였던 것이다.

　필자는 국어학자가 아니므로 외솔 선생의 국어학에 대한 업적을 논의하기는 어렵다. 그러나 외솔 선생은 그의 행적과 특히『조선 민족 갱생의 도』같은 저술을 통하여 볼 때, 한글과 한국어의 과학적인 우수성을 실증한 꿋꿋한 국어학자로만 지칭될 뿐이 아니고, 제국주의 침략을 극복하면서 우리의 근대를 이룩하여 애국 애족의 높은 이상을 구현하려던 민족주의 사상가 내지 애국지사로도 극명히 칭예되어야 옳을 것이라는 생각이 든다.

　외솔 선생의 뜻을 현양하고 국학 연구에 크게 공헌하는 외솔회의 발전을 기원하며, 필자도 이번 수상을 계기로 지나온 수학의 도정을 다시 한 번 되돌아보면서 한국 민족 운동사 연구에 정진하고자 다짐하는 바이다. (외솔회,『나라사랑』92, 1996.3)

4 한일관계 시론(時論)

"일본은 세계평화를 위하여 침략의 역사를 자성해야 한다"

윤병석

근래 한국과 일본은 서로가 '제일가는 우호선린국(友好善隣國)'이라 하여 매우 중요시한다. 부연하면 한국은 동북아세아(東北亞世亞)에서 우선 선린국으로 일본을 꼽는다. 또한 일본도 한국이 제일가는 우호선린국으로 접근(接近)한다. 한국은 제2차세계대전을 전후하여 일본의 압박과 차별(差別), 착취, 황폐 등의 고난(苦難)의 세월(歲月)을 보냈다.

그런 중 일본은 1945년 패전(敗戰)하고도 그 후에 6·25 전쟁 경기 등으로 경제대국(經濟大國)으로 부상하였다. 또한 최근 아베 신조(安倍晉三)가 집권하면서 자국에 정치적 기반 세력을 결집시키면서 한국을 유달리 우호선린국으로 중시하고 강조한다.

일본은 태생이 화산지대(火山地帶)로 조성(造成)되어 관동대지진(關東大地震)이나 관서대지진(關西大地震) 같은 대규모 지진이 언제 어디서 발생할지 전전긍긍하는 나라이다. 또한 활화산(活火山)이 많은 그들은 언제 어떤 활화산이 분출(噴出)할지 또한 근심거리이다. 여기에 일본 동해안(東海岸)에는 때도 없이 16미터 넘는 해일(海溢)이 일어나고 있어

불안하게 하고 있다.

한편 일본은 전국에 걸쳐 경색(景色)이 좋은 온천(溫泉)이 조성되어 국내외 여행객의 환심을 받고 있다. 이와 같은 여러 요인이 서로 상합(相合)하여 부지부식간(不知不識間)에 일본 국민은 가장 가까운 한국을 지난 세기 침략(侵略)하며 행세(行勢)한 것을 주목하면서 현재에도 지난 침략을 다시 기도(企圖)하는 계략(計略)을 펴고 있는 것이 뻔한 실정이 되었다.

필자는 최근 『한국과 주변 4강과의 관계』라는 저술(著述)을 상재(上梓)하여 지나간 1,2세기(世紀) 고통(苦痛)스러웠던 역사를 상술(詳述)하였다. 그중에도 일본과 미국의 상호관계(相互關係)를 주목하지 않을 수 없는 점을 중심으로 그 이유(理由)를 따져 보았다. 미국은 세계에서 제일 가는 대국(大國)으로 세계평화(世界平和)를 그 무엇보다도 우선하여 어디에서 전쟁(戰爭)이 나든 선도해야 하는 무거운 짐을 진 나라이다. 그런 배경에서 미국은 태평양 연안에서 일본이 진행하는 빈틈없는 방비 역할이 미국에도 이로울 것이므로 미국이 적극적으로 후원하게 되는 경향이 농후(濃厚)하였다. 미국과 일본은 어느 곳에서든지 전쟁이 일어나는 것을 반드시 사전(事前)에 막아야 하도록 국제정세가 벌어지고 있는 까닭이다.

부연하면 현재 한국과 일본 양국이 만날 시점은 뒷날 남의 나라의 침략(侵略)으로 인정하여 후일 사과와 같은 서로의 외교의 절차도 이제는 더 고려할 시점을 넘어선 것이다. 이 절박한 정국의 시점(始點)과 시기(時期)도 우선하여 원만하게 풀고 난 그 후에 고려해야 할 기묘한 시점(始點)인 것이다.

지금 이 시점은 국제 정국의 변역(變易)에서 역사상 다시없는 좋은 방향으로 갈 수 있도록 정국이 전개되고 있는 것 같은 상사(相似)되는 시기

(時期)이다. 그럼에도 불구하고 일본은 미련하게도 현행 중요정책을 남의 나라를 침략하는 방향으로 추진하고 있다. 한일 양국은 지역상 동북아세아(東北亞世亞)의 발원지(發源地)에 위치하여 후세에 발전하고 번영된 선린국 사이를 상전(相傳)할 수 있도록 하려면, 오직 이 기회에 만난 이런 호기(好期)가 역사정진(歷史精進)의 이정표(里程標)를 세워야 한다는 점을 양국 국민은 분명하게 알아야 할 것이다. 다시 말하면 이 시점이야말로 양국의 외교부(外交部)나 국가 정상(頂上)들이 심사숙고하고 내린 용단(勇斷)이 되어야 할 아주 귀중한 호기(好期)인 것이다.

이와 같은 견해(見解)가 노쇠한 필자만의 좁은 생각일까? 제현(諸賢)의 교시(敎示)를 바라는 것이다. 참고로 근대(近代)에 들어 한국과 일본 관계를 포함한 연표(年表)를 첨부하는 것이다.

여기서 일본이 지난 세기(世紀)에 저질렀던 갖가지 부정(不正)이나 전쟁(戰爭)에 관계되는 사례(事例)를 정리하여 보면 첫째가 지난 한 세기의 초두에 일본이 가장 필요한 선린지국(善隣之國)이라는 명목으로 한국의 외교권을 박탈하여 간 것이다. 그때 마치 일본 군벌(軍閥)의 하수인(下手人)인 이토 히로부미(伊藤博文)는 한국에 대하여 한국을 일본과 같이 자국방위(自國防衛)를 할 수 있게 하려면 한국이 일본의 보호국이 될 수밖에 없다고 공언(公言)하였다. 강포(强暴)하고도 전율(戰慄)을 갖게 하는 언사(言辭)이다.

또한 그후 일본은 제국주의 여접(餘接)이 된 것을 최대한 활용(活用)하여 그들의 앞잡이인 일진회(一進會) 등 친일파(親日派)를 앞세워 침략(侵略)을 강행(强行)한 것이다. 그보다도 이 시점을 상교(相交)하여 보니 한국을 남북분단국(南北分斷國)으로 전환하게 하는 절대적인 원인(原因)을 짓는 절묘한 시점을 그들은 선택한 것이라고 할 수밖에 없다. 만약 그 시점(時點)에 일본이 이와 같은 불의(不義) 부정(不正)스러운 전쟁(戰爭)

을 강행하지 않았다면 역사적 큰 흐름으로 보아 한국이 분단국이 될 수 없었다고 판단된다. 거듭 말하여도 일본은 지난 세기와 같이 한국의 일본 영유(領有)를 장기화할 수 있도록 절묘(絶妙)한 시간을 택(擇)한 것이다.

일본도 이제는 자신들이 저지른 침략을 자성(自省)하여야 할 호기(好期)를 맞았다. 그것이 세계평화(世界平和)를 위하여도 스스로 자성의 길을 반드시 가야 할 때인 것이다. 아베 신조 총리여, 어느 길을 가려는가? (미발표 원고)

제2회 독립기념관 학술상 심사경위 및 축사

이만열
숙명여대 명예교수

　먼저 오늘 영예의 학술상 수상자로 결정된 윤병석 교수님과 그 가족 여러분께 축하의 말씀드립니다. 심사위원장으로 수고하신 강만길 위원 장님께서 오셔서 그 동안의 심사경위와 또 심사위원회를 대표하여 축사 의 말씀을 드려야 하지만 여의치 못하여 제가 대신하게 되었습니다.

　독립기념관으로부터 심사위원으로 위촉받은 사람은 강만길 친일진상 규명위원회 위원장을 비롯하여 정창렬 한양대학교 명예교수, 유영렬 국 사편찬위원회 위원장, 이배용 이화여자대학교 총장, 그리고 저를 포함하 여 다섯 사람이었습니다. 심사위원들은 독립기념관측에서 보내온 자료 들을 검토한 후 2006년 7월 28일 서울 시청 앞 '현해탄'에서 모여 최종 적인 결정을 하게 되었습니다. 추천된 세 분 중에서 윤병석 인하대학교 명예교수를 수상자로 결정했습니다. 독립기념관에서 제정한 이 상이 저 술상이 아니고 학술상이기 때문에 그동안의 학술적인 활동과 업적을 종 합적으로 평가하여 수상자를 선정하는 것이어서, 특별히 이 심사를 위해 서 저술의 제출이 필요한 것은 아니었습니다만, 추천자들은 추천된 분들의 저술을 같이 제출했습니다.

윤 교수님을 추천한 분은『간도 역사의 연구』(국학자료원, 2003)를 추천해 보냈습니다. 심사위원들이 제2회 수상자로 윤 교수님을 모시게 된 것은, 무엇보다 한평생 한국독립운동사를 중심으로 한 한국근대사를 초지일관 연구해 온 선생님의 학문적인 업적과 한국독립운동사 학계의 원로로서의 업적을 높이 평가했기 때문입니다. 그리고 이번 수상과 관련하여 윤 교수님의 업적으로 추천된『간도 역사의 연구』또한 간도를 중심으로 한 한국독립운동의 역사와 한국의 영토문제를 방대한 실증적 자료를 바탕으로 새롭게 개척한 역작이라는 점도 높이 평가했습니다. 간도는 우리 선대들이 개척한 땅일 뿐만 아니라 한말 일제강점기에는 독립운동의 중요한 근거지가 되었던 땅이었는데도, 우리의 의지와는 관계없이 청일간에 1909년의 소위 간도협약이 맺어졌고, 그 협약이 몇 년 있지 않으면 100주년을 맞게 되었습니다. 심사에 임한 위원들은 이러한 시점에 이 같은 연구가 역작으로 출간되어 간도문제에 대한 일반 국민들의 관심을 환기시키게 된 것이 대단히 중요하며, 그 역사적 의의가 크다고 생각했습니다.

심사위원회가 윤 교수님을 수상자로 결정하였지만, 학계의 여러분들이 모두 아시는 바와 같이, 이 시간 윤 교수님의 학문적 활동과 업적을 되돌아보지 않을 수 없습니다. 1957년에 서울대학교 사학과를 졸업하신 선생님은 서울대 사학과 조교를 걸쳐 1962년부터는 국사편찬위원회 편사관보로, 한국독립운동사와 한국사료총서 등을 편찬하였고, 1970년에는 동 위원회 편사실장, 이어서 조사실장을 두루 역임하시며 한국사 25권 등을 간행했습니다. 1976년 인하대학교 사학과 교수로 부임하신 선생님은 한국정신문화연구원 창설 때에 사학연구실장을 역임하셨고, 1981년에는 독립기념관건립추진위원회 기획위원으로 또 국가보훈처 독립유공자심사위원으로 수고하셨습니다. 남달리 부지런하신 선생님은 중요한 학회활동에는 꼭 참여하여 때로는 학회를 이끌어 가시고 때로는 후배들을 격려하여 왔습니다. 선생님은 인하대학교 한국학연구소 초대 소장으로부터 시작하여 한국민족운동사연구회 회장, 백범김구전집편찬위원회 위원장, 도산사상연구회 회장, 백암박은식전집편찬위원회 및 우강양기탁전집편찬위원회 위원장을 거쳐 현재 백암학회 회장, 독립기념관 단재신채호전집 편찬위원회 위원장으로 수고하고 계십니다. 아무도 관심 갖지 않던 시절, 또 당시의 사회적 분위기로서는 좀처럼 용기를 낼 수 없었던 시절이었음에도 불구하고 선생님께서는 가장 먼저 한국독립운동사에 관심을 가지시고 초지일관 오늘날까지 연구에 연구를 거듭해 오셨습니다. 해방 후 일정한 기간 동안 우리는 일제강점기 역사조차 연구할 수 없었고, 그런 분위기 아래에서는 일제강점기 우리 민족사의 주류로 간주 되어야 할 국권 회복을 위한 독립운동사는 더더구나 손을 대기가 힘들었습니다. 외유내강하신 선생님은 한국 민족이라면 당시 마땅히 먼저 밝혀야 할 연구과제이면서도, 그러나 사회적 분위기 때문에 누구도 감히 엄두도 내지 못하는 이 분야에 과감히 뛰어들었습니다. 자료를 찾고 기록을 뒤적이며 사료의 맥을 뚫고 구술을 받는 그런 각고의 노력을 통하여 독립운동사 연구 분야를 개척하여 한국독립운동사 연구를 한국사 연구의 중요한 학문 분야의 반열에 올려놓았습니다. 오늘날 많은 후진들이 이 방면의 연구업적을 쌓게 된 것은 선생님의 선구적인 업적에 힘입은 바라고 감히 말할 수 있습니다. 이렇게 한국독립운동사라는 한 분야의 연구를 통하여 선생님은 수백 편의 논문·논설을 남기셨고, 수십 권의 저술을 남기셨습니다. 1975년 『삼일운동사』 간행을 비롯하여, 이 시대, 이 방면의 저술만 거론하더라도 『의병과 독립군』(1977), 『한국근대사료론』(1979), 『이상설전』(1984), 『한국사와 역사의식』(1989), 『독립군사』(1990), 『국외 한인사회와 민족운동』(1990), 『한말의병장열전』(1991), 『한국독립운동의 해외사적 탐방기』(1994), 『근대한국민족운동의 사조』(1996) 등을 연구 간행하셨고, 최근에는『간도역사의 연구』(2003)와 『해외동포의 원류—한인, 고려인, 조선족의 민족운동』(2005) 등을 남겨 이 방면 연구자들의 길잡이가 되고 있습니다. 선생님의 연구자세는 철저히 기록을 근거로 하여 사실을 밝히는 것입니다. 선생님의 사료에 대한 애착과 사료 섭렵은 남다르다고 하지 않을 수 없습니다. 때문에 사료에 대한 해박한 지식은 이 세대에 누구도 뒤따를 수 없습니다. 선생님의 역사학은 검증된 사료와 그것을 토대로 한 고증에 바탕해 있습니다. 선생님의 고증으로 그동안 근거가 박약한 사실들이 때로는 보완되고 때로는 허구의 것으로 판명되었습니다. 사료 수집과 문헌의 진위판별 등에 대한 선생님의 지적 해박성은 정평이 나있어서 최근에 많은 애국선

독립기념관 학술상 수상식장에서 가족과 함께(2006.8.11)

열들의 전집간행이 시도될 때마다 거의 책임을 맡으시게 되는 것도 바로 이 점과 깊은 관련이 있습니다. 또한 선생님의 철저하고 해박한 진위 판별 정신은 독립유공자 심사과정에도 잘 나타나 국가기관에 의한 심사를 확실한 근거에 의해 과유불급의 정신으로 진행시킴으로 포상을 엄정하게 했습니다. 1930년생이신 선생님은 올해 77세(喜壽)를 맞습니다만, 그 총기가 조금도 쇠하지 않아서 후배들이 혀를 내두를 정도입니다. 섭생에 특별히 유념하여 건강하고 또한 연구 활동을 가능케 하고 있으며, 후진 양성도 아직은 자신할 수 있습니다. 부디 더욱 강건하셔서 오늘과 같이 축하받으실 일이 많아지기를 기대하며 학적인 업적도 더 많이 쌓으셔서 후진들의 귀감이 되어 주시기를 기원합니다. 선생님을 내조하시면서 학문의 길을 동행하신 사모님, 그리고 자녀손들에게도 축복된 나날이 계속되기를 기원하면서 축사를 대신합니다. (2006.8.11)

제2회 독립기념관 학술상
축하와 감사의 말씀

김상기
충남대학교 명예교수

선생님으로부터 지도 받은 문하생 일동은 선생님의 학술상 수상을 진심으로 축하드리며 항상 성심을 다해 지도해 주신 데 대하여 무어라 표현할 수 없는 감사의 말씀을 드립니다. 선생님께서는 1962년도부터 15년간 국사편찬위원회에서 봉직하시면서 독립운동사 분야를 개척하였습니다. 1976년도에 인하대학교 사학과 교수로 부임하신 이래 많은 제자를 양성하시어 학계에 크게 기여하게 하셨습니다. 1980년도부터는 한국학대학원 역사학과 교수를 겸임하시면서 저희를 지도하셨습니다. 저 개인적으로는 학비 걱정에 대학원을 포기하던 중에 한국학대학원이 설치되어 공부를 할 수 있었고 게다가 선생님의 지도를 받는 행운을 입었습니다.

선생님께서는 오로지 학문의 정도를 걸어오셨습니다. 1975년 3·1 운동사를 저술하신 이래 의병과 독립군에 대한 연구에 천착하셨습니다. 특히 만주와 러시아 지역의 한인사회의 형성과 독립군의 항일전쟁에 대한 연구를 통하여 독립운동사 연구의 정초를 세워놓으셨습니다. 1996년 정년을 맞이하신 후에도 『근대한국민족운동의 사조』와 『해외 동포의 원류』 그리고 『간도 역사의 연구』와 같은 저서를 연이어 발간하시는 등 선생님의 연구에 대한 열정은 연세를 잊으신 듯 더욱 왕성하십니다. 저희들은 선생님의 모습을 뵈면서 학문의 엄격성을 마음속으로 되새기고 자신도 모르게 스며드는 나태함을 극복하게 됩니다.

선생님께서는 실사구시의 학문 자세를 강조하시고 1차자료와 현지답사의 중요성을 몸소 보여주셨습니다. 『한국근대사료론』을 비롯하여 많은 자료해제를 하셨고 민족운동가들이 활동했던 곳이면 국내는 물론 지구 끝까지 달려가셨습니다. 저희들이 선생님을 모시고 러시아와 중국 동북지역을 답사하고 그 성과물에 선생님과 함께 공동저자의 이름을 올려놓은 것을 지금도 영광으로 여기고 있습니다.

저희 문하생들은 선생님의 지도 아래 한말 의병전쟁, 임시정부와 광복군, 만주지역 독립운동, 국내 사회주의운동, 기독교 민족운동과 같은 연구 주제들을 택해 지금도 공부에 열중하고 있습니다. 선생님께서는 기대에 미치지 못하는 부족한 저희를 부모님처럼 지도하시고 지켜봐 주시고 계십니다. 저희들이 독립운동사 분야에서 미미한 역할이라도 할 수 있게 된 것은 오로지 선생님의 큰 그림자와 지도 덕분입니다. 선생님의 너무나 큰 은혜에 감사를 드립니다.

선생님의 연세가 올해 희수이십니다. 희수를 맞이하심을 축하드리면서 선생님께서 혼신을 다하신 업적이 학계의 평가를 받아 이런 학술상을 수상하시게 됨을 다시 한번 축하드립니다. 아울러 이 자리를 빌려 저희를 항상 따뜻하게 격려해주시는 사모님 이은순 교수님께 감사의 말씀을 올리면서 기쁨을 함께하고자 합니다. 더욱 건강하시어 백년해로하시기를 빕니다.

2018년 신년하례회(2018.1.1)

　끝으로 이처럼 성대한 자리를 베풀어주신 독립기념관 김삼웅 관장님을 비롯한 관계자 여러분과 축하를 위해 이 자리에 참석해주신 여러 선생님께 감사를 드리면서 축하와 감사의 말씀을 마치겠습니다. 감사합니다. (2006.8.11)

부록

운회 윤병석 교수 연보

1930년(1세)   충북 제천시 白雲面 愛蓮里에서 부친 尹鍼(坡坪人) 선생과 모친 朴文灘(密陽人) 여사의 3남 3녀 중 막내로 음력 4월 23일(호적 8월 24일) 출생

1937년(8세)   부친 슬하에서 『동몽선습』 수학

1938년(9세)   白雲公立國民學校 입학

1944년(15세)   같은 국민학교 졸업. 堤川公立農業中學校 진학

1950년(21세)   같은 농업중학교(6년) 졸업. 서울대학교 문리과대학 사학과 진학

1951년(22세)   6·25사변으로 군복무(~1954년)

1954년(25세)   서울대학교 사학과 복학

1957년(28세)   같은 대학교 사학과 졸업. 경신중고등학교 교사(~1961년)

1958년(29세)   서울대학교 사학과 국사연구실 조교(~1962년). 서울대학교·육군사관학교·중앙대학교 출강

1962년(33세)   국사편찬위원회 편사관보(부편사관, 편사관; 편사실장, 조사실장)(~1976년). 『한국독립운동사』, '한국사료총서', 『한국사』(25권) 편찬사업 주관

1971년(42세)   미국 포드재단 지원으로 방미, 미국립문서보관소와 콜롬비아대학 등지에서 「聲明會宣言書」 등 독립운동사료 발굴(4~7월)

1976년(47세)   인하대학교 사범대학 교수 부임

1978년(49세)   신설 한국정신문화연구원(현 한국학중앙연구원) 사학연구실장 파견보임(~1981년)

1980년(51세)   루마니아 부크레시티에서 개최된 제15차 국제역사학대회 참가(8월)

1981년(52세)   인하대학교 복귀, 문과대학장(~1982년). 대만에서 개최된 '中韓關係史研討會'에 참가, 「二十世紀初在中國的韓國獨立運動」 발표(12월)

1982년(53세)	독립기념관 건립추진위원회 기획위원(~1984년). 국가보훈처 독립유공자공적심사위원(~2007년)
1984년(55세)	한국민족운동사연구회 창립시 총무간사(~1986년). 독립기념관 한국독립운동사연구소 운영위원(~2015년)
1986년(57세)	인하대학교 한국학연구소 소장(~1995년 8월)
1987년(58세)	한국민족운동사연구회 회장(~1990년). 대만에서 개최된 제2회 中國域外漢籍國際學術會議에서 「昭義新編中所見之春秋義理」 발표(12월)
1988년(59세)	네덜란드 헤이그 라이덴(Leiden)대학에서 개최된 유럽한국학대회(AKSE)에 참석. 「이상설의 遺文과 이준열사」 발표(4월)
1989년(60세)	연변대학 초청으로 중국 방문, 봉오동, 청산리 등 독립군 유적지 답사(10월)
1990년(61세)	일본 大坂에서 개최된 제3회 조선학국제학술토론회 참가(8월). 화갑기념논문집 『한국근대사논총』 발간(명동 롯데호텔 3층 사파이볼룸에서 12월 9일 봉정식)
1992년(63세)	안중근의사숭모회 상임이사(~2002년)
1995년(66세)	명예문학박사 학위 受贈(숭실대학교, 8월 25일)
1996년(67세)	인하대학교 사학과 정년퇴임. 명예교수
1998년(69세)	매헌연구원장 보임(~2017년). 백범김구전집편찬위원회 위원장 피촉
1999년(70세)	도산안창호선생전집편찬위원회 위원장 피촉. 도산사상연구회 회장(2월). 성재이동휘선생기념사업회 부회장
2002년(73세)	백암박은식전집편찬위원회 및 우강양기탁전집편찬위원회 위원장 피촉
2003년(74세)	백범학술원 자문위원. 장지연기념사업회 부회장
2005년(76세)	백암학회 회장. 독립기념관 한국독립운동사편찬위원회 자문위원.
2006년(77세)	단재신채호전집편찬위원회 위원장 피촉
2020년(91세)	서거(4월 23일). 국립괴산호국원 안장
2023년	서거 3주기 맞아 『운회 윤병석교수 추모문집』 간행(4월 23일)

운회 윤병석 교수 연구업적

저서

『3·1운동사』, 정음사, 1975.

『증보 3·1운동사』, 국학자료원, 2004.

『의병과 독립군』, 세종대왕기념사업회, 1977; 증보판(2000)

『개화운동과 갑신정변』, 삼성문화문고 90, 공편저, 삼성문화재단, 1977.

『한국근대사론』I, II, III(공저), 지식산업사, 1977.

『한국근대사료론』, 일조각, 1979.

『이상설전』, 일조각, 1984; 증보판(1998)

『재발굴 한국독립운동사 I』(공저), 한국일보사, 1987.

『한국사와 역사의식』, 인하대학교출판부, 1989.

『독립군사』, 지식산업사, 1990.

『국외한인사회와 민족운동』, 일조각, 1990.

『한말 의병장 열전』, 독립기념관, 1991.

『러시아지역의 한인사회와 민족운동사』(공저), 교문사, 1994.

『한국독립운동의 해외사적 탐방기』, 지식산업사, 1995.

『한국근대민족운동의 사조』, 집문당, 1996.

『중국동북지역 한국독립운동사』(공저), 집문당, 1997.

『안창호 일대기』(공저), 역민사, 1995.

『해외동포의 원류』, 집문당, 2005.

『간도역사의 연구』, 국학자료원, 2006.

『1910년대 국외항일운동 1 −만주·러시아−』, 독립기념관 한국독립운동사연구소, 2009.

『안중근 연구』, 국학자료원, 2011.

『안중근 전기』, 국학자료원, 2011.

『대한과 조선의 위상』, 선인, 2011.

『한국독립운동가의 문집과 자료집』, 선인, 2012.

『한국과 주변 4강과의 관계』, 선인, 2015.

『3·1운동사와 대한민국 임시정부 광복선언』, 국학자료원, 2016.

자료집 간행

『한국독립운동사자료집-중국인사증언-』, 한국정신문화연구원, 1983.

『직해 백범일지』, 집문당, 1995.

『성재이동휘전서』(2책), 독립기념관 한국독립운동사연구소, 1998(상), 2010(하).

『백범김구전집』(12책), 대한매일신보사, 1999.

『안중근전기전집』, 국가보훈처, 1999.

『대한국인 안중근 - 사진과 유묵-』, 안중근의사기념관, 2001.

『백암박은식전집』(6책), 독립기념관 한국독립운동사연구소, 2002.

『우강양기탁전집』(4책), 독립기념관 한국독립운동사연구소, 2002.

『위암장지연서간집』(3책), 위암장지연기념사업회, 2004.

『장인환·전명운의 샌프란시스코의거 자료집』(2책), 국가보훈처, 2008.

『단재신채호전집』(9책), 독립기념관 한국독립운동사연구소, 2008.

『안중근문집』, 독립기념관 한국독립운동사연구소, 2011.

『매헌윤봉길전집』(9책), 매헌윤봉길전집편찬위원회, 2012.

논문

「일본인의 황무지개척권 요구에 대하여-1904년 長林名義의 委任契約企圖를 중심으로-」, 『역사학보』 22, 역사학회, 1964.

「구한말 주한일본군에 대하여」, 『향토서울』 27, 서울시사편찬위원회, 1966.

「삼일운동에 대한 일본정부의 정책」, 『삼일운동 50주년 기념논집』, 동아일보사, 1969.

「참의, 정의, 신민부의 성립과정」, 『백산학보』 7, 백산학회, 1969.

「1928,9년 정의, 신민, 참의부의 통합운동」, 『사학연구』 21, 한국사학회, 1969.

「한국독립운동의 사조」, 『광복30주년기념 독립운동심포지엄논문집』, 독립운동사편찬위원회, 1975.

「李匡明의 생애와 '이쥬풍쇽통'에 대하여」, 『어문연구』 52, 한국어문교육연구회, 1977.

「Korea's Independent Movement in 1910's」, *Journal of Social Sciences & Humanities*, Vol.46, The Korea Research Center, 1977.

「1910년대 한국독립운동시론」, 『사학연구』 27, 1977.

「대한민국임시정부(1919-1945) 연구」, 『아세아학보』 13, 아세아학회, 1979.

「20世紀初在中國的韓國獨立運動」, 『中韓關係史國際學術硏討會論文集』, 중화민국 韓國硏究會, 1981.

「聲明會의 성립과 활동」, 『인문과학논문집』 8, 인하대학교, 1982.

「13道義軍의 편성」, 『사학연구』 36, 1983.

「Korean Resistant to Imperial Japanese Aggression」, *Korea Journal* Vol.24 No.3, Korea National Commission for UNESCO, 1984.

「권업회의 성립과 권업신문의 간행」, 『한국사학논총-천관우선생 환력기념-』, 정음문화사, 1985.

「1910년대 연해주지방에서의 한국독립운동」, 『한국사학』 8, 한국정신문화연구원, 1986.

「1910년대 서북간도 한인단체의 민족운동」, 『한국근대민족주의운동사 연구』, 역사학회, 일조각, 1987.

「1910년대 미주지역 한인사회의 동향과 조국독립운동: 한인소년병학교와 숭무학교, 대조선국민군단사관학교를 중심으로」, 『한국사논총-두계 이병도박사 구순기념-』, 지식산업사, 1987.

「이상설의 遺文과 이준, 장인환, 전명운의 義烈」, 『한국독립운동사연구』 2, 독립기념관 한국독립운동사연구소, 1988.

「연해주에서의 민족운동과 신한촌」, 『한국민족운동사연구』 3, 한국민족운동사연구회, 1989.

「한국독립군의 봉오동승첩 소고」, 『한국민족운동사연구』 4, 1989.

「1920년대 후기 만주에서의 민족운동과 독립군」, 『한국학연구』 1, 인하대 한국학연구소, 1989.

「미주 한인사회의 성립과 민족운동」, 『한국학연구』 2 별집, 1990.

「을사오조약의 신고찰」, 『국사관논총』 23, 국사편찬위원회, 1991.

「서간도 白西農庄과 대한광복군정부」, 『한국학연구』 3, 1991.

「龍淵 金鼎奎의 생애와 '野史'」, 『한국독립운동사연구』 5, 1991.

「구한말 군인의 抗日義戰의 의의」,『한국독립운동사의 인식-백산박성수교수화
　　갑기념-』, 1991.

「1932년 '상해의거' 전후의 국제정세와 독립운동의 동향」,『한국사학논총-서암
　　조항래교수화갑기념-』, 1992.

「면암 최익현의 위정척사론과 호남의병」,『한민족독립운동사논총-수촌박영석교
　　수화갑기념-』, 1992.

「한인(조선족)의 간도개척과 민족운동」,『한국민족독립운동사의 제문제-하석김
　　창수교수화갑기념-』, 1992.

「백암 박은식의 사학사상과 독립운동」,『계간 사상』 1993년 겨울호.

「계봉우의 '아령실기'와 '동학당폭동', '조선역사'」,『역사비평』 20, 역사비평사,
　　1993.

「계봉우의 생애와 저술목록」,『인하사학』 1, 인하역사학회, 1993.

「이동휘의 생애와 '李東輝 誠齋先生'」,『진단학보』 78, 1994.

「이동휘와 계봉우의 민족운동」,『한국학연구』 6.7합집, 1996.

「이동휘의 망명활동과 대한광복군정부」,『한국독립운동사연구』 11, 1997.

「국외 한인민족운동 연구의 제문제」,『한국민족운동사연구-우송조동걸교수정년
　　기념-』, 1997.

「안중근의사 傳記의 종합적 검토」,『한국근현대사연구』 9, 1998.

「북간도 龍井 3·1운동과 '朝鮮獨立宣言書布告文'」,『史學志』 31(송병기교수정년
　　퇴임기념호), 단국대 사학과, 1998.

「대한민국임시정부에서의 백범 김구의 활동」,『한국학연구』 9, 1998.

「대한민국임시정부와 독립운동」,『대한민국임시정부수립80주년기념논문집』(상),
　　1999.

「안중근의 연해주 의병운동과 동의단지회」,『한국독립운동사연구』 14, 2000.

「계봉우의 한국사 저술과 '만고의사 안중근전'」,『龜泉원유한교수정년기념논총』,
　　2000.

「러시아 혁명전후 연해주지역 한인 민족운동과 임시정부」,『汕耘史學』 9, 산운학
　　술재단, 2000.

「박용만의 尙武運動과 북경군사통일회의」,『중국에서의 항일독립운동』, 한중교
　　류연구중심, 2000.

「도산 안창호의 애국계몽운동과 독립운동」,『도산사상연구』 7, 도산사상연구회,
　　2001.

「민족수난기의 지도자, 도산 안창호」, 『도산사상연구』 8, 2002.

「박은식의 민족운동과 한국사 서술」, 『한국사학사학보』 6, 한국사학사학회, 2002.

「대한민국임시정부 초창기 독립전쟁 전략과 군사정책」, 『백범과 민족운동』 2, 백범학술원, 2004.

「박은식의 민족운동과 '전집' 편찬의 의의」, 『백산학보』 70, 2004.

「보재 이상설의 생애와 민족운동」, 『常山文化』 11, 진천문화원, 2005.

「소비에트 건설기의 고려인 수난과 강제이주」, 『중앙사학』 21(상암김호일교수정년기념특집호), 2005.

「한인(조선인)의 간도 이주 개척과 '간도개척사'」, 『백산학보』 79, 2007.

「만국평화회의와 한국특사의 역사적 의미」, 『한국독립운동사연구』 29, 2008.

「'백범일지'의 저술·간행과 위상」, 『백범과 민족운동』 6, 2008.

「안중근 의사의 하얼빈 의거의 역사적 의의」, 『한국학연구』 21, 2009.

「안중근의 사진」, 『한국독립운동사연구』 37, 2010.

「계봉우의 민족운동과 한국학」, 『한국학연구』 37, 2010.

자료해제

「獨立運動歌謠拾遺」, 『편사』 1, 국사편찬위원회, 1967.

『梅泉野錄』(黃玹), 현암사, 1970.

「大韓民國臨時政府關係史料拾遺」, 『한국독립운동사 자료』 2-3, 국사편찬위원회, 1971-1973.

「朝鮮獨立新聞의 拾遺」, 『중앙사론』 1, 중앙대학교, 1972.

『西行別曲』(李建昇), 『중앙사론』 2, 1972.

「獨立運動關係裁判文目錄(一)」, 『편사』 4, 1972.

『石洲遺稿』(李相龍), 고려대학교, 1973.

『心山遺稿』(金昌淑), 한국사료총서 18, 국사편찬위원회, 1973.

『遼左紀行』(張錫英), 『사학지』 8, 단국대학교, 1974.

『大韓民國臨時政府議政院文書』, 국회도서관, 1974.

『西間島始終記』(李恩淑) ; 『독립운동가 아내의 수기』, 정음사, 1974.

『昭義新編』(柳麟錫 等), 국사편찬위원회, 1975.

「義兵傳」(뒤바보), 『한국학보』 1, 일지사, 1975.

「俄領實記」(뒤바보), 『서울평론』98, 서울신문사, 1975.

『韓日關係史料集』, 『한국독립운동사 자료』4, 1975.

「安岳新民會判決文」, 『한국학보』8, 1978.

「閔肯鎬 義兵將의 書翰과 李麟榮의 檄文」, 『한국학보』16, 1979.

『湖西義兵事蹟』(이구영 편역), 修書院, 1993.

논설·평론

「여진정벌의 수훈장」, 『인물한국사』2, 박영사, 1965.

「비운의 개국공신 정도전」, 『인물한국사』3, 1965.

「항일구국의 불사조 이강년」, 『인물한국사』5, 1965.

「문명을 앞세운 침략－열강의 이권쟁탈」, 『한국현대사』2, 신구문화사, 1969.

「박은식의 독립사상」, 『나라사랑』8, 외솔회, 1972.

「열강의 이권침탈」·「독립협회의 활동」, 『한국사』18, 국사편찬위원회, 1973.

「南岡선생의 독립사상」, 『나라사랑』3, 1973.

「근대를 만든 주역들」(좌담), 『월간중앙』1974년 2월호.

「3.1독립운동의 개관」, 『국토통일』1974년 3월호.

「이상설－독립사상의 원류」, 『월간중앙』1974년 11월호.

「이상설의 생애와 독립운동」, 『나라사랑』20, 1975.

「한국민족주의의 史的 전개」, 『월간중앙』1976년 1월호.

「일제의 한국주권침탈과정」·「의병의 봉기」·「의병의 항일전」, 『한국사』19, 1976.

「윤봉길의 상해의거」, 『나라사랑』25, 1976.

「수당 이남규의 생애」, 『나라사랑』28, 1977.

「1910년대의 국내외 독립운동」, 『한국근대사의 재조명』, 서울대학교출판부, 1977.

「김옥균」·「최익현」, 『한국근대사의 재조명』, 1977.

「한말 의병활동의 의의」, 『한국사의 재조명』, 독서신문사, 1977.

「한국사와 역사의식」, 『역사교육』24, 1978.

「윤관」, 『현대인물한국사』2, 신화출판사, 1979.

「이강년」, 『현대인물한국사』7, 1979.

「한국의병항쟁사」,『한국문화사대계』5, 고려대학교 민족문화연구소, 1980.

「동학의 역사적 의의」,『신인간』398, 신인간사, 1982.

「1910년대 독립군의 기지설정」,『軍史』6, 전사편찬위원회, 1983.

「일본제국주의 침략에 대한 항쟁-한말 의병의 항전을 중심으로-」,『한국학입문』, 학술원, 1983.

「한국학 연구 반세기, 근대사」,『진단학보』57, 진단학회, 1984.

「1910년대 국외에서의 한국독립운동」,『한민족독립운동사』3, 국사편찬위원회, 1988.

「3·1운동의 역사적 의의」,『월간 순국』1990년 3, 4월호, 순국선열유족회.

「내가 찾은 자료: 계봉우의 '아령실기'와 '동학당폭동' '조선역사'」,『역사비평』20, 1993.

「일제의 구한국 강점과 무력 위협」,『한국사 시민강좌』19, 일조각, 1996.

「호좌의병항전의 역사적 의의」,『향토사연구』8, 1996.

「국외 한인민족운동 연구의 제문제」,『아시아문화』13, 1997.

「미주 한인사회의 성립과 민족운동」,『미주한인의 민족운동』, 연세대 국학연구원, 2003.

「나의 역사연구: 역사학계 주변에서 지내온 나의 학행」,『한국사학사학보』17, 2008.

「'간도협약' 100주년을 돌아본다-간도의 역사와 간도협약」,『월간 순국』217, 2009.

언론기사

·기획연재

『서울신문』에「이상설」17회 연재(1973년 8월 3일~8월 22일)

『인하대신문』에「한국사의 의지」16회 연재(1977년)

『한국일보』에「재발굴 한국독립운동사」30회 연재(1986~1987년)

『경향신문』에「의병전쟁」30회 연재(박성수, 조동걸 교수와 윤번집필, 1989년 2월 14일~12월 20일).

· 집필기사

「현대로의 굽이 3·1운동」, 『동아일보』 1969년 2월 15일자.

「전환점에 선 한일관계: 근대 양국관계의 오류」, 『경향신문』 1974년 9월 5일자.

「號有感」(칼럼), 『경향신문』 1974년 12월 5일자.

「잡념」(칼럼), 『경향신문』 1974년 12월 12일자.

「공중에 뜬 볼」(칼럼), 『경향신문』 1974년 12월 19일자.

「임시정부문서」(칼럼), 『경향신문』 1974년 12월 26일자.

「토끼의 꾀」(칼럼), 『경향신문』 1975년 1월 8일자.

「국민교생의 책임」(칼럼), 『경향신문』 1975년 1월 16일자.

「文理大의 이름」(칼럼), 『경향신문』 1975년 1월 28일자.

「江華條約의 의의: 개항 100년-안팎서 보는 눈」, 『조선일보』 1975년 2월 28일자.

「근대사 백년의 증언: 민족주의 전개」, 『경향신문』 1976년 1월 1일자.

「기미 60년: 역사의식과 민족의 과제」, 『조선일보』 1979년 1월 1일자.

「時論: 전통계승, 산업사회 향한 현대문화 건설의 디딤돌」, 『경향신문』 1979년 1월 4일자.

「대한민국 임정선포 61주년에 붙인다: 민주주의 새 정치이념 정립」, 『경향신문』 1980년 4월 14일자.

「국사편찬위 개편 계기로 본 좌표와 과제」(鼎談), 『경향신문』 1982년 7월 9일자.

「일본 역사교과거 왜곡부분: 史實은 이렇다」, 『동아일보』 1982년 7월 29일자.

「관동대지진 피학살동포 추념 강연회」, 『동아일보』 1982년 9월 1일자.

「사료의 발굴, 정리 시급하다」, 『조선일보』 1982년 12월 24일자.

「3.1운동은 역사의식의 뿌리」, 『경향신문』 1984년 3월 1일자.

「최익현의 위정척사론」, 『동아일보』 1984년 4월 7일자.

「배고픔 나누던 星湖선생」(칼럼), 『조선일보』 1985년 2월 5일자.

「해바라기의 충성」(칼럼), 『조선일보』 1985년 2월 13일자.

「几杖과 壽而康」(칼럼), 『조선일보』 1985년 2월 20일자.

「역신과 간신」(칼럼), 『조선일보』 1985년 2월 27일자.

「'한일합병' 주장의 허구성」, 『동아일보』 1986년 9월 8일자.

「바른 역사 향한 정열 남겨두시고: 고 천관우선생 영전에」, 『경향신문』 1991년 1월 17일자.

「안중근사상 뿌리는 양명학」, 『조선일보』 1998년 3월 18일자.

· 학술활동 보도기사

「되찾은 3·1 노래; 윤병석 편사관의 논문」, 『동아일보』 1968년 3월 2일자.

「의병장 유인석의 독립운동 자료 공개」, 『동아일보』 1968년 7월 4일자.

「숨막힌 민족의 절규 지하신문」, 『동아일보』 1970년 4월 1일자.

「3.1운동 직후의 지하신문 명단」, 『동아일보』 1970년 4월 4일자.

「활발한 丹齋 연구」, 『동아일보』 1970년 12월 1일자.

「한일관계사료집 발견」, 『경향신문』 1072년 2월 28일자.

「'한일관계사료' 발견」, 『동아일보』 1972년 2월 28일자.

「미콜럼비아대서 발견된 한일관계사료집」, 『조선일보』 1972년 2월 29일자.

「輿地圖書 전질 55책 발견」, 『동아일보』 1973년 3월 22일자.

「항일독립운동의 보루 지하신문」, 『경향신문』 1974년 3월 19일자.

「만주평원 누빈 구한말 독립혼; 의암 유인석 西行日記 발견」, 『경향신문』 1974년 12월 12일자.

「윤병석씨 담당 '國史' 얘기」, 『동아일보』 1975년 8월 25일자.

「'3.1운동사' 펴낸 윤병석씨: 저자와의 대화」, 『경향신문』 1975년 11월 7일자.

「민족 정통성 지킨 자주독립의 상징」(좌담회), 『경향신문』 1976년 8월 27일자.

「3.1운동 60돌; 그날의 의미와 오늘의 과제」(특별좌담), 『경향신문』 1979년 2월 28일자.

「한국근대교육의 재평가」, 『조선일보』 1976년 11월 12일자.

「국학연구 편중: 여름학계… 무더운 논쟁」, 『조선일보』 1977년 7월 29일자.

「역사의식 오도되고 있다」, 『동아일보』 1978년 5월 26일자.

「민족문화의 올바른 방향 제시를」, 『경향신문』 1978년 5월 26일자.

「'식민문화' 청산의 전기 마련」, 『경향신문』 1978년 12월 11일자.

「3.1절 60돌 특별기획 '베를린 첩보문서' 시리즈를 읽고」, 『경향신문』 1979년 3월 27일자.

「열강의 對日 견제가 한국을 분단」, 『경향신문』 1983년 5월 27일자.

「독립기념관 사료발굴, 근본부터 재출발해야」(좌담), 『조선일보』 1983년 8월 19일자.

「을사조약은 한, 일국왕 비준 없었다」, 『경향신문』 1984년 2월 13일자.

「을사조약 비준서가 없다」, 『동아일보』 1984년 2월 18일자.

「무거운 짐 하나 벗은 기분입니다: 각고 10년 '이상설전' 낸 윤병석교수」, 『동아일보』 1984년 12월 11일자.

「묻혀있던 독립운동 거인의 발굴: '이상설전' 윤병석 저」(조동걸), 『경향신문』
　　1985년 2월 27일자.

「윤병석 교수와 함께」(KBS2 TV), 『조선일보』 1986년 8월 12일자.

「2.8독립선언: 3·1운동 선국적 역할했다」, 『조선일보』 1985년 2월 5일자.

「3.1운동, 독립군항쟁 강연」(K-3TV), 『한겨레』 1989년 3월 12일자.

「서평 '한국사와 역사의식': 민족주의사관 계승 당위성 제시」(한영우), 『조선일
　　보』 1990년 11월 21일자.

「항일전투, '독립전쟁'으로 체계화: 역사학자 윤병석교수 '독립군사' 펴내」, 『조선
　　일보』 1985년 2월 5일자.

「윤병석 저 '독립군사': 항일무장투쟁 첫 체계화」, 『경향신문』 1990년 11월 24일.

「독립운동 해외사적 지역별 정리」, 『조선일보』 1995년 1월 28일자.

「책과 사람: '한국독립운동의 해외사적 탐방기' 낸 윤병석교수」, 『동아일보』
　　1995년 2월 17일자.

「한국근대민족운동의 사조': 강제개항부터 동족전쟁까지 파란만장한 근대사연
　　구 모음」, 『조선일보』 1996년 9월 13일자.

「한글판 안중근전기 처음 발견」, 『조선일보』 1998년 3월 14일자.

상훈

월봉저작상(1991)

치암학술상(1992)

국민훈장 목련장(1995)

외솔상(1995)

의암학술대상(2000)

보훈문화상(국가보훈처 주관, 교육홍보 부문, 2005)

독립기념관 학술상(2006)

위암장지연상(한국학 부문, 2012)

◈ 연보·업적 정리 : 박민영